KB244397

Norvert Bolz · David Bosshart

KULT-Marketing

Die neuen Götter des Marktes

컬트마케팅
시장의 새로운 우상들

초판 1쇄 찍은날 2002년 1월 16일
초판 1쇄 펴낸날 2002년 1월 26일

지은이 노르베르트 볼츠 · 다비트 보스하르트
옮긴이 고재성
펴낸이 김승태
편집장 최창숙
편집 송복란
표지 디자인 황수진
영업 윤여근
등록번호 제2-1349호(1992. 3. 31)
펴낸곳 예영커뮤니케이션
　　　　110-616 서울 광화문우체국 사서함 1661
　　　　유통사업부 T. (02)766-7912 F. (02)766-8934
　　　　출판사업부 T. (02)766-8931 F. (02)766-8934
　　　　E-mail : jeyoungedit@chollian.net

ISBN 89-8350-648-2,　　93320

값 15,000원

■ 잘못 만들어진 책은 교환해 드립니다.

컬트 마케팅

시장의 새로운 우상들

노르베르트 볼츠·다비트 보스하르트 지음/고재성 옮김

예영커뮤니케이션

차례

머리말 …………………………………………………………11

▌마케팅과 시대정신

1 시장 접근성 = 거룩함과 통속성(D.B.) ………………16
　시장 접근성-요술방망이 같은 단어 ………………………16
　소비재 마케팅에 대한 중요한 질문: 우리의 테제 ……………18
　마르크스의 복수: 중산층 열망의 종식과 프롤레타리아 문화의 상승 …18
　거룩한 통속성을 지향하는 여덟 가지 추세 ………………21

2 추세 속에서(N.B.) ………………………………………32
　상업 윤리 …………………………………………………33
　좋은 의도의 지배 …………………………………………36
　할 일을 잃어버린 부정 ……………………………………38
　사회가치들의 나열 ………………………………………40
　기회주의 장려하기 ………………………………………42
　속도를 위반한 사고방식 …………………………………44
　미신적 추세 ………………………………………………47
　자기 문화의 민속학자들 …………………………………49
　절약할 것인가 아니면 모험을 할 것인가? ………………52

통제의 역설 ·······56

카오스 속의 길잡이인 경영자 ·······58

운명과 같은 복잡성 ·······61

역사적 견본 ·······63

스스로 자극하는 체계 ·······66

'실재'라는 우상 벗어나기 ·······68

허구의 생산성 ·······71

생활양식 시장 ·······75

3 거룩한 정보들의 마케팅(D.B.) ·······79

가치의 평가 절하와 정보 미식가 ·······80

분석의 결과로 오는 마비: 아직 어디에 정보들이 필요할까? ·······83

시장 조사: 하이퍼텍스트 속에서의 향수 ·······85

반죽 공장, 헤비메탈과 경영학 ·······89

'고객에게 다가가기'와 '시장 지향성'의 종말 ·······96

생활양식 엿보기, 추세 감각과 시장의 정보들 ·······99

정보경영: 사이베리아(Cyberia)를 통한 데이터 여행 ·······103

미신적 개념들: 철학적 개념부터 마케팅 이벤트까지 ·······105

새로운 룸펜 지식인: 경영학과 교수들과 기업 고문들 ·······108

실존하는 것: 마케팅 사회 ·······111

추세 연구의 십계명 ·······112

4 미디어 이해력(N.B.) ·······117

미디어 현실은 무엇인가? ·······119

인터넷 속에서 ·······123

인간과 기계의 협력 ·······126

미디어 훈련 ·······128

정보 애니메이션 ·······131

미디어 연합의 디자인 ·······133

지식의 빅뱅 …………………………………………… 135

새로운 사고감각 ………………………………………… 136

사용자 편의성 …………………………………………… 139

인쇄해서 집으로 가져가다? ………………………………… 140

하이퍼, 하이퍼! …………………………………………… 142

내 이름은 노우바디(Knowbody) ……………………………… 145

경영자와 지식 …………………………………………… 147

▌▌ 시장의 새로운 우상들

1 광고의 공공성(N.B.) ……………………………………… 152

강력한 유혹 ……………………………………………… 155

계몽이라는 푸른 꽃 ……………………………………… 157

'반'(Anti-) 마케팅 ……………………………………… 160

서정적인 삶의 세계 ……………………………………… 161

잡소리와 이성의 지혜 …………………………………… 163

'사람'의 독재 …………………………………………… 165

정치적 연출 …………………………………………… 166

고객관계 ………………………………………………… 168

세계 커뮤니케이션 ……………………………………… 169

학습자료 베네통 ………………………………………… 171

고객과의 구조적 연결 …………………………………… 173

가상 체험 ………………………………………………… 174

2 커뮤니케이션 디자인으로서 마케팅(N.B.) ………………… 177

유익한 장애들 …………………………………………… 179

통계적 전형인 고객 ……………………………………… 181

스파이와 프로슈머(Prosumer) ………………………………… 183

공동작업인 마케팅과 광고 ……………………………… 185

일 대 일 마케팅 ·· 186

가상의 상품들 ·· 188

문제가 있으면 그것을 우리에게 가져오시오! ············· 189

어떻게 보이지 않는 것을 팔 수 있을까? ·················· 190

구별의 디자인 ·· 191

할리우드에서 배우기 ·· 193

판매용 도덕 ·· 195

3 고객에 대한 예배인 마케팅(N.B.) ···························· 197

칼 마르크스와 케네스 벅을 통해서 배우기 ·············· 198

유행에 대한 소이론 ·· 201

경계의 형식적 매력 ·· 204

신이자 거지인 고객 ·· 205

감성 디자인 Ⅰ ·· 208

욕구를 대신한 갈망 ·· 210

감성 디자인 Ⅱ ·· 213

아날로그와 디지털 ··· 214

형제들 아니면 타인들? ·· 215

무엇이 의식(儀式)인가? ······································· 217

감정의 패턴 ·· 218

화물 숭배 ·· 219

종교로서의 자본주의 ·· 222

잃어버린 정신을 찾아서 ······································ 224

종교의 기능 ·· 226

4 마케팅 신화와 고객의 반란(D.B.) ······················· 229

생활양식 쇼핑과 상품 민주주의 ···························· 229

"고객은 왕이다"–"손님은 귀찮은 존재다" ················ 231

블랙박스 같은 고객 ·· 233

새로운 시장 형성을 방해하는 일곱 가지 마케팅 신화 ········ 235

세 가지 소비행태: 가격중독자에서 우상중독자(Kultie)까지 ········ 241
믿음의 지지기반인 숭배적 제품 ····························· 245

5 최후의 고객모델-중독자(D.B.) ························· 259
가벼운 마약: 그 친근한 종속 ························· 259
완전 결핍은 완전 종속 ····························· 261

III 현재의 문화 진단

1 거룩한 통속성의 사회(D.B.) ························· 266
시장 지향성: 소비재 사고와 노동자 문화(Proll-Kultur) ········· 266
통속성: 마케팅의 관심은 고상한 품격보다는 '저속한 생활' ········· 270
사회적 일상화의 전략들 ····························· 274
테타만티의 실수 ································ 284

2 악한 것의 부흥(N.B.) ···························· 286
악마 부르기 ·································· 288
인기 판매 상품인 하위문화 ························· 290
미학적 악마 숭배 ······························· 293
당신이 항상 '섹스와 범죄'에 대해서 궁금해하던 것에 대하여 ········ 295
흉측한 것 즐기기 ······························· 298
불행 중독자들 ································ 300
방해자와 기생충들 ····························· 303
창조적 파괴 ·································· 308

3 행운의 요소(N.B.) ····························· 312
의미를 찾아다니는 관광객 ························· 313
포괄적 개념인 행복 ····························· 316

행복과 불행의 구별 ···································· 319

행복의 기술들 ······································ 323

세계의 궁핍 ·· 324

철학자와 바보들 ···································· 325

목가적 역사 분위기의 종식 ···························· 327

정치적인 교정의 태고사 ······························ 329

몰아경이 일시 멈춘 때 ······························· 331

4 '십대의 정서 같은 기질': 예언과 돈과 같은 팝(D.B.) ·········· 333

베이비붐 세대의 향수도 아니고 틈새시장 전략도 아님 ·········· 333

팝의 매력적인 핵심가치 ······························ 337

엘비스와 침대 속에서 그리고 궁정식 연애 ················· 342

아이 지향적 어른들 아니면 어른 지향적 아이들? ·············· 344

5 테크노-포스트모더니즘의 종교(N.B.) ·················· 347

게릴라식 소비 ······································ 347

열광의 시장 ·· 348

이 신흥종교는 어떻게 움직이는가? ······················ 351

포스트모더니즘 시대의 다신들 ························· 353

대도시의 종교적인 열광 ······························ 355

종합예술작품인 쇼핑몰 ······························ 356

소비의 영성 ·· 357

우상종교로서의 대중음악 ···························· 358

꿈과 같은 순간 ····································· 360

참고문헌 ·· 363

찾아보기 ·· 365

머리말

'시장 접근성'이라는 주문(呪文)은 실제로는 아주 이해하기 쉬우며 자명한 단어로서, 고객이 동조하지 않으면 아무 소용이 없다는 뜻이다. 마케팅에서는 합리적 고객과의 대화를 뜻하지 않고 수요 창출을 의미한다. 거기에는 긴밀한 관계에 있는 두 가지 사항, 곧 마케팅은 종교와 대중문화의 힘—거룩함과 통속성—을 살려야 한다는 것이 중요하다. 그래서 이 책에서는 생산신화, 소비 성물, 연출된 의식, 생활양식 숭배를 다루고자 한다. 오늘날 시장에서 성공할 수 있는 비결은 거룩함과 통속성의 양면을 잘 살리는 데 달려 있다. 광고와 마케팅은 미국의 대중문화에 '기생해서' 살아가고 있으며 기능을 상실한 종교를 대신하고 있다. 이제는 이런 식으로 해야 포화상태가 된 세계 소비재 시장에서 별 볼일 없는 상품들을 정말 '없으면 죽고 마는 것'으로 바꿀 수 있다.

이 전략을 간단히 '컬트 마케팅'이라고 한다. 우리는 이미 오래 전부터 컬트 인물들을 알고 있고 컬트 영화들도 관람해 왔다. 최근 청소년들 사이에서는 이미 친숙해져 우리 언어 속에서 떼려야 뗄 수 없는 '쿨'(cool)이라는 단어 외에도 '컬트'(kult)라는 말이 중요하게 사용된다. 무슨 의미일까? 이 책은 이에 대해 대답해 줄 것이다.

우리는 의미를 잃어버릴 정도로 계몽된 이 사회에서는 컬트적인 요소가 질서를 만드는 동시에 지루함을 벗어나게 해주는 작용을 한다고 본다. 우상 숭배와 제사적 의식들이 부활하고 있는 이유는 이것들이 우리 세계에 만연하는 카오스와 불규칙성, 불확실성에 반하는 '약'으로 간주되기 때문이다.

과학을 통한 이 세계의 계몽에 반발하는 컬트 마케팅은 다시금 미신화전략을 기술적으로 취하려 한다. 과학을 통해서 인간의 삶에 대한 질문에 답을 찾는 것은 이미 오래 전부터 무의미해졌고 바로 이런 이유로 고등한 의미를 추구하는 종교적인 욕구를 서구의 종교들은 더 이상 채워 주지 못하고 있다. 바로 여기에서 종교의 하늘에서 사라진 신들이 시장의 우상으로 재등장했다. 광고와 마케팅이 비어 버린 사고의 하늘을 대신 차지한 것이다.

기존의 경영학과 시장 조사용 통계학은 시장에 나타난 이 새로운 '신들'의 비밀을 밝혀 내기에는 역부족이다. 그래서 우리는 인류학과 종교사회학과 체계이론과 대중문화의 힘을 빌리고자 한다. 시장은 너무나 복잡하고 정교해졌기 때문에 단순하게 '경제적'으로만 이해할 수 있는 상황을 이미 오래 전에 넘어섰다. 오래 전부터 '기업철학'이라는 말들을 하고 있고 오늘날 기업 경영에는 정말로 철학이 필요하다고들 하는데, 그렇다면 어떤 철학을 두고 하는 말인가?

이 책은 그 질문에 답을 제공할 것이다. 그렇다고 철학강의를 하려는 것은 아니기에 독자들은 쉽게 읽을 수 있을 것이다. 읽어 보라고 권하고 싶은 철학자 오도 마쿼드(Odo Marquard)의 말을 조금 변용해서 말한다면 일반인들을 대상으로 한 가벼운 책들의 지은이들은 전문가를 대신한 스턴트맨이며 철학자들을 위한 광고맨과 같다. 이런 비소설류의 가벼운 책을 저술하는 일은 단순화에 따르는 위험부담과 실제로 아주 복잡하게 관련된 사항들을 간단하게 설명하려고 함으로써 나쁜 무리들로 찍힐 위험을 안게 된다. 요즘 인기는 높지만 쉽지 않은 철학자 장 프랑소와 리요타(Jean-François Lyotard)에 따르면 단순화를 주장하는 사람은 스스로 새로운 야만적인 것을 퍼트리는 사람이 되기 때문이다.

그러면 이 책은 어떻게 읽어야 할 것인가? 흔히 그렇듯이 앞에서부터 뒤로 한 장씩 한 장씩 읽어 나가도록 해놓았다. 책은 책이고 지은이는 지은이인 동안에는 당연히 이렇게 하는 것이 바람직하다. 그러나 이 책을 달리 읽을 수도 있다. 이 책의 각 장들은 독립적 개별성을 지닌 것으로 보아도 상관이 없다. 그리고 각 장 안에서도 단락을 뛰어넘는 경우도 있을 것이다. 특별히 이론적으로 깊이 다루어야 할 부분에서는 한번 더 설명할 것인데 이렇게 해서 독자들의 이해를 도울 것이다. 단락들을 이렇게 다채롭게 구성함으로써 자주 중복되지만 관련된 관점과 맥락은 각각 다를 것이다. 그러나 우리는 이런 점을 방향을 찾는 것에서 해로 보지 않고 이익으로 본다. 불필요한 남아도는 나머지가 없는 정보는 정말로 없기 때문이다.

이 책의 지은이는 둘이다. 우리는 모든 단락을 둘이서 같이 쓰는 불가능한 일을 하지는 않았다. 우리 둘은 공동의 이론적인 '정수들'에 기초를 두고 같은 현상들을 서로 다른 관점과 방법으로 분석했다. 그 이유는 눈이 넷이면 더 잘 볼 수 있다는 것 때문이 아니라 혼자서는 자신이 보지 못하는 것을 깨닫지 못하기 때문이다. 이 뜻은 우리의 의견은 항상 같지는 않다는 것이다. 제법 여러 가지 질문들, 예들 들어 유명상표의 상품들이 시장에서 차지하는 전망에 대해서는 정반대의 의견을 지니고 있다. 많지는 않지만 그런 견해 차이를 억지로 통일하려고 하지는 않았다. 이렇게 함으로써 혼돈을 불러일으키지 않고 토론을 활성화하기 위해서 차례에서 장마다 해당 저자들의 이니셜을 괄호 안에 표시해 놓았다.

노르베르츠 볼츠
다비트 보스하르트
에센(Essen)과 취리히(Zürich)에서 1995년 4월에

I

마케팅과 시대정신

1
시장 접근성 = 거룩함과 통속성

"시장을 맛보는 장소로 바꾼 일은 통속성의 승리이다.
돈을 내든지 꺼져라. 더욱이 입맛을 저속하게 만든 것은
대중의지의 승리이다."
제임스 트위첼(James B. Twitchell)

"그리고 당신은 통속성에 끝없이 흥미를 느낀다….
정치는 쇼 비지니스다. 크라이슬러를 굴리는 것도 쇼 비즈니스다.
내가 뉴욕 시를 파산에서 구하려고 노력할 때에 거기에도
많은 쇼 비즈니스가 관련된다. 스포츠는 쇼 비즈니스이고
헨리 키신저(Henry Kissinger)도 쇼 비즈니스다. 이런 것들이
시장의 현실이다. 그래서 이미 말했지만 이 세계의 모든 것은
쇼 비즈니스로 변했다. 만일 당신이 쇼 비즈니스에
참가하고 있지 않다면 당신은 브로드웨이를 떠난 것이다."
펠릭스 로헤이튼(Felix Rohatyn),
라자드 프레레스 주식회사(Lazard Frères & Company)

"이 시대 극도의 환상은 극도의 거룩함에 있다."
루드비히 포이에르바흐(Ludwig Feuerbach)

시장 접근성-요술방망이 같은 단어

'고객에게 다가가기'나 '고객 지향성' 또는 '시장 지향성'으로도 표현하
는 '시장 접근성'은 소비재 시장에서 요술방망이 같은 말이 되고 있다. 제

약산업과 은행에서부터 국가 행정기구에 이르기까지 전통적 보수성향의 직종과 조직 어디나 이 표현에 사로잡혀 있음을 관찰할 수 있다. 전문가라고 자처하는 사람들은 너나없이 자신들이 고객 지향적이며 서비스 정신을 수호하고 있다고 주장한다. 첨단기술과 뉴미디어 분야에 종사하는 사람들은 그들대로 '사용자 편의성'의 중요성을 외친다. 실제로 새로운 컴퓨터 기종들은 '사용자 편의성'을 표방하고 있고 사용자는 직접 모든 것을 작동시켜야 한다.

우리는 정치 이데올로기 투쟁이 끝난 이후 누구나 자신의 확신에 찬 신념을 내버리고 다소간의 차이는 있지만 자유시장경제의 철저한 추종자가 되고 있음을 보고 있다. 지금 시대는 아름다운 신념은 벌써 지나갔고 '판에 박힌' 듯한 시대—바로 '통속성'과 관련된—로 진행하고 있다. 이미 이런 발전방향의 다음 단계가 예고되고 있는데, 곧 '아름다운' 말들의 철저한 전환이다. 확실한 것은 이런 실행 노력이 등장했을 뿐 아니라 이미 진행되었다는 것이다. 여러분도 아마 이런 '판에 박힌 내용'의 일부분을 얻게 될 것이다.

시장경제를 이루기 위한 '시장 접근성'은 맥락이 없는 자동과정이 아니다. 소비재 시장의 흐름을 간파하려는 사람은 적어도 서로 밀접하게 관련된 세 가지 발전과정을 살펴보아야 한다. 셋 중의 어느 하나도 빠지면 시장경제는 이루어지지 않는다. 이 발전과정은 시장 접근성과 거룩함과 통속성으로 표현할 수 있다. 철저한 시장 접근성은 인류 역사상 처음으로 고객의 존재를 확실하게 부각시켰다. 고객은 원칙대로라면 이제 자신이 바라는 것과 자신의 가슴 깊이 숨어 있는 욕망을 충족시켜 줄 것들을 얻을 수 있다. 미래의 시장이 인간의 시장이 될 수 있는 가능성은 매우 높다. 그러나 많은 기업가나 마케팅 전문가나 경영자들은 이것이 도대체 무엇을 의미하는지 여전히 잘 모르고 있는데 시장경제 실천을 말로만 부르짖는 정치가 또한 마찬가지다.

소비재 마케팅에 대한 중요한 질문:
우리의 테제

'시장 접근성'은 '시장경제'의 비전을 그럴듯하게 현실화한 개념이다. 만일 고객이 함께하지 않으면 소용이 없다. 따라서 시장 접근성이라는 개념은 고객의 취향에 맞게 현실화해야 한다. 이 말은 이 개념을 고객의 욕구와 필요성에 맞게 구체화해야 한다는 뜻이다. 여기에는 서로 긴밀하게 연관된 두 가지 성향, 곧 통속성과 거룩함이 꼭 들어맞는다. 포화상태인 데다가 세계화하는 소비재 시장에서 마케팅에 딱 들어맞는 질문이 있다. 곧 어떻게 성(sex)이나 성적 매력을 상품에 나타낼 것인가 하는 것이다. 어떻게 평범한 상품을 누구나 갖고 싶어하는 물건으로 바꿀 수 있을 것인가? 이런 이유 때문에 숭배적 소비와 가격정책(상품 신화들, 연출된 의식, 소비 성물, 가격 중독자들 따위)은 오늘날 가장 결정적인 성공기준이 되었다. 이것들은 '인간다운' 의사소통의 단초이다. 시장에서 성공적인 의사전달자는 통속적이면서도 거룩하게 처신한다.

이러한 세 가지 발전과정을 간파할 수 있는 사람은 마케팅과 광고기술적인 아이디어와 시나리오를 발전시킬 수 있을 뿐 아니라 당대의 문화 분석을 위한 열쇠를 손에 쥐고 있는 것이다. 이런 문화 진단은 기업의 경영자들과 정치 전략적으로 생각하는 사람들에게도 중요하다. 철학적으로 말한다면 오늘날 '첫번째' 실재는 구별의 소비 시장에서 탄생한다는 뜻이다. 문화 분석 없이는 서로 색다르고 다양한 많은 당대의 추세들을 전혀 평가할 수 없다. 이 책은 바로 이런 당대 문화 분석을 다루고 있다.

마르크스의 복수:
중산층 열망의 종식과 프롤레타리아 문화의 상승

지난 수십 년 동안 문화·경제적으로 열렬히 바라던 것들이 환상에 지나지 않음이 드러났다. 이 세상 사람들이 모두 중산층의 생활양식에 맞추어 살 수도 없고 돈도 충분하지 않기 때문이다. 어떤 개인이나 기관, 국가도 돈을 충분히 갖고 있지 못하다. '전 세계의 시민화'는 제동이 걸렸다. 중산층과 그들을 따라가던 하위계층이 다같이 꿈꾸어 온 풍속과 소비습관, 의식의 끊임없는 세련화 작업은 이제 철저한 재프롤레타리아화에 밀려났다. 1980년대의 순진한 '행복한 소비'라는 사고방식은 과거 속으로 사라졌지만, 짐작건대 많은 사람들이 여전히 이런 사실을 깨닫지 못하고 있다.

이런 추세에 대한 명백한 증거들은 많다. 일례로 천천히 진행하고 있는 상표의 통속화이다. 다비도프(Davidoff)나 크리스천 디올의 제품을 오토(Otto) 주문배달회사(독일의 유명한 중저가 생활용품들을 판매하는 회사—옮긴이)에서도 살 수 있게 되었다. 고급시장이 거룩하면서도 통속적인 시장이 되어 간다. 메르세데스-벤츠 상표가 계속 빛나기 위해서는 강력한 통속화가 뒷받침되어야 했다. 벤츠사는 흔들림 없이 지위를 유지하려고 무엇보다도 판매가를 비밀에 부쳤고 차 뒤편에 정확한 차의 성능을 표시하지 않았다. 분명히 이중적으로 해석 가능한 "40 이하의 사람들을 위하여"라는 방식으로 C등급 차들을 판촉하였다. 이로써 금기사항이 깨졌다. 이 사실은 상표에 대해서 높은 자긍심을 가지며 고전적인 거리를 두는 벤츠 구입자들을 혼동시킬 수 있다. 그러나 동시에 확신할 수 있는 것은 벤츠의 숭배적 지위는 손상을 입지 않았다는 사실이다. 대중에게 적합한데다가 좀더 쉽게 차를 구입할 수 있도록 만든 점은 제품을 더욱 '거룩'하게 만들었다. 벤츠는 새로이 하향 조정됨으로써 더 넓은 고객 지지기반을 마련했기 때문이다. 우리는 비슷한 것을 예술의 영역에서도 확인할 수 있는데, 숭배적 제품은 통속화를 통해 하향적 지위를 경험하게 되고 그럼으로써 자신의 숭배적 지위를 높이는 것이다. 모나리자가 수많은 박물관 관람객에게뿐 아니라 포스터나 티셔츠, 핀이나 엽서에도 등장하기 시작하면서 하층민에게까지 광채가 도달했다. 그래서 어느 정도 나름대로 근거를 가지고 모나리자를 '머니 리자'(Money Lisa) 또는 '미키 리자'(Micky Lisa)로 부르기도 한다. 생활잡지 ≪템포≫(Tempo)는 이를 두고 '프롤레타리아 문화'(Proll culture)라고 표현했다.

거룩하면서도 통속적인 이 새로운 소비문화는 특정 고객층에만 국한된 것이 아니고, 우리 모두에게 해당하는 소비문화다. 이런 핵심적이고 선견지명적인 거룩한 시장 통속성의 원칙은 당연히 엘비스 프레슬리(Elvis Presley) 덕택이다. "네 하고 싶은 대로 하렴, 그러나 내 파란 가죽장갑만은 밟지 말고!"

우리는 위로 향하는 귀족적 문화를 지향하지 말고 아래를 지향해야 한다. 차이, 개성 그리고 특성을 중요하게 여기는 문화가 거리낌 없는 시장 접근성, 급진적인 의식의 역사화와 거룩한 통속성에 의해 밀려나고 있다. 분별력 없고 감정에 휩싸인 열정이 중용을 지키는 양식과 교육적 사고를 대체하고 있다. 새로운 소비문화의 상징은 포도주나 샴페인이 아니고 맥주와 탄산수이다. 포도주와 샴페인은 물론 '과시적 소비'에는 중요한 상품이기는 하나 오늘날 다양성과 살아 있는 정신은 맥주와 탄산수의 수준에서 찾을 수 있다. 이로써 알 수 있는 한 가지는 교육을 잘 받았고 과거에는 환경운동이나 여성운동을 지휘하던 전형적 중간층(교사, 교수, 경영자, 의사 따위)이 중요한 사회의 흐름들을 더 이상 주도하지 못하고 있다는 사실이다. 중간층은 줄어들고 물질적·정신적으로 하향 조정되고 있다. 집단적으로 계층이 하향 조정되거나(노동자나 화이트칼라 층) 또는 개인적으로 몰락하는 것에(경영자) 대한 두려움이 상향 조정에 대한 희망보다 총체적으로 훨씬 더 크다. 마이클 더글러스(Michael Douglas) 주연의 할리우드 영화 〈폴링다운〉(Falling Down)은 오늘날 사회의 주된 분위기를 잘 나타내고 있다. 경기 회복이나 잠깐의 경기 상승도 이런 분위기를 바꾸지 못한다. 다음을 잊으면 안 된다.

● 한편으로 합리화의 과정이 계속 진행하리라는 것을 알 수 있다. 많은 산업 분야에는 아직도 잠재력이 많이 남아 있어서 기회와 시간만 넉

넉하다면 현실화할 수 있다. 조직과 물류적 차원에서, 재정 기술적으로 그리고 특히 인적 자원의 영역에서는 계속적인 효율 증가를 예상할 수 있다. 기존의 '제도나 체제의 외부적 여건'에 의해서 제약을 받는다는 기본 전제들은 당분간 불변한다고 본다.

● 다른 한편 우리는 세계화되고 포화상태에 이른 시장의 시대에 살고 있다는 사실이다. 경영적 차원에서는 효율 증가에 대한 압박과 강제를, 곧 행태 합리화의 동력을 볼 수 있다면 소비의 측면에서는 기이하게도 역행하는 움직임을 볼 수 있다. 우리는 '합리적'으로 행동하는 소비자 대신 몰합리적이고 비합리적인 소비자가 증대하고 있는 것을 알게 된다. 더 이상 합리적 범주인 가격과 제품의 관계를 고려하여 합리적으로 선택하는 소비자가 시장에서는 지배적이지 않고 오히려 숭배적 소비자들의 몰합리적 소비와 높은 가격 중독자들의 비합리적 소비가 주류를 차지한다.

요약하면 한쪽으로 지나치게 탈합리화된 경영은 자유로우면서도 '시장 접근성'이라는 특징을 지니는 소비 시장의 거룩함과 통속성 안에서 반대현상을 볼 수 있다는 것이다. 소비자는 소비행위를 통해서 생산자나 노동자 또는 경영자로서 누리지 못한 것을 드디어 누릴 수 있게 되었다.

거룩한 통속성을 지향하는 여덟 가지 추세

① 판매촉진 문화

프롤레타리아 문화는 '판매촉진 문화'다. 프롤레타리아 문화에서는 판매촉진 행위가 삶의 모든 영역에 파고들기 때문이다. 정치에서 과학과 스포츠를 거쳐 사회영역에서까지 이를 인식할 수 있다. 무조건적인 '시장 접근성'에 대한 지향은 광고를 사회생활의 핵심으로 만들고 있다. '소비성향과 광고와 상징적 표현은 다 같은 말이 되었다. 평범하고 자족적인 생산은 시장에서 사라지고 있다. '판매촉진 문화' 속에서 상품은 거룩한 통속성의 규칙에 따라서 드라마틱하게 선전된다. 할리우드 식의 철저하게 계산된 기술적인 영상 생산의 '이미지 공학'이나 정치 쇼 같은 제품 배치와 나이키타운 식의 인위적 체험 혼합세계를 건설하는 것까지 도처에 걸쳐서 고객 지향적 마케팅 사고규칙에 따라 광고되고 판매되고 있다. 제임스 트위첼은 "오락 프로그램은 광고이며 광고는 쇼"라고 말한다. 달리 말하면 현재 문화의 상품화는 속도가 더하고 있다. 세계는 '어마어마하게 큰 상품더미'로 변하고 있다(칼 마르크스).

따라서 우리의 세계 인식은 상품이 매개된 일그러진 인식이다. 진리를 간파한다는 의미를 지니는 인식이라는 단어는 상품을 인식한다는 말이 되었다. 그래서 모든 인식에는 값이 매겨져 있다. 유일하게 남아 있는 윤리는 상품윤리(Commodity Ethics)다. 유일하게 남아 있는 비판은 상품 비판이고 유일하게 남아 있는 테스트는 상품 테스트다. 유일하게 남아 있는 인식론은 상품 인식론이다. 철저하게 고객 지향적 풍조 속에서 민주주의는 소비자 민주주의 형태를 띤다. 모든 사람을 시민화하려는 이상주의적 중산층의 환상이 무너지고 통속성이 전 세계적으로 부상한 지금 '상품의 모습과 사고의 모습'이(존 레텔) 깊은 연관성을 맺고 있다는 주장이 그 전성기를 맞이하고 있다.

② 최후의 종교인 자본주의

포화상태인 소비 시장 단계에서는 자본주의가 이 세계 '최후의' 종교가 된다.

포화상태인 시장 단계에서 자본주의는 상품을 인간 욕구의 중심부에 놓을 수 있는 능력을 갖게 된다. 자본주의는 종교적 기능을 완전히 떠맡았다.

자본주의는 수없이 언급되는 '의미의 결핍'이나 보수진영의 도덕적 관점에서 바라본 '가치 몰락'에는 책임이 없다. 자본주의 자체가 더는 능가할 수 없는 이 세계 '최후의' 종교이기 때문이다. 대형 백화점들은 새로운 소비의 성전들이다. 조지 버나드 쇼(George Bernard Show)는 이미 100년 전에 영화관이 교회를 대체할 것이며 오락이 새로운 형태의 예배의식을 탄생시킬 것이라고 내다보았다. 소비의 의식(儀式)화와 모든 가격 대의 브랜드 상품의 물신화는 당연히 종교적 기능을 충족시킨다. 그 밖에 이들은 새로운 형태의 공동체를 형성한다. 씨족적 소속감은 시장 지향의 흐름 속에서는 완전히 다른 양상을 띤다. 곧 전형적이고 충성스런 단골고객(Stammkunden)이 종잡을 수 없는 고객족(Kundenstämme)이 된다.

자본주의적 종교의 정점은 지미 헨드릭스(Jimi Hendrix)나 커트 코베인(Kurt Cobain) 같은 위대한 소비 영웅의 순교적 죽음에서 만들어졌다. 이 '신들'은 육체적으로 죽고 나서야 비로소 자신들의 시장 잠재력을 완전히 발휘했다. 그래서 그들은 많은 돈을 중개인과 상인 그리고 그들의 후손들에게 물려주게 된다. 자본주의는 어느 종교보다도 적응력이 뛰어나지만 '공허한' 종교다. 자본주의는 교리도 필요 없고 있는 그 자체로 충분하다.

예를 들어 유행의 의미를 생각해 보면 자본주의 종교의 특징이 더욱 분명해질 것이다. 유행은 영향력이 매우 높지만 시간적으로 상당히 제한된 통합능력을 갖춘 단기 종교다. 종교로서의 자본주의의 강점은 원칙 없음에 있다. 곧 고정되지 못하고 결코 만족할 줄 모르는, 언제나 새로운 신들에 대한 갈망은 이방적 다신주의의 귀환을 뜻한다. 아이들의 '상표 이름 게임'인 나이키(Nike)에서 팍트(Fuct), 리바이스(Levi's)까지 상표에 대한 기벽은 이에 대한 좋은 예다. 다신주의는 일신론적 구원론을 대체하고 있다. 자본주의 소비재시장의 조물주들은 부단히 생산하고 자신들의 최신 창조물들을 소비자 영혼들의 갈망에 부응하여 유통시킨다.

③ 삶과 죽음의 방식이라고 할 수 있는 생활양식 쇼핑

생활양식 쇼핑의 의미는 구매행위가 우리의 가장 근본 행위가 되었다는 것이다. 어떤 삶의 형태도 이 기본적 상황을 벗어날 수 없다. 우리가 무엇을 사고 어떻게 구매하는가 하는 것이 우리의 의식과 행동을 결정한다. 우리가 1985년과 1988년 사이의 쾌락을 좇는 여피족(yuppie, 미국의 전후인 1940년대 말에서 1950년대 초에 태어난 젊은 엘리트 층—옮긴이) 같은 분위기 속에서 구매하든 1990년대 초의 불경기 분위기에서 구매하든 상관없이 이 기본적 상황에는 변화가 없다. 전 세계의 모범이 되는 서구의 노동세계와 여가세계에서는 한 가지만이 의미가 있다. 바로 소비자 또는 고객이다. 철저하게 시장 지향적이라는 말은 여기서 소비자를 위해서 모든 것을 다 해준다는 의미다. 최악의 경우에도 최소한 이론적으로는 모든 일은 소비자를 위해서 있다는 의미다.

정확히 말해 구공산주의 동구권에 대한 최종적이며 논란의 여지가 없는 '승리'는 단 하나다. 소비자가 생산자를 이겼다. 생산자 신화는 죽었다. 동구권에서는 공동체를 위해서 일하는 생산자가 '창의적 인간'이라는 신화가 지배적이었다. 타당성 없는 괴변이 모두 빠진 마르크스주의에서는 일하는 영웅만이 존재했다. 사실상 초기 마르크스주의의 생산 이해는 실효성이 없었다. 따라서 보통의 서구인들에게 적(敵)은 마르크스-레닌주의가 아니고 물건을 사기 위해 긴 줄로 늘어선 사람들이었다. 어차피 서구 사람들은 이데올로기에 관심이 없다. 기껏해야 원하는 소비재 시장에 참여를 못하게 되었을 때에만 관심을 보인다.

오늘날은 오로지 소비만이 중요하다. 그리고 이런 '소비자' 승리에 비해 그 밖의 다른 '승리'—실제로는 표면적인 승리에 그치지만—는 완전히 부수적이다. 소비자는 장점을 한 가지 갖고 있다. 곧 그들이 '창의적으로' 소비하든 하지 않든 똑같다는 것이다. 흥미롭게도 서구의 '승리자' 측에서는 진력을 다해 경영에 창의성을 도입하려 한다. 우리 생각에는 이 일이 잘될 것 같지 않다.

④ 사악한 시장들-저질스런 것으로 돈벌기

'체계'에서 밀려나고 사라진 것이 아주 중요한 시장 요소가 된다. 하위문화를 육성하는 일은 민주주의의 주요 기능이다. 하위문화가 없는 민주주의는 타락한다. 이런 하위문화와 반문화들 속에서는 경멸받는 것, 이탈된 것, 조소거리들이 중심이 되기 때문이다. 곧 열려 있는 정상 세계에서는 설자리가 없는 것을 이곳에서는 생각해도 되고 글로 써도 되고 실천에 옮겨도 된다. '섹스와 범죄'—악마적인 것, 흡혈귀 같은 것, 끔찍한 것, 변태적인 것, 공격적인 것, 새디즘적인 것, 야수와 같은 것, 파괴적인 것, 토막이 난 것처럼 악하다는 이미지를 주고 관음적인 욕망이 끈끈하게 붙어 있고 통속적으로 소비되는 모든 것—중에서 '반쪽 문화'의 모든 양상이 이런 반쪽 문화의 음지에서 뛰쳐나와 상품으로 시장에 밀려들고 있다. 지금까지 '공적' 생산과 소비체계에서 설자리가 없었던 것들이 오늘날 평범한 대량상품—거룩하고 통속적인 상품—의 형태로 시장에 밀려든다. 곧 하위문화가 주류문화가 되고 있다.

따라서 사악함이 보인다. 홍등가 언저리에 머물러 있던 것들이 지금은 시장의 주류가 되고 있다. 철저하게 시장과 고객을 지향한다는 것은 천박한 마케팅, 밥맛 떨어지는 광고, 추악한 상품들, 무지하고 야비하며(같이 남 흉보기!) 키치 같은 스타일이 시장유통에서 미래가 아주 밝다는 것을 뜻한다.

지금까지 도덕적으로 억제되던 것이 보이고—통속성에 결정적인 것으로—경험할 수도 있다. 간단히 말한다면 중산층의 취향을 정신적으로 승화하고 끊임없이 세련하는 대신에 사람들이 경멸적으로 '노동자층에 어울리는 것'으로 평가하던 것들이 시장의 선두에 나서고 있다. 쓰레기 같은 것들이 큰돈이 된다!

'천박한 입맛'을 상징적으로 대표하는 몇 가지 통속적인 상품들의 이름을 나열해 보자. 당대의 가장 유명한 액션 배우라고 할 만한 오스트리아 슈타이어마르크 지방 출신의 친절한 근육질의 사나이 아놀드 슈왈제네거(Arnold Schwarzenegger), 포르노의 대모격인 테레사 오르로브스키(Teresa Orlowski), 벽에 사는 벌레처럼 방송사의 벽들을 넘나드는 토크쇼의 대가 토마스 고트샬크(Thomas Gottschalk), 믿을 만한 방송국들에서 유명 인사와 재담을 나누는 재담 사회자 수잔 슈파이히(Suzanne Speich), 세계 굴지 회사들의 고문을 맡고 있고 하루 6만 달러를 벌어 들이는 베스트셀러 작가인 경영인들의 우상 톰 피터스(Tom Peters), 바트 심슨(Bart Simpson)을 현재 미국에서 사랑받는 인물로 만들어 놓은 미국적 통속성의 정수를 찌른 비비스와 버트헤드(Beavis & Butt-head)의 우상시되는 만화와 당연히 전직 화물차 기사였던 선조 격인 엘비스 프레슬리를 들 수 있다. 엘비스는 시장 통속성의 근본적 핵심원칙을 잘 말했는데 그 중요성 때문에 여기서 다시 한번 인용해 본다. "네가 하고 싶은 대로 하려무나. 그러나 내 파란색 가죽신발만 밟지 말아 다오."

'자유방임 원칙'과 그것의 가장 뛰어난 산물인 '고객에게 다가가기'가 신화로 알려진 시대에서는 가장 돈 잘 벌고 가장 많이 동경되는 인물들이 동시에 가장 통속적인 사람들이다.

⑤ 자유로운 시장문화로서의 대중문화

록 문화가 지금까지 반쪽 문화의 흐름을 대표했고 청소년문화의 생명력 있는 감정을 나타냈다는 점은 록 문화가 중요한 역할을 담당하고 있음을 설명해 준다. 나이 든 베이비붐 세대가 변함없이 록 문화를 사랑하며 동시에 록 문화의 세계적인 확산으로 미루어서 확언할 수 있는 것은 록 문화는 지적인 고급문화도 아니고 지역적인 민속문화도 아니고 유일하게 세계적으로 성공한 반쪽 문화라는 사실이다. 대중문화는 자유로운 시장문화다. 대중문화는 시장 통속성의 중심이자 핵심이다. 대중문화의 상징들은 삶에서 흘러나오는 정수들이다. 그 상징들은 단순하고 직접적이며 쉽게 이해할 수 있다. 바로 이런 점이 대중문화의 꺾이지 않는 매력을 만들어 낸다.

통속성에 대한 용이한 접근과 명백한 증거는 당연히 고전적인 매체인 TV 덕택이다. 그리고 록 음악을 위해서는 세계를 록 음악의 선교목표로 삼고 이미 15년 전에 출발한 MTV가 있다. 이 매체는 관음주의를 구별 없이 선전했다. TV는 정말 뛰어난 통속적 매체이고 MTV는 이 통속성을 증

폭시킨다. 따라서 오늘날 유럽과 미국의 언론매체들이 대단히 비싼 MTV
의 독점권을 파괴하려 노력하는 것은 결코 우연한 일이 아니다. 이 싸움
이 어떻게 결말이 나든 간에 예고된 국경이 없는 전파의 확장과 뉴미디어
의 등장으로 통속성의 승리의 길은 점점 더 빨라지고 있다. 대중문화는 이
것을 가속하는 데 핵심역할을 할 것이다.

시장 또는 철저한 시장 지향화에 상극이 되는 것은 권태 또는 지루함
이다. 소비가 중단되어서는 안 되므로 소비에 대한 욕망을 끊임없이 부채
질해야 한다. 그러나 이에는 취향을 대가로 치러야 한다. 이른바 '좋은 취
향'은 항상 다시 반추하게 되고 거리를 두게 한다. 그러나 바로 이 점이 시
장에서는 자본의 문제 때문에 허용되지 않는다. 간격을 두지 않는 것이 시장
의 신조다. 다른 방법이 없다. 이러한 이유 때문에 '고객에게 다가가기', '고
객 지향성' 그리고 '사용자 편의성' 같은 주제를 두고 우스꽝스럽고 사이
비 학문적 토론을 종종 벌인다. 질문의 방향은 더 이상 '거리'나 '고객의
욕구' 같은 데로 향하지 않고 오히려 소비자와 소비 상품 간의 구별 없는 융해
에 대한 것이다. 만일 소비자가 자신을 코카콜라 병이나 아이스크림으로 간주하
고 일체감을 느낀다면 그는 우선 자신의 미숙함과 소외를 벗어난다. 소비자와
소비품의 '상호 작용이 강할수록' 그만큼 더 좋다.

요약한다면 의사소통은 주크 박스의 원리대로 움직이는 상품 의사소
통이다. 통속적인 고객의 희망사항은 계속 기록되고 시장 선호의 범주에
따라서 저장된다.

⑥ 통속성에 대한 취향

미국의 소비와 문화 연구가 제임스 트위첼은 우리의 소비문화가 20세
기의 지난 10년 간보다 최근의 20일 동안 취향을 더 많이 바꾸어 놓았다
고 말한다. 끊임없이 영상과 광고를 소비하는 세상에서, 과거에는 솔직히
말해서 비열하고 저질이고 운치 없고 미숙하고 상스럽고 평범한 것으로
간주되었던, 곧 통속적인 것으로 간주되었던 것들을 고객은 살 수 있다.

통속적인 것은 오늘날 공공 장소에서 인정될 뿐 아니라 열광적인 찬사를 받고 있다. 다시 한번 강조해서 말한다면 글래무어 패션의 신통속주의 속에서 볼 수 있는 유행이 어쩌다 광기 부리는 그런 수준을 훨씬 넘어서 있는 것이 거룩한 시장 통속성이다. 글래무어 패션이 이벤트적인 유행 사건이라면 더 이상 고려의 가치도 없을 것이다. 그러나 그것은 시장경제를 고객 지향의 개념 속에서 구체화하고 있다. 누구나 별다른 노력 없이 이해할 수 있는 것이 판매시장에서 가장 좋은 기회를 갖는다. "본질적인 것으로 축소한다는 것"은 "외설적인 것으로 줄인다"는 뜻이다. 고객은 정말 이런 것을 원하고 있을까? 훗날 포스트모더니즘의 시조에 속하게 된 프랑스 철학자 장 프랑소와 리요타가 1974년에 '리비도적인 경제'라고 명칭을 붙인 것이 1990년대 중반부터 후반 사이에 시장 지향성이 구체화되는 때에 맞추어서 실현되고 있다. 포화된 시장에서 통속적 고객은 자유로이 유동하며 구매한다. 정치경제든 생물학적 경제든 간에 이런 구매를 강요할 방법은 없다.

⑦ 미국을 가장 매력적이게 하는 것은
워싱턴도 월스트리트도 바티칸도 아닌 할리우드이다

거룩한 통속성의 영역에서의 나아갈 방향과 지침을 제공한 것은 당연히 미국인들이었다. "통속성을 수출한다는 것은 우리의 위대함을 나타내는 것이다. 나는 부정적 의미로 말하고자 하는 것은 아니다. 그러나 적어도 이 사실은 중요하다"라고 윌리엄 스타이런(William Styron)은 말한다. 미국인들의 강함은 정치나 경제 영역이 아니다. 그들의 강함은 문화다. 세계를 향해서 나아가는 철저하게 마케팅적인 관점이 미국 문화의 기본 전제다. 미국인은 전 세계에 퍼져 있는 최고의 판매조직을 만들었다. 하이테크 분야나 엘리트 대학들의 창의력이나 정치적 권력에 대해서는 미국에게 최고의 점수를 주지 않을 수도 있다. 그러나 한 점에서는, 곧 문화의 효율적인 시장화 측면에서는 그들을 따라갈 수가 없다. 그래서 그들은 마케팅을 사랑한다. 마케팅은 그들에게 주식회사 미국을 전파하는 것이다. 맥도널드(McDonald's)와 코카콜라는 대중문화의 가장 중요한 장신구다. 미국은 결코 다함이 없는 환상적인 공장 할리우드를 뒷배경으로 하고 월트 디즈니(Walt Disney)의 상징적 세계로 가장 잘 무장되어 있어서, 이를 통해서 이제 시작되는 '정보고속도로'의 시대를 성공적으로 이겨 나갈 것이다.

'라스베가스' 모델이 '도시화 확대'라는 새로운 이념이 되고 다가올 경쟁적 민주주의적 자본주의의 전조가 된다는 것을 유럽의 엘리트층은 아직도 간파하지 못하고 있다. 보수적인 문화적 이해를 갖는 프랑스인은 마케팅을 증오한다. 변함없이 판매, 공장, 소비자라는 범주를 벗어나지 않으려는 독일인은 건성으로 마케팅을 하고 있다. 독일인들은 미국인의 단순하고 공격적인 순진함을 통해 전달되는 전염성 강한 천박한 매력 없이 마케팅을 한다.

⑧ '반문화'와 '반문화를 넘어서'

모더니즘의 가장 눈에 띄는 발전 축의 하나는 항상 절대적으로 '새것을 찾는 중독 증세'이다. '새것'이란 표시를 한 것만이 가치가 인정된다. 하여튼 간에 중요한 것은 무엇이 이 결과로 나타나는 것인가 하는 것이다. 항상 지금까지 없었던 것을 보여주어야 한다는 압력에 시달리는 생산자나 상인들에게 반문화는 어떤 형태이든지 매력적이다. 헉헉거리면서 끊임없이 새로운 것을 찾아 헤매고 있기에 반문화는 요란스런 시장의 손아귀를 빠져나가기 어렵다.

'반문화'가 그것을 넘어서 변해 가는 중간과정이 점점 더 빨라진다는 것은 바로 요란한 언론과 소비 시장에서 벗어난다는 것이 점점 더 어렵다는 것을 뜻한다. 무엇보다도 록 문화 등을 통해서 알려진 반문화는 분명히 우리 사회 전체에 창의력을 불어넣어 준다. 그러나 이를 전개해 나갈 시간적인 여유가 사회적으로 허용이 안 된다. 좀더 명확히 말한다면 반문화는 자신들의 창의적인 발전을 위한 숨을 한번도 쉴 수 없다는 의미이다. 이런 내 생각은 루소적인 향수에서 나오는 것도 아니고 더 더욱이 낭만주의와도 아무 상관이 없다. '테크노'(Techno)나 '그런지'(Grunge) 같은 것은 현재의 바로미터라고 볼 수 있다. 지나간 시대에는 '글래무어', '헤비메탈'과 '펑크'(Punk, 1970년대 영국에 유행한 반항적이며 강력한 록 음악, 기발한 머리모양·복장 따위—옮긴이)가 이 역할을 했다. 그러나 오늘날 반문화에 뒤따르는 시장화는 점점 빨라지고 있다. 거의 이 시장화는 동시에 일어난다. 하위문화가 점점 더 분화가 빨라지고 있다는 사실도 이 추세를 막을 수가 없다. 시장의 몰렉신(神)에 의해서 반문화는 점점 더 빨리 흡수되어서 독립 또는 '분리하여'(데리다) 특정한 전략에 따라서 길들여진다. 그러나 록 문화는 우리 소비 민주주의의 오뚝이다.

록 문화 덕택에 시장법칙을 또다시 창조적으로 파괴하는 것이, 곧 소비 성물들(주로 상품들)을 파괴주의적으로 다룬다거나 아니면 훨씬 더 자주 탈구성주의적으로 전환하는 것이 가능하다. 어떻게 마케팅의 힘을 마케팅의 수단으로 파괴할 수 있을 것인지는 수요 억제를 위한 선전활동(De-Marketing) 전략이 보여준다. 이 전략은 '뒤집어엎기'(Subversting), '나쁘게 만들기'(Badversting)와 '광고 저질화'(Adbusting)의 방법을 사용한다. 이런 방법들을 우선적으로 티셔츠 문화와 TV 속 그리고 인쇄 매체 속에서 관찰할 수 있다. 여기서 로고나 광고 내용의 핵심적 부분이나 그래픽 모양에 작은 변화를 주면 해당 상품을 전혀 다른 방향으로 해석하게 된다. 물론 앱솔루트 보드카(Absolut Vodka)가 Absolut Hangover나 Absolut on Ice로 바뀔 때와 아메리칸 익스프레스(American Express)가 American Excess로 그리고 베네통(Benetton)이 The True Colors of Benetton로 바뀌는 것처럼 숭배적 제품들에 대한 비마케팅 전략은 전도된 효과를 낼 수도 있다. 그러니까 상품의 숭배적 지위가 상승되거나 이전까지는 거부되거나 관심을 끌지 못하던 바로 그 장면에서 광고 효과를 본다는 것이다. 원래의 장애가 파괴적인 것에서 탈구성주의적인 것으로 바뀌어 버리는 것이다. 단지 캘빈 클라인(Calvin Klein)회사만이 이러한 추가적인 광고 판촉 잠재력을 알아채지 못했기 때문에 캘빈 돼지(Calvin Swine) 광고에 대해서 불평을 토로하고 있다.

강조해서 말한다면 우리의 '판매촉진 문화'에서 '소리와 영상'이 중심 역할을 하고 있다. 듣고 본다는 것은 그 모든 광범위한 영향력을 놓고 볼 때 특별한 지위를 갖는 감각기관들이 되었다. 음악은, 정확히 말한다면 리듬과 소음은 가장 효과적인 기능을 담당한다. 록 음악은 젊은 세대를 위한 에스페란토(세계 언어)가 되었을 뿐 아니라 세대를 초월하는 세계적 언어가 되었다. 록은 정말 세계 보편적으로 이해되는 유일한 언어다. 록 음악은 범세계적인 감각을 나타낸다. 이 사실은 매우 중요하다. 록 음악은 사실상 모든 상업화전략들에게 맞출 수 있다. 록 음악은 소비재 시장에서 가치의식 형성에 가장 효과적인 윤활유이기 때문에 그것을 포기할 수는 없다. 요약하면 삶은 시장화되고 거룩해지고 통속적이 되었다.

2
추세 속에서

지겹다고 생각이 들면 그저 다른 노래를 부르렴!
보노(Bono)

오해가 생길 소지를 처음부터 막고 싶다. 우리가 이 책에서 경영과 마케팅의 가치들이 변해야 한다고 주창하는 것은 뭐 그럴듯이 또 어떤 윤리 선생이 목소리를 높여서 떠드는 것하고는 거리가 있다. 오늘날 경영자들에게 인기 있는 새로운 박애정신은 현대의 핵심주제인 복잡성을 간과하고 있다.

모두 도덕을 외치지만 우리는 아니다. 그러나 왜 곳곳에서 갑자기 윤리 위원회들이 생겨나고 회사들에게 지구나 적어도 브라질의 열대우림 보호를 호소하는지 이유를 알 필요는 있다고 본다. 도덕화가 유행하고 있다. 그러나 새로운 가치가 생겨난 것은 아니다. 오히려 도덕적인 호소는 광야에서 외치는, 허무주의를 표현하는 소리다. 추세가 오늘날 가치의 공백을 메우고 있다. 동전의 앞뒤 면처럼 한편에는 윤리를 추구하는 추세가 있고 다른 한편에는 이 추세가 윤리적 공백을 메우고 있다.

생활 속에 묻혀 사는 사람들이 볼 때 도덕은 일반적으로 철학가들한테서나 기대할 수 있다. 이미 몇백 년 전부터 철학은 올바른 삶을 제시하지 못하고 있다. 자기 비판적인 철학가들은 논증적 가치 판단은 환상에 불과하다는 것을 가장 먼저 알아챘다. 윤리를 논의하는 자리에서는 편견과 이상적 가치들에 마치 올바르고 논리적 근거가 있는 것처럼 주장할 만하다. 그러나 도덕이나 윤리의 역사를 잘 아는 사람이라면 윤리나 도덕은 정신적 습관의 총합이라는 것을 안다.

도대체 왜 윤리에 대한 호소가 그렇게 인기가 있을까? 호소 그 자체로서 부담을 덜어 주는 효과가 있음이 분명하다. 철학이라는 단어도 그렇지만 윤리와 도덕이라는 단어도 그것을 발음하는 그 자체만으로도 분위기가 고상해진다. 윤리는 남들보다 자신이 낫다고 여기게끔 자기 도취적 만족감을 준다. 이런 만족감은 도덕적 호소 그 자체로도 이미 충분하다. 어떤 일을 도덕적으로 판단하는 그 행위 자체만으로도 이 사회에서는 좋은 사람으로 대접받는다. 이와는 달리 선과 악의 기준을 초월하여 거리를 두고 판단하는 사람들은 악하다든지 또는 최소한 냉소적인 사람으로 여겨진다. 이 책 또한 이런 사회의 편견을 벗어날 수는 없다. 그렇지만 이런 편견구조를 밝히는 것만은 할 것이다.

상업 윤리

경제적 관계에서 윤리라는 말은 무척이나 매력적인 단어인데 그것은 윤리라는 단어에 단순히 이윤 동기로만 설명할 수 없는 가치와 동기가 존재한다는 것을 전제로 하기 때문이다. 1994년도 로터리클럽의 '친구가 되자'(Be a friend)라는 표어는 스타이베슨트(Stuyvesant) 담배 광고문구인 '함께 모이자'(Come together)와 별 차이가 없다. 그리고 '색깔 연합'(United Colors)이라는 표어를 내세운 베네통의 유행은 모든 색깔이 같다는 의미뿐 아니라 '국제 연합'(United Nations)이 추구하는 반인종차별주의 전투가 승리로 끝났음을 뜻한다. 많은 회사들이 자연보호를 위해서 천박한 종류의 이윤 추구를 포기한다고 광고한다. 또 다른 회사들은 아동을 학대하는 사회를 걱정한다고 광고하기도 한다. 시민연대정신과 같은 개혁의지를 가지고 시장에 뛰어들었다고 선전하는 회사들이 점점 늘어나고 있다. 객관적인 관찰자라면 아마도 이런 친환경적이고 도덕적인 기치를 내건 회사들이 이윤을 그래도 남길 수 있을까 하고 걱정할지도 모른다. 그러나 이런 걱정은 쓸데없는 것이다. 도덕과 환경이라는 주제 자체가 유행하고 있다. 오늘날의 시대정신은 정확히 이 공물을 요구하고 있다. 이상주의가 시장에서 잘 팔리고 있기 때문이다.

경영과 마케팅에서 현재 유행하는 가치는 윤리라는 말이다. 미국의 한 잡지 이름이 ≪상업 윤리≫(Business Ethics)라고 해서 장사와 윤리가 서로 잘 통한다는 뜻은 결코 아니다. 확실한 것 하나는 회사가 정치·도덕적으로 올바르게 행동하면 고객관계도 가장 잘 형성하게 된다는 것이다. 회사의 이미지나 광고효과를 상승시켜 주는 것 가운데 아래 나열된 표어만한 것이 없다.

● 환경에 대한 염려
● 제3세계에 대한 동정
● 외국인 학대 반대 표명
● 동물실험 반대

이런 의미 부여작업의 목표는 순결하고 청순한 회사 이미지를 만드는 것이다. 누구나 자본주의 세상에서도 선한 양심―세탁기용 가루비누는 윤리적 기준에 부합해야 하고 개발도상국가들과의 공정한 거래가 착취를 대신해야 한다―을 가지고 일할 수 있음을 보여주려 한다. 이미지 향상을 위해서는 더 이상 쓰레기 분리 수거제도나 '환경친화적'이라는 인증 마크 정도로는 충분하지 않다. 거대한 윤리시장이 탄생하고 있기 때문이다. 바디숍(Body Shop)도 이런 식으로 이미지를 관리하고 있는데, 마치 물건을 팔려는 회사가 아니라 우리에게 참다운 삶을 가르쳐 주는 철학학교인 마냥 선전하고 있다. 그러나 기업들이 이런 공공성을 부르짖고 있을지라도 우리를 기만하고 있을 뿐이다.

이렇게 이미지를 포장하는 찜찜한 분위기 속에서 일본의 전신전화국 국장인 마사시 고지마(Masashi Kojima)가 캘리포니아의 미디어 잡지인

≪와이어드≫(Wired) 1994년 12월호의 인터뷰 속에서 "우정도 국제적 협력도 수익을 올리지 못하면 용서될 수 없다"라고 말한 것은 오히려 신선한 한 줄기 바람과 같은 진실이다.

실제로 이익을 남기지 못한다면 어떤 윤리적이고 정치적인 배려도 의미를 상실하게 된다. 마사시 고지마의 말들이나 폭스바겐(Volkswagen)의 피에치(Piëch)나 로페즈(Lopez)가 옮긴 행동들은 경쟁에는 인문주의적 의미를 지니는 것보다는 차라리 전쟁기술이 필요하다는 것을 상기시켜 준다. 그러나 이런 전쟁기술은 새로운 의미로 이해되어야 한다. 모든 것이 움직이는 시장에서는 자리를 고수하는 것, 곧 '시장에서 위치를 지키는 것'이 중요한 것이 아니라 기동성이 중요하다. 여기에는 연극 배우보다는 비디오물의 배우들이 훨씬 유리하다.

로페즈의 호전적인 영업방식에 대해서 이상주의자나 생각 있는 사람들은 아마도 이 세상에는 이익이나 수익, 더러운 돈보다도 중요한 것들이 있다고 말할지 모른다. 그러나 많은 도덕적인 동기들이 물질 숭배와는 정말 상관이 없을까? 한번 자세히 들여다보자. 모든 것에는 그 값이 있다고 말한다. 이 말은 모든 사람은 물질로 유혹할 수 있다는 의미로 받아들일 수 있다. 그리고 이상주의자도 예외는 아니라고 생각한다. 이상주의자는 자연, 환경, 정체성, 융합, 자기 실현 따위의 멋있는 말들을 즐겨 사용한다. 그러나 이런 표현들은 현실을 말하는 것이 아니라 갈망하고 숭배하는 우상들에 불과하다. 몇 년 전만 하더라도 이상주의자들에게 가장 의미가 있었던 우상은 '사회'라는 말이었다. 사회주의 국가들의 몰락은 숭배의 대상을 사회에서 자연으로 바꾸어 버렸다. 자연은 우리 시대의 우상이며 생태학이 차츰 신학을 대신하고 있다. 사회적 추세 변동 연구가인 마티아스 호륵스(Matthias Horx)는 이를 정확하게 표현했다. "가정에서 쓰레기를 모으고 분류하는 행위는 묵주기도의 현대화된 형태다."

위대한 사회학자 막스 베버(Max Weber)는 우리의 질문 가운데 두 가지를 인식하고 있었다. 우선 그는 거대한 세계종교들이 우리의 문명화과정을 결정한 경제윤리들을 어떻게 탄생시켰는지를 지적한다. 청교도 금욕주의에서 자본주의가 탄생했다는 것이 그의 중심 논제였다. 그러나 베버의 분석은 동시에 현대의 자본주의가 종교적 의미와 결별했다는 것도 보여준다. 따라서 경제윤리는 이제 껍질만 남았다. 그래서 말할 수 있는 것은 청교도 정신이 사라진 뒤, 윤리는 현대 세계에서 정치나 경제 분야에서 발붙일 곳이 없어졌다.

자본주의의 청교도 정신에서 직업관이 탄생했다. 직업(Beruf)은 소명, 곧 '부르심'(Calling)이란 의미로 해석되었다. 그러나 오늘날에는 이런 의미 연관이 사라져 버렸다. 직장은 소명 받은 직업이 아니고 그저 조직문제 해결을 위한 전략에 불과하기 때문이다. 더욱 나쁜 것은 자본주의적 삶의 의미인 직장에서 직선적인 경력과 승진이라는 형식 역시 무너지고 있다는 것이다. 기회주의와 연공제 형식의 승진이 의미를 잃어 가는 분위기에서 경력과 승진이라는, 직업생활에서 추구하던 의미세계가 무너지고 있다. 경력은 점점 이것저것 짜서 맞추는 형식으로 바뀌고 있다.

좋은 의도의 지배

지금까지는 청교도적 자본주의의 경제윤리에 대해서 언급했다. 두번째로 막스 베버는 성정윤리와 책임윤리를 구분한다. 성정윤리는 절대적이다. 이 윤리는 인간이나 자연 또는 삶 그리고 지구라는 주제를 다룬다. 이런 테마들을 다루는 윤리는 이런 윤리의 실현과정에서 나오는 결과에 대해서는 묻지 않는다. 성정윤리 실현을 부르짖는 자들은 현대 사회의 위험 요소들을 사회가 망하는 전조로 받아들이며 그들의 선한 주장이 가져올 문제에 대해서는 어떤 언급도 하지 않는다. 실제 정치에서 일어나고 있는 몇 가지 예를 들어보자.

● "핵연료 사용을 당장 중지하자"

그러나 그 결과가 에너지 공급과 경제 수준에 미치는 영향에 대해서
는 전혀 고려하지 않고 있다.

● "나토의 전쟁 참가에 독일을 제외하라"
  나치 정권의 문제 때문에 현재 독일이 유럽에서 하는 견인차 역할에
  비춘 세계 정치적인 비중과 책임은 전혀 고려하지 않고 있다.

● "망명권을 제한하지 말라"
  헌법에 보장되어 있다는 주장 때문에 사회적 수용 가능성의 한계와
  재정 부담의 한계는 고려하지 않는다.

그와는 달리 책임윤리가는 자신의 행위의 결과를 계산한다. 그는 경
우에 따라서는 술책을 부리고 힘을 사용해야 한다는 것, 곧 손을 더럽힐
수도 있다는 것을 인정한다. 성정윤리와 책임윤리의 구분은 예나 지금이
나 중요한 주제이지만 전선(戰線)은 혼란해졌다. 성정윤리가가 오늘날 '책
임'을 부르짖는다. 정확히 말해서 이들은 다른 이들의 책임감에 호소한다.
혁신의 '결과'가 초래하는 문제가 배후에 숨어 있다. 그 결과는 혁신을 밀
어내 버린다. 곧 문명과 기술의 진보를 위해서 지불해야 하는 대가가 진
보 그 자체보다도 중요하다. 상황이 복잡해질수록 행위의 결과에 대한 예
측 가능성은 점점 줄어든다는 사실을 분명히 알아두어야 한다. 그리하여
현대의 복잡성은 윤리의 적용을 점점 더 어렵게 만든다. 고도로 복잡한 연
관관계들은 도덕적으로 판단할 수가 없다.

여론도 '책임'을 외치는 성정윤리가의 호소보다 나을 것 없다. 자세히
살펴보자. 예를 들어 대중매체도 군축을 과감히 실천할 것을 외친다. 곧
세상의 복잡성을 줄이기 위해서는 책임질 자를 찾아야 한다. 그래서 녹색
당은 수십 년 전부터 서구 문명에 깃들어 있는 죄의식을 효과적으로 이용
해 왔다. 이미 니체(Nietzsche)는 이런 메커니즘을 정확하게 꿰뚫어 보았
다. "군축을 원하는 비관론자들은 책임질 자들을 발견했다." 이런 식으로
한쪽에는 계속 화를 내며 책임을 묻는 측과 만성적으로 병든 측의 전선이

형성되어 왔다. 이렇게 말할 수 있다. 대중매체 속 휴머니즘은 인류가 공포에 떠는 자들의 총체임을 알고 있다. 그리고 휴머니즘은 묵시적 멸망의 분위기를 조장한다. 이런 신학적인 표현들을 여기에서 의도적으로 사용하는 이유는 실제로 종교를 대체하는 새로운 종교에 대한 이야기이기 때문이다. 대중매체는 멸망과 세상 종말의 제사를 지내고 있는데 TV는 가정에 쌓은 제단이다.

TV에서 쏟아지는 충격과 걱정스런 보도들은 늘 그렇듯이 도덕성을 지니는데, 사실은 관음주의가 도덕의 탈을 쓰고 있는 것에 불과하다. 이런 '비판적인 히스테리'는 마티아스 호륵스가 정확히 지적했듯이 실제적 행위와는 무관하다. 다른 말로 하자면 전 세계가 책임감의 대상이 되자 현실성 있는 정치는 사라졌고 단지 토크쇼가 자리를 채울 뿐이다. 그런데 어떻게 이렇게 되었을까?

할 일을 잃어버린 부정

이 질문은 원론적인 문화이론으로만 대답할 수 있다. 인류학자인 아놀드 겔렌(Arnold Gehlen)이 인상깊게 지적했듯이 문화는 부정(Nein)을 통해 해방된다. 병을 부정하는 데에는 약이 쓰인다. 전쟁은 평화협정으로 부정된다. 낯선 세계는 과학을 통해서 부정된다. 그래서 헤겔파의 천재인 알렉산더 코예베(Alexandre Kojève)는 이미 1950년대의 우리 문화 속에서 포스트 히스토와(Posthistoire), 곧 역사가 끝났다고 진단했다. 인정을 받기 위해서 일하고 싸우고 전쟁하는 시대는 이제 끝난 것이다.

오늘날의 포스트모더니즘 문화는 최후의 '부정의 해방'을 가져왔다(겔렌). 그래서 부정은 더 할 일이 없어졌다. 현실적으로 비판하고자 하는 사람들에게 더 이상 적합한 일자리가 더 이상 존재하지 않는다. 그 대신 대중매체가 이 자리를 맡고 있다. 좌파 신문의 비평란이나 몇몇 사회과학 분야나 무엇보다도 토크쇼 등이 할 일이 없어진 부정을 업으로 먹고사는 사람들을 위한 일종의 직업 훈련소가 되었다. 여기에서 대중매체의 힘을 빌려서 광범위한, 경우에 따라서는 아예 세계적 차원의 나쁜 것, 부정적인 것들을 찾는다. 철학자 오도 마쿼드가 이런 맥락에서 '부정적인 것에 대한 향수'라고 일컬은 것은 아주 적절한 표현이다.

　고도로 복잡한 우리 사회에서는 비판은 더 이상 효과가 없어 보인다. 부정하고 싶은 욕구는 더 이상 사회에서 지지 기반을 찾지 못하고 있다. "아니오"라고 말하는 것은 더 이상 파고들 자리를 찾지 못하고 있다. 그래서 대중매체는 '부정을 대신하는 역할'을 맡아서 하고 있다.

- 정치가는 부패했다.
- 유권자들은 정치에 염증을 느끼고 있다.
- 이 체제에서는 사회 정의가 실현이 안 된다.
- 이 사회는 여성에 대해서도 아동들에 대해서도 외국인에 대해서도 차별적이다.
- 환경은 파괴되었다.
- 휴머니즘적 문화는 계속 살아 있다.
- 섹스와 범죄는 우리 아이들을 망치고 있다.
- (여기는 독자 스스로가 부정적 비평으로 공간을 채우는 곳이다)

　분명히 말하자면 이런 '부정들'은 실제 정치와는 상관이 없다. 비판의 대상이 되는 사람들에게는 이런 비판이 아무 소용없다. 이것은 "그들은 너무 잘 지낸단 말이야"라고 주절거리는 비판의 진실이다. 우리 사회에는 분명히 '부정'에 대한 욕구가 존재하는데, 대중매체는 이것을 추상적으로 만족시켜 준다. 세계의 압박받고 박해받는 자들과의 효과 없는 유대 형성은 여기에 딱 들어맞는다. 이러한 정치적인 작은 투자는 거대한 항의를 만들고 마치 무엇인가를 한다는 착각을 불러일으키기 때문에 애용된다.

　유럽의 중심, 서유럽을 냉철하게 관찰하면 점점 악(惡)이 줄어들고 있음을 알 수 있다. 그리고 제한된 자원처럼 그 가치—격분시키는 가치라

할 수 있는—는 증가한다. 오도 마쿼드는 이런 현상을 완두콩 공주 증후
군(몇 겹의 이불 밑에 갈린 완두콩 때문에 잠을 못이룬 공주—옮긴이)이라 불
렀다.

● 여성에 대한 차별이 점점 줄어드는 이곳에서는 성문제에 대한 조그마
  한 차별에도 급진적 페미니스트들의 분노가 촉발된다.
● 동독인들의 급여가 서독인들에게 맞춰질수록 남아 있는 약간의 차이
  는 더욱 참을 수 없는 것처럼 보인다.
● 역사상 가장 친유럽적인 이 시대의 독일에서는 그냥 '독일적' 또는 '민
  족적'이라는 말을 한마디만 하더라도 바로 나치즘의 부활로 인식하려
  한다.
● 모든 위험이나 재난이 좀더 예측 가능하고 이에 상응해서 좀더 안전해
  지는 이 시대에는 '적은 위험'도 바로 지구 전체의 멸망으로 인식된다.

사회가치들의 나열

그러나 이런 흑백논리로 대처하는 방식을 존속시키기에는 대가가 크
다. 계속해서 변하는 사회에는 낙관적 윤리가 필요하다. 여기에는 미국식
의 단순한 "긍정적으로 생각하라"는 표어로는 충분하지 않다. 사회에 미
래를 만들어 준다는 것에는 새로운 가치가 필요하다. 그런 까닭에 윤리에
호소하는 일이 막다른 골목에 이르는데, 점점 복잡해지고 알아보기 힘들
어지는 사회에 구시대의 도덕적 가치들을 더욱 투명하게 적용하자고 외
치기 때문이다. 그러니 차라리 이런 사회의 복잡성을 당연하게 받아들이
고 이에 적합한 가치들을 발전시키는 것이 오히려 현명해 보인다. 그래서
사상 부재의 이 시대에는 제 가치를 알맞게 변화시킬 수 있는 '선구자'가
필요하다.
누가 니체를 두려워하는가? 니체는 알다시피 변하는 것은 죄가 없다

고 말했다. 오늘날 말로 한다면 진화는 죄가 없다는 것이다. 진화를 정당화해 주는 윤리적인 특징은 개방성, 균형을 무시함, 카오스를 긍정적으로 대하는 자세 따위이다. 가치는 돌고 돈다. 거기에는 새로운 위계적인 가치목록이 필요치 않으며 기껏해야 돌고 도는 가치들이 있을 뿐이다.

그러나 새로운 가치를 주장하는 사람들은 악하다기보다는 성급하다. 기존의 가치를 파괴하지 않고는 가치의 변화는 일어나지 않기 때문이다. 그러나 구시대의 가치의 운명이 어떠했는지를 자세히 살펴본다면 아마도 새로운 가치들에 대한 신뢰가 좀 떨어질 것이다. 유럽의 가치 변화 역사를 대충 네 단계로 볼 수 있다.

- 고대에는 우주의 조화 속에서 진선미 가치들이 하나였다. 이런 가치의 조화를 육체적·정신적 완성이라고 했다.
- 근대 초기의 가치들의 분화: 베버는 이것을 다신주의라고 표현했다. 이 의미는 진선미가 각각 서로 다른 원칙에 속하고 동시에 상응하는 전문가와 논리를 형성한다는 것이다. 진리를 밝히는 사람은 더 이상 미의 세계와는 상관이 없다. 예술가는 더 이상 올바른 삶에 대해서는 알지 못한다. 청교도인은 이 세계와는 결별하게 되는데 이를 통해서 이 세계를 합리적으로 통제할 수 있다. 체계를 폐쇄함으로써 근대의 특징인 개방성이 드러나게 된다.
- 근대 말기에 일어나는 제 가치의 변화는 질서와 카오스나 선과 악이나 미와 추악함이나 겉과 속의 구별을 무의미하게, 곧 중립화했다. 현대 예술은 추악함의 미학을 추구한다. 악은 우리의 최고 능력을 숨기는 것으로 인식되고 있다. 인식은 진리 추구를 포기하고 허구와 구성의 차원에서 움직이고 있다. 카오스는 질서의 적이라기보다는 모든 가능성들을 만들어 내는 것으로 인식되고 있다. 여기에 대해서는 뒤에 다시 설명하겠다.
- **포스트모더니즘** 시대의 가치 인용하기. 오늘날 도덕이 대체로 근거를 대

지 못하고 있는 것과 같이 서구 문명은 윤리적 근거를 더 이상 제시하지 못하고 있기 때문에 전통적 가치들이나 과거의 스타일이나 모양들은 원래의 의미와는 상관없이 '인용'되고 있다. 이것은 주일설교나 정치연설이나 광고에서도 마찬가지다.

도덕의 실종 때문에 생겨난 포스트모던적인 가치들 외에도 또 다른 반응이 있다. 곧 실존 문제를 미학적 문제로 다루고 있다. 종교적 기초들은 믿을 수 없는 것들이 되었고 사생활을 헌법 차원에서 다루려는 것을 금하려 하고 있다.

믿음이 사라지면 스타일의 차이가 흥미를 끈다. 삶은 예술작품의 한 재료가 된다. 자기 연출(Self-fashioning) 기술이 중요하다. 이 말은 니체가 '미국인의 신념'이라고 말하던 것인데, 곧 나는 모든 것을 할 수 있다고 믿는 태도를 말한다. 삶은 소비를 고급예술로 보는 끊임없는 자신의 노력이다. 이러다 보니 우리는 유행과 여가시간 활용과 육체 숭배에 대해서 말하고 있다. 제 가치의 변화는 오늘날 철학자나 계몽가들이 증오하던 일들, 곧 의식주를 의미 있게 다루는 것을 일컫는다. 중요한 것은 위대한 사상들이 아니라 사소한 일상이다.

기회주의 장려하기

기회주의라는 말은 많은 이들에게는 욕으로 들린다. 그러나 적어도 경제학자들은 태도를 바꿔야 할 것이다. 기회주의가 없이는 잘 안 돌아가기 때문이다. 사람은 시장발전을 앞당길 수 없지만 시장발전을 '제때'에 이뤄야 한다. 이 말의 의미는 시장에서는 계획을 하는 이성적인 능력보다는 적응력이 더 커야 한다는 것이다. 바꿔 말하면 기업을 경영한다는 것은 예상치 못하고 이해할 수도 없는 상황들에 적응할 수 있는 유연성이 필요하다는 것이다. 이것은 현대 사회가 우리 모두에게 매일매일 기대하는 성과이다. 곧 우리가 전혀 이해하지 못하는 상황들을 돌아가라는 것이다.

　모든 기업은 무질서한 경제 속을 눈감고 비행하고 있다. 이런 맹목적 비행이 '추락'으로 끝나지 않게 하려면 경영자는 '예상치 못하는 일에 적응'을(하이에크) 잘하는 거장이 되어야 한다. 예상치 못한 일이 나타나리라는 것은 확실하다. 그래서 경영자는 좋은 기회를 포착하는 기회주의자가 되어야 한다. 기회주의자는 추세를 따라잡는 육감이 예민한 사람이라는 의미다. 기회주의는 단선적이지 않은 시장의 역동성을 위한 감각이다.

　틈새 시장이 점점 줄어들고 있기 때문에 개척자만이 겨우 이 틈새를 적절하게 이용할 수 있다. 그래서 상인들의 사활은 추세를 조기에 발견하는 데 달려 있다. 이들은 직업상 윤리라든가 논리라든가 하는 환상들을 떨쳐 버렸다. 반어적인 문구를 하나 인용하겠다. 그들은 알지 못한다. 그러나 행한다. 논리적 추론에 의한 결정이 오히려 위험하다는 사실을 항상 다시 깨닫게 되기 때문에 시장 경영자는 점점 더 기회적이 되고 있다. 이는 가치 변동이 필요한 시기임을 말해 준다. 기회를 탄다는 것은 고치며 맞춰 가는 것이다. 이것이 이른바 급진적 구성주의라고도 하는 인식론의 실마리이다. 우리는 '옳은 길'을 포기하고 적절한 것, 정확히 '생존력'으로 만족해한다. 사회·경제적 틈새에 대한 육감과 같은 기회주의는 결정되어 있지 않고 항상 "～에 대해 열려 있다."

　여기서 처음 지적하지만 앞으로 종종 다루게 될 것이 통제의 역설이다. 우리는 통제력하면 으레 위계질서, 명령체계, 계획, 구조적 개념 같은 말들을 떠올리는 세계에서 살아왔다. 이것은 오해였고 오해이다. 화이트(H. C. White)와 이클스(R. G. Eccles)는 이에 대해서 아주 적절하게 지적하고 있다. "통제는 구조에 편승한 기회주의이며 또한 그래야만 한다." 바로 기회주의자는 구조/조직의 기생물인 통제권을 소유했다는 뜻이다. 이 말은 단순히 사람이 시장에서 성공적으로 처신하는 방법보다는 어떠한 혁신이 살아남을 수 있는지를 보여준다는 뜻이다. 우리 문화는 기회주의적으로 진화해 왔다. 곧 오랫동안 성공하는 추세들은 적응력이 있어야 한다는 의미다. 말하자면 예상치 못한 시장의 변화들에 유연하게 적응할 수 있어야 하며 극한 경우에는 멈추거나 환경이 요청할 때는 방향을 바꾸어야 한다. 따라서 추세는 자신의 기회주의성을 이용하여 시장을 통제한다.

속도를 위반한 사고방식

번개처럼 빨리, 만화경처럼 달라지는 시장은 경영과 마케팅의 중요한 문제거리다. 클라우디우스 자이들(Claudius Seidl)은 ≪슈피겔≫(Spiegel)에 이렇게 썼다. "고객과 구매자와 시장은 해체되고 사라지는 경향이 있는데, 바로 이 점이 근대 이전 시대의 유령들과 유사하다. 경영 회의나 컨퍼런스는 의견 교환의 장이라기보다는 공동으로 커다란 환상을 만들어 내는 곳으로, 이 환상 속에서 오늘날 이 세계와 소유 가능한 상품과 시장의 존재가 재확인된다." 이 비판은 정말 아주 나쁜 의도를 품고 있다. 그러나 이런 특징화의 부정적 징조는 일단 접어두고 생각해 보자. 기업 컨설팅은 종종 협작꾼 같은 데가 있다는 것은 사실이다. 그러나 이런 측면을 비아냥거리거나 불평하기 전에 왜 그럴 수밖에 없는지를 한번 진정으로 생각해 보아야 한다. 훌륭한 기업 고문은 독일적 의미에서 미친 것(verrückt)이 아니라 미국적 의미에서 '미쳤다'(crazy)고 할 수 있는데, 바로 이 점 때문에 그는 만화경 같은 시장에서 안테나 역할을 할 수 있다. 곧 그는 추세를 잡아내는 레이더 역할을 한다. 게르트 게르켄(Gerd Gerken)은 이를 두고 '날이 선 낭만주의자'라는 모순적이면서도 꼭 들어맞는 표현을 했다.

안테나 역할을 하는 사람들은 대부분 심사숙고한다거나 간단명료하게 표현하는, 곧 철학자들이 일컫듯이 '명확하게 개념화하는' 사람들이 아니다. 그 대신에 이들은 매우 민감한 센서를 가지고 문화의 지평선을 더듬어 찾는다. 그건 그렇고 레이더와 안테나는 추세 연구가 무엇인지를 알려 주는 훌륭한 기술적 은유이다. 신호를 잡아내고 강화하는 기술이 필요한데, 이 기술이 없이는 출현하는 신호나 파동을 감지할 수 없다. 달리 말한다면 이런 전파와 신호는 객관적으로 존재함을 의미한다. 우리의 주제와 연관지어서 말한다면 추세는 만들어 낼 수 있는 것이 아니다. 단지 우리는 추세를 감지하고 강화하고 이름을 붙여 줄 수 있을 뿐이다.

추세 연구가들은 명명(命名)하는 사람들이다. 다수의 사람들은 눈앞에서 일어나고 있는 현상도 이름이 붙은 다음에야 비로소 그 존재를 볼 수 있다. 그래서 흔히 추세는 발명된 것이라는 인상을 풍기는데, 실제로는 이름만 붙였을 뿐이다. 오늘날 추세 연구는 벌써 역사가 되었고 지난 몇십 년 동안 추세 연구가들이 퍼트린 이름이 '추세용어사전' 하나를 만들 정도다. 여기서는 이에 대해 더 자세히 다루지 않고 추세가 생겨나고 추세 연구가들이 거기에 이름을 붙일 때 어떤 일이 일어나는지를 살펴볼 것이다.

좀더 알기 쉽게 말하자면 추세 연구가는 추세를 관찰하고 우리는 추세 연구가들을 관찰한다.

우리는 미래 세계에 대한 전망을 제시할 수는 없고 단지 새로운 기본 개념들로 풍향만을 제시할 수 있을 뿐이다. 추세가 어떤 것이든지 연구는 학문을 전제로 한다. 그리고 미래에 대한 학문은 없다. 따라서 추세 연구는 미래학이 절대 아니다. 또한 경영학을 공부했다거나 통계학을 강의한다고 해서 추세 연구가가 되는 것은 아니다. 왜냐하면 경영학과 마케팅 이론은 새로움의 출현을 놓치기 때문이다. 니체는 자신의 책 『인간적인 너무나 인간적인』(*Menschliches, Allzu-Menschliches*)에서 일기예보를 하는 사람들, 곧 추세 연구가들을 언급하고 있다. "오늘날 시장에 대한 평가는 다가올 미래에 대한 것이 아니고 지나간 것에 관련한 것이다." 니체의 이 말은 정말 모든 추세 연구기관들이 명심해야 한다.

소비통계학, 고객의 욕구에 대한 설문조사, 21세기에 대한 전망 따위는 추세와는 무관하다. 오히려 추세 연구는 문화적 진화의 정점을 뒤따라가고 나갈 방향을 분석하는 것이다. 이상적인 추세 연구는 바로 현시점 분석인데, 곧 새로운 것이 출현하는 현장에서 적절한 이름을 곧바로 붙여 주는 것이다. 결과적으로 모든 시장 조사는 나갈 방향에 대한 분석이 필연적이다. 왜냐하면 상품 하나를 시장에서 자리 매김하려면 방향을 미리 알아야 하기 때문이다.

방금 말했듯이 새로운 것이 출연하는 현장에 같이 있는 것이 중요하다. 사회학자들을 통해서 우리는 오래 전부터 혁신적인 것의 가치는 그것의 분산에 달려 있다는 사실을 알고 있다. 학문의 혁신은 처음에는 철학의 영역에서 모양을 갖추고, '특정 영역'의 혁신은 일반인들에게 평범한 생활양식이 된다. 이때부터 이 새로운 혁신은 대중매체에 보도되기 시작한다. 대중매체는 추세를 소비하는데, 말하자면 추세를 강화하고 정련한다. 그리고 대부분은 이 단계에서야 비로소 대중매체가 기업의 실무에 영향을 준다. 추세 연구는 이 새로운 지식의 확산욕구를 감소시키게 된다. 왜냐하면 새로운 지식은 발견된 이후 시장에서 지위를 확보하기까지는 오랜 시간이 걸리기 때문이다. 그래서 역동성과 에너지와 광휘를 상실한다는 것은 어쩔 수 없는 일이다. 바로 이런 운명을 거부하고 혁신의 신선함을 유지하기 위해서는 추세 연구가들이 재빠르게 현장에 나타나야 한다. 신간을 채 다 읽기도 전에 이미 서점에는 전문가의 새로운 저작이 대기하고 있다. 이런 일은 우연이 아니다. 추세 연구가가 어제 연구한 것은 오늘이면 벌써 지나간다. 그러기에 어제의 것이 빈말이 되어도 그에게는 낯선 일이 아니다.

이런 빠른 흐름은 지극히 정상인데 추세 연구가에게는 철학자들의 긴 호흡이 전혀 필요 없기 때문이다. 위대한 철학자 헤겔(G. W. F. Hegel)은 미네르바의 부엉이는 황혼이 찾아들어야 비로소 날기 시작한다(철학이 원래 발걸음이 너무 더디다는 사실을 지적—옮긴이)는 사실을 인지하고 있었다. 덜 은유적으로 말한다면 철학은 만사가 끝나거나 벌여졌을 때라야 개념화를 할 수 있다는 것이다. 바로 이런 방식은 추세에 명명하는 자들에게는 치명적이다. 이상적인 경우는 회상하며 정의하는 게 아니고 동시에

정의하는 것이다. 따라서 추세 연구는 상호 작용하는 개념들의 조산아이
며 철학적인 부엉이의 '비상'은 시장에서는 언제나 늦다. 그래서 정신의
경찰이라 할 수 있는 과학이 매번 추세 연구가들에게 사고의 속도 위반
딱지를 떼는 것은 당연한 일이다. 그러나 미래를 창출해야 하는 기업으로
서는 '정신의 교통질서'를 항상 지키지는 못한다.

추세 연구는 문화에 대한 일기예보이다. 언제나 점치는 것에 가깝다. 따
라서 추세 연구들은 우습게 보이게 된다. 정말로 톰 피터스나 앨빈 토플
러(Alvin Toffler) 또는 게르트 게르켄의 책들은 종종 어떤 무모한 지식
편집자가 열병 중에 본 환상을 기록한 것으로 비유되기도 한다. 그러나
추세 연구의 고객이나 독자들은 이런 비아냥거림을 감수해야 한다. 재빠
른 개념화의 위험, 성급함과 수다스러움은 추세 연구의 내적 특성이기 때
문이다.

미신적 추세

이 정도에서 독자들은 더 이상 못 참고 도대체 추세가 무엇인지를 물
어 올 것이다.

일단 학문적으로, 곧 이해하기 어렵게 말한다면 추세는 전달 가능한 자
기 연관적인 문화양식이다. 신화나 전설, 이데올로기와 같이 거대한 추세
는, 아마도 클로드 버나드(Claude Bernard)의 함축적 개념인 지배이념
(Führungsidee)으로도 번역되는 '사회의 나갈 방향을 제시하는 사상'
(Idée directrice)의 역할을 한다. 인류학자이자 사회학자인 아놀드 겔렌은
그런 방향 제시사상의 기능을 자신의 책 『원시인과 후기문화』(*Urmensch
und Spätkultur*)에서 자세히 다루고 있다. "방향을 제시하는 사상은 명
확히 상징화할 수 있어야 하며 행위로 전환이 가능해야 하며 부분적으로
는 확고한 결정이 아직 이루어지지 않아야 한다. 그러나 사회적 관계에서
는 명확히 드러나야 하며 '주관적'으로 전혀 파악할 수 없어야 한다. 그리

고 이것은 일종의 '결정력'을 지녀야 하는데 실제적이거나 고대하던 안정된 영향력을 지녀야 한다."

얼핏 살펴본 추세 개념의 역할을 다시 한번 정의하는 게 좋을 것 같다. 추세는 다음과 같아야 한다.

- 상징적으로 축약되어야 한다.
- 보여져야 한다.
- 곧 어떤 프로그램도 포함하지 않아야 하고 불확실해야 한다.
- 사회적 의사소통의 기반이 안정되어서 개인의 주관적인 차원을 떠나야 한다.
- 결정적인 작용을 해야 하는데, 이것이 추세가 유행과 다른 점이다.

욕구와 갈망과 이데올로기와 의미 형태들의 혼돈 속에서 추세는 적어도 시장의 공간에서 질서를 만들어 내는 '가끔 나타나는 자석'과 같은 역할을 한다. 더 간단하게 말한다면 추세는 문명 속에 내재하는 의식(儀式)이다. 중요한 파라독스를 여기서 식별해 내야 하는데, 우리 문명은 과학과 기술의 반(反)마술적 힘에 기초를 두고 있기 때문이다. 서구 문명의 자부심 중의 하나는 주술, 의식, 우상 같은 것이 존재하는 미신의 세계를 붕괴시켰다는 데에 있다. 그런데 지금 우리는 문명 속에 있는 의식에 대해 당연하게 이야기하고 있다. 그러므로 우리는 지금까지의 연구결과를 토대로 첫번째 중간 결론을 내릴 수 있다. 추방되었던 미신이 추세 속에서 문명 한가운데로 되돌아왔다.

이런 미신적 추세는 우리를 미래로 들여보내는 매개이다. 모든 추세는 우리에게 새로운 사회적 모범들을 충분히 음미해 보게 한다. 곧 추세 속에서 그 사회는 그 자신 고유의 미래를 형성해 나간다. 함부르크(Hamburg) 추세 연구소의 마티아스 호룩스는 말하기를 "추세는 우리의 습관에 파고들고 변화를 가져오는 새로운 사물의 문법이다." '새로운 사물의 문법'이라는 공식은 '의사소통 속의 의례'라는 추세에 대한 정의와 유사한 역설을 내포하고 있다는 사실을 알아야 한다. 문법은 정확한 언어 사용을 위한 예규집이라 부를 수 있다. 그런데 새로운 사물은 규칙을 바로 적용할 수 없는 것이다. 따라서 새로운 사물의 문법이라는 것은 단지 제2미래형의 시간형태에서만 전개가 가능하다. 곧 이런 형태의 추세가 있을 것이다라는 식으로 말이다. 달리 말하면 추세 연구가는 마치 미래에서 현재를 관찰할 수 있다는 듯이 현재를 판단한다.

추세라는 개념은 자기 연관적, 곧 자기 자신에게 적용될 수 있다. 그 밖에도 경영이나 조직이란 개념도 자기 연관적이다. 이에 대해서는 나중에 다루겠다. 추세들의 추세라는 말을 간단명료하게 표현하면 추세를 따라가려는 추세가 존재한다는 뜻이다. 추세의 자기 연관성이라는 특징은 기업으로 하여금 추세 연구, 시대정신 엿보기를 자처하게 만든다. 시장이 전적으로 추세 지향적이 되면 추세를 넘어서는 것은 그 어떤 것도 존재할 수 없다. 흐르는 추세에 거리를 두고 간단히 분석적으로 대하고 "생산이 중요하다"는 식의 태도를 더 이상 취할 수가 없게 된다. 추세를 무시하는 것보다 기업에게 더 위험한 것은 없다. 알아두어야 할 것은 추세에 대항하는 것은 시대정신을 벗어나는 것이 아니라 기껏해야 또 다른 추세라는 것이다. 그렇다고 시대정신을 쫓아다니면서 살 수는 없으며 이것은 추세를 무시하는 것만큼이나 치명적이다. 시대정신을 따라가지 못할 것 같은 두려움 때문에 죽을 힘을 다하여 시대정신을 껴안는 사람은 시대의 바보가 된다. 이것은 고객이나 기업들만 위협하는 것이 아니라 그들에게 상담을 해주는 사람들도 위협한다. 추세 연구가는 시대정신의 노예가 되어서는 안 되며 또한 당연히 시대정신 앞에서 두려움의 노예가 되어서도 안 된다.

자기 문화의 민속학자들

추세들의 추세, 곧 시장 속에서 추세가 지배적이 되었다는 것은 새로운 사실이다. 그러나 시대정신의 역동성에 쏟아지는 더욱 높아진 관심은 전혀 새로운 일이 아니다. 우리는 독창적인 초기 낭만주의자 프리드리히 슐레겔(Friedrich Schlegel)을 최초의 추세 연구가로 볼 수 있다. 그는 ≪아테네움≫(Athenäum, 독일 초기 낭만주의 문예지) 216호에서 '시대의 추세들'을 규정했다. 흥미로운 것은 복수(複數)를, 곧 추세들이라는 말을 사용한다는 것이다. 단선적인 역사의 진보가 추세 속에서 여러 가닥으로 나뉘었다. 역사는 단선적인 흐름을 벗어나서 힘차게 다원주의로 흐르고 있다. 추세 연구가는 역사 철학가들을 대신하고 있다. 추세는 '진보의 부수물'이라고 할 수도 있다. 추세는 미래를 점치는 것인데 단지 과거를 아는 자만이 알아맞힐 수 있다. 그래서 프리드리히 슐레겔은 추세 연구가를 '과거를 바라보는' 예언가라고 일컬었는데 그렇게 잘못된 정의는 아니다.

이미 말했듯이 추세 연구가는 현시점 분석을 시도한다. 그러나 아직도 과거에 사는 사람들에게는 바로 이 점이 미래에 대한 마법 같은 지식으로 비친다. 그러나 어느 누구도 미래를 예언할 수도 조작할 수도 없다. 단지 선동할 수 있을 뿐이다. 추세 연구가도 당대인에 불과하다. 그래서 미래학은 존재하지 않는다. 그러나 추세 연구가는 사람들이 100년 뒤에나 경험할 수 있는 것을 이제 막 형성되는 싹의 모양으로 인식할 수 있다.

새로운 일이 벌어지는 '현장'에 끼어들어 디스코의 여왕에게 요즘에 무엇이 '유행하는지'를 물어보는 것으로는 충분하지 않다. 추세 연구가는 취향의 변화를 분류·정돈·기록할 뿐, 의견이나 합리화의 과정을 기록하지 않는다. 사람들이 자신의 욕구라고 주장하는 것들은 기껏해야 욕구의 징후에 지나지 않는다. 이런 면에서 마케팅 종사자들은 정신 분석학에서 배워야 한다. 그들이 배워야 할 것은 왜곡, 변형, 와전으로 인해서 알아채기 어렵게 되어 있는 커다란 갈망과 쉽게 충족되는 작은 욕구를 구별하는 법이다. 게르트 게르켄이 "추세들은 자기 충족적인 우상들이다"라고 말할 때는 20세기의 그 유명한 개인주의 신화를, 이른바 자기 실현을 의미할 뿐 아니라 가장 매력적인 것, 곧 물신 숭배를 뜻한다. 이것은 정신 분석학에서뿐 아니라 인류학에서도 중심 연구 대상이다.

알다시피 인류학자들은 원시 사회에 관심을 두고 있는 서구 문명의 과학자들이다. 그런데 더욱 흥미로운 연구 대상은 문명화한 이 사회에 원시 사회가 있다는 것이다. 추세 연구가들은 우리 현대 문명을 연구 대상으로 하는 인류학자이다. 이들은 우리가 살아가는 현대를 마치 아직도 계몽이 안 되어 있고 미신에 사로잡혀 있고 과학화가 아직 먼 것처럼 대하고 있다. 제사, 의식, 우상은 사회적 삶의 근본원리로 여겨진다. 하여튼 추세 연구가는 '행복한' 인류학자다. 고전적 인류학자들에게 덫이 되었던 '관찰자의 참여성'(관찰자는 중립으로 머무를 수 없고 어떤 영향을 끼치기 때문에 연구 결과는 순수한 것이 못된다는 것—옮긴이)이 오히려 현장 마케팅에서는 성공의 비결이다. 곧 관찰자는 관찰대상을 변화시킨다. 인류학의 역설은 그들의 연구 대상을 조금이라도 파괴하지 않고는 관찰할 수 없다는 사실이다. 문명을 접한 적이 없는 원시 부족을 인류학자가 일단 관찰하기 시작하면 그곳은 그때부터 문명을 접한 사회가 된다. 바로 이 점이 현장 모니터링이 가져오는 효과이다. 새로운 추세가 일단 관찰되면 전에는 시장에서 떨어져 나와 분리되어 존재했지만 이제는 시장의 일부분이 된다. 펑크나 그런지 같은 음악 장르는 이에 대한 전형적인 예다.

그러나 현장과 관찰자의 이런 불분명한 관계는 다른 양상에서도 마찬가지로 적용된다. 스스로 반응하며 아이러니컬한 소비행태를 보이는 고객은 '이동 표적'이라고 할 수 있는데 시장 조사자들이 소비행태를 파악할 만한 순간 소비자들은 이미 다른 곳에 있다. 그렇기 때문에 마케팅은 목표집단을 설정할 것이 아니라 새로운 조짐들이 어떻게 변하는지에 주의를 기울여야 한다. 관찰되어서 시장의 한 요소로 자리잡은 새로운 조짐들은 소비와 문화 사이를 중개한다. 원래 새로운 조짐들이라는 것은 픽션에 지나지 않는다. 마케팅의 임무는 이 픽션을 퍼트려 '새로운 사물의 문법'이 알려지게 하는 것이다. 추세와 시장의 신화를 생각해 낼 수는 없고 '단지 흔들어서 깨울 수' 있을 뿐이다. 여기에는 '시행착오'라는 법칙이 적용되는데,

이것을 회기 관련성†이라고 말한다.

절약할 것인가 아니면 모험을 할 것인가?

경영자는 경영자인 경영자이다. 우리는 이 말을 지나치게 흔들리는 직업 집단의 부담을 덜어주고자 이미 서두에 언급하였다. 경영 고유의 성과에 대해 고찰해 보면 반복과 자기 해석과 역설이라는 현상에 맞닥뜨리게 된다. 이런 현상은 스스로 개념들을 정의하고 자신에게 스스로 적용하거나 논리적 난제 속에서 방향을 바꾸게 되면 나타난다. 살펴보았듯이 이런 현상에는 무익한 영역은 없다. 오히려 반대다. 고도로 복잡한 현대적인 상황은 바로 이런 현상들을 형성해 왔다.

조직 구성의 문제가 생긴 다음부터 사실상 경영자에 대한 문제가 있어 왔다. 그러나 경영의 임무에 대한 의식은 제2차 세계대전 이후에야 비로소 형성되었다. 그 밖에 최초의 경영학자인 프레더릭 윈슬로 테일러

---

†회기 관련성이라는 말은 급진적 구성주의에서 흔히 사용하는 말이다. 보통 우리는 유입과 유출이 열린 체계를 생각한다. 그러나 폐쇄체계에서는 이것이 다르다. 여기에는 열린 체계에서처럼 유입, 곧 외부 정보가 들어오고 개별 체계 속에서 해석되고 이에 대해서 반응, 곧 유출이 있는 것이 아니다. 폐쇄체계는 외부 정보를 있는 그대로 못 받아들이고 아전인수격으로 자신의 해석방식으로 해석하기 때문에 외부 환경에 대해서 기본적으로 그대로 파악하거나 대처하지를 못한다. 따라서 체계 밖의 외부 환경에 적응하는 데 문제가 생기는데 특히 환경은 계속 변하기 때문에 이 문제가 심각하다. 물론 외부 환경에 대한 적응 실패는 개체의 해체, 유기체의 경우는 죽음을 뜻한다. 그래서 나온 방책이 외부의 상황은 정확히는 몰라도 대충 대처하게 되는데 여러 해답 중에서 하나를 골라서 시도를 해보고 맞으면 그대로 있고 실패하면 다른 것을 시도해 보는 방식을 택할 수밖에 없다. 물론 어떤 실패는 개체의 해체로 이어지기도 한다. 급진적 구성주의자들은 진화도 이런 맥락에서 이해하기 때문에 현재까지 살아 있는 생물체들은 환경을 알고 적응했다기보다는 대충 더듬으면서 시도했는데 지금까지 큰 실수를 안하고 성공했기 때문에 종들이 살아남아 있는 것이고 우연히 재수가 좋았다는 것이다. 인간도 같은 운명이라고 주장하며, 그러나 현재의 환경 문제는 인류가 시행착오에서 어쩌면 적응에 실패할 문제일 수도 있다고 말하기도 한다. 곧 인간이 슬기로워서 지금까지 종을 보존했고 그래서 어떤 위기에도 불구하고 살아남으리라는 믿음은 환상이고 닫힌 체계인 인간은 그저 지금까지 우연히 재수가 좋았다고 말한다—옮긴이

(Frederick Winslow Taylor)를 상기한다는 것은 바로 오늘날에 그럴 만한 충분한 이유가 있다. 전산학 최후의 자랑스런 후예인 인공지능이 테일러의 과학적 경영방식의 산물이기 때문이다. 또한 오늘날 인기 있는 리엔지니어링(Reengineering)이 신테일러즘과 별반 다르지 않기 때문이다. 그러나 이 이야기는 뒤에서 하기로 한다.

최근의 경기침체를 기억하고 있는 사람은 그것이 기업에게는 일종의 객관적 다이어트처럼 작용했다는 사실을 깨닫게 될 것이다. 경기침체는 선택이다. 달리 말한다면 감량경영에서 경기침체는 하나의 선택방식이다. 사민당의 사상가 페터 글로츠(Peter Glotz)는 이것을 '창조적 절약'이라고 했다. 정말 그럴 듯하게 들린다. 야위었다는 말은 살을 지나치게 많이 뺐다는 말인데, 이 방식은 예전부터 여자들을 유혹하던 것과 똑같은 방식으로 오늘날 기업들을 유혹하고 있다. 경영의 '슬림화에 대한 기대'는 기업 고문에게 수익을 올려줄 수 있는데 마치 새로운 다이어트 요법이 여성지 ≪브리깃테≫(Brigitte)에 수익을 안겨 주는 것과 같다. 그러나 결국에는 살은 안빠지고 그대로 뚱뚱한 채로 남아 있게 된다. 감량경영은 분명히 업무 단순화가 목적이다. 그런데 기업이 살을 빼면 뺄수록 경영업무는 점점 더 복잡해진다.

감량에 관한 모든 것이 인기가 많기 때문에 여기서 경고문을 세워야겠다. '군살빼기'는 자칫하면 덫이 된다는 것이다. 카이어트(R. Cyert)와 마치(J. March)가 '조직의 군살'이라고 부른 남아도는 인력은 회사가 위기에 처해 있을 때에 오히려 움직일 수 있는 공간을 제공한다. 이런 남아도는 것, 곧 회사에 군살이 없으면 갑작스러운 환경 변화에 대처할 수 있는 융통성도 사라진다. 대다수의 '군살빼기 개념'은 이런 잉여정보의 기능을 간과한다. 분명히 말하지만 구조적인 관성력을 음미할 줄 아는 기업만이 예기치 못한 시장 변화에 적절히 반응하여 안정을 찾는다.

그러나 오해는 하지 말기를! 우리는 여기서 관성을 생산성이라고 우기려는 게 아니고 단지 이런 끈질기고 생산성을 저하하는 관성에도 나름의 기능이 있다는 사실을 알리고자 할 따름이다. 정말 철저하게 합리화된 기업들은 위험하기 그지없는 '독자적 행동'을 하는 경향이 있다. 곧 습관이 고유의 가치가 되었고 제 마음대로 행동하는 것이 당연해졌다. 이것이 또한 "알아서 굴러간다"는 기업 운영이라는 단어의 원래 의미다. 여기에는 방해거리도, 미치광이도, 터무니없는 아이디어도 없다.

세계경제는 모든 회사에 더 속도를 높이라고 요구한다. 그러나 지나친 과속은 카오스를 유발한다. 이 말은 모든 미래에는 위험부담이 있다는 뜻이다. 여기에서 기업가나 경영자는 올바른 길을 찾기 위해서 새로운 식별력으로 시장을 관찰해야 한다. 경제적으로 중요한 것은 크고 작고의 차이라기보다는 빠름과 느림의 차이다. 이 새로운 요구사항은 오늘날에는 위험하고, 속도를 내야 하고, 매우 복잡한 힘의 장으로 갈 수 있는 용기가 꼭 있어야 한다는 의미다.

그런 시장이 존재하지 않듯이 그런 기업도 존재하지 않는다. 그러므로 선택사항과 모델만 제시할 수 있다. 이렇게도 말할 수 있다. 경영자들은 다른 가능성들을 생각해 보아야 하며 위험도 무릅써야 한다. 정말 '○○경영법'이라는 제목을 내건 책들은 무수히 많다. 내용은 모두 하나의 해법을 제시한다. 그러나 상기해야 할 것은 우리는 복잡한 세계경제 속에서 경제 운용을 한다는 사실이다. 복잡성 속에서는 어떤 해법도 소용이 없다!

오늘날 시장은 재빨리 새로운 '시장질서'를 세우기 위해 마치 만화경처럼 무너진다. 그래서 정보를 빨리 가공하는 일이 경영과 마케팅의 가장 중요한 과제가 되었다. 어느 때보다도 시간이 경쟁의 핵심요소이기 때문이다. 이래서 기업들은 자주 역설적인 상황에 처하게 되는데, 곧 올바른 결정을 내리는 것보다는 빨리 결정을 내리는 것이 중요하다는 것이다. 아마도 실시간 경영이라는 말을 할 수 있을 것이다.

경영자는 무엇보다도 먼저 새로운 것에 대한 자신의 두려움을 처리해야 한다. 경제와 정치에는 비전이 필요한데 맞는 말이다. 그러나 비전은 정신적인 혼란이다. 독일에서는 이에 대해서 인식하지 못하고 있다. 대부분의 경영자들은 자신의 경력을 극대화하며 대부분의 기업 고문들은 효율성만을 제시한다. 뛰어난 관찰력을 지닌 후고 보스(Hugo-Boss)의 피터 리트만(Peter Littmann) 회장은 ≪슈피겔≫과의 인터뷰에서 "아무도 정말 혁신적으로 도우려고 하지 않는다. 이 말은 아무도 어제의 낡은 질서를 문제삼으려 하지 않는다는 것이다"고 탄식했다. 이 점에 대해서 좀더 자세히 살펴보자.

　우선 무시할 수 없는 사소한 일 몇 가지를 다시 상기해 보자. 비전은 수익과는 다른 무엇이다. 그리고 혁신은 효율성과는 다른 무엇이다. 경영자는 두 가지 모두에 책임이 있기 때문에 반대에 부딪혀도 이겨 내야 한다. 효율성 여부가 어떤 기업에나 가장 근본적인 것이지만 그것은 혁신적 추진력을 위축시킨다. 수익을 내는 것이 모든 기업의 목적이지만 수익에만 몰두하다 보면 비전은 보지 못한다. 이것이 논리적으로 해결하지 못하는 부분들이고 또한 이것이 경영업무의 특징이다. 여기에는 'ㅇㅇ경영방식'도 더는 해법이 되지 못한다. 이런 상황은 점점 인기를 끄는 비전이라는 개념의 의미를 분명하게 밝혀 준다. 비전은 어떤 목표를 말하는 것이 아니기 때문이다. 설정된 목표는 변하기 어렵고 지긋지긋하게 재검토된다. 그와 반대로 비전은 모호하다는 장점이 있다. 모호하다는 것은 소용돌이치는 세계경제 속의 만화경 같은 시장에서는 더 적절한 것 같다. 새로워지는 불확실성에서의 경영에는 포스트모더니즘적 전략이 필요하다. 이것은 골프를 친다거나 장기를 두는 것보다는 파도타기에 가까운 일이다. 바이크(K. E. Weick)는 이 비유를 매우 잘 설명했다. "파도타기를 하는 사람은 파도가 나타나도록 또는 일정한 폭과 높이를 지닌 파도가 밀려오도록 명령하지도 않는다. 대신에 그저 닥쳐오는 대로 최선을 다할 뿐이다. 밀려오는 파도에 대처는 하지만 결과는 어쩔 수 없다. 마치 파도를 통제하고 있는 것처럼 파도를 잘 탄다는 것은 믿음을 가지고 행동한다는 것을 뜻한다.

통제의 역설

앨빈 토플러의 권력의 이동이라는 말은 서구 문명이 시대적으로 과도기 상태라는 것을 말하는데 그런 시기는 매우 위험하며 많은 사람들이 그것에 대하여 이유 없이 두려움에 사로잡히기도 한다. 과거에는 이런 과도기에 대한 두려움을 종교적 의례를 가지고 대처했다. 오늘날은 이것이 경영의 과제가 되었다. 그렇기 때문에 우리는 경영의 매체는 혼돈과 불확실성이다라고 생각한다. 경영자는 분명히 이끌고 지도하는 사람이다. 그러나 오늘날은 이 일이 더 어려워졌는데 복잡한 과정들을 명령으로 통제할 수 없기 때문이다. 경영자는 사병들을 지휘하는 장교가 아니라 고도로 훈련된 오케스트라를 이끄는 지휘자와 같다. 이런 이해를 바탕으로 경영자의 과제를 우선 정의해 본다. 미래의 경영자는

- 자기 조직화의 혁신과정에서 촉매역할을 한다. 이 말은 경영자는 기업의 역사를 사람이 계획하지 못하지만 실험을 통해 촉진할 수 있는 진화의 과정으로 파악한다는 것이다.
- 기업 진화의 해석자가 되어야 한다. 이 말은 그가 다른 협력자들보다 더 많이 아는 것은 없지만, 이것은 정보시대 최후의 사치품을 그들에게 제공할 수는 있다는 뜻이다.
- 스스로 배운 것을 사원들에게 '번역해 준다.' 달리 말하면 경영자는 전문가들이 이루어 낸 것을 조정하고 재조합하고 실행에 옮긴다.

오늘날 이유의 위계질서(Hierarchie des Warum) 속에서 기업을 이끌어 나가는 사람은(지도력) 방법의 다원화(Heterarchie des Wie)에 대해서 생각해야 한다(조정능력). 경영은 분권화와 통제라는 역설 앞에 항상 서 있다. 성공적인 통제는 통제를 포기하는 것이다. 경영자는 피드백 과정에서 돌아오는 정보들을 조정하고 짜서 맞추는 일을 해야 한다. 덕 베커(Dirk

Baecker)는 사물의 본질을 꿰뚫어 본 자신의 책 『탈영웅적 경영』
(*Postheroisches Management*)에서 이를 매우 명확하게 인식했다. "통
제하기 위해서는 통제하고자 하는 것에 종속되고 통제를 받을 수밖에 없
다." 이 세계의 복잡성은 통제의 분업화를 초래한다. 여기서 이성은 다른
이를 신뢰할 것을 요구한다. 그러나 많은 이들은 믿어 주어야만 하는 이
런 당연한 추세에 대해서 인식을 못하고 불신으로 대처하려 든다.

사람은 이런 신뢰성의 역설을 해결할 수는 없고 단지 배워 익힐 뿐이
다. 누구나 신뢰하는 사람만을 신뢰할 수 있다. 신뢰는 말하자면 자기 자신
을 전제로 한다. 그리고 역으로 신뢰는 신뢰를 낳는다. 새 여비서가 다음주
의 비행기 스케줄을 잘 조정할 수 있을까? 조교에게 심포지움의 조직을
맡길 수 있을까? 새로 이사간 집에서 아내가 집안일을 하는 인부들을 잘
부릴 수 있을까? 열다섯 살짜리 딸이 미국에 혼자 여행할 수 있도록 내버
려 둘 수 있을까? 여기에는 절대 믿을 수밖에 없는, 예 당신들을 내가 믿
습니다라고 말하는 것만이 필요하다. 그리고 그들은 신뢰를 받은 대로 행
한다.

방법의 다원화, 조정능력, 미시경영 따위는 사실 같은 개념을 달리 표
현한 말에 불과한데, 조직을 프로젝트 중심으로 가능한 한 작은 단위로
나누어서 이 각각의 단위들에게 운영의 자율권을 부여해 조직 적응력을
높이려는 것이다. 그래서 우리는 미래의 회사는 개념적으로만 하나로 묶여 있
을 뿐 생산은 제각각 할 것이라고 추측한다. 포스트모더니즘 시대의 공장은
단지 개념적으로만 묶여 있다. 이와 같은 조직의 내적 관련성은 하나라는
정체성에 있다기보다는 기껏해야 각 단위의 운영이 유사하다는 것에 있
다. 카오스 이론의 한 개념을 빌어서 말한다면 이렇게 말할 수 있다. 기업
은 그 기업의 팀들과 사원들에게 '낯선 유인자'(Strange Attractor)로서 자리매
김할 것이다. 인상 깊은 예를 하나 들겠다. 미국의 월드컵 조직위원회는 당
시 극단적으로 외주 처리를 하는 경영방식을 채택하였다.

카오스 속의 길잡이인 경영자

계획이나 프로그램이라는 말들은 수십 년 전부터 지겹게 사용해 온 개념들이기에 이제는 그 의미를 상실했다. 사람들은 다이어트 프로그램을 가지고 있지만 점점 뚱뚱해진다. 정당강령을 출판하려 하면 인쇄하기도 전에 파지가 되어 버린다. 게다가 오늘날에는 알레테(Alete) 유아식 회사의 '이유식 프로그램'도 있다. 기획가나 위원회와 결별해야 할 가장 좋은 때가 지금이다. 이 말은 우리가 현실에 대해서 완전히 다른 태도로 임해야 한다는 것이다. 계획은 계몽주의라고 하는 진보를 맹종하는 곳에서 언제나 핵심에 있었다. 계획과 프로그램을 포기한다는 것을 방향을 잃는다는 것으로 생각해서는 안 된다. 사람은 스스로 갈 길을 찾아내야 한다. 구체적으로 어떤 말인가?

● 현재 경쟁자가 없는 급진적 구성주의라는 인식론에 따르면 모든 지각(知覺)은 해석이며 모든 체계는 자신의 정보를 스스로 만들어 내야 한다. 우리는 객관적 실재를 알 수 없으며 단지 우리의 경험이 어떻게 조직되는지를 알 수 있을 뿐이다.

● 두번째 단계의 인공 두뇌학(cybernetics)은 모든 통제와 계획이 간과하는 면에 이름을 지었다. 실재는 상호 작용하는 개념이다. 우리는 언제나 상대편이 관찰한 체계들을 관찰할 수 있을 뿐인데 이런 깨달음은 하인츠 폰 푀르스터(Heinz von Foersters)의 모호한 책 제목 『체계 관찰』(*Observing Systems*) 속에 매우 잘 드러나 있다.

이런 몇 가지 설득력 있는 생각 정도면 대충 새로운 실재관의 밑그림으로는 충분하다.

● 이 세계는 분석을 통해서 결정할 수 없다.

- 이 세계는 과거와는 무관하다.
- 이 세계는 예견할 수 없다.

이런 사실들은 우리에게 여태까지 익숙해 있던 개념들을 바꾸게 만든다. 카오스는 질서의 반대가 아니라 뒷면, 곧 그림자다. 우리는 카오스에 매달릴 필요가 있는데, 미래가 지금과는 '완전히 다른 것'이 되는 위험한 세계에 살고 있기 때문이다. 위험이라는 개념은 여기서 통제의 한계를 반영한다. "약의 복용에 따르는 위험과 부작용에 대해서는 내재된 안내서를 참조하시오…." 남은 위험 또는 '일상적 사고'라고 할 때는 가능한가 아니면 불가능한가의 구별을 암암리에 가능하다는 것으로 비준하는 것이다. 보험회사들은 바로 이 점을 이용하여 장사를 한다. 위험은 그 위협적인 위험성을 잃게 되면서 통제된다.

오늘날에는 위험을 잡아 가둠으로써 위험 산업을 통한 돈벌이가 가능해졌다. 다리 위에서 번지점프를 하기도 하고 산소 마스크 없이 히말라야의 K2봉을 등반하기도 하고 남극을 스키로 횡단하기도 한다. 또한 휴가에는 단순히 쉬기보다는 모험 휴가를 즐긴다. 휴가를 위험하게 보내려는 것처럼 위험과 보험이 존재하는 세계에서 불확실한 것은 매력적인 것이 된다. 오늘날 사람들은 위험에서 구해 줄 안내자를 찾지 않고 위험으로 안내하는 유혹자를 찾는다. 이런 포스트모더니즘의 위험의 미학은 카오스를 삶의 원천으로 찬미한다. 곧 불안하게 하는 위험이 사람들을 재미나게, 깜짝 놀라게 하는 수단으로 변신하고 있다.

미래의 '완전히 다른 모습' 외에도 완전히 다른 것이 또 하나가 있는데 말하자면 극과 극이다. 항속적으로 현대화하는 시대에는 자신의 과거도 '완전히 다른 모습'이 되기 때문에 우리에게는 유행이라는 것이 있다. 지나간 유행을 뒤돌아보게 되면 그 다름에 놀라게 되는데 이에 대해서는 뒤에 다시 살펴볼 것이다.

다시 한번 말하자면 우리는 정말 위험한 세계에 살고 있다. 그것으로

부터 세계에 대한 개방성은 위험을 준비하는 것과 동일하다는 논리적 결론이 나온다. 그래서 위험을 피해 가려는 전략은 잘못된 것이다. 그 대신에 우리는 능동적으로 대처해야 한다. 위험경영은 임박한 위험을 유익한 도전으로 새롭게 해석하는 능력이다. 정치와 경제는 '카오스에 집착'해야 하며 전망하기 어려운 가운데 자신 있게 목표를 잡아주는 안내자들이 필요하다. 어떤 경기규칙도 승리자에게는 중요하지 않다. 고도의 복잡한 체계 속에서 승리는 항상 앞을 내다볼 수 없는 것을 극복하는 것이다. 여기에 꼭 들어맞는 문구가 있다. 성공은 통제된 카오스, 해석된 위험이라는 것이다.

이것은 경영이 기업의 외부 환경, 곧 혼돈스런 만화경 같은 시장과 맺고 있는 관계에 영향을 준다. 오늘날 누군가 시장은 너무 복잡하다고 말한다면, 이 말의 참 의미는 오늘날 경영을 하는 사람은 자신의 행위의 결과를 놀라움 속에서 맛본다는 것인데 시장에 던진 자신의 경영행위가 반향되어서 돌아올 때는 '원래의 것'은 사라진다. 그래서 우리에게는 새로운 적응력이 필요한데 첫째는 무엇보다도 자신이 만들어 낸 예상 밖의 결과에 적응하는 것이고 둘째는 자기 자신에게 적응하는 것이다. 이것은 '고객과의 대화'와는 전혀 상관이 없다. 새로운—동시에 대단히 오래된—'고객에게 다가가기'라는 주문(呪文)은 소용돌이 치는 시장의 문제를 해결하기보다는 오히려 우리를 문제의 중심으로 몰고간다. 덕 베커가 자신의 책 『탈영웅적 경영』—탈영웅적이라는 것은, 카오스에서의 통제는 초인적인 사업이 아니기 때문이다—에서 이 점을 매우 분명하게 언급했다. "고객에게 더 가까이 가고 더 유연하게 대처하고 더 민감하게 대처할수록 오히려 주변의 카오스를 회사로 불러들는 꼴이 된다."

시대는 달라진다. 그러나 과거와는 다르게 변한다. 확실한 것은 예측 불가능한 변화라는 것이다. 그래서 카오스를 대비하는 것은 현명한 일이다. 안정된 관계는 다음 진화를 위한 준비 단계일 뿐이다. 이것은 정치와 경제에도 마찬가지로 적용된다. 사민당의 위탁기관 경영 특별위원인 클라우스 폰

도나니(Klaus von Dohnanyi)는 최근 당어록에 이런 말을 남겼다(≪슈피겔≫ 1994년 48호). "점점 더 빨리 통합되는 세계경제에서는 정치경제 질서를 만들어 주는 요소들보다는 시장에 카오스를 만드는 요소들이 점점 중요해진다. 이런 혼란스런 시장에서 제대로 방향키를 잡으려면 민첩해야 한다. 그래서 오늘날 기업이나 국가는 분권화하고 유연해져야 하고 민영화되어야 한다."

기업이 진화 속에서 안정을 찾으려면 시장의 카오스 요소들을 배제하면 안 되고 오히려 피드백 과정에서 그것들을 받아들여야 한다. 안정성과 개성은 반향되어 돌아오는 에너지와 정보를 받아들이는 것에서 생긴다. 그래서 어느 체계가 자율적이 될수록 그만큼 종속된다라는 뜻밖의 결론이 나온다. 예를 들어 어느 기업 하나를 생각해 보라. 한 복잡한 체계가 독립적이라는 것은 결코 환경에 예속되지 않았다는 뜻이 아니다. 왜냐하면 기업의 환경은 돌봐야 하는 고객과 감시해야 하는 경쟁기업들이기 때문이다. 기업의 자율성이 높아지는 만큼 더 강도 높게 경제적 상황에 말려들게 된다. 곧 시장의 반향을 그만큼 더욱 고려하게 되는 것이다. 결론적으로 말하면 한 복잡한 체계는 환경에 종속되어 있는 것만큼 자율적이다. 종속적일수록 피드백 과정에 더 복잡하게 얽히기 때문이다.

운명과 같은 복잡성

카오스와 소란이 요즘 시장의 일반법칙이라면 위기에 대해서 떠드는 것은 더 이상 별 의미가 없다. 앞의 설명을 고려하면 '위기'라는 말을 떠들 때는 고도의 복잡성을 단순화하거나 정치화하는 것에 지나지 않는 것이 분명하다. 우리는 포스트모더니즘 철학자 장 프랑소와 리요타와 견해가 같은데 그는 복잡성을 오늘날 인류의 문제로 보지 않고 반대로 점증하는 복잡성 속에서 인간이 어떻게 적응하는가 하는 것을 문제로 본다.

그러나 조직들은 당연히 세계의 복잡성을 줄이려고 존재한다. 그러나 복잡성은 사라지지 않고 오히려 조직 한가운데에 다시 떠오르고 만다. 달리 말하면 복잡성을 줄이고 일목요연함을 만들어 내는 조직은 같은 정도로 스스로 복잡해진다. 사회적 생활의 복잡성에 관한 것이라면 더욱이 이런 관계 밖에 기대할 수 없다.

그래서 아마도 복잡성을 우리의 운명이라고 말하게 되는가 보다. 바로 그 때문에 도처에서 단순성이니 진짜니 신뢰성이니 하는 것들을 마주하게 된다. 특별한 해법을 가진 정신적 구루(Guru)들이 호황을 누리고 있다. 그들은 이 새로운 복잡성으로 가장 큰 득을 보고 있다. 클라우디우스 자이들은 《슈피겔》(1994년 14호)에서 다음과 같이 정확히 지적했다. "진보된 커뮤니케이션 사회에서는 대부분의 결정을 협작꾼들이 내린다. 왜냐하면 과거에 모든 눈속임에 의연하게 맞서던 믿음과 지식에 대한 확신이 결국 무릎을 꿇고 말았기 때문이다. 서구인이 자신과 세계를 확인하는 길은 의례와 신앙 고백 밖에는 없다." 더는 협작꾼들에게 속지 않으려면 미래의 불확실성을 오히려 기회로 해석하는 방법 외에 다른 선택은 없다. 우선 이런 사실을 깨달아야 하며 그 다음엔 연습을 통해서 익숙해져야 할 것이다.

요약하면 우리 사회는 점점 더 복잡해진다는 것이다. 모든 일에는 언제나 다른 가능성이 있기 때문에 위험요소가 따르게 된다. 안전성이 문제가 된다. 이것이 서구 사회에서는 보통의 사회적 작용이다. 그렇기 때문에 불확실로 인한 위험을 어떻게 통제 가능한 위험으로 변환시키는가 하는 것이 중요하다. 이 또한 확률통계라는 것이 존재하면서부터 가능해졌다. 앞이 보이지 않는 깜깜한 상황에서는 모든 전략에 위험부담이 있다. 바로 이것이 아직 장래성이 있는 사회의 특징이다. 열려 있는 시간 지평에 대한 대가는 원칙적인 불확실성으로서, 곧 위험을 객관적으로 계산하는 것이 불가능하다는 것이다. 그래서 안전성에 대한 주제들이 세인들의 높은 관심을 불러일으켰다. 위험에 대한 의식은 세계, 아니 적어도 서구 사회를 뒤덮고 있다. 그렇기 때문에 사회학자 울리히 벡(Ulrich Beck)은 오늘날을 위험한 자유의 시대로 정의한다. "모든 형이상학, 모든 초월적인 것들, 모든 필연성과 확실함은 위험한 곡예로 대치된다."

현대 사회에서 사회과정들을 냉철하게 분석한다면 몇 가지 뜻밖의 결과들을 찾아낼 수 있다.

● 안정성은 불변성과 시종일관을 통해서 얻어지는 것이 아니고 유연성이 있어야 가능하다.
● 자율성은 환경에서 독립을 함으로써 얻어지는 것이 아니고 반대로 더 깊이 환경에 종속될 때 획득할 수 있다. 장사를 하거나 결정을 내릴 때 자율성을 발휘하고 싶은 사람은 고객이나 경쟁자들과 긴밀히 관련되는 피드백 과정에 더욱 의존해야 한다.
● 체계가 주변 환경에 늘 종속되어 있다는 것은 당연한 일이다. 그러나 어떤 체계가 자신의 환경에 어떤 방법으로 의존하고 있는지는 당시의 체계에 달려 있다. 경제적 혼란은 정상적인 일이다. 그러나 기업은 고객의 소망과 경쟁 기업들의 전략에 어떻게 반응할 것인지를 스스로 결정할 수 있다. 그래서 일종의 조직화가 가능해진다. 체계는 장애 앞에서 더 높은 체계의 복잡성 속으로 "도망하게 된다."
● 한 체계가 복잡해지는 만큼 체계를 명령으로 조정하는 일이 적어진다. 계획적인 이성의 자리에는 자기 조직화 과정에 필요한 '새로운 개방성'이 들어선다. 이런 상황에서 중요한 것은 조직화가 아니라 즉흥성이다.
● 사회의 이성은 경제적 경쟁의 영향으로 나타난다. 달리 말하면 시장은 시장에 참여하는 자들보다 더 이성적이다.

역사적 견본

카오스와 평화협정을 맺은 이 세계는 어떤 모습일까? 디자이너나 유행 창시자들은 정신없는 가구 배치, 혼돈스런 디자인, 유쾌한 유행 파괴를 통해 삶속의 '친숙한 카오스'를 전파한다. 지난 20년 간의 우리 문화를 '포스트모더니즘'이라고 부른 것은 바로 이런 특징 때문이다. 포스트모더니즘에도 동전처럼 양면이 있다.

● 예측 불가능, 위험성, 불확실성의 측면. 이에 관해서는 이미 언급했다.
● 지구적 상호 의존성, 세계 커뮤니케이션의 측면. 포스트모더니즘의 이러한 측면은 뒤에서 따로 한 장을 할애해서 다루겠다.

신문의 문예란에서 포스트모더니즘은 이제 과거지사라는 글을 읽을 수 있을 동안은 카오스에 친숙해지는 것이 디자이너의 생각에 머물러 있을 뿐이라는 것을 알아야 한다. 오늘날 문화를 결정하는 것은 전혀 다른 행동들이다. 그래서 페이스 팝콘(Faith Popcorn) 같은 추세 연구가는 이미 오래 전부터 보편화한 '고치 만들기'(Cocooning, 여가를 집에서 TV나 VCR을 보며 지내는 것으로 사회적 접촉이나 승진보다 가정생활에 값어치를 두는 현상—옮긴이) 현상에 대해서 다음과 같은 진단을 내렸다. "카오스의 바다 속에서 사람들은 통제 가능한 조그만 섬을 만들고 그곳에서 안락함을 누린다."

이런 현상은 보통의 소비습관에서만 드러나는 것이 아니다. 박물관도 이런 고치 만들기 효과로 살아간다. 카오스적인 역사가 친숙함의 저장고로 바뀌고 있다. 여기서 역사는 박물관이 되고 있다는 포스트모더니즘에 대한 적절한 정의가 나온다. 우리는 카오스적인 시대의 흐름을 거슬러서 반대로 행복한 역사의식이라는 플라톤의 동굴 속에서 박물관 관람을 즐긴다. 물론 기억의 여신 므네모세(Mnemosyne)와 이런 행위는 상관이 없다. 포스트모더니즘은 과거를 회상하는 문화가 아니기에 별 상관이 없다. 과거 회상의 자리를 인용, 재활용, 견본으로 삼기, 소비가 대신하고 있다.

오늘날 박물관이 그렇게 인기 있는 것과 새로운 역사의식 고취와는 거리가 멀다. 역사에 대한 새로이 높아진 관심은 오히려 물신 숭배적이다. 추억은 형태가 있는 기념품이 되고 있다. 우리는 바로 역사의 종말 시대를 살고 있기 때문에 역사는 심미적인 대상으로서 매력이 있다. 박물관들은 세계사의 기념품 상점들이다. 예술과 키치와 장사가 하나가 된 포스트모더니즘 시대의 선구자인 제프스 쿤스(Jeffs Koons)는 다음과 같이 말했다. "당신이 키치로 경험하는 것은 당신의 과거이다." 키치는 전통의 재활용이다. 뒤집어 말하면 세계 역사는 우리의 키치에 대한 욕구를 채워 주는 공연장의 소도구 같은 역할을 한다. 여기에 상응하는 사례는 자연을 식물원으로 바꾸어서 관광객들의 체험욕구를 채워 주는 일이다. 박물관은 잘될 수밖에 없는데, 더 이상 역사가 존재하지 않기 때문이다. 이렇게 말할 수 있다. 박물관이 붐비는 것은 유행의 변화가 빨라지기 때문이다. 오늘의 아방가르드가 다음날에는 추억거리가 된다.

이런 맥락 속에서 보면 정말 과거의 것이 흥미를 불러일으키는 것이 이해가 간다. 왜냐하면 엄청난 속도로 혁신이 일어나는 우리 세계에서는 지나간 것은 이미 지나갔기 때문에 더 이상 지나가지 않는다는 장점이 있기 때문이다. 그래서 철학자가 고전 윤리학을 기초로 하고 독일어학자가 괴테(Goethe)에 대한 책을 쓰고 실내음악가들이 바흐(Bach)의 작품에 몰두하고 기업가들이 숨조이는 정장에 줄무늬 넥타이를 매고 테니스 클럽에서는 운동의 욕구를, 로터리 클럽에서는 사교의 필요성을 충족시키는 것들은 모두 다 정말 삶의 지혜가 넘치는 행위라고 볼 수 있다. 이런 것들은 모두 다 다음날이면 유행에서 '밀려날' 운명과는 거리가 먼 것들이다.

우리는 박물관들도 자연보호구역의 잘 정비된 경치처럼 국제 박람회, 전시회, 상점, 쇼핑몰 같은 현상의 맥락에서 보아야 한다. 디즈니랜드라는 비할 수 없는 사례에서 나타나듯이 박물관들도 이 세계를 우리에게 전시와 공연 같은 어떤 형태로 보여주는 곳이다. 테마 세계들은 강렬한 대리 체험을 가능케 하지만 대체된 것이라는 느낌을 전혀 주지 않는데, 그것은 실제보다도 더욱 집중적으로 방해를 받지 않고 체험할 수 있기 때문이다. 현실은 테마를 간단 명료하게 나타내지 못한다. 현실에 존재하는 모방된 원래의 것보다도 시뮬레이션이 더욱 농도가 짙고 더욱 설득력 있다.

시뮬레이션은 본질적으로 두 가지 양상을 가정할 수 있다. 그것은 컴퓨터 전산정보처리의 가상 공간에 있거나 외부 세계와 단절된 손에 잡힐 것 같은 내부 세계를 형성하기도 한다. 발터 벤야민(Walter Benjamin)은 이미 19세기의 소비의 성전을 두고 그 안에 창문이 없다는 것을 강조했다. 가상 현실과 테마 세계는 서로를 보완해 준다. 가상 쇼핑과 쇼핑몰 또는 박물관은 새로운 생활양식의 중심이 되고 있다. 컴퓨터 마우스를 가지고 가상의 소비 공간을 항해하다가 마우스를 한번 클릭하여 상품을 구입하는 것이 새로운 생활양식의 한 면이다. 가상 쇼핑은 전자식 소매상이며 부가적으로 고객에 대한 정보를 매우 쉽게 만들어 낸다. 그러나 이런 거래의 가상화는 인간적인 접촉 욕구를 만들어 낸다. 그래서 사람들은 믿을 만한 친구에게 달려가거나 전통 속에서 위안을 찾는다. 또한 이따금 자신의 집에 있는 모니터를 떠나서 쇼핑몰이나 현대미술관 같은 곳에서 진짜 사람들을 만나고 싶어한다.

스스로 자극하는 체계

이런 것들의 배후에는 어떤 프로그램도 어떤 포스트모더니즘적 철학 과제도 존재하지 않는다. 시대정신이 우익으로 불고 있음을 알 수 있다. 사람들은 다양함을 바라고 있고 그럼으로써 타인과 구별되기를 원한다. 구별된다는 것을 사회적으로 풀이한 것이 불평등이다. 바로 이 점을 좌파는 용납하지 못한다. 그래서 좌파는 포스트모던한 문화에서 아무 역할도 못하고 있다. 박물관장들이나 고위 경영자들은 오늘날 계몽이라 불리던 좌파의 '행복하게 만들기'를 위한 계획이나 구조들에 계속해서 관심을 두는 대신에 절충주의를 찬양하고 있다. 그리고 이 단어가 원래는 비아냥거리는 말이었다는 사실은 점차 잊혀져 가고 있다. 괴테의 시절까지만 해도 역사에서 가장 좋고 적합한 것을 선택하는 것이 당연해 보였다. 이 새로운 절충주의는 세계상의 전형이다. 철학자 리요타는 덧붙여 이렇게 말했다. "절충주의는 당대 문화의 영점이다." 이는 당연히 혹독한 평가이지만 사실이다. 정말 우리는 문화의 영점에, 곧 시대를 나누는 그 분기점에 다시 서 있다.

리요타 같은 철학자는 현대의 절충주의적 문화에 비판력, 곧 부정이 없다는 것을 한탄한다. 아무튼 틀린 지적이 아니라는 것을 확신할 수 있다. 부정의 자리를 잠재력이 대신하고 있다. 그래서 우리는 표면성 개념을 다시 생각하듯 절충주의 개념을 다시 생각해야 한다. 분화가 심해지고 다양해질수록 표면이 더욱 중요해진다. 그 어떤 포스트모더니즘적인 연출들도 표면성을 벗어날 수는 없다.

오늘날 깊이가 없는 표면들이 다시 의미를 믿으라고 우리를 가르친다. 모더니즘적 인식의 세계는 깊이를 추구했고 표면의 껍질을 찢어 버렸다. 오늘날 사람들은 표면의 의미를 찾고 또한 표면 위에서 의미를 찾으려 한다. 쇼핑이 삶의 일부분이 된 사람에게는 이데올로기도 거대담론도 세계관도 의미가 없다. 이데올로기는 이제 역사의 창고에서 꺼내 온 가면이나 유물에 불과하다. 이것은 특히 신나치주의에도 해당한다. 무모한 청소년들은 반감을 드러내는 수단으로 반항적인 옷차림을 했고 성공적으로 강도 높은 소동을 일으켰다. 이런 청소년들의 선택이 선하든 악하든 또는 선악의 차원을 초월하든 포스트모더니즘의 정체성은 겉만 중요시하는 소비 세계와 다양한 뉴미디어의 세계에서 그 다양한 광채를 발휘하고 있다.

'Mundus vult decipi'는 오래된 도덕적 격언인데 이 세계는 속아넘어갈 것이라는 뜻이다. 이 말은 오늘날에 딱 들어맞는다. 니체의 말을 빌린다면 이제는 허상들이 설치는 때이다! 그러나 허상이나 헛것들은 원래는 속이는 것이 아니고 차라리 유혹한다고 해야 맞는 표현일 것이다. 유혹도 마찬가지로 표면의 효과이다.

또 하나의 가치 변화를 살펴보자. 불확실성과 미결정은 더 이상 삶의

위협이 되지 않고 자극제가 된다는 것이다. 포스트모더니즘에서는 허무
주의를 행복으로 받아들인다. 허무는 디자이너의 세계에서 새로이 유행하
는 염료와 같다고 할 수 있다. 포스트모더니즘 시대에는 무엇이 벌어질지
알지 못한다. 사회학자들의 말을 빌리면 실재는 '모순적 확실성들'로 이루
어진다. 그래서 "무엇이 일어날지 모른다"는 것은 삶의 새로운 매력으로
작용하는 것 같다. 이제는 아무도 현실적인 미래상을 그려볼 수 있다는
가능성을 믿지 않는다. 그리고 포스트모더니즘은 이런 불가능성을 반어
적으로 비꼬는 듯이 배열한 것이다. 오늘날에는 사회를 통한 마르크스의
구원 대신에 자기 구원과 자신을 자극하는 것에 대해서 말들을 한다. 게
다가 자기 도전에 대해서까지.

- "그냥 이것을 하라"(Just do it)라고 나이키사는 촉구한다.
- 모험가들의 티셔츠에는 "나는 해냈다"라고 쓰여 있다.
- 반대로 〈프랭키 할리우드에 가다〉(Franky goes to Hollywood)라는
  컬트 가요는 "쉬어라, 그만 두어라"라고 하고 있다.

'실재'라는 우상 벗어나기

그리스 철학자 플라톤(Platon)은 동굴 속에 갇혀 있는 사람들에 대해
서 설명한 적이 있다. 삼류 영화관에서처럼 그들은 언제나 실재의 그림자
만을 볼 뿐이다. 그리고 진리의 빛에 대해 알려 줌으로써 그림자만을 보
는 그들의 즐거움을 망치려는 사람을 그들은 죽이겠다고 협박한다.

그들이 계몽에 대해서 전혀 알려고 하지 않는다고 해서 나쁘다고 할
수는 없다. 동굴 속 불길에 의해 그림자가 어른거리는 동안에는 그것이
영상에 불과하다는 것을 알 수 없기 때문이다. 사람은 동굴 속에서는 동
굴을 분명하게 깨달을 수 없다. 동굴 속에만 있던 사람은 그림자에 대해
서 불만이 있을 수 없다. 그렇기 때문에 자신의 허상 세계를 무너뜨리려

는 시도에 대해서는 방어할 수밖에 없다.

플라톤은 동굴 속 사람이 무식하고 멍청하다고 말하지는 않았다. 동굴에 갇혀 있는 사람은 이데아의 빛을 알지는 못하지만 그들 나름의 지식은 갖고 있다. 그들은 자신들의 출현에 뒤따르는 그림자의 상태를 기술하고 앞으로 어떤 모양이 나타날지도 예견한다. 좋다 나쁘다 말할 수는 없겠지만 그들은 진리를 포기하고 어떤 일이 일어날지를 정확하게 예견하는 것으로 만족해한다. 풀어 쓴다면 허구 세계인 움직이는 그림자가 동굴 거주자들을 사로잡고 있는 것인데 이런 현상을 후에 영화라고 이름을 붙인 것이다. 플라톤의 동굴은 영화관이고 사로잡힌 사람들은 객석의 손님들이다. 영화가 좋은 영화일 때는 '마치 사로잡힌 듯'이라는 표현을 정말로 사용하기도 한다.

오늘날에는 플라톤의 적수인 소피스트들이 시뮬레이션의 원조라는 것을 알 수 있다. 그 그림자 행진의 연출가들은 사기꾼들이 아니라 관객과 함께 역할을 분담할 뿐이라는 사실을 받아들여야 한다. 이들의 과제는 현실을 미학적으로 대체하는 일이다. 만일 여기서 무대의 소피스트와 구경꾼 사이에 의견 교환이 있게 된다면 속임수나 조작이라는 말을 할 수는 없다. 여기에 맞물려 있는 것은 실재라는 개념을 새로이 정의하는 것인데 기술·지식·능력이 더 이상 실재를 정의하는 전제조건이 될 수 없다. 소크라테스(Sokrates)가 아주 명확하게 그어 놓은 지식과 의견의 경계선은 다시 희미해지고 있다. 우리의 실재는 허구의 실재이기 때문이다.

그러나 이런 통찰을 얻기 위해서 원래 철학적 사색이 필요한 것은 아니다. 단지 최근의 기술 발전사를 진지하게 살펴보는 것만으로도 족하다. 뉴미디어와 새 컴퓨터 기술이 우리 생활의 일부분이 된 후부터는 실재라는 개념이 엄청나게 변했다. 역사를 통해서 배울 수 있는 것은 '실재'의 반대 개념인 '허구'라는 것의 의미가 변하기 시작하면 삶의 실재 개념 자체도 문제가 된다는 것이다. 시뮬레이션 기술과 가상 현실이 존재하기 시작하면서부터 현실과 상상을 구분해 오던 것이 의미가 없어졌다. 일단 엄청난 손실로 보이겠지만 커다란 해방의 힘으로 경험할 수도 있다. 요점을 말하자면 시뮬레이션 기술은 '실재'라는 우상에서 우리를 해방시킨다.

우리가 실재라고 부르는 것이 사실은 만들어진 구조라는 것을 철학자들은 오래 전부터 알고 있었다. 실재를 형성하는 것은 항상 인간의 만들어 내는 능력과 상관이 있는 일이다. 이런 맥락에서 신칸트학파의 파이잉거(Vaihinger)는 마치 ~처럼(Als-ob)의 철학을 발전시켰다. 그 이후 우리는 허구는 실재의 반대 개념이 아니고 실재를 만들어 내는 도구라는 사실을 알게 되었다. 상상하는 능력이 없이는 실재는 존재할 수 없다. 역설적으로 표현한다면 실재는 허구적이다라고 말할 수 있다.

그러나 이런 생각들은 이미 100년 전의 이야기이다. 오늘날 우리는 마치 ~처럼의 철학에서 시뮬레이션으로 옮겨 갔고 하나의 실재적 세계의 구조는 다양한 가능성의 세계들의 투영으로 바뀌었다. 결국 허구와 실재의 구별은 의미가 없다. 시뮬레이션과 가상 현실은 비판적인 의미에서 더 이상 '허구'가 아니다. 이유는 아주 확실하다. 우리가 진리를 포기할 때 허구도 더는 존재하지 않기 때문이다. 철학자 하이데거(Martin Heidegger)는 이것을 "존재하는 것은 오늘날 대체가 가능하다"라고 간단히 표현했다. 그래서 요즘에는 진정한 실재에 대한 낭만적인 그리움이 생겨 나고 있다. 이것은 미디어의 땅에 피어난 푸른 꽃(die blau Blume, 낭만파 문학의 동경을 상징함—옮긴이)이다. 시뮬레이션의 세계에서 실재는 강박관념이 된다고 말할 수 있다. 우리는 이것을 스크린을 두드려 부수는 폭력을 통해서만 경험한다. 그 밖의 다른 것들은 모두 연출이며 꾸며진 것들이다.

〈카프리콘(Capricorn) 작전〉이라는 영화 속에서는 미국의 몇몇 이단 종파들이 매우 확신하고 있는 어떤 생각, 곧 달 착륙은 일어난 적이 없고 단지 영화 촬영소에서 시뮬레이션으로 제작되었을 뿐이라는 이야기가 중심을 이룬다. 이것은 과대망상적 선동이지만 또한 보통사람이 '실재를 검증'할 수 있는 한계를 보여준다. 정말 우주 왕복선 보이저호의 우주 여행은 우리들에게는 컴퓨터 시뮬레이션보다 더 현실적이지 않은 경험이다.

다시 달 착륙에 관한 이야기를 해보자. 인류에게 깊은 충격을 안긴 상상할 수 없을 정도의 비용이 든 우주 탐사 프로그램이 실제로는 달에 착륙한 것이 아니고 우주 공간에서 지구, 곧 '푸른 행성'을 매혹적으로 되돌아본 것이라는 주장이 꽤 제기되었다. 이것은 기술적인 환상의 전환점을 의미한다. 이 세계의 시작과 끝을 찾는 대신에 다른 세계들의 가능성을 찾는다. 우주(Makrokosmos)가 우리를 매혹한 뒤로 오늘날은 작은 나노(nano) 단위의 초미립자의 세계(Mikrokosmos)와 여러 가능한 세계들이 인류의 관심을 끌고 있다. 무한한 우주 공간으로 나아가려는 사려 깊고 소박한 시도가 이제는 가상 공간을 정복하는 일로 바뀌었다.

허구의 생산성

천재적인 존 폰 뉴만(John von Neumann)의 게임이론이 이미 10여 년 전에 경제적 경쟁과 냉전을 예로 들어 보여주었듯이 인간의 삶의 냉혹한 상황을 게임으로 효과적으로 모델화할 수 있다. 아주 비슷하게 오늘날 매체 지향적인 정치나 추세를 찾아내는 데 골몰하는 경제에서 보듯이 연극성이론은 우리의 평범한 일상생활을 하나의 쇼를 연출하는 것처럼 매우 효율적으로 기술할 수 있다.

우리 모두가 연극을 하고 있다는 것을 사회학자들은 당연하게 여긴다. 그러나 리자 미넬리스(Liza Minnellis)의 "인생은 쇼, 오래된 친구이다"라는 표현이 멋있게 들려도 "인생은 연극 무대이다"라는 바로크식의 은유로 이해하면 안 된다. 이것은 연극이라는 삶의 은유에 관한 문제가 아니라 현실의 삶으로 연극적 요소가 출현하는 것에 관한 문제다. 달리 표현하면 연극적 요소가 삶의 형태가 되었다. 사회학자 베블렌(Thorstein Veblen)이 이미 100여 년 전에 '과시적 소비'(Conspicious Consumption)를 예로 들며 간파했듯이 사람들은 단순히 소비하는 게 아니고 소비행위를 보여주고 과시하려고 한다. 시장은 폼잡는 사람들의 전시장이 되었다. 이래서 쇼핑이 생활양식이 되는 것이 가능한 것이다. 이 체험 시장에서 고객은 우선은 관객이고 그 다음에 소비자가 된다. 이런 휘황찬란한 쇼가 판매보다 우선이다. 새로움에 대한 갈망은 물건 소유에 있지 않고 구매에 달려 있다. 그래서 쇼핑은 생활양식이다.

이런 상황은 생산에도 적용된다. 곧 '퍼포먼스'(Performance)가 제품을 대체하고 있다. 퍼포먼스는 지식과 서비스 분야에서 정말 혁명적인 새로운 범주가 되었다. 사전적 의미와 혼동하지 말기 바란다. 퍼포먼스라는 단어는 제품이라는 말로는 의미 전달이 잘 안 된다. 가장 중요한 것은 오히려 '상연'이라는 의미를 내포한다는 것이다. 바로 이 의미가 독일어에는 들어 있지 않다. 프로이센 시대나 릴케(Rilke)에게나 '제품'이라는 단어는 보이는 것 이상의 존재였다. 오늘날에는 겉모습이 생산성의 중요한 차원이다. 특히 서비스 업계에서 능률을 올린다는 것은 사회적 차원의 이야기가 되는데 생활양식이라 표현되는 겉모습 또는 보여지는 모습의 차원과 이것은 중요한 관련이 있다. 서비스는 고객이 어떻게 받아들이는지를 전제로 하는데 이런 의미에서 보면 독일어의 서비스(Dienstleistung)라는 말보다는 '퍼포먼스'(Performance)가 좀더 적합한 표현이다. 왜냐하면 중요한 것은 고객이 만족감을 느끼는가 하는 것이기 때문이다. 이것은 당연히 소비에도 해당한다. 게르놋 뵈메(Gernot Böhme)가 이에 대해 올바르게 지적했다. "겉모습은 무한히 좋게 꾸며낼 수 있고 소비도 상응하여 증가할 수 있다."

바로 이런 점이 포스트모더니즘적이다. 포스트모더니즘 문화는 예술과 과학과 생활양식의 협력을 목표로 하기 때문이다. 이런 목표가 실제의 행동에서 반영되어 나타나는 모습을 퍼포먼스라는 개념으로 묶어 줄 수 있다. 노동/소비, 노동 시간/여가 시간이라는 오래된 이분법적 삶의 세계는 더 이상 의미가 없다. 퍼포먼스의 세계만이 일터에서나 집에서나 일할 때나 있을 뿐이다. 이 사실은 직장인들의 생활습관뿐 아니라 경제의 사회적 기본구조까지 뒤흔들어 놓는다. 기업 내의 위계질서보다 퍼포먼스가 더 중요하다. 축구 스타가 감독보다도, TV 스타가 방송국 사장보다 더 돈을 많이 번다.

퍼포먼스는 무엇인가가 일어나는 것으로 그칠 게 아니라 어떤 사건 또는 해프닝이 되어야 한다는 뜻이다. 무언가가 출현하는 것으로 충분치 않다. 스펙터클해야 한다. 이런 것은 건축처럼 겉보기에 거칠고 안정적인 분야도 예외가 아니다. 마르틴 하이데거는 건축과 주거와 사고(思考)가 하나의 통일체로 묶여야 한다는 고전적인 주장을 언급한 적이 있다. 오늘날에는 이 자리에 대신 들어선 것이 있다. 곧 환경의 자리에는 디자인이, 생활양식의 자리에는 연출이, 그리고 실재의 자리에는 만들어진 구조가 들어섰다.

하여튼 이런 변화의 공통점은 무엇일까? 그것은 우리가 여태까지 익숙해 왔던 생활방식을 근본적으로 완전히 뒤집는 사고를 전제로 한다는 것이다. 진리나 실재나 합법성이라는 개념의 반대 개념들에 지금까지 부여하던 부정적인 이미지를 더 이상 부여할 수가 없다. 이제는 과장이나 요란함 같은 연극적 요소가 일상생활에서 보편화하고 있다는 사실은 겉모습, 시뮬레이션, 모방에 대한 두려움이 사라지고 있다는 것을 보여준다. 여기에는 아주 단순한 기술적 배경이 있다. 곧 기계적 뉴미디어가 점점 더 우리의 일상생활을 파고들어 오고 있다. 미디어의 실재성이 일상생활을 흡수하고 있다. 대중매체를 통해서 나타나는 가상 현실은 경험 세계와의 경쟁에서 성공적으로 가능성의 세계로 들어서고 있다. 시뮬레이션은 체험 공간이 되고 있고 미디어의 허구 세계는 겉모습의 여러 측면 가운데 하나로 드러나고 있으며 우리의 전통적인 실재 개념은 이 속으로 휘말려 들어가 소멸해 버렸다.

이런 맥락 속에서 '연출' 개념은 매우 흥미로워 보인다. 이것은 특별히 시대의 흐름과 긴밀하게 관계를 유지해야 하는 분야, 곧 마케팅을 지배하고 있다. 마케팅과 기업 컨설팅을 전문으로 하는 최근에 문을 연 한 회사의 이름이 '연출'(Inszena)이라는 사실은 결코 우연이 아니다. 새로운 유행을 만들어 내는 태도와 행동규범을 나타나는 청소년 무리를 연출된 장면(Szenen)이라고 부르는 것도 공연한 짓은 아니다. 무대는 의미를 부여받게 되는 조건이며 무대가 있는 곳에서만 영향 있는 사건들이 생겨날 수 있다. 그리고 의미는 연출에서 나온다. 연출된 장면의 온실효과라고 말할 수도 있는데 하여튼 이 속에서 미래가 보인다.

오해를 막기 위해서 말해 두지만 우리는 연출된 장면을 만들어 낼 수 없다. 단지 강화하거나 자극할 수 있을 뿐이다. 연출된 장면들은 정체성 확립의 기능을 하는데 거리축제든 디스코장이든 대학이든 또는 예술무대든 상관이 없다. 귀속감을 나타내고 타인들과는 구별을 짓고자 하는 욕구가 여기서 채워진다. 철학자 오도 마쿼드는 이와 관련해 '명시적이고 극적인 차별성'을 통해 정체성이 촉진된다는 것을 뚜렷하게 밝히고 있다. 장면 연출은 저절로 생겨나고 자기 연출의 장면들은 유행과 마케팅으로 피드백되고 이렇게 해서 생활방식, 포스트모더니즘의 의식들이 탄생한다.

연극은 원래 과거의 종교적 의식에서 발전해 나왔다. 연극적 요소가 일상화하는 요즘에 연출기법과 기교는 예배적 기원으로 되돌아가고 있다는 사실을 볼 수 있다. 인류는 스스로 연극적인 상호 관계가 되었다. 실존의 미학이라는 말로도 표현할 수 있다. 미셸 푸코(Michel Foucault)의 옛 그리스 철학적 유물에 매어 있음에도 불구하고 윤리와는 아무 상관이 없는 것처럼 말이다. 일종의 유행에 민감한 자기 창조인 자기 연출(Self-fashioning)이 중요하다. 오늘날의 유행 속에서 자기 연출은 특히 개인주의화의 압력이 초래하는 현대적 역설을 분명하게 밝힌다. 개인주의의 표어는 "누구와도 같으면 안 된다"이다. 그러나 이것은 명령이 되어서는 안 된다. 이런 역설을 전개시켜 나가려면 마케팅은 머리를 잘 써야 한다. "네 자신이 되라"는 권고는 그 회사 제품을 대량으로 팔리게 만든다.

포스트모더니즘의 세계에서는 우리의 정체성이 파편화하고 다양해지는 것을 경험한다. 요동치는 현대 시대에 대한 최초의 비평가인 프리드리히 니체는 이미 인간의 '자아'는 여러 개의 빈 공간과 같다는 것을 밝혔다.

그럼으로써 니체는 우리에게 현재 중요한 단어인 '공연하는 자아' (Performing Self)를 제공했다. "나는 다양한 가능성들을 생각하며 스스로 나 자신을 계획하여 만들어 나간다." 삶은 자기 자신을 연출하며 자신의 정체성을 발견한다.

내 이름은 경매인이다. 한때 막스 프리쉬(Max Frisch)가 하던 말이다. 이것은 경기가 좋지 않던 1960년대보다도 오늘날에 훨씬 더 당연한 듯이 작용하고 있다. 프로테우스(Proteus, 그리스 신화에서 마음대로 모습을 바꾸는 해신〔海神〕의 이름—옮긴이) 같은 생활양식 뒤에는 재정적 뒷받침이 있어야 한다는 사실을 알기 위해서 굳이 마르크스주의자가 될 필요는 없다. 프로테우스의 신비적 용모, 곧 다양한 모습이 새로운 생활방식에 전적으로 어울리는 이름일 것이다.

생활양식 시장

요즘 청소년들은 지금까지 막강하게 사용하던 'cool'이라는 말 외에도 'kult'(형용사)라는 말을 사용하고 있다. 여기에 대해서 진지하게 생각할 필요가 있다. 마케팅 전문가들은 오래 전부터 비중 있는 (또한 젊은) 소비자 집단에 그들을 대상으로 한 상품을 팔 수가 없다는 사실을 인식했다. 당연히 컬트적으로 연출해야 하는 것들인 테마 세계, 생활양식, 세계관들 같은 것은 수요가 늘고 있다. 물론 이에 대해 청소년들만 소비하는 것이 아니라며 이의를 제기할 수 있다. 정말 성인층은 더욱 증가하고 있고 이에 따라서 소비자로서 비중도 커지고 있다. 그러나 시장의 역동성을 고려하면 그 중요성이 떨어진다. RTL TV 방송국 사장인 헬무트 토마(Helmut Thoma)가 "쿠키덴트(Kukident, 독일에서 팔리고 있는 노인용 의치를 청소하는 데 사용하는 발포성 소독약—옮긴이)로는 돈을 벌지 못한다"라고 악평했을 때는 제한된 맥락에서 말한 것이지만 그 차원을 넘어서 훨씬 더 보편적인 의미를 지닌다.

다시 청소년들의 테마 세계로 돌아가자. 얼마 전부터 어떤 사람들은 자기들에게 당연한 사태에 대해서는 'Kein Thema'(no theme, 이 말은 의미는 주제가 못 된다, 그러니까 너무나 당연해서 언급할 필요조차 없다는 의미에서 사용된다—옮긴이)라고 한다. 이 말을 원래 의미보다 진지하게 받아들이면 다음과 같이 보아도 좋다. 곧 테마(Thema)는 우리와 관련 있는 그 무엇으로 우리의 갈망을 채워 주는 틀이라는 것이다. 이것은 확실히 어떤 가치에 대한 얘기다. 그러나 이런 가치들은 인간에 의해서 만들어진 것이다. 이런 가치들은 순전히 형식적인 평가를 통해서 나오며, 여기에 중요한 것은 생활양식과 태도나 행동이다. 따라서 의미[†]는 생활양식이 된다.

이것은 경제와 사회에 엄청난 영향을 끼친다. 만일 생활양식이 모든 것을 결정하는 요소가 된다면 사회경제적 차원에서 경제와 정치를 더는 구분하지 말아야 한다는 의미다. 생활양식은 고객과 유권자 스스로 선택하는 가치와 기대치들의 총체이기 때문이다. 여기서 다루고 있는 이 개념은 정의하기가 질적으로 참 어렵다. 경영 이론의 대가인 피터 드러커(Peter F. Drucker)는 자신의 책 『미래 경영』(*Managing for the Future*)에서 "생활양식 시장은 혼란스럽고 아주 심하게 제멋대로다"라고 설명하고 있다.

현재의 생활양식 시장은 경계가 불분명하다. 그것은 사라지기 쉽고 불안정하고 우연한 자극에 좌우되고 있다. 이 시장을 조정하기 위해서는 마찬가지로 경계가 불분명한 표현법이 필요하다. 전통적 가치와 규칙이라는 엄숙주의의 자리에 오늘날은 연출 가능성과 친숙하고 장황한 신화의 서사성이 재등장하고 있다. 지나간 신화화된 가치들을 다시 바꾸어서

[†] 원래 사회학에서 '의미'라는 단어는 우리의 행동양식을 결정하거나 유도해 주는 가치들의 내용을 의미한다. 예로 정의, 평화 같은 가치 규범의 내용을 말할 때에 우리는 의미라는 말을 사용할 수 있다. 그러나 저자들의 주장을 따르면 오늘날은 가치의 내용이 비어 있고 틀만 남아 있기 때문에 내용적(material)이 아닌 순수하게 형식적(formal) 차원에서 가치 판단만이 가능하다. 그래서 틀 안의 내용을 말하는 전통적 '의미'는 사라지고 대신에 비어 있는 곳에 어떤 내용을 채워 넣는 것이 포스트모더니즘적 '의미'를 형성한다. 어떻게 채워 넣는 것은 개인 또는 일정 집단의 자유이며, 이것은 다양한 생활양식(life style)이나 가변적인 개인적 삶의 태도들로 나타난다—옮긴이

설명을 하는 것이 가능해지고 그래서 융통성이 생겨난다. 오늘날 테마를 언급할 때는 바로 이런 의미에서다. 그래서 "전설은 살아 있다."

　이런 배경 속에서 쇼핑이 생활양식이 되었다는 것의 의미가 분명해진다. 백화점이나 쇼핑몰은 고객의 주의를 돌려서는 의도적으로 방향을 상실하게 함으로써 매상을 올린다. 쇼핑몰은 일종의 영화관과 슈퍼마켓과 놀이터를 모아 놓은 곳이다. 전통적 상점의 지루한 상품 전시방식 대신에 좀더 극적으로 연출된 장면들이 판매 공간에 등장한다. 게르놋 뵈메가 정확히 표현한 대로 판매는 '연출된 무대효과가 뛰어나야만' 가능하다. 이 일은 비단 담배에만 해당하는 것이 아니라 정당이나 학문적 연구 프로젝트도 마찬가지다.

　그러나 만화경 같은 생활양식 시장을 고려하면 가치 지향만으로는 더 이상 충분하지 없다. 광고는 한 상품에 의미를 부여할 뿐 아니라 상품이 연관된 총체적 맥락(syntax)을 만들어 낸다. 그러는 사이에 신태그매틱 마케팅(syntagmatic marketing)이라는 말까지 하게 되었다. 낯선 외래어라고 두려워할 필요는 없다. 이 단어는 개개의 상품에 대해서뿐 아니라 고객의 소비성향까지 포괄하는 마케팅 전략을 뜻한다. 마케팅도 현재 특정한 복잡성 문제에 봉착해 있다. 마케팅에서는 소비의식(儀式)의 복잡성, 곧 적절한 상품 전시의 배합을 고려해야 한다. 그리고 백화점에 부티크들이 돌연 나타난 것은 신태그매틱 마케팅의 분명한 징조다. 보그너(Bogner)와 아메리칸 익스프레스가 합작하여 만든 광고의 의미를 생각해 보라. 이미 오래 전부터 상품을 치장하고 선전하는 것만으로는 충분하지 않았다. 오늘날의 생활양식 광고는 여러 회사 상품들을 묶어 놓은 의미 있는 맥락을 보여 준다. 그 이유는 어떤 생활양식은 소비성향의 연결체로서 가장 잘 표현되기 때문이다.

　이 장의 결론을 간단히 내려보자. 경영과 마케팅 분야에 종사하는 사람들은 시장의 무질서와 소비의 의례성은 복잡성의 한 가지 현상으로 간주해야 한다는 것을 알아야 한다. 그래서 우리의 주장은 다음과 같다. 일상생활에 연극

적 요소가 출현하고 만화경 같은 시장의 우연성에 대해 경제는(그리고 정
치 분야에서도 차츰 증가 추세에 있는데) 컬트 마케팅으로 대처한다.

3
거룩한 정보들의 마케팅

경영자들의 신념체계에 대한 투쟁

일반적으로 경영자들은 경기 침체기에 냉정하게 계산하고 확실할 때에 움직이는 것으로 알려져 있다. 그러나 실제로 그들이 정보를 판단하고 결정을 내리는 것을 살펴보면 그렇지 않다. 오히려 따뜻하고 부드러운 신념체계가 저변에 깔려 있다. 바로 이런 '냉정한' 시기에 '신들에 대한 욕구'가 오히려 엄청 크다.

이런 이유 때문에 과학자와 준과학자, 경영학과 교수들, 기업 고문들, 추세 연구가들은 이 신념체계 안에서 가장 좋은 자리를 차지하려고 머리 터지게 싸우고 있다. 이들은 기업의 '성공요인'과 '합리화의 비결'을 성스러운 정보형태로 제공한다. 여기에는 숨겨져 온 비밀정보, 신조, 통계입문서 같은 중요요소들이 유통되고 있다. 점점 더 중요해지는 정보 상담시장에 정보를 제공하는 사람들은 뉴에이지 지도자들부터 대학교수들까지, 그리고 일부분은 자연과학적으로 일부분은 가정상담 차원에서 훈련된 아마추어 이론가들부터 고전적인 비용 분석가들까지 망라되어 있다.

이 단락에서는 포화된 시장 내부에 존재하는 연관관계들을 살펴보고자 한다. 우선 정보 제공자들의 역할을 길잡이 삼아 따라가 본다. 여기서는 질적 수준이 높은 추세 연구가 필수적이다. 모든 의사소통의 영역에서 마케팅의 측면이 결정적인 역할을 한다고 보면 시장 접근과 정보 처리의 고전적인 수단들은 더 이상 의미가 없다. '시간 관리'에 관련한 정말 가지가지의 징후들이 보여주듯 폭증하는 정보를 전통적인 합리성의 척도를 가지고서는 대처할 수 없기 때문이다. (오늘날에는 더 이상 간단하게 "A우선순위와 B우선순위를 AA우선순위와 구분하시오"라는 식으로는 안 된다.)

이런 문제들을 다루기 전에 우선 포화상태의 시장에서 정보의 역할과 연관관계를 살펴보자.

가치의 평가 절하와 정보 미식가

가치가 급속하게 떨어지고 새로운 가치들이 줄이어 등장하는 포화된 시장에서 정보는 네 가지의 특징을 보인다. 이 네 가지 특징은 몇 안 되는 뛰어난 독일 사회학자 중 하나인 리하르트 뮌히(Richard Münch)의 이론을 기초로 하는데 첫째는 함축화, 둘째는 세계화, 셋째는 양적 팽창, 그리고 마지막으로 가속화이다.

● 아무도 상세한 서류 내용을 자세히 살펴볼 시간이 없기 때문에 정보는 함축화로 나가고 있다. 보고서들로 꽉 차 있는 제약 연구 분야의 경우에는 여러 장으로 된 보고서를 아무도 읽으려 하지 않는다. "요점을 말하세요, 아니면 아무도 기억을 못할 겁니다"라는 말이 필수적인 주의사항이다. 그래서 정보들은 요령 있고 간결하게 함축되어야 한다. 그리고 여기에는 모든 가능한 전달기술이 필요하다.

● 두번째는 세계화의 추세다. 팩스, 위성 수신 TV, 전화, 이메일 또는 나쁜 의미로 정교한 도청기계, 스캐너와 복사기 같은 매체의 출현으로 정보를 전 세계적으로 다루는 것이 가능해졌다. 이미 정보를 일정 기간 비밀로 하는 것은 망상이 되었다. 정말로 '중요한' 정보를 보유하고 있는 사람은 최고의 값을 부르는 사람에게 그 정보를 제공한다.

● 세번째는 양적 팽창의 추세다. 미디어 사회에서는 폭증하는 정보의 물결을 막을 길이 없다. 추세로 보아서 문자를 통해서나 구두나 영상을 통해서 모든 정보가 흡수되고 또한 모든 정보가 제공된다. 개인의 모든 생애—가족 앨범부터 학교 공책과 아이들의 출생을 담은 비디오테이프와 가정 음악까지 모든 개인의 삶—가 끊임없이 복사되고 알

려지는 프로젝트가 된다. 물론 회사생활은 말할 것도 없다. 서기록이 없는 회의는 없으며 모임에서 행한 어떤 연설도 원고 없는 것은 없으며 이 원고는 또한 복사된다. 이러한 정보 증폭의 예는 얼마든지 들 수 있다.

● 네번째는 가속화의 추세다. 이 추세에는 기술적 발전이 가장 큰 공헌을 하였다. 컴퓨터 분야의 기술 발전은 우선 속도와 가속의 발전 덕분이다. 정보고속도로는 속도 제한을 모르는 유일한 고속도로가 될 것이다. 바로 이 점이 정보고속도로를 매력적으로 만든다. 멀티미디어나 정보기술과 관련한 설문조사를 살펴보면 그것들의 가장 중요한 장점은 빠른 의사소통에 있다고 말하고 있다. 가속화 추세를 만든 두번째의 중요한 요인은 정보를 목표 지향적·집중적으로 다룸으로써 경쟁자에 비해서 시간을 벌어야만 하는 시장경제의 법칙에서 기인한다. 이것은 바로 우리가 잘 알다시피 아주 독특한 행동방식을 불러일으킨다.

곧 정보는 정보 그 자체만으로서는 더 이상 본질적인 문제가 되지 못한다. 적절한 재정적 자원을 갖추고 출발하는 모든 계획이 시장에서 살아남기 위해서는 정확한 정보들이 필요하다. 그러나 앞의 시장 정보들의 네 가지 특질이 보여주는 것은 시장에서 계속 위치를 지키기 위한 전략적 계획이나 일반적 업무 수행을 위해서 필요한 정보가 너무 과잉의 상태라는 것이다.

"자세히 관찰해 보면 경영자는 엄밀한 통계와 정확한 자료를 바탕으로 한 경영정보체계(MIS)에 준하여 결정하지 않고 특정하게 좋아하는 정보에 따라서 결정한다는 것을 알 수 있다."
헨리 민츠벅(Henry Mintzberg)

만일 이 유명한 조직이론 연구가인 민츠벅의 주장대로 오늘날의 경영자는 정보 미식가가 되었다는 사실이 맞는다면 실제적인 결론은 뻔하다. '문제 분석-진단-비판-실행'이라는 식의 고전적 문제 해결방식은 포화 상태에 이른 시장에서 설자리를 잃은 것이다. 정보가 부족하던 시대와 달리 정보는 더 이상 특정한 방향으로 진행되지 않는다. 정보는 소비모델의 공식에 따라서 움직이며 더 이상 '합리적 축적모델'에 따라서 움직이지 않는다. 가치가 빨리 마모된다는 것, 그래서 재빨리 소비해야 하는 것이 규범이다. 정보들은 탄생하자마자 바로 쇠락한다. 특별한 대우를 받는 정보라면 정보박물관에 저장될 수도 있다. 하이퍼텍스트는 어떤 정보를 저장하는 것이 적절한지에 대한 기준 마련을 영원히 풀 수 없는 문제로 만들어 버린다. 민츠벅이 본 대로 경영자들이 정보에 대해서 그렇게 반응한다는 것은 자세히 보면 별로 놀랄 만한 것이 못된다. 이런 반응은 가능성이 높은 것이며 단순히 옳지 못한 것으로 판단할 수만은 없다. 따라서 경영자들의 머리 속에는 대부분은 꼼꼼하게 수량화된 기존의 정보를 종합적으로 분석하고 결정하는 형태와는 전혀 다른 준거틀을 따르는 하나의 새로운 지식 판단의 해석틀이 있다고 볼 수 있다.

정보 홍수의 상황 속에서 우리는 어쩌면 역사적인 인물들이 다시금 등장하는 르네상스의 시대를 맞고 있다고 볼 수도 있다. 이미 말했듯이 정보 미식가들은 대부분 경영자들이다. 뭐든지 먹어 치우는 정보 탐식가와 뭐든지 싫증을 내는 정보 혐오가를 제외하고는 정보 속물(Info-Snob), 정보 바람둥이(Info-Playboy)와 정보 멋쟁이(Info-Dandy)의 세 가지 정보경영자 유형을 들 수 있다. 이 중에 가장 흥미 있는 유형은 정보 멋쟁이형이다. 이들은 이 세 가지 유형 중에서 엘리트형에 속한다. 그를 화나게 하는 것은 정보의 양이 과다해서가 아니고 그 질이 낮다는 데에 있다. 많은 정보를 주체성 있게 선별하여 받아들이지 못하고 그대로 모든 것을 받아들이는 사람들을 볼 때 그들은 가장 혐오감을 느낀다. 정보 멋쟁이는 몸짓, 자세와 동작을 완벽하게 다스릴 줄 아는 형식주의자다. 그들은 정보를 영웅적으로 다스리기를 좋아한다. 새로운 예술을 만드는 것이 아니고 그렇다고 오랜 정보문화를 진전시키는 것도 아니고 자기가 만든 모습으로 등장하기 위해서 그는 정보를 소비한다. 그는 정보들을 초월하여 넘어설 수 있다. 완벽한 형식주의자이기 때문에 그는 정보 속물이나 정보 바람둥이보다도 유리한 점을 지니고 있다. 왜냐하면 이 두 유형에게는 독창성이 없기 때문이다. 그들은 타락한 자들이다. 중요한 정보 통로에 접속하고 있는 정보 바람둥이는 엄청나게 많은 정보를 알고 있기 때문에 권력을 소유하고 있지만 정보를 삭막하게 다룬다. 그는 단지 즐거움과 박수갈채 그리고 휴양지에서 유유자적하는 유명인사이기를 바랄 뿐이다. 천박한 멋이나 부리려는 기질을 갖고 있는 그들은 어디서든 유명해지기를 바랄 뿐이다. 평범한 정보 소비자와는 달리 그들은 남의 눈에 탁 뛰고 유별나다는 것 자체만으로 만족해한다. 그들에게는 정보 멋쟁이에게 있는 거리를 두는 여유라든가 침착한 냉정함 같은 것은 없다.

결국 유일하게 중요한 질문은 만일 경영자들이 실제로 막강한 정보매체와 어마어마한 정보의 양보다는 구미에 맞는 정보를 구한다면 왜 그들이 원하는 것을 제공하고 있지 못할까 하는 것이다.

분석의 결과로 오는 마비: 아직 어디에 정보들이 필요할까?

도대체 어디에 문제가 있는 것일까? 정보와 경영정보체계(MIS)에 비추어 보면 위에 언급한 네 가지 추세들은 점점 강해지지만 그렇다고 새로운 가치들이 탄생하는 것은 아니다. 사람들은 정보를 가지고 방향을 잡는 대신에 그 속에서 허우적대고 있다. 포화된 시장에서 의사소통하는 데는 질적 수준이 전혀 다른 요구사항이 필요하다. MIS는 종종 비용과 시간이 많이 들어가는 것으로 입증되고 있다. 그러나 그것은 현재의 난감하고 마비된 상황을 나타내는 전형적 증상이다. 그 밖에 실증적 시장 조사와 사회 조사 분야가 똑같은 문제에 봉착해 있다. 과거 시장이 포화되지 않았을 때는 이런 형태로 시장전략을 짠다는 것이 신상품을 유통시킬 때 필수

불가결했다. 왜냐하면 합리적 개인주의는 유용한 소비자 모델을 제공했기 때문이다. 그러나 오늘날은 거의 모든 곳에서 어떤 상품의 성능이나 상품 자체를 상대적으로 쉽게 대체할 수 있다. 그래서 우리의 주장은 다음과 같다.

포화상태에 이른 시장과 과잉 정보가 마주치는 곳에서는 통상적인 시장 접근과 시장 분석수단으로는 충분하지 않다. 왜냐하면 지나치게 대충 만들어져 있고 응용하기에는 너무 복잡하기 때문이다.

통상적인 방법들은 감각을 둔화시킨다. 그것들은 차츰 우리의 인지통로를 막고는 보고 듣고 만지고 냄새 맡는 감각을 마비시키고 집단적 맹목을 초래한다. 추세를 도외시하는 것은 회사에는 치명적인 질병이 된다. 만일 감각기관들이 막혀 있다면 정신은 더 이상 좋은 영양을 공급받을 수 없기 때문이다. 결과는 생산 감소로 나타난다. 이런 상태의 회사나 개인은 많은 노력을 기울여 분석(Analyse)을 해도 결과는 결실이 거의 없는 마비(Paralyse)뿐이다. 이런 상태에서는 쉬지 않고 찾아내는 현장 정보나 쌓여 가는 통계자료, 설문지와 결과, 연구 평가서 같은 것들은 헛수고가 되고 오히려 악영향을 끼치게 된다.

이 말은 당신의 인식능력이 제로가 된다는 것과 조직을 위해서 결정된 것은 적절치 못하다는 것을 시사한다. 오래 전부터 지겨운 대상이 되어서도 일반적으로 통용되는 프랑스와 독일의 정치동향 분석은 이에 대한 좋은 예다. 정교하고 세밀한 시장에 대한 이 통계적 군사주의는 영국식 정원을 전차로 밟고 지나가는 것 같다. 도자기 가게에서 설치는 코끼리와도 같은 것이다. 당연히 우리는 '숫자 문화'(플루서[V. Flusser]) 속에서 살고 있으며 이성적으로 숫자와 자료를 사용한다는 데는 이의가 없다. 1차원적인 숫자 숭배주의는 포기할 수 없는 우리 사회의 부와 평화와 안전을 가져왔다는 것은 말할 필요가 없다. 그러나 이런 왜곡된 분위기에서 통계정보를 성스러운 정보로 간주하는 경향은 포화된 시장에 참담함을 가져왔으며 앤디 워홀(Andy Warhol)의 "미래는 과거와 같을 것이며 단지 양적으로 조금 더 증가했을 뿐"이라는 말을 입증하고 있다. 이러한 예로 알게 되듯이 확실한 것은 사람은 자기 고유의 신념체계를 만족시키기 위해 통계입문서를 만든다는 것이다. 흥행은 계속 진행되어야 하며 감각의 마비화는 역시 마찬가지로 계속 진전되고 있다. 다른 대안이 될 만한 시장 분석의 길을 찾기보다는 통상적인 숫자 놀음을 계속하고 있다.

경험상으로 보면 회사들은 불안한 시기에는 세상에 두루 알려진 유명한 기업 고문들의 신화에 의존하는 경향이 있다. 그래서 건전한 상식으로는 말이 안 되게 엄청난, 부분적으로는 힘들여 번 돈을 들여서 대안(예를 들어 현장 토론이나 팀 작업 또는 리엔지니어링과 같은)을 찾는 데 투자한다. 그래서 또다시 안정감을 느끼고 즐거워하지만 실제는 변화에 적응했다고 연기했을 뿐이다.

정말 그런 통계들과 분석들이 도대체 어디에 필요한 것인지를 몇 분간이라도 숙고해 볼 필요가 있다. 이것들은 어떤 기능을 할까? 기껏해야 회사 내 부서들의 권한 보장과 들어간 업무 시간, 예산과 프로젝트, 그리고 어쩌면 단순히 사무실이나 서류 이동에 대한 내부의 정당성을 확보하는 따위의, 기업의 실제 이익에는 별 도움을 주지 못하는 작용을 한다. 그러나 기업의 행위가 실제로 영향을 주어야 하는 고객에게는 어떤 도움이 될까? 여기까지 생각이 미치게 되면 여러 문제들이 나타난다.

시장 조사: 하이퍼텍스트 속에서의 향수

오래된 시장 분석도구들과 분석기구들의 단점은 무엇보다도 첫째는 너무 느리다는 것이다. 사람과 돈을 많이 들여도 유용한 결과가 나오는 것은 시간이 많이 흐른 뒤이다. 그래서 연구결과는 실제로 일이 발생하고 한참 뒤에야 증명하는 게 되는데, 제정신을 지닌 사람이나 정보가 빠른 경영자가 이미 알고 있었던 사실이 올바른 가정이었다는 것이 그제서야 드러나는 것이다. 그래서 수많은 연구들이 동어반복이라는 것이 증명된다.

이런 연구들은 문제뿐 아니라 해결책도 스스로 만들어 낸다. 두번째 단점은 과거 지향적이라는 것이다. 그래서 미래의 시장 발전에 공헌해야 할 연구결과의 가치가 매우 의심받는다. 지나간 연구결과를 토대로 한 연구가 계속 적중하기를 바라는데, 이는 과거의 연구조건들이 앞으로도 계속 변하지 않기를 바라는 것과 같다. 결과적으로 기존의 분석도구들을 사용하면 능동적인 변화를 꾀하게 하기보다는 행태를 수동적으로 만든다. 이런 분석도구들은 이미 '죽은' 목표집단이 고정적으로 분할되어 있다는 인상을 풍긴다. 따라서 연구결과를 의심하지 못하게 만들며 고객들의 취향이 쉽게 변할 수 있다는 구조를 파악하지 못하게 한다.

예를 들어 '청소년층과 마케팅'이라는 것을 생각해 보자. 많은 연구들이 좀더 청소년들에게 다가가지 위해서 점점 더 이 청소년층의 범주를 명확히 하려 한다. 그러나 결과는 반대로 나타난다. 더 분류하고 나누고 유형화하는 만큼 연구 대상은 불분명해지면서 '더욱 동질화'할 뿐이다. 집단적인 항소나(펑크, 테크노, 애시드 재즈 따위) 이상형적인 유희(보수파, 여피족, 대안 세력 따위)로는 연습을 위한 연습이 될 뿐이다. 이것은 자동으로 진행되는 과정으로 마치 학생이 자신의 고유한 생각은 하나도 없이 논문을 쓰는 것과 같다. 'X세대'라는 예에서 볼 수 있듯이 실제 연구대상은 살그머니 빠져나가 완전히 사라져 버리며 기껏해야 언론의 현상으로 등장할 뿐이다. 이 현상은 광고 전문가, 시장 조사자, 자유기고 언론인들에게는 1990년대의 신화이자 공포의 대상이 되었다. 물론 이는 모든 연구 노력이 간과하는 연구대상 세대 자체에는 아무 상관이 없다. 시장이 진행되는 과정을 좀더 세밀하게 관찰할 수 없다는 것은 당연하다. 바로 분류할 수 없는 것, 더 민감한 것, 더 연약한 것은 그물망을 빠져나간다. 힘을 들여야만 얻을 수 있는 것은 존재하지 않는 것으로 낙인찍는다. 문제가 되는 사항들은 모두 제외하고 안 된다고 생각하는 것은 간단하게 존재하지 않게 된다.

그러나 정말 민감해서 창의성이 중요한 시장에서 전통적인 실증적 시장 조사와 사회 조사는 설자리를 잃고 말았다. 대학연구소들이 사회현상을 기술하려고 추진하는 사회학 연구들이 향수를 불러일으키듯이 전통적인 실증적 시장 조사와 사회 조사는 향수만 불러일으키고 있다. 이런 연구들은 지겹고 불필요할 뿐 아니라 화를 나게 만든다.

이런 문제를 벌써부터 알아챈 사람 중의 하나가 소니(Sony)사의 아키오 모리타(Akio Morita)이다. 모리타는 이미 10년 전 자신의 책 『메이드 인 저팬』(*Made in Japan*)에서 신상품이 시장에 있는 타사의 유사한 상품들 사이에서 경쟁력을 갖추게 될 때까지 걸리는 시간이 현격하게 줄어들었다고 쓰고 있다. 연구비를 무한히 확대하면서 투자할 수는 없기 때문에 좀더 능동적으로 시장을 이해할 필요가 있다. 모리타는 무엇을 했는가? 그의 전략이 놀라운 것은 시장 조사 또는 필요하다고 말해지는 고객의 욕구나 여론은 하나도 고려하지 않았다는 점이다. 비용을 대야하는 분석도, 어떤 만들어진 고객과 여론 지향성도 중요하지 않았다. 오히려 그 분야 사람들의 풍부한 경험과 직관력 그리고 정확한 추세 감각과 신상품 개발에 대한 열정이 그의 성공 전략의 전부였다. 워크맨이 탄생한 역사가 어떻게 파격적인 방법으로 신상품이 등장하는지를 보여주는 좋은 예다. 그가 처음에 관찰을 통하여 알아낸 사실은 청소년들은 음악 없이는 살 수 없으며 현재의 카세트 레코드 방식으로는 음악을 듣고자 하는 그들의 욕구를 만족시켜 줄 수 없다는 것이었다. 그러나 그 다음에는 내부의 반발을 겪어야 했는데, 특히 회사의 기술전문가들의 반발이 컸다. 모리타는 이를 다음과 같이 회상한다.

"우리는 소비자들에게 그들의 욕구가 무엇인지를 물어보지 않고 신상품을 시장에 내놓으려 한다. 대중은 그들이 무엇을 원하는지도 어떻게 만들어야 하는지도 모른다. 그러나 우리는 그것을 알고 있다. 그래서 시장 조사에 별로 기대하지 않고 신상품을 내놓고 용도를 생각하며 판매시장을 형성하고자 노력을 기울였는데, 이것은 우리가 광고를 통해서 대중을 상품과 친해지게 만든 결과에서 나왔다."

여기서 말하는 것은 또 뭔가 새로운 것을 만들려는 욕심에서 나오는 것도, 냉소적인 비판도, 기술적으로 무엇을 하자는 것도 아니다. 자세히 보면 알겠지만 포화된 시장을 손아귀에 넣을 수 있는 이론에 대한 것이다. 좀더 자세히 설명하기 위해서 한 가지 예를 더 든다면 1993년 샌프란시스코에서 ≪와이어드≫를 만든 루이스 로세토(Louis Rossetto)를 생각할 수 있다. 컴퓨터광이나 미디어광들에게 현재의 추세를 간파할 수 있도록 도움을 주는 이 잡지는 짧은 시간에 25만 부의 발행부수를 기록했다. 이 잡지는 통상적인 작은 반듯한 글씨에 지겨운 분위기를 주는 잡지들과는 달리 새로운 미디어 문화의 정신을 잘 보여주고 있다. 로세토는 그 잡지의 성공을 다음과 같이 말했다.

"우리는 우리가 하는 것에 미쳐 있다. 우리는 어떤 시장 조사도 하지 않은 채 목표집단을 위한 상품을 시장에 내놓았다. 우리는 우리가 흥미롭다고 생각하는 주제들을 우리가 멋있다고 판단하는 디자인으로 바꾼다. 아마도 독자들은 이런 우리의 열정을 알 것이고 이것이 우리의 성공비결이다."

포화된 시장은 더욱 변덕스러워졌지만 그 때문에 더욱 흥미로워지고 설레이는 면이 생겼다. 이론밖에 모르는 학자들이나 사람을 지겹게 만드는 고리타분한 자들이 더 이상 시장 분석을 간단히 해치우지 못한다면 정말 환영할 만한 일이다. '실제적 문제'를 파악하는 것이 중요한데 그것은 어떻게 가능한가?

포화된 시장에서는 더 이상 정보 그 자체가 중요하지 않으며 그 정보들을 한눈에 해석할 수 있는 능력을 배양하는 일이 중요하다.

아주 뛰어난 정보도 그것으로 무엇을 해야 할지를 모른다면 무슨 소용이 있단 말인가? 통계 숫자를 무비판적으로 받아들이는 데에 익숙해져 있다면 작은 변화들은 감지할 수가 없고 소음만이 들릴 뿐이다. 따라서 정보들은 흔히 있는 함정이 되며 정보를 주체적으로 다루는 능력은 소멸한다.

정보를 주체적으로 다루는 것이 매일매일의 삶을 성공적이며 현명하고 흥미진진하며 좌절하지 않고 살아 나가는 비결이다. 다시 한번 말하지만 정보는 단지 정보에 불과하다. '정보고속도로'에서 단절될 것이라는 두려움은 수동적으로 정보를 받아들이는 사람들만이 갖고 있다. 이런 식으로 행동하는 사람은 자신에게 책임이 있다. 통상적으로 언론매체를 이해하는 사람들은 얻을 수 없는 능동적인 전략들을 정보고속도로는 가능하게 하기 때문이다.

한 가지는 확실하게 말할 수 있는데 우리는 물질적 생산보다는 차츰차츰 다른 가치 생산으로 그 중심이 변하는 시대의 출발점에 서 있다는 것이다. 그러나 이런 문제들을 지금까지는 몇몇 소수의 회사들만이 다루고 있으며 대학이나 전문대학의 경영학과를 졸업한 사람들도 유감스럽게도 이와 관련해서 뭐 새로운 신통한 것을 말하고 있지 못하다.

이런 모든 전제들을 생각한다면 추세 연구나 토론이 질적으로 향상될 필요가 있다.

반죽 공장, 헤비메탈과 경영학

추세 연구—까다롭지만 여기서 변호하려고 한—는 포화된 시장에서 의사소통하고 움직인다는 것이 무슨 뜻인지를 철저하게 파헤치고자 한 최초의 학문 분야다. 이 흥미롭지만 그 영향에 대해서는 아직 논의조차 안 되고 있는 포화상태에 이르렀다는 오늘날의 세계 시장에 대해서 몇 마디만 하겠다. 포화상태에 이른 시장에 대해서는 '마케팅의 신화들'이라는 장에서 다시 한번 언급할 것이다.

시장의 포화상태는 어디서나 확인할 수 있다. 자동차 시장이든 생수 시장이든 음반 시장이든 다 마찬가지다. 도덕, 과학, 문화, 종교, 정치 시장에서도 마찬가지다. 이 모든 시장들은 새로이 소비 시장들로 정립될 것이다.

지구촌화하는 세상에서는 도덕 시장이 가장 전망이 좋다. 도처에 올바른 생각과 행동지침들이 제공되고 있다. 한 사회가 민주화할수록, 무엇보다도 세계 시장들이 더욱 민주적으로 운영될수록 도덕 시장에는 제공되는 상품들이 그만큼 늘어나게 된다. '정치의 정확성'이라는 주제를 놓고 볼 때, 정치적 소수집단이 헌법에 있는 권리를 단순한 문헌상의 권리로만 여기지 않고 실제로 사용하려 든다면 그 결과가 어떠할지는 어느 정도는 알 수 있다. 비록 이것이 미국에만 해당하고 미국적인 맥락 속에서만 이해가 가능하다 하더라도, 그것이 세계 시장에 미치는 영향과 특별히 미래를 점칠 수 있게 해주는 요소를 관찰해야 한다. 왜냐하면 국내 시장을 위한 정치질서의 틀이 정치보다는 상품의 유통에 의해서 좌우된다면 정치 영역보다는 좀더 영리한 시장의 역할을 과소 평가할 수 없게 된다. 이 분야에서는 미국인들이 가장 막강한 능력을 가진 사람들이다. 전 세계의 정치와 경제 분야의 법조인들은 황금빛 미래에 대해서 기뻐해도 될 것이다. 마케팅에서 도덕성이 점점 더 큰 비중을 차지한다는 것은 전통적 생활양식 생산자들인 베네통, 리바이스, 바디숍 같은 회사들이 이미 보여주었다. 오늘날 우리는 지나간 시대와의 극적인 단절을 겪고 있는데, 현재 세계 시장에서 판매실적을 고려하면 원인과 관련한 마케팅이나 스폰서 제도가 큰 비중을 차지하고 있는데다가 이 제도가 생활양식 회사(Lifestyle Company)라는 방향으로 진행하고 있기 때문이다. 생활양식 회사는 생활양식 상품들을 생산하고 시장에 내다 팔 뿐 아니라 상품에 표현되는 정신을 회사 안에서도 실천한다. 예를 들면 벤 앤 제리스(Ben & Jerry's) 같은 회사는 회사를 세울 곳을 고를 때도 도덕적 기준에 따르고(실업률이 높은 도시에 우선순위를 둔다) 수익의 일부분을 열대우림 보호를 위해서 내놓고, 내부적으로는 사장의 급여는 가장 보수가 적은 사원보다 네 배 이상을 초과하지 않도록 규정함으로써 철저하게 자신들의 생활양식을 실천한다. 이런 생활양식 회사들은 도덕적 메시지가 담긴 상품을 파는 것에 그치는 것이 아니라 스스로 상품에 담긴 정신처럼 살아가는 것을 보여준다. 추상적으로 세상을 변화시키는 것을 목표로 삼지 않고 구체적 프로젝트 중심으로 지원함으로써 소비자들 한가운데에 같이 있게 된다. 이것은 기업의 도덕적인 사회 참여로 평가받지만 그 가치를 위반하게 되면 바디숍의 예에서 볼 수 있듯이 그 결과는 더 나빠진다. 기업에게 도덕적 마케팅은 전략적으로 커다란 긍정적인 도전이 될 수 있지만 규칙을 위반할 때는 시장은 냉혹하게 반응한다.

도덕 시장에서 일어나는 일이 학문 시장에도 적용된다. 보통 100% 가까이 지원받는 학문들은 매년 책, 논문, 회의, 세미나 등의 방법으로 정보를 생산한다. 이런 수많은 연구는 모두 학문적 근거가 있는 해답을 제시하는 것처럼 보인다. 과학적 지식은 특히 그 가운데서도 생산력이 높다. 학문 분야에도 이론의 추세가 있으며 바로 이런 점을 두고 니클라스 루만(Niklas Luhmann)은 '이론 디자인' '이론기술'이란 용어를 사용했다. 정보의 합리성은 변한다. 복잡한 질문에 대해 권위 있는 대답을 해주는 시장이 현재처럼 큰 적이 없었다. 학자들은 우리의 지식이 5년마다 두 배로 증가한다고 주장한다. 이것은 우리의 주의를 끈다. 도대체 무엇이 두 배로 증가하는 것일까? 단순히 점점 늘어나는 산더미 같은 자료를 두고 하는 말일까? 좀더 명확히 말한다면 실제로 이런 자료들 가운데 통제되지 않은 시장에서 살아남을 것이 도대체 얼마나 될까? 특히 양적 증가가 두드러지는 특징인 학문체계들의 효율적인 인식의 가치는 도대체 어디에 있을까? 단순히 학문에 종사하는 전문가들이 늘어나는 데 있는가? 어느 정도 책임의식이 있는 과학자들은 '충격적인 투자의 낭비'를 지적한다(루만). 학문세계에서 실제로 얼마나 '새로운 것'이 연구되고 발표되는지는 쉽게 알 수 없다. 냉엄한 비즈니스 세계에서처럼 학문세계에서도 새로운 것이 출현하려면 '출신 학문세계와 결별'하거나 '기존의 것을 싸잡아 비판'해야 한다.

우리는 단명하는 마케팅과 광고계를 통해 추세의 불길(Trendburning)

을 알고 있다. 구조적으로 유사한 일들이 역시 학문의 세계에서도 발생한다. 경영자가 '경험 부족'에 대해서 불만을 표시하는 그곳에서, 또한 일반 소비자가 '의미의 상실'을 경험하는 그곳에서 과학체계는 '연관의 손실'을 불평하는데, 과학은 더 이상 믿을 만한 인식론적 틀을 찾을 수 없다는 것이다. 과학체계는 이제는 원 안에서 뱅글뱅글 돌 뿐이다. 체계는 전통으로 정통성을 인정받지만 이것은 시장사회에서는 매우 위험한 일이다.

이와 관련하여 매우 나쁜 상태에 처해 있는 것이 이른바 경영학(물론 독일에서는 여전히 기업 경제학이라고 더 많이 부르지만) 관련 과목들이다. 국가가 재정 지원을 하거나 종종 사적인 재정의 도움으로 '과학' 시장에 나온 것들은 차마 눈뜨고 봐줄 수가 없다. 경영학적으로 중요한 연구들의 분석적 가치를 찾아내려고 노력하는 사람은 누구나 끔찍한 것을 경험하게 된다. 지적인 정직함이란 찾아볼 수가 없다. 어느 누구나 오늘날 '주된 추세'에 대해 안다고 주장한다. 주저 없이 '문화'와 '사회적인 것'이라는 단어들이 '성공을 보장하는 요소'로서 사용된다. 모두가 추세에 대해서 무엇인가 말해야 한다는 사명감을 느끼는 것 같다. 여기서는 '메가트렌드'(Megatrends), '근본적 추세' 또는 '중요한 발전 궤적들'같이 홍수처럼 밀려오는 움직임에 대해서 미리 말해야 할 것이 있다. 현실 감각의 상실과 몰상식이 전부이다. 경영학자들의 일상생활을 아는 사람들에게는 경영학자들이 분석력과 분석적 사고를 더 이상 중요하게 생각하지 않는다는 것은 자명한 일이다. 니체라면 과학이론이나 인식론에 대한 최소 한도의 지식도 없는 그들을 특징이 없다고 간주했을 것이다. 그러나 바로 이런 결핍으로 사실(facts)이나 가장 단순하고 자기 구성적인 유형학들을 아주 고귀하게 여기게 된다. 조지 슈타이너(George Steiner)의 이론을 원용하면 이런 현상을 '부차적인 잡담'으로 간주할 수 있는데, 늘 완전히 새로운 것을 주장하지만 실제는 '포스트모더니즘의 혼돈' 속에서 단지 해석학적으로 무가치한 것을 만들어 내는 것일 뿐이다.

많은 예가 있지만 여기서는 다음의 사례들만 다루고자 한다. 어떤 교수는 "근본적인 질문과 발전, 추세들에 대해서 평가한다"고 하면서 '철저히 분석된 근본 추세들'을 발표하고 다음과 같이 말했다. "국제화 시대에 성공을 위한 근본 전제는 나라마다 혁신적이고 개념적으로 잘 정리된 기업의 소유 여부에 달려 있다." '근본 추세'는 무엇이고 '근본 전제'는 또 무슨 의미인가? '평가'는 어떤 분석적인 가치를 지니며 '근본적인 질문'은 무슨 뜻이며 '발전'은 도대체 무슨 의미일까? 이런 '표현들'을 '과학적 지식'으로 받아들이기 위해서는 매우 많은 인내심과 유머 감각이 필요할 것이다. 아쉽게도 아직도 명확한 근거 없이 저명한 전문대학으로 인정받는 한 교육기관은 '동적인 국제무역의 중앙공인기관'으로 자리를 잡고 있다. 도처에서 새로운 '능력들'이 필요하다는 소리가 들리고 새로운 경영자 유형과 성공요소들이 사무실 책상에서 만들어지는 것에 우리는 그동안 익숙해졌다. 경영자를 만족시키려는 기관은 '중앙기관'이라고 자처하는데, 그런 식으로 계속 운영은 할 수 있을 것이다. 그러나 이 그럴듯한 중앙기관이라는 말에는 근본적인 역사의식이 결핍되어 있다는 것을 어떻게 이해해야 할까?(중앙기관이라고? 아니면 과거를 극복하려는 새로운 형태의 그 어떤 것인가?) 중앙공인기관이라는 말 앞에 위치한 '동적인 국제무역'이라는 단어는 언어학적으로도 평가할 필요가 없다.

우리를 오해하지 말기 바란다. 과학 전체를 부정하려는 것이 아니다. 단지 앞의 이야기들을 통해 사회의 커다란 체계 가운데 하나인 과학체계가, 포화된 시장에서 활동하는 것이 도대체 어떤 의미가 있는지를 전혀 모르고 있다는 사실을 깨닫게 해주고 싶을 뿐이다. 정보가 홍수를 이루며 추세가 지배하는 시대에 살고 있다는 것을 인정하려고 하지 않고 과학이라는 보호막 아래서 끊임없이 불필요한 것들을 생산해 내고 있다는 것이다.

비록 환경 적응력에서는 좀더 앞선다 하더라도 종교 시장도 과학 시장과 구조적인 유사성을 갖고 있다. 세계화하는 시장 속에서는 세계를 아우르는 문화적 종교가 새로운 형태로 등장할 수 있다. 세속적인 종교들과 경쟁 속에서 탈속적인 종교들은 성공을 거두기가 점점 어려워질 것이다.

그러나 정치 시장은 앞의 두 시장들과는 좀 다르다. 정치 시장은 아직 현재의 세계질서 속에서 자리를 못 잡았기 때문에 상품과 마케팅을 중요하게 여기는 이 사회 속에서 공존할 수 있음을 증명해야 한다. 지금까지 일을 살펴보면 자유·평등·박애 같은 커다란 이념들은 정체된 느낌이다.(물론 운명이 다했다는 것은 절대 아니다.) 이런 이념들은 이제 세계 시장을 움직이지 못한다. 그러나 정치적 가치나 구호들은 일단은 활동을 계속하고 있는데 특히 상품의 부가적인 기능을 수행하고 있다. 상품을 통해서 정치적 메시지들은 더욱 잘 퍼져 나갈 수 있기에 정치가한테는 대중의 우상이 될 만한 특징—상품성—이 있어야 한다. 1주일 간격으로 우리를 괴롭히는 수많은 정치인에 대한 인기도 조사가 이를 뒷받침한다. 우리 사회가 '정보고속도로'와 '정보국가' 같은 형태로 진행될수록 이것은 더욱 분명해진다. 새로운 의미의 평등은 정보 앞에서의 평등이고 자유는 자유주의에게는 정보의 자유를 좌파에게는 정보 접근에 대한 자유, 곧 정보의 공유 권리를 뜻한다. 마지막으로 박애는 마찬가지로 정보의 상호 연결 속에서 정의된다.

다음을 명심하고 있어야 한다. 몇 가지 특별하거나 잘 나가는 분야를 빼고는 제품들은 모든 시장에서 아주 쉽게 대체할 수 있는 제품들로 등장하게 된다는 것이다.

이런 제품들이 시장 속에서 경쟁하는 가운데 서로 충돌하고 부딪치게 됨으로써 엄청난 문화의 역동성이 발생하게 되는데, 그 영향으로 여전히 아주 다른 장르들의 경계선이 사라지고 적의 전략이나 가치 또는 전술들을 기꺼이 활용하게 된다. 그리고는 완전히 새로운 경쟁관계들이 등장하게 된다. 이것을 안다는 것은 미래를 생각할 때 매우 중요하다. 동시에 이 새로운 시장에서는 모방하기, 복사하기, 훔치기 같은 양상이 중요한 구조원리들이다. 록 음악이 그러했던 것처럼 현재 전례를 찾아볼 수 없을 정도로 모방하고 베끼고 훔치는 일이 일어나고 있다. 수프 광고를 예배 진행 순서에서 모방하고 병원들을 마치 과자공장처럼 운영하고 과학자나 교수들은 유명해지기 위해서 할리우드 스타처럼 작전을 펼친다. 벽에 걸린 예술작품과 광고를 구분하는 것이 어려워지고 청소년들을 끌어들이기 위해서 카톨릭 교회는 나이키 팬들이나 헤비메탈 팬들과 경쟁을 벌인다. 예를 들면 몇 년 안에 닌텐도(Nintendo)를 시장에서 몰아내려는 원대한 목표를 세운 세가(Sega)회사는 이것을 이루는 방편으로 자체 상품에 제임스 본드를 연상케 하는 정치 공작을 벌여 런던 시내를 온통 경악시켰다. 모두 자신의 상품이 유일한 것, 곧 대체 불가하다는 것을 강조하며 시장에서 유리한 자리를 차지하려고 노력한다. 우리는 여기에 전략적으로 대처해야 하며 작은 차이의 문화에 신경을 써야 한다. 좀더 강조해서 말한다면 작은 차이를 우상화한다고 말할 수 있다.

결과는 분명하다. 곧 우리 문화는 마케팅 문화가 되고 있다. 제품들, 모든 제품들은 마케팅 관점으로 평가된다. 앞의 생활양식 회사들의 예를 다시 한번 들어보자. 카리타스와 베네통과 적십자가 하는 일은 마케팅 사회에서 이 기업들이 조직적 노력을 기울이지 않는다면 구별이 불가능하다. 그래서 잘 팔리기 위해서는 상품의 질이 높아야 한다는 것이 당연한 전제조건이지만, 포화된 시장에서는 문화적 차이가 아주 중요하다. 여기에 부드러운 정보들의 힘이 있다.

실제로 이것의 의미가 무엇인지를 생각해 볼 필요가 있다. 우리 문화가 마케팅 문화로 바뀐다면 모든 것을 소비로 간주하고 새로이 정의해야 한다. 사회의 어느 영역도 생산과 소비 메커니즘의 영향력을 벗어나기 어렵다. 상품 판매나 판매홍보용 카탈로그, 특허 같은 것과 관련되지 않을 사람은 아무도 없다. 20세기 끝에 선 지극히 자유로운 우리 사회가 그렇게 변한다는 것은 아마도 많은 이들에게는 끔찍한 일일 것이다. 그러나 정확히 표현하면 이 일은 이미 오래 전부터 평범한 일이 되었다. 예를 들어 새로운 인체공학이나 새로운 생물학 기술의 발달은 이 사실을 아주 잘 증명한다. 마케팅을 다루는 장에서 여기에 대해서 좀더 자세히 살펴볼 것이다.

추세 연구의 장점은 마케팅 문화와 소비의 바로 그런 면을 이해했다는 데 있다. 이것은 순진한 학자들이나 정치가들 또한 고문들에 대비해서도 유리한 점이다. 그러나 이해했다는 것이 인정한다는 의미는 아직 아니다.

'고객에게 다가가기'와 '시장 지향성'의 종말

추세 연구는 정적인 과거 지향과 수동적인 고전적 시장 통제방법을 현재 지향으로 바꾸고 동시에 시장 발전과정에 적극 관여하도록 한다. 추세 연구는 새로운 것이 시작되는 곳에나 적합하지, 있었던 것을 무덤으로 실어 나르는 곳에는 적합하지 않다. 시장 조사자나 기업 고문과 마케팅 전문가가 함께 만나면 '밖에 있는 것들'에 대해서 추상적인 개념들이나 만들어 내는 두 개의 상아탑이 합치는 것에 불과하다. 이들이 모여서 성과를 거두지 못하는 것은 당연한데, 그들은 외부의 실제 시장 상황과는 전혀 상관이 없는 다른 세계에 살고 있기 때문이다. 그들은 하나의 동질적이고 규격화되고 통일적인 소비 세계가 존재하지 않는다는 것을 감지하지 못하고 '단일 문화' 속에서 사는 것처럼 행동한다.

여기에는 계속적인 어떤 발전과정의 해석도 거부하는 고전적 의미의 데이터를 쌓아 놓는 행위(니체)만 존재한다. 바로 '고객에게 다가가기' 또는 '시장 접근성'이나 '시장 지향성' 같은 개념들이 의미를 상실하고 있다. 도대체 고객과의 거리를 어떻게, 밀리미터나 센티미터 정도로 잰다는 말인가? 고객에 근접한다는 것이 손으로 만지자는 뜻인가 아니면 20시에도 전화를 걸어서 고객을 괴롭힌다는 것인가? 또는 사회 공간적인 거리를 두고 하는 말인가 아니면 생각을 뚫어 보고 뉴에이지를 좋아하는 성향을 파악하는 것인가? 능동적인 심층조사를 한다는 것이 가까이한다는 의미인가? 도대체 어떤 의미일까? 대답을 찾다가 보면 『고객에게 실제로 가까이 하는 법』(*Kundennähe realisieren*)이라는 책을 만날 수 있다. 1994년에 출판된 이 책의 저자는 당연히 경영학과 교수들이고 값도 만만치 않게 비싼데 "구체적으로 개개의 고객을 통해서 고객에게 다가가기는 시작된다"

와 같은 수많은 조언을 제공한다. '다가가기'라는 말을 깊이 생각하지 않고 마구 사용하는 것만 보더라도 이 책이 질이 떨어진다는 것을 알 수 있다. 이 끔찍한 언어를 제쳐 놓고라도 교수들이 책에서 계속해서 '실제에 맞는'이라든가 또는 '현실적'이라는 수식어를 사용하는 것은 오히려 그들의 무기력함과 아이디어 부족을 보여준다. 그들이 열심히 주장하는 이런 물건 판매전략이라는 것은 실제로 시장이 어떻게 돌아가는지를 모르고 있다는 것을 보여줄 뿐이다. 그들이 그렇게 떠나고 싶어하는 상아탑을 떠나지 못하는 이유가 여기에 있다.

이런 교수들이 세상 물정을 모를 수밖에 없는 이유를 한 가지 말해 보고자 한다. 다른 사람들과 마찬가지로 교수들도 다 인간이다. 그래서 그들에게도 허영심이 있게 마련이다. 그들은 전략을 세우고 자료를 분석할 때는 우선 최고 경영자층을 대상으로 하여 방향을 잡고, 이를 바탕으로 최고 경영자층과 교류를 시작해 기업 고문으로서 일하기를 바란다. 그러나 바로 이런 노력이 역효과를 가져온다. '현실과 가까워지기'는커녕 오히려 세상 물정에 어두워진다. 확신하건대 어느 회사의 경영진도 세상이 어떻게 돌아가는지 모르고 있다. 이것은 꾸며 낸 이야기가 아니다. 고위 경영자들은 일상업무는 물론 추세와 추세의 발생과 추세논리학과 융합에 대해서 조금도 모른다. 요즘 추세가 어떤지 전혀 모르거나 기껏해야 다 지나가고 나서야 알아챌 정도다. 그러나 추세가 어떻게 돌아가는지를 이들 최고 경영자층이 꼭 알아야 할 필요도 없다. 이들의 과제는 보통 사람들과는 전혀 달라서 비유하자면 과거 왕의 업무와 유사하기 때문이다. 헤겔이 이에 대해서 적절하게 지적했는데 왕은 단지 그렇다 또는 그렇기도 하고 아니기도 하다라고 하거나 아니라고만 하면 되기 때문이다. 그는 확인을 할 뿐이다. 그 밖에는 다른 역할을 하지 않는다. '저 세상 밖에서' 일어나는 일에 대해서 왕은 전혀 모른다. 기업 고문들도 이와 비슷한데, 그들도 왕이 누리는 이러한 허영의 일부를 누리려 하기 때문이다. 정말 웃기는 일은 이들 기업 고문들이 '현실'을 잘 알고 있다고 믿는 것인데, 그들 자신의 제한된 위치에 대해서는 간과하고 있을 뿐이다.

오늘날의 문제는 기존 이론이 생산자, 소비자, 상인이라는 세 가지 추상적인 범주를 나눈 것을 단순히 하나로 합치려고 하는 데에 있다는 것이 분명하다. 이와는 달리 추세 연구가는 처음부터 생산자와 소비자와 상인 사이에 서 있다. 결정적인 것은 포화된 시장에서 소비자와 소비상품이 구별 없이 하나로 합쳐지는 일이 계속 진행된다는 것이다. 이 융합에는 장점이 하나 있는데, 인위적으로 나누지 않았기에 다시 인위적으로 합칠 필요가 없다는 것이다. 마케팅 장에서 다시 한번 자세히 다룰 것이다.

하여튼 앞에서 말한 것이 무슨 의미일까? 어떤 새로운 현상이 대중화하여 정착해 흥미를 자극하는 절정의 시기가 지나갔을 때에서야 마케팅 연구에서 통상 사용하는 이론적 도구들을 적용할 수 있다는 것이다. 이렇게 해서는 결정적인 추세의 흐름을 파악할 수 없다. 소비 시장과 관련한 흥미롭고 이상적인 연구대상은 언제 그리고 어떻게 특정한 추세들이 널리 알려지는가 하는 것이다. 시장의 주요 현상들이 ≪슈피겔≫이나 ≪차이트≫(Zeit)의 주요 기사로 다뤄지거나 마케팅이나 경영 전문잡지에 본격적으로 다뤄질 때는 이미 많은 시간이 흐른 뒤이다. 예를 들어 테크노 문화를 보면 잘 알 수 있다. 그리고 이런 문제점을 인식하는 일이 더욱 중요한 이유는 오늘날 대중매체의 보편화로 인해서 하위문화와 주류문화 사이의 시차가 계속 줄어들고 있고 그래서 두 문화의 발전과정이 서로 유사해지기 때문이다.

간략히 말하면 추세 연구는 어떤 문화를 수용하고 만들어 나가고 강화하고 영향을 끼치는 것이 합쳐지는 곳에서 훨씬 더 그 가치를 발휘한다. 추세 연구는 문자 그대로 시간의 맥이 뛰는 곳에 위치한다. 이로써 추세 연구가 통상적 기업 내의 의사소통이나 시장 조사보다 뛰어난 점 한 가지가 또 밝혀졌다. 도요타(Toyota)사의 TV 광고는 이 점을 잘 보여준다. "우리는 미래를 기다리지 않는다. 오히려 미래를 추월한다."

생활양식 엿보기, 추세 감각과 시장의 정보들

추세 연구에는 비교적 쉽게 처리할 수 있는 세계의 정보덩어리를 사용하며 특정 정보 통로를 선택한다. 이 점은 양질의 추세 연구를 위한 중요한 전제다. 양질의 엄선된 정보 소스들은 중요한 고유 자본의 한 부분이지만 '비밀스러운 것'이나 '신비로운 것'은 아니다. 정보 소스의 선택—과학 연구에서처럼 똑같이—은 추세 연구가의 개인적 선호와 이해에 따라서 주관적인 성격을 지닌다. 그러나 이런 정보를 가지고 만들어 내는 것은 주관적이지 않다. 만들어진 해석을 가지고 차별을 만들어 내는 차별화가 발생한다.

미디어와는 반성적 관계가 필요한 것은 당연하다. 여기서 핵심은 '미디어 주권'이란 단어다. 우리가 일상생활에서 다양한 매체를 끊임없이 사용하고 있기 때문에 생기는 문제는 어떻게 주체적으로 매체를 이용할 수 있는가 하는 것이다. 이것은 오늘날 사회에서 어떤 매체가 어떤 기능을 갖고 있는지를 분명하게 밝힐 때에라야 비로소 작업이 가능하다. 그래서 다음 장에서 다루게 될 이른바 미디어 이해력(Media Literacy)이 중요하다. 그것을 알고 있어야 대중매체 정보들의 질을 정확하게 판단할 수 있다. 간단하게 들리지만 대중매체를 읽는다는 것은 정말 어려운 일이다. 인사부장들의 경력증명서를 아무나 다 제대로 판단하지 못하듯이 모두가 다 할리우드 범죄영화와 그 상징성을 제대로 '읽어 내지는' 못한다. 이에 대한 전형적인 경우는 출판의 영역인데 구태여 판치네스(Fanziness) 같은 아주 특이한 예까지 들 필요도 없다. 조금만 눈여겨 본다면 어떤 출판물들이 추세에 둔감한지를 충분히 예견할 수 있다. 이런 선택의 장점은 신문이나 전공잡지나 과학잡지를 두루 다 읽을 필요가 없다는 것이다. 중요한 것은 다른 사람들은 과도한 정보 속에서 아직도 정보덩어리들을 합치기에 바쁜 동안에 이미 '해석'—창의적 작업—에 전념할 수 있다는 것이다. 이렇게 합쳐진 정보덩어리들은 '개념'으로서 상품적 가치를 공인받는다.

현재 분석단계에서 주지해야 할 사실은 추세 연구용의 적용 가능한 분석틀이나 '논리적 틀' 같은 것(또는 예견 적중을 위한 수준 낮은 성공요인들이나 또는 다른 꿈과 같은 안전 보장성 등이)은 없으며 상이한 현상들을 동시에 관찰하는 새로운 관찰형태가 존재한다는 것이다. 과학적 연구, 출판물, 가장 빠른 정보, 시장 조사 등등은 다면적으로 합쳐서 흐르기 때문에 다면적으로 분석해야 한다. 다면적으로 살고 생각할 수 있는 사람은 포화된 시장에서 점점 중요시되는 창의적 해석능력이라는 좋은 전제조건을 갖춘 것이다.

추세 연구가와 추세 상담가들에게 오늘날 개개의 지식 영역은 과학과 마찬가지로 시장에서 중요한 특정 정보들을 제공해 줄 수 있는 시스템이다. 중요한 것은 이런 정보를 어떻게 응용하는가이다. 정보를 '요약'하거나 '분류'하는 것이 중요하지도, 또한 '대안적 대중매체' 또는 '현장매체'가 중요하지도 않다. 불만이 있는 사람들도 있겠지만 이 평가가 핵심이다. 그러므로 차라리 이런 결론에서 나온 결과에 대해서 확실하게 처신해야 한다. 이것은 또한 '지하세계'(Undergrounds)의 문제이기도 하다. 반문화적 지하세계는 오늘날 더 이상 실제로 발전할 기회가 없다. 개념들이 지하 문화세계에서 발전해 나가기도 전에 대중매체가 즉시 덤벼들어서 그것을 보편화해 버린다. 대중매체는 어떤 은밀한 것도 즉각 통속적으로 만들어 버린다. 의류업체와 음반업체는 여기에 대한 좋은 예가 된다. '길거리 패션'이나 '독립 프로덕션'은 끊임없이 귀중한 창의력을 제공할 수 있고 도회적 삶의 느낌을 표현하고 여기에 힘을 실어 주는 것이기는 하지만 '반문화'와 '반문화가 대중화'하는 시차가 점차 줄어들고 있다. 물론 이 말은 반문화가 특히 도시 청소년문화에 정체성과 새로운 생활을 형성하는 데 중요한 역할을 한다는 것을 부정하는 것이 아니다. 오히려 반문화의 기능은 포화된 시장에서 더욱 성장할 것이다. 대중들에게 새로운 것을 보여주기 위해서 유명상표의 패션회사들은 더욱더 '독창성'과 '아직 새것'이라는 것을 탐욕적으로 찾아다닐 것이다.

'정보고속도로'와 정보국가 시대에는 분명하고 방향이 정해진 정보를 찾으러 다닌다는 것이 헛수고일 뿐 아니라 웃기는 일이 되었다. 그러나 이런 변화는 창의적 대처의 가능성을 높였다. 숫자 놀음은 전문가나 과학자나 시장 조사가에게 믿고 맡겨도 된다. 그러나 이들은 대중매체의 정보들 속에서 지배적으로 행동하는 것이 어려우며 더구나 매체의 홍수 속에서 발이 묶이거나 더 나아가 익사할 위험이 도사리고 있다. 《타츠》(Taz) 신문은 스스로 미디어를 지배한다고 주장하는 네덜란드의 빌베트(Bilwet) 통신을 빗대어서 이렇게 말한다. "똥이 무릎에 차도록 서 있기보다는 차라리 똥 위에서 스키를 탈 것이다."

추세 연구는 지식 문화들의 절단된 면을 경영하는 것을 전문으로 하는 한 층 더 높은 차원에서 움직이고 있다. 이래서 추세 연구를 통해서 얻고자 하는 것은 기존의 지식이나 전문 영역에서보다 더 한층 높고 깊다는 것이 분명해진다. 협소한 주제를 못 벗어나는 기존의 전문가들이나 시장 조사가나 과학자들은 앞의 이유 때문에 추세 연구가들에 대해서 분열된 감정을 갖게 된다. 질투하기도 하고 엉터리라는 비난과 점치는 일이라는 비난을 퍼붓기도 하고 그래도 뭔가 근본적으로 정보에 문제가 있으리라는 어중간한 사고까지 다양하다.

그러나 포화된 시장 속에서 가장 중요한 것은 창의적 해석력이다. 다음과 같이 간략히 말할 수 있다. 현장의 정보들이 주류 정보에 대해 가지는 가치적 우위는 갈수록 줄어들고 있는데 반해 창의적 개념 해석행위의 가치는 점점 커지고 있다.

추세 연구에는 통계더미와 대중매체가 제공하는 정보 분석도구를 이용하는 힘든 작업이 필요 없다. 추세 연구는 실제적인 삶의 내면에 항상 연결된다. 그렇다고 해도 미래를 정확히 예견한다는 점치는 일과는 무관하다. 차라리 민속학적 방법으로 우리 사회의 소비문화와 소비 시장을 관찰하는 것이 아주 중요한데, 이것은 오랜 경험과 적절하게 상황에 따르는 방법론 적용과 실제 삶에 대한 지식 따위를 연마하는 데 달려 있다. 추세 연구가는 다양한 문화들 사이에서 다면적으로 움직인다. 그래서 미국의 사회학자 케네스 저건(Kenneth J. Gergen)의 분석대로 추세 연구가는 일종의 '다양하게 미친 사람'이다. 이런 노력을 통해서야 많은 이들에게 '시대정신의 비밀'로 통하는 추세감각(Trendfeeling)을 얻을 수 있게 된다. 추세감각이 없으면 비록 시장과 관련한 가장 중요하고 가장 빠른 최고의 정보원을 소유한다고 하더라도 아무 소용이 없다. 추세감각은 뉴에이지와도 미신과도 아무 관련이 없다. 이것은 현장에서 발생하는 언어 유희를 해독하는 것, 좀더 일반화해서 말한다면 상징적 유희를 적절하게 평가할 수 있는 능력을 뜻한다. 이것을 못하는 사람은 그 나라의 언어를 구사하지 못하면서 그 나라의 관습과 제도를 이해하려는 관광객과 똑같다. 미묘하고 은밀한 삶의 방식, 곧 특정한 문화와 인간 행동의 핵심요소들을 이해할 수가 없다. 그 나라 말을 이해하지 못한다면 그 민족의 삶의 흐름과 함께할 수가 없다. 달리 비유하자면 추세 연구가는 시장에 대한 전통적인 분석으로는 간과되는 것을 고고학적 발굴을 통해 세상에 밝혀 낸다.

시장 조사는 정말 '그럴듯해' 보이는데, 그것은 1과 2를 분명하게 구분해 주는 데이터를 제공하기 때문이다. 그러나 이것은 경영정보체계와 같은 부정적 영향을 끼칠 수도 있다. 가볍게 이해되고 접근이 가능한 것을 손에 쥐게 되어 숫자 놀음을 통해서 신빙성을 찾는 자들에게 만족을 주게 된다. 시장 조사는 그 결과 사람들에게 환상적인 안정감을 준다. 그러나 그런 데이터들이 오늘날 정말 어디에 필요한 것일까? 이런 자료들이 '현실'과는 무슨 상관이 있을까? 이것들은 연구행위와 연구비용과 프로젝트 따위를 내부적으로 정당화하는 데에 사용되는 것이 아닐까? 고객에게는 무슨 소용이 있을까? 이런 실문을 하게 되면 새로운 문제들이 드러나게 된다.

정보경영: 사이베리아(Cyberia)를 통한 데이터 여행

그렇다면 여러 가지 새로운 현상을 동시에 관찰하는 것이 어떤 결과를 가져올까? 그것은 정보 경영을 위한 현시대에 맞는 지식 디자인의 한 형태다. 이 새로운 형태의 지식 디자인은 과학이 들고 나왔던 그런 막강한 약속을 하지는 못한다. 이것의 가치는 시장에서 결정된다. 정보의 가속화와 세계화와 양적 증가와 밀도의 증가라는 전제 속에서 시장을 꾸려 나가는 경영자들은 대체로 정보 미식가형이다. 이것은 추세 연구가나 추세 상담가들에게는 당연한 일이다. 이들은 이런 욕구를 채워 주는 아주 세련된 정보 가공자이다.

정보를 해석한다는 의미는 항상 민감하게 반응하고 분석하고 비교하고 분해하고 다시 재결합하는 것이다. 과제는 문화의 역동성—경제·사회·문화에 연관된 소비 시장에서 분위기와 가치의식 같은 것—을 사회적 구조와 행태들의 연관 속에서 관찰하는 데 있다. 그래서 종교사회학과 문화방법론은 필수과목이고 소비고고학이나 소비인류학은 가장 인기 있는 과목들이다.

위에 언급된 사회적 구조들은 이론적이고 과학적인 연구결과로 생겨난 것인데, 이 구조에는 개인화에 따른 사회적 변동, 노동의 합리화 또는 분류과정 같은 것을 생각할 수 있다. 그러나 추세들은 이런 학문적 연구 수준의 차원보다도 훨씬 더 구체적인 차원에 있다. 추세 연구가는 여러 상이한 시장들이 앞으로 어떻게 발전해 나갈지와 그 결과 상품의 판도가 어떠할지를 연구한다. 이렇게 해서 그는 시간의 맥박이 뛰는 곳에 자리를 잡고 중개인 역할을 한다. 이 역할 정의는 매우 중요하다. 추세 연구 시장에서 한몫 하려는 사이비 추세 연구가들은 이런 간단한 구분에서 제외된다. 이들은 '어떤 새로운 것'이나 대중매체에서 보도된 모든 것을 추세로 간주한다. 만일 마흔 살의 우유와 채식만 하고 사는 여성 동성애자 둘이 베를린-크로이츠베르크(Berlin-Kreuzberg)에서 열린 프리재즈 콘서트를 보고 돌아가는 길에 갑자기 2인분의 빅맥 햄버거를 먹고 싶은 과도한 식욕이 생겼다고 해서 이것이 '추세'가 되는 것은 아니다. 또한 이것은 새로운 추세의 '증후'도 아니다. 기껏해야 신문 가십란의 토막 기사로 족하다. 주의할 것은 사이비 추세 조사자들은 대중매체에 통하는 것과 시장에서 통하는 것을 구분하지 못한다는 것이다.

추세 연구가는 자신의 지식을 사용하여 새로운 것을 탄생시키며 자신의 고객들과 연구 대상집단에 일단 형성된 의식들을 완화시킨다. 그리고 융합해서 새로운 것을 만든다. 추세 연구가의 강점은 가치의식을 형성하는 데 있으며 이를 가지고 새로운 의사소통방식에 도달하게 된다. 추세 연구가는 고객에 대해서 마치 산파와 같은 역할을 한다. 그는 스스로 아기를 낳을 수는 없지만 아이를 낳도록 도울 수는 있는데(모이우틱[Mäeutik]), 특히 오늘날의 기업들이 자기 분야에 대한 전문지식은 가지고 있지만 그것을 시장에서 적절히 사용할 수 있도록 해석하지 못한다는 점을 고려할 경우에 더욱 그렇다.

따라서 눈을 크게 뜨고 조심해야 한다. 새로운 것을 쉽게 받아들이면 안 된다. 현대는 새로운 것이 '호경기'를 맞고 있다. 새로운 것을 중독에 걸린 것처럼 찾고 유행에 쉽게 휩싸이는 시대에는 '창조적인 것'이 매우 많다고 쉽사리 믿게 된다. 그러나 실상은 앞에서 언급한 해석학적으로 무가치한 것들에 불과하다. 사이비 추세 연구가들이 추세라고 선언하는 것은 사회적 영향을 끼치기도 전에 이미 한물갔거나 아무것도 아닌 경우가 많다. 보통 부패하는 소비상품에 하듯이 이른바 '추세'에도 유효기간을 표시할 수도 있을 것이다. 이렇게 하면 추세 시장의 투명성을 한번에 무척 높일 수 있을 텐데….

요약하면 많이 알고 넓게 경험했을 때 새로운 것에 대한 감각이 발휘될 수 있다. 한층 더 나아가서 창의적인 해석을 하는 데는 앞에서 필요하다고 지적한 '안테나 정신'이 필요하다. 그렇다고 해서 새로운 것은 단지 이미 오래 전에 알려진 것에서만 나온다는 해석학적인 진리가 변하지는 않는다.

이 사실을 '사이베리아'(Cyberia, Cyber-Siberia) 속에서 정보의 의도적인 방향성 상실과 연관지으면 다음과 같이 주장할 수 있다. 다른 엉터리 정보 분석가들과는 달리 추세 연구가는 정보들을 어떻게 연결해야 하는지를 알고 있어야 한다. 비록 그의 지식도 파편적이고 한 면만 바라보는 것이라 할지라도 그의 '소비 고고학적인' 일가견을 가지고 횡적 연결을 가능케 해야 한다. 경우에 따라서는 의미를 중개하는 연관관계를 만들어 내기도 한다. 이 행위는 흥미로운 결과를 가져온다. 비록 역사에 대한 지식이 디지털 시대에는 의미를 상실하고 있더라도 전통적 경영자의 시각을 혼돈스럽게 하는 다음과 같은 주장이 가능하다. 정말 새로운 것은 옛날 것뿐이다. 그래서 정보를 연결하는 능력이 없는 사람한테는 사이베리아 데이터 여행이 공포 여행이 된다.

미신적 개념들: 철학적 개념부터 마케팅 이벤트까지

그래서 추세 연구는 하나의 프로젝트적 성격을 지니는 일이다. 요약해 보면 추세 연구는 새로운 결합을 창출해 내고 거기에 적절한 이름을 붙인다. '명명하기'가 그래서 아주 중요하다. 이 시점에서 역사를 잠깐 살펴볼 필요가 있다.

프랑스 철학자 들뢰즈(Gilles Deleuze)는 심리학자 펠릭스 구아타리(Felix Guattari)와 함께 최초로 우리 시대의 명명하기의 기능과 의미를 조사하여 한 가지 결론을 내렸다. 들뢰즈는 철학의 고유 기능의 완성을 경영의 딜레탕티즘(Dilettantismus)에서, 더 정확히 말한다면 저속한 의사소통의 욕망이 있는 활발한 시장의 흐름 속에서 찾았다. 이 고유 기능은 항상 새로운 개념들을 만들어 내는 곳, 창조(Création)하는 곳에 있다. 철학은 영구적인 새로운 개념 형성에 대한 지식이다. 한 개념은 절대로 주어진 것이 아니라 항상 만들어진 것을 뜻한다. 이것은 추상적인 것이 아니라 경험에서 나온 직관으로 구성해 낸 것으로, 예를 들면 들판, 계획, 윤곽, 지구 같은 것이다. 그래서 개념은 어떤 단수의 것을 말하며 철학자는 개념을 만드는 사람들이다.

들뢰즈는 여러 가지 개념의 시대를 구분한다. 사회학, 행정학, 심리학에서 인식론에 걸친 여러 학문 분야들이 차례로 원래 철학이 이루어 놓은 것을 바꾸어서 자기 것인 양 정의했고 철학 고유의 영역을 불법적으로 빼앗았다. 또한 이 점령자들은 군침을 흘리며 점점 더 뻔뻔해지고 사악해졌다. 플라톤조차도 자신의 우주적 철학 세계 속에서는 오늘날 우리가 도달한 곳, 곧 마케팅 시대에 대해서는 꿈도 못 꾸었을 것이다. 마케팅은 이른바 정보와 관련한 모든 학문들(정보학, 디자인, 이벤트 따위)과 함께 창조(Création)와 개념(Concept)이라는 말을 흡수하여 하나로 만들어서 제 스스로 사회에서 창조적인 것으로 등장하고 있다. 마케팅을 통해서 개념과 사건과 이벤트의 세계가 하나로 합쳐지고 있다.

지금은 개념(Concept)이라는 말은 상품이라는 말과의 연관 속에서 그 완성을 이루는 시대이다. 그래서 개념을 만든다는 것은 상품과 연관짓지 않고는 불가능하다. 남아 있는 개념은 상품 개념뿐이다. 남아 있는 사건 또한 연출된 스펙터클로만 존재하는데, 예를 들면 전시와 체험 마케팅과 상품 판매쇼 등이 있다. 이런 의미에서 1967년에 출판된 추세 연구의 중요한 고전인 데보즈(Guy Debords)의 『스펙터클의 사회』(*La Société du Spectacle*)를 읽는 것은 지금에도 적합하다. 이 책은 철학적 개념의 시대에서 마케팅 개념의 시대로 이동하면서 비판은 상업적 광고로 대체되었다는 것을 분명히 지적한다. 모방된 것, 곧 국수 다발을 모방한 것이 진짜 개념이 되고 상품을 출시하는 사람이 오늘날의 철학자가 된다. 그는 새로운 보편적 세계 커뮤니케이션을 결정한다. 추세 연구를 하기 위해서는 바로 이 점을 분명히 알고 있어야 한다.

그러나 한 걸음 더 나아가 개념들과 앞에서 언급한 '명명하기'에는 밀접한 연관성이 있다는 것을 주의해서 살펴보아야 한다. 인문학에서는 이른바 '언어학적 전환' 이후로 언어가 인간의 의식에 미치는 영향을 집중적으로 연구해 왔다. 중요한 발견은 다음과 같다. 우리는 언어를 통해서 세계로 들어갈 수 있고, 우리 세계와 지평의 경계는 우리 언어능력의 한계와 일치한다(비트겐슈타인). 개념을 형성하는 능력이 없다면 우리에게는 어쩔 수 없이 작은 지평만이 가능할 것이다. 우리가 목표집단과 의사소통할 수 있는지 없는지는 언어능력에 의해 결정된다. 언어는 단순한 기술적 도구 이상이다. 언어는 임의로 대체할 수 있는 커뮤니케이션 기술이 아니다. 이 점이 정말 중요하다. 비교적 뒤에서야 비로소 이런 중요한 깨달음이 시장의 의사소통에도 영향을 끼치고 있는데, 예를 들면 광고언어학(어의학, 은유론, 문법)이나 상표를 통한 의사소통 등이다. 바꿔 말하자면 순수한 언어 그 자체뿐 아니라 이를 넘어선 보편적 상징과 의식의 차원이 중요하다. 여기서 많은 보물을 찾아낼 수 있다. 언어학을 통해서 어떻게 창조적으로 일할 수 있는지는 예를 들어 대중문화의 산물인 해체주의적 무늬가 있는 티셔츠를 통해서 알 수 있다. 이것은 간단한 의사소통과 의사소통수단이 사용되었기 때문에 아주 좋은 예라 할 수 있다. 코카콜라나 펩시콜라에서 보듯이 로고나 숭배적 상표들을 대중문화와 연결시켜 살짝만 변화시키면 정치·사회적으로, 그리고 순수 음악적으로도 아주 참신한 메시지를 만들어 낼 수 있다. 이런 방식으로 새로운 예의범절이 나타나게 되고 숙명주의와 자주권과 창조성이 하나로 합쳐진다. 이런 메시지들은 종종 다양한 기능을 발휘한다. 이런 메시지를 배타성을 주장하는 현장 참여자들의 폐쇄적 체계가 받아들일 수도 있고 아니면 동시에 보편성이 있어서 누구나 이해할 수 있는 평범한 내용으로 받아들일 수도 있다.

한마디로 말하면 언어에 대한 민감함은 시장에 대한 민감함과 깊은 관계가 있다. 그러면 실제 생활에선 여기에 어떻게 대처하고 있는가? 표본 추출이나 훔쳐 내는 방식으로 적중하는 일은 대부분 완전히 우연한 행운이다. 이벤트 매니저나 상담가들이 제공하는 '개념들'은 좋은 포도주와 나쁜 포도주를 구분하지 못하면서 포도주를 훔치려고 지하 저장고를 침입하는 사람을 연상시킨다. 결과는 당연히 우연일 수밖에 없다. 그러나 꼭 그럴 수밖에 없을까?

새로운 룸펜 지식인: 경영학과 교수들과 기업 고문들

다시 한번 말하지만 언어에 민감한 것과 시장에 민감한 것은 서로 관계가 깊다. 그러면 비교를 해보자. 우리가 알고 있는 경영 언어와 비즈니스 언어들의 특징은 기술 관료적이고 문화적으로 단조롭다. 메마르고 어렵고 추상적이고 새로운 것을 용납하지 못하며 항상 안전성과 투명성만을 목표로 삼는다. 단지 이렇게만 하면 고객들이 줄줄이 몰려올 것이다라는 식의 구호를 서슴지 않고 외친다.(정말 뻔뻔스럽게도 성공을 위한 좋은 요소들이라고 주절댄다. 그 유명한 일곱 개의 'S'와 네 개의 막강한 'K'와 세 개의 'E'로 첫 자가 시작하는 성공 요소들을 예로 생각할 수 있을 것이다.) 상식 수준에서 다루어야 할 명백한 문제들—유통, 마케팅, 기업 경영 따위—을 보통은 혼란스런 언어로 바꿔서 정말 수준 낮은 이론의 형태로 바꾼다. 그 결과 내용 없는 추상적인 것들이 탄생한다. 이것들은 이론적 근거를 갖추지 못했기 때문에 사이비 학문에 불과하다. 조금이라도 비판적인 의견에 당면하게 되면 살아남지 못한다. 또한 이들의 기초는 사기와 효과만 노리는 한탕주의다. 모든 것을 이진법적으로 코드화—곧 어떤 것이 중앙적이냐 또는 비중앙적이냐 또는 동적이냐 정적이냐 또는 문화적이냐 아니면 구조적이냐 하는 구분방식으로—함으로써 간단한 현상 분석방식을 택하게 되는데, 이는 이런 것들이 건달지식에 불과하다는 것을 명백히 드러낸다. 앞에서 '과학 시장'이라고 말한 것과 연관해서 생각하면 거기서 말한 경영학의 대표들은 건달지식의 전위부대이다. 오늘날 경영학의 핵심은 다음과 같다. "세계가 복잡할수록 처방은 더 단순하고 생각 없는 것이 되어야 한다는 것이 경영규칙이다." 책의 글자 크기가 점점 더 커지고 있고 (빨리 읽을 수 있음) 문장들은 더욱 간략해지고 있고 (배우지 못한 이들에게 어려운 외국어 사용을 금해 주세요!) 도처에 구호가 등장하고(해라!) 주석 같은 설명들은 사라지고 있다.(설명할 만한 시간이 없다!) '이론'이라는 단어가 제1의 적이 된 것은 결코 우연이 아니다. 경영학과 교수들이나 기업 고문들은 '이론'이라는 단어를 말할 때 마치 뜨거운 감자를 입 속에 물고 있는 듯이 행동한다. 쉽게 알 수 있는 것은 '실용적 지향성'을 외치면서 은밀히 사고하지 말 것을 주장하는 사람은 거룩한 통속성을 조장하는 자라는 사실이다.

이런 문제는 앞에서 언급한 것처럼 최고 경영자 중심으로 '사고방식'이나 '이론'을 형성하려는 교수들과 고문들의 허영에 찬 욕심 때문만은 아니다. 이들의 '막강한 무기들'(무작위로 기업 경영연구소나 컨설팅 회사의 홍보자료나 세미나 안내책자에서 선택했음)을 살펴보자. 여기서 즐겨 사용하는 표현들은 '성공요인들'이나 '전략적 경쟁요건들' 같은 것들이다. 또한 여기에 꽃장식처럼 사용되는 표현들로는 '기업 내 권한 네트워크를 목표 지향적으로 통합하기', '문화적·국제적 차원의 창의적 학습과정', '판매 지향적 방향 전개와 최상의 변화 잠재력의 응용' 따위의 것들이 있다. 그러나 이런 막강한 무기들은 곧 엉터리임이 드러난다. 페인트 칠이 금방 벗겨져 버린다. 조금만 눈치가 있어도 이들의 경험 부족과 무지를 쉽게 알아챌 수 있다. 따라서 원래는 존재의 정당성이 당연히 있었던 업종을 불신하게 된다. 그러나 오늘날 '상담가들이 넘쳐나는' 현실과 컨설팅 시장의 새로운 총체적인 구조 조정의 압력에서는 겉만 그럴듯하고 사기성 높은 것들이 지배할 수밖에 없다.

경영학 교수들이나 기업 고문들은 궁중 광대와 같은 역할을 통해서 존경받는 업종을 계속 유지할 수도 있다. 그러나 이들은 오늘날 무엇을 하고 있는가? 사기가 판을 치고 있다. 자기들을 찾는 사람들이 늘어날수록 고문들의 표현들은 점점 더 과격해지지만 개념적 '이론들'은 과격해지지 않는다. 어쨌든 누구나 이 '정신없고' '혼란한' 시대에 '혁신적이고' '완전히 새로운' 이론을 약속한다. 니체는 그런 미풍을 해치는 저속한 허풍과 사기를 '정신의 단순화'와 '무식한 일방통행'이라고 불렀다. 이에 대한 언급은 여기까지만 할 것이다. 확실한 것은 일단 조심하라는 것이다. 기업 고문과 경영학과 교수들이 유일하게 보장받는 것은 상담의 대가로 돈을 챙기는 일이다. 뒤에 '거룩한 통속성의 사회'의 장에서 알게 되겠지만 이 잘 나가는 업종은 엄청나게 통속적이고 저속하다. 바로 이 점 때문에 기가 막히게 대중문화의 세계와 악의 세계에 잘 들어맞는다.

언어나 언어 유희기술을 능숙하게 이용할 수 있는 가능성은 참 많아 보인다. 현재를 발견하고 만들어 나간다는 의미는 일단은 현재의 개념들을 잘 파악하는 일이다. 새로운 사상들이 나타나면 그에 맞추어서 이름을 붙여야 할 것이고 토론을 통해서 새로운 개념들을 만들어야 할 것이다. 그러나 아무것도 없는 데서는 아무것도 나오지 않는다.

이 분야에서 알곡과 쭉정이가 분리된다. 이것은 또한 추세 연구가에도 적용되는데, 그는 이 기회를 이용해서 보통의 고문들과 교수들을 떨쳐 버릴 수 있다. 추세 연구가들은 대부분 그들의 언어적 능력을 통해서 평가할 수 있다. 여기서 과학적인 언어 유희를 즐기며 새롭게 언어를 만들고자 한다면 차라리 아무것도 하지 않는 것이 좋다. 추세 연구의 목표는 과학의 자리를 대신하려는 것이 아니다. 추세 연구는 과학적 방법론을 단순히 이용할 뿐이다. 추세 연구의 자리는 추상적인 과학과 현장의 구체적인 일상생활 사이에 있다. 우선 50년에서 100년 정도의 먼 미래를 예견하는 것은 불가능하다. 추세 연구에서는 행복한 미래나 또는 대재앙의 미래를 폭넓게 예견하는 것—물론 이것에 관한 시장이 있는데, 믿음의 욕구를 채워 주는 것이 주요 목표다—보다는 간섭이 가능한 시간 내의 가까운 미래의 변화를 파악하려 한다. 강력한 '성공의 요인'이나 보장이라는 말 대신에 그냥 가볍게 전망하는 '흥미로운 것'일 수도 있다. 상담은 왜 항상 엄중하고 어려운 개념들을 사용하며 학문적일까? 이렇게 하면 신뢰를 얻을 수 있기 때문일까?

스펙터클한 대중매체가 도처에 영향을 끼치는 현실에서 중요한 것은 포화된 시장에서 정보들이 어떻게 이동하고 그 결과 커뮤니케이션에 어떤 영향을 주는지를 찾아내는 일이다. 물론 이런 작업은 헛수고가 될 가능성이 너무 높다. 그러나 확률이 낮더라도 해야 하는 일이다. 경우에 따라서는 학문적 연구보다 추세 연구를 통해서 새로운 지식을 더 많이 얻어낼 수 있기 때문이다. 만일 어떤 과학자가 추세 연구는 믿을 만한 것이 못된다고 말한다면 도대체 그는 중요한 지식을 어떤 시장에서 제공받는지를 한번 물어 볼 필요가 있다.

아무래도 추세 연구에서는 미국 사람들이 유럽 사람들보다는 훨씬 앞서 있는데, 그것은 그들의 사회에서 구매행위는 실재 인식의 기초를 이루기 때문이다. 페이스 팝콘이 '더운 공기'(Hot Air)를 판다고 했을 때는 사실 그대로다. 고문이나 교수들은—기껏해야— '더운 공기'보다는 어떤 다른 것을 팔거나 아니면—더 나쁜 경우에는— '쓸모없는 것'을 판다. 결국 중요한 것은 이 '더운 공기'가 시장의 가치 창출 연결고리에서 어떤 힘을 발휘하는가 하는 것이다. 바로 이것이 좋은 상담을 위한 시금석이다.

실존하는 것: 마케팅 사회

모든 상품은 마케팅에 의존해서 판정되고, 그 결과 소비가 삶의 가장 깊은 구석까지 파고들어가는 것이 하나도 이상하지 않은 사회를 향해서 우리는 나아가고 있다. 이로써 (반복되는) 슬퍼할 근거를 제공하자는 것이 아니라 현실 의식을 위한 근거를 제공하려는 것이다. 매우 비중 있는 젊은이층의 흐름이 이것을 증명한다. 미국의 1993년도 '스프라이트'(Sprite) 광고가 이에 대한 좋은 예다.

한 X세대 청년(20대에서 30대에 이르는 그 유명한 세대에 속하는 사람)이 자기 집앞에 앉아서는 어린 여자 친구한테 키스를 하고 있다. 그는 여자 친구한테 "나는 사실 네 남자친구가 아니야, 나는 영화배우야, 그리고 이 집은 실재가 아니고 세트에 불과해"라고 고백한다. 그가 그곳을 떠나자 이것저것 엉망진창으로 놓여 있는 연주무대가 나타난다. 이때 여자친구의 부모들이 무대 뒤의 분장용 거울 속에 나타나는데, 이를 보고 이 X세대 청년은 "저들은 네 부모들이 아니야, 그냥 엑스트라일 뿐이야"라고 말한다. 그 다음이 이 광고 장면의 절정이다. 그는 자기 여자 친구에게 멋있게 서 있는 자기 냉장고 안에서 스프라이트 음료 깡통 하나를 엉망진창인 현실에 대한 위로조로 건네준다. 그러면서 부드럽고 편안한 목소리로 말한다. "가짜가 아닌 유일한 것은 너와 나와 스프라이트 뿐이야." 그 다음 마지막 장면에서 이 시대의 유일한 실재인 광고의 우월성이 선언된다. 소녀는 그래픽으로 만들어 놓은 종이상자 속으로 사라지고 무대에서 일하는 사람들이 잽싸게 날아가 버린다. 스프라이트만이 유일하게 실존하는 영원한 실재(Realität)로서 남는다.

이 광고는 전형적인 "야! 저것 우리 안다"(Hey-we-know) 전략을 사용하였다. 곧 한번 그 광고를 본 사람들은 광고의 전략과 전개를 간파한다. 여기서 진행되는 것은 두 가지 일인데 허점이 많은 현실과 여기에 대해서 창조적으로 대처하는 능력이다. "모든 것이 소비입니다. 그런데 이 사실을 마치 몰랐다는 듯이 행동하지 마세요." 사람들은 더 이상 독점적인 상표 하나가 마음에 들면 모두 샀던 여피족 같은 순진한 소비자가 아니다. 게다가 사람들은 소비문화와 결별하려고 한 히피(Hippie, 기성사회에 반발하여 몸치장·생활 따위에 무관심하며 세상을 사랑이 지배한다고 믿는 젊은 세대—옮긴이)처럼 도덕적이지도 않다. 사람들은 한 걸음 나아갔다. 모든 것이 다 소비라면 실재를 바꾸는 유일한 대안은 소비일 수밖에 없다. 그렇다고 해서 이것을 꼭 나쁘다고는 할 수 없다. 소비 비판 그 자체도 소비가 되었다. 이것이 바로 출발점이다.

추세 연구의 십계명

① 경영자의 신념체계를 숙지하고 있어라.

경영자들도 보통사람들일 뿐인데, 단지 (실제로든 상상으로든) 경쟁해야 하기 때문에 항상 새로운 것을 찾을 뿐이다. 그래서 조금은 더 현대적일 수 있고 모든 신념체계에 대해 쉽게 동화되는 경향이 있다. (전문가의 것이기 때문에 공적 신뢰를 더 누리는) 과학에 대한 신뢰는 예나 지금이나 변함이 없고 마찬가지로 여러 가지 이념들에 대해서도 (앞에서 언급한 통계적 숫자 놀음에 대한 신뢰부터 뉴에이지 무당의 이단적인 키치에 이르기까지) 신뢰를 갖는다. 또한 당연히 추세에 대한 신뢰도 중요한 자리를 차지하고 있다.

② 아무도 이 세계를 새로 만들어 낼 수 없지만 항상 새로이 해석할 수 있고 긴장감이 돌게 할 수 있다. '지구적 착취'(Global Pillage)는 '지구촌'(Global Village)의 진리가 된다.

그래서 당신이 창의적으로 해석한 정보의 가치를 인정하는 것이 중요하다. 똑똑한 사람들에게는 정보 그 자체는 더 이상 문제가 안 되고 정보에 어떻게 대처하는가, 곧 어떻게 해석하는지가 중요하다. 창의적으로 해석하는 중요 방법 가운데 하나는 대중문화 덕분에 우리에게 익숙해진 견본 추출이다. 곧 과거의 것들 중에서 '창조적으로 훔쳐 내어'운 좋으면 재해석할 수 있다.

무엇보다도 먼저 시장에서 통하는 정보와 대중매체에서 통하는 정보를 구별하는 법을 배워라. 대중매체가 제공하는 정보들은 시장에서는 단지 몇몇 경우에만 중요할 것이다. 닫힌 체계로서 이따금 '사악한' 대중매체와 시장의 흐름 사이의 틈은 점점 벌어지고 있다.

③ 어떤 발명이나 발견도 (생물학적이든 기술적이든 다른 어떤 식이든 항상) 우리의 지적인 세계관을 혁명적으로 변화시킬 수는 없다.

우리 시대의 문화는 '차분한' 상태에 놓여 있기 때문에 과거에는 충격을 불러일으킨 새로운 정치적·자연과학적 혁명도 지금은 아무런 영향을 끼치지 못한다. 이런 문화의 포화상태는 지나치게 의미를 찾게 하고 작은 차이를 강조하는 데 열을 올리게 하는데 이래서 추세 연구는 더욱 흥미로운 것이 된다. 시장에 존재하는 종교인 단기 종교들(유행들)은 고전적 초월적 종교들을 몰아내고 또한 자기들끼리도 재빨리 교체된다.

④ 경영자들의 원죄를 피하고 먼저 부드러운 정보들에 신경을 써라.
경영정보체계(MIS)나 전략적 데이터뱅크 회사들이 제공하는 정말 '엄격한' 정보들—비싸고 비효율적이라는 점을 제외하고라도—은 결정 근거로서 작용하는 기능이 만성적으로 과대평가되고 있다. 포화상태의 시장에서 차이는 '문화자본'에 의해서 좌우되는데, 곧 인식 기본능력은 문화자본에 있다. '엄격한' 정보에 대한 뿌리 깊은 신뢰는 추세를 도외시하게 하고 결국에는 추세를 거부하기까지 한다. 엄격한 정보보다 더 중요한 것은 '부드러운' 정보들인데, 이것들은 경영자의 머리 속에 조금이나마 남아 있기 때문이다. 여기에 대해서는 실증적 시장과 사회분석전문가들 그리고 경영학 교수들도 이의를 제기하지 못할 것이다.

⑤ 당신의 대상이 정보 미식가라는 사실을 잊지 말라.
경영자의 일상은 MTV 프로그램과 같다. 산산이 부서지고 계속 새로운 정보가 제공되고 주제가 정신없이 바뀌고 도처에서 주의를 끌어당긴다. 그래서 경영자는 즐거이 정보 미식가처럼 행동하는데, 산더미처럼 쌓여 있는 데이터 더미에서 알맹이만 쏙 빼먹는다. 이들을 움직이려면 정보를 이에 맞추어 포장해야 하고 세심하게 선택된 상징들을 사용하여 영리한 전략을 사용해야 한다.

⑥ 상품을 대체할 수 있다는 것을 유념하라.
포화된 시장에서는 대체 가능한 제품들이 도처에 깔려 있다. 상상도 못하던 곳에서 경쟁자가 나타날 수 있다. 소비 분야와 생산 분야와 상

인을 엄격하게 구분하는 것은 더 이상 의미가 없다. 그래서 상이한 지적 문화들을 다루는 것이 중요한 과제다. 여기에서도 중요한 것은 넓으면서도 전문적인 지식을 가지고 있는 사람은 유리하다는 사실이다.

⑦ 속도와 창의성을 하나로 합쳐라.
'가공할 수 있는' 정보의 양이 아니라 창조적으로 정보를 해석할 수 있는 속도에 의해서 조직들의 생사가 결정된다. 바꿔 말하면 '문화자본'만이 과포화상태에 이른 시장 속에서 창조적으로 해석을 가능케 하는 지식 기반이라는 사실이다.

⑧ '명명하기'는 커다란 사업이다.
우리는 언어를 통해서 세계로 들어갈 수 있고 우리 세계와 지평의 경계는 우리 언어능력의 한계와 일치한다(비트겐슈타인). 새로운 언어는 새로운 세계를 연다. 구텐베르크의 은하계(출판 문화를 일컫는 말―옮긴이)―적어도 계속적으로―를 몰아내고 있는 '소리와 영상'의 세계에서는 상징의식과 상징세계를 구성하는 것이 중요하다. 그래서 추세 연구는 개념 발명이 되어야 한다.

⑨ 새로운 지식의 잠재력에 신경을 쓰고 시장성이 있게 만들어라.
우리 사회는 모든 제품이 시장성에 의해서 평가되는 '마케팅 사회'의 방향으로 발전해 나가고 있다. 조그만 차이가 돈벌이가 되고 그래서 소비에 대한 새로운 정의가 중요해지고 있다.
거의 모든 인문과학과 사회과학 분야들(인류학, 사회학, 경영학, 역사학, 민속학)이 현재의 상태로서는 기업의 실제 경영에는 도움을 주지 못한다. 이들 학문들의 엄청난 잠재력은 추세 연구를 통해서 다듬어지고 시장성 있게 만들어진다. 이런 의미에서 추세 연구는 우선적으로 소비 고고학이며 동시에 소비 민속학이다.

⑩ 당신의 일용할 양식인 추세들에 대해서 계속 연구해라.

아무도 10년 뒤에 무엇이 '추세가 될지' 예측할 수는 없지만 훈련된 해석능력을 갖추면 시장의 흐름을 파악하고 분석하고 능동적으로 영향을 끼칠 수 있다. 잘하면 추세 발생 당시에도 분석이 가능하다. 그러나 이렇게 되기 위해서는 구체적인 문제들을 다루는 좀더 실용적인 사고가 필요하다.

4
미디어 이해력

만일 당신 사업이 정보 관련 사업이라면
당신은 심각한 곤란에 처한 것이다.
빌 게이츠(Bill Gates)

우선 현대 사회에서 당연하게 여겨지는 점 몇 가지—지구는 우주의 중심이 아니다. 인간도 역시 동물에 지나지 않는다. 나는 나 자신의 주인이 아니다—를 생각해 보자. 우리는 어느 정도 나르시스(narcisse)적인 자기 연민의 병에서 벗어났다. 그런데 이제는 인공지능이 인간의 마지막 자존심이 걸려 있는 영역, 곧 사고의 영역을 위협하고 있다. 이로써 '인간성'에 대한 탈미신화는 완전해진다.

● 자유로운 사고는 대뇌를 움직이는 소프트웨어이다.
● 정신은 있을 수 있는 모든 가능한 데이터 결합의 총체이다.
● 문화는 뇌의 좌판을 두드리는 게임에 불과하다.

여기에 한 가지가 더 추가된다. 뉴미디어 기술세계에서 인간은 더 이상 정보의 주인이 아니다. 우선 인간 자체가 피드백 과정이 되었다. 다른 한편 커뮤니케이션의 관심이 인간보다는 기계를 향하고 있다. 추측건대 현대문화의 많은 정체성의 문제는 바로 이런 인간과 기계의 협력 필요성에서 기인하는 것이다. 인터페이스와 같은 개념들이 이를 보여준다. 인간은 더 이상 도구 사용자가 아니고 미디어 연합의 연결점에 불과하다. 인간은 스위치 시스템에 맞물려 버렸다.

이에 대한 다양한 반발들이 있다. 어떤 이들은 기계 파괴자로 나서고 다른 이들은 낭만적이고 또한 무익한 뉴미디어 '너머의 세계'를 추구하는 것으로 만족해한다. 그래서 『X세대』(Generation X)의 저자이며 이 세대에 이 이름을 부여한 더글러스 코플랜드(Douglas Coupland)는 이렇게 말한다. "미디어 현실에서 도피하는 것은 최후의 과격한 행동이 된다." 이것은 운명적으로 1968년의 거대한 거부운동을 연상시킨다.

우리는 뉴미디어에 대해서 반항도 거부도 아닌 새로운 태도를 제안한다. 아무도 달려오는 기차에 몸을 던지지는 않는다. '부정 변증법적'인 관점 대신에 '보상'의 관점을 권하고 싶다. 뉴미디어와 기술들은 옛 문화를 제거하는 것이 아니라 변화된 기능성을 구미디어에 부여한다는 것이다. 일반적으로 전자공학적 세계는 한 가지 확실한 보상, 이른바 포스트모더니즘의 다원론을 유발하고 있음을 관찰할 수 있다. 바로 기술적인 모든 징후가 하나로 통합되기 때문에 인간에게는 다양한 문화적 대체영역이 필요하다. 이것은 구미디어와 뉴미디어의 관계에도 해당한다.

우리는 구미디어—대화나 책이나 영화 같은—의 새로운 기능들을 디지털 미디어의 결합 속에서 쉽게 정할 수 있다.

● 구미디어는 명확성을 준다.
● 구미디어는 의미를 찾는 자들에게 틀을 제공한다.
● 구미디어는 방향 제시적 학설을 만들어 낸다.
● 구미디어는 복잡성을 줄인다.
● 구미디어는 정보의 공간에서 은유적 방향지표가 된다.

동시에 마지막 기능이 특히 중요하다. 구미디어는 디지털의 세계에서 은유적 방향지표가 된다. 브라이언 보이곤(Brian Boigon)은 이에 대해 캘리포니아 굴지의 잡지인 《와이어드》에 이렇게 언급했다. "사이버스페이스에는 본래 형태가 없다. 은유적으로만 그 형태가 생긴다." 달리 말하면 사이버스페이스에는 '자연스런' 표현형태가 존재하지 않는다. 그렇기 때문에 데이터를 표현할 메타포가 필요하다. 곧 n차원의 정보 공간에는 메타포가 필요하다고 말할 수도 있다. 이것은 달리 표현하면 구미디어의 도움 없이는 안 된다는 말이다. 그래서 미디어의 진화 자체가 탈인간화의 요구조건에 대한 인간적 보상이 된다. 이런 이유로 우리는 미래에도 책이나 사진이나 유사한 것들이 삶에 의미를 주리라고 추정할 수 있다. 오도 마쿼드의 말을 좀 변용하면 미디어 세계의 '테디베어 효과'라고 할 수 있다. 새로운 세계로의 이동을 견디기 위해서는 정신적인 '과도기 대상물', 곧 구시대의 신뢰할 만한 친구—이것과 함께 우리는 새로운 세계로 간다—가 필요하다. 그러나 곰 인형들은 낯선 현실에 뛰어들 용기를 가져야 할 것이다.

미디어 현실은 무엇인가?

매우 간단한 두 가지 현상에서부터 우리 사고를 발전시켜 나가겠다.

● 세계사회는 기술연합체로 조직되어 가고 있다. 피터 드러커의 말을 인용해 보자. "기술들은 더 이상 분산되어 있지 않다. 기술들은 서로서로 중복되고 겹친다. 어떤 산업도 회사도 한 가지 기술에만 의존할 수 없다." 이로써 '산업'개념 또한 해제된다.
● 뉴미디어는 20세기의 핵심기술이다. 무엇보다도 컴퓨터가 뉴미디어의 중심이다.

이런 배경 속에서 문화의 네 가지 기본방향을 구분할 수 있다.

① 찬성파–기계 열광자들, 곧 그들의 하이테크 장난감에 광적으로 매달리는 테크노광이나 해커들

② 반대파-뉴미디어의 출현이 서양문화의 몰락을 가져온다고 생각하는 구유럽 사람들. 그러한 기술에 대한 두려움은 그들의 경건성을 의미하는데, 기계가 그들에게는 악마의 도구로 비치기 때문이다.

③ 복귀파-이미 한물 간 기술을 개선하려는 향수에 젖은 사람들. 오래 전부터 유행산업은 '재생산된 골동품의 느낌'을 주는 '감성 디자인'을 통해 그런 기술적인 고풍스러움을 장려한다.

④ 혁명파-펑크나 그런지 스타일로 하이테크에 반발하는 기계 파괴적인 지하조직.

그러나 컴퓨터 중심의 뉴미디어에 대한 토론은 적어도 우리 사회에서는 대중매체가 갖고 있는 정치적인 힘 때문에 잘못 진행되고 있다. 대중매체를 지배층의 권력 유지를 위한 도구로 이해하는 것은 아주 잘못된 생각이다. 최후의 마르크스주의자조차도 오늘날에는 그렇게 단순하게 말하지는 못할 것이다. 그러나 대중매체가 '비판의식'을 위한 이상적인 온상이라는 점은 분명하다. 내가 말하려는 것은 경고자, 보호자, 사명 의식을 지닌 언론인, 약한 자의 대변인들이 언론을 지배한다는 것이다. 니체의 말을 빌리면 무장해제를 시키는 염세주의자들이다. 이들은 환경, 제3세계, 망명문제, 우익 테러리즘과 '정치의 정의 회복'뿐 아니라 우리 미래 문명의 가장 중요한 주제인 뉴미디어도 다룬다. 이래서 역설이 당연한 일이 되었다. 언론의 세계는 언론을 비판하는 자들이 지배하고 있다. TV 매체를 비판하는 사람이 TV 스타가 된다. 비인간적인 컴퓨터 문화가 세상을 멸망시키리라고 주장하는 사람이 인류는 반성하고 방향을 바꾸어야 한다는 주장을 디스켓으로 출판사에 건네준다. 곧 가장 격양된 대중매체의 비판자가 가장 거리낌 없는 사용자이다. 이들은 이미 오래 전부터 새로운 국민 스포츠를 만드는 데 성공했다. 곧 대중매체 두드려 패기이다.

이렇기 때문에 뉴미디어의 발전에 관해 냉정한 평가를 내리고 기술의 현황에 토론을 집중시키는 것이 쉽지 않다. 20세기 말의 미디어론에 대한 적대감은 20세기 초의 정신 분석학에 대한 반발만큼이나 강하다. 인문주의자들은 그들의 할아버지 세대가 무의식의 존재에 대해 위협을 느꼈듯이 오늘날 컴퓨터 프로그램의 존재를 자아 정체성의 위협으로 받아들이고 있다. 실제로 맹목적 분노가 독일의 인공지능 옹호자들에게 쏟아지고 있다. 이는 프로이트(Sigmund Freud)가 아기의 성적인 측면을 언급했을 때 일어난 혐오와 비교될 수 있을 뿐이다. 미디어 이해력은 우리가 꿰맞출 수 있는 단순한 새로운 조각그림이 아니다. 그것을 이용하는 것은 우리 사회의 모든 문화적 편견을 적대시하게 만든다.

　어떤 이들이 그들의 자녀들에게 TV 시청을 금하고 대신에 '좋은 책'을 그들의 손에 쥐어 주고 컴퓨터보다는 다른 아이들과 놀아야 한다고 주장한다면 이는 인간과 미디어의 관계를 오해한 것이다. 미디어는 도구가 아니며 커뮤니케이션은 절대로 매개 없이 직접 이루어지지 않는다. 뉴미디어 사용을 막음으로써 자식을 보호하려는 부모는 자식들을 희생물로 만들 뿐이다. 우리가 미디어를 원하지 않는다고 사용을 안할 수는 없기 때문이다. 미디어의 발전에서 벗어난다는 것은 전혀 현실적인 대안이 아니다. 테크노크라시(Technocracy)에 대한 공포심을 벗어나는 것은 미디어 사용 억제를 통해서가 아니라 미디어 사용능력을 높임으로써 가능하다. 테크노크라시는 '기술적 상상력'(풀루서)이 결핍된 곳을 위협한다. 그래서 "이미 경기는 시작되었고 돈도 걸었다. 우리는 단지 끊임없는 기회만을 이용할 수 있다"고 하는 파스칼(Pascal)의 내기가 뉴미디어와 기술의 창의성에 유일하게 이성적으로 대처하는 자세다. 자크 라캉(Jacques Lacan)이 말했듯이 "이미 경기는 시작되었다. 첫번째 주사위는 이미 던져졌고 우리에게 남아 있는 선택은 주사위를 들고 다시 던지는 것뿐이다."

　여기서는 간단한 것을 일단 생각해 보자. 미디어는 커뮤니케이션에 기여하고 시장은 교환에 기여한다. 교환은 커뮤니케이션의 원초적인 형태이다. 그래서 경제와 미디어론은 같은 양상을 서로 다르게 개념화한 작업일 뿐이다. 이런 사실을 우리는 오늘날에서야 깨달았다. 상업적 대중매체는 커뮤니케이션이 상품이라는 것을 인식하게 했다. 그러나 신문은 비누처럼 사고 파는 것이 아니다. 방송국은 슈퍼마켓이 아니다. 바로 이 점에서 고전 경제학은 그 능력의 한계를 보인다. 이에 대한 기막힌 글이 1992년 3월 ≪슈피겔≫에 실렸다. "아직도 많은 경제학자들은 국민경제가 감자 칩과 컴퓨터 칩 생산에서 차이가 있다는 것을 알지 못한다." 그러나 오늘날 우리는 커뮤니케이션은 완전히 다른 상품임을 잘 알고 있다. 이것이 갖고 있는 가치에 대해서는 국민경제 책에는 실려 있지 않다. 다르게 말하면 새로운 커뮤니케이션 시장은 경제학으로나 시장 조사를 통해서는 간파되지 않는다. 예를 들어 PC, 비디오 레코드나 팩스를 생각해 보자. 이 세 가지 상품들이 시장에서 거둔 믿을 수 없는 성공은 모든 경제학의 이론에 어긋나는 것이다.

이미 성경에서 우리는 커뮤니케이션의 두 가지 출현을 발견할 수 있다. 바벨탑이 문제의 발단이다. 곧 언어의 혼란이다. 끝에는 오순절 기적으로 인하여 모든 언어의 통역이, 곧 세계 커뮤니케이션이 가능해졌다. 이런 고대의 사건을 신학의 관점에서 인류학의 관점으로 바꿔서 이해해 보자. 사람들이 세상에 대해 개방적이라는 것은 부단한 데이터의 홍수에 맞닥뜨린다는 뜻이다. 그리고 인간은 이런 정보의 홍수가 주는 부담을 커뮤니케이션적 거래를 통해 덜고 자신의 삶의 세계를 형성한다. 인간은 되돌아오거나 아니면 사라져 버리는 소리를 세상에 보내게 된다. 이런 선택의 과정이 차츰 커뮤니케이션의 구조를 형성하게 된다. 이런 식으로 인간은 외부 세계를 본능에 따라서 이해하는 것이 아니고 의사소통적으로 이해를 한다. 그렇기에 인간의 내면세계, 이른바 정신은 미디어 효과에 불과하다.

미디어 효과는 폐쇄적인 규율영역을 형성하는데, 이것은 과거의 커뮤니케이션 개념과는 아주 상이하다. 이런 인간의 정보처리과정은 말이 되든 안 되든 정말 매력이 있다. 우리는 미디어 현실에 우리의 감각을 담가 놓고는 만족해한다. 여기서 중요한 것은 욕구가 아니고 칼 뷜러(Karl Bühler)가 일컬은 적이 있는 '감각의 활동욕구'이다. 이 일은 우리가 관심의 방향을 바꿔야 즐길 수 있다. 뉴미디어는 바로 여기서 최면술이나 텔레파시와 같은 작용을 한다.

- 텔레파시와 같은 대중매체의 덕택으로 우리는 아주 먼 곳의 소식을 접하고 충격을 받고 흥분하게 된다.
- 마치 최면에 걸린 것처럼 우리의 의식은 우선은 일방적으로 한 방향으로 집중하다가 다시 완전히 다른 방향으로 향한다. 우리는 몰아지경에 빠져 있다.

사람이 전화를 하거나 TV를 시청하면 정보를 습득하거나 교환하는 것이 제일의 목표가 아니다. 인간은 일단은 정보의 홍수 속에서 '함께 휩쓸리고' 싶어한다. 중요한 것은 커뮤니케이션이 아니고 열광이다.

인터넷 속에서

정보사회는 저절로 발전해 간다. 문제는 우리가 이를 깨닫는가 아니면 간과하고 있는가 하는 점이다. 여기에서 우리는 원거리 통신과 계산기가 하나로 합쳐진 새로운 발전방향을 인식할 수 있다. 컴퓨터와 장거리 통신기술이 하나로 합쳐지고 있다. 컴퓨터를 중심으로 한 미디어의 완전한 통합에 그 흔적이 있다. 1994년 크리스마스 시장을 관찰해 보면, 첫 단계는 멀티미디어 PC를 둘러싼 전자오락제품의 통합이다. 이것은 단순히 편리함을 좀더 주는 데 그치지 않고 질적으로 전혀 새로운 장을 열었다. 이것의 특징을 나타내는 것은 '상호 작용성'이라는 단어이다. 오늘날 사람들은 매일 밤 특정한 시간에 수준 낮은 TV 앞에 앉아서 두 가지 채널 중에서 하나를 고르던 1960년대의 수동적인 미디어 소비에서 점점 멀어져 가고 있다.

새로운 유행어 상호 작용성은 사실 기술적인 의미에서는 방송, 피드백, 저장과 계산 같은 일들을 합친 것이다. 한마디로 말하면 TV＋전화＋

컴퓨터＝상호 작용적 미디어라고 할 수 있다. 디지털 미디어에서 중요한 것은 지루한 방송에 전송과 통제라는 '인공 두뇌학적' 전환기를 제공한다는 가능성이다. 전송되는 자료는 단순한 시청각 자료뿐 아니라 통제신호들을 담고 있다. 모든 정보는 개별적으로 암호화되어 있기 때문에 정확하게 선택할 수 있다.

아직도 뉴미디어에 대해서 이해가 잘 안 되는 사람은 몇 분이라도 MTV나 VIVA 채널을 시청해 볼 것을 권유한다. 물론 여기서 볼 수 있는 것은 아직은 상호 작용성의 측면과는 거리가 있지만 TV의 한계를 넘어서려는 TV의 모습을 볼 수 있다. 우리가 주장하고 싶은 것은 비디오 클립은 최근의 미디어 현실을 가장 잘 보여준다는 사실이다. 추세 연구가 마티아스 호륵스는 이에 대해 매우 멋있게 표현했다. "많은 비난을 받고 있는 클럽문화는 미디어의 홍수에 대해 반발하는 뇌의 긴급 방어형태, 곧 인간의 감각기능을 합리화하고 절약한 것이다. 이를 생각하면 왜 그런 형태의 광고가 청소년들에게 먹히는가 하는 의문도 풀린다. 대중예술과 광고예술은 정보의 홍수와 우리의 내면세계를 연결하는 다리의 역할을 한다."

지식인들이 즐겨 쓰는 매체를 통한 영상의 홍수라는 말의 기술적인 의미를 가만히 생각해 보면 정보의 홍수는 마치 돈처럼 국경이 없어졌다는 것을 뜻한다. 돈의 흐름처럼 정보의 흐름도 오늘날 사실상 국경이 없어지고 통제가 불가능해졌다. 역시 정보도 '조국을 모르는 녀석들'이다. 이와 관련한 중요한 사실은 정보를 단순히 뉴스의 차원에 제한해서는 안 된다는 것이다. 우리는 미국에 대해서 뉴스보다는 〈달라스〉(Dallas)나 〈덴버클랜〉(Denver-Clan) 같은 연속극을 통해서 알고 있다. 그리고 나이키나 코카콜라의 광고가 사회과학 도서실의 가득 찬 책보다도 더 많이 미국에 대해서 알려 준다. 피터 드러커는 한술 더 떠서 국제적인 미디어 문화에 의한 국가 정체성의 전복을 언급하고 있다. 이렇게 보면 문화 다원성의 기술적인 비밀은 미디어 다원성이 된다.

이런 국경이 없고 통제가 풀린 정보의 홍수 속에서는 익명의 참가자들을 유연하게 연결하기 위한 이상적인 미디어가 필요하다. 또한 악명 높은 사이버스페이스도 냉정하게 생각하면 전 세계의 참가자들을 이웃으로 연결하기 위한 정보의 세계에 불과하다는 것을 알 수 있다. 현재까지는 이런 모든 것이 장난이요 과학의 가상 세계에 지나지 않는다. 이 새로운 미디어는 아직은 태아기에 있기 때문에 미친 사람이나 몽상가나 정신이 이상한 사람들이나 관심을 갖고 있는지 모른다. 국제적 컴퓨터 보헤미안은 사이버 광신자들을 훈련하고 있는데, 이들은 하이테크와 저급문화가 아주 위험하게 섞여 있는 상태다.

그러나 이 매체를 새로운 여론 형성을 위해서 사용할 수도 있다. 곧 인터넷이다. 인터넷은 원래 원폭에도 생존할 수 있도록 구상되었기 때문에 중앙통제기관이 없다. 그래서 인터넷에는 끌 수 있는 마스터키가 없다. 순수 기술의 차원에서는 검열이 불가능하다. 원래는 군사상의 치밀한 배려가 거의 무정부 상태를 만들어 냈다. 그 때문에 미국정부가 전화통화와 이메일의 암호화를 장악하려 기도한 이른바 '클리퍼 칩'(Clipper Chip)의 의미가 중요해진다.

결론을 내려보자. 어느 누군가가 뉴미디어 기술연합체가 얼마나 견고한 관념인지를 구체적으로 알고 싶다면 인터넷을 잘 알아야 한다. 인터넷은 세계 커뮤니케이션의 진정한 중심이다. 이 환상적인 디지털 네트워크 속에다가 쓰는 한줄 한줄 모든 글은 화면에 나타나는 순간 이미 과거가 될 위험에 처한다. 이미 낡았지만 복잡한 상황을 극복한 차원을 밝혀 주는 몇 가지 통계자료를 여기서 살펴보자. 인터넷을 통해서 오늘날 이미 수천의 네트워크가 상호 연결되고 있으며 45개 국가에서 1,500만 명이 인터넷을 사용하고 있다. 여기에다가 적어도 2,500만 명의 사람들이 콤퓨서브 같은 게이트웨이를 통해서 인터넷에 연결되어 있다. 이것은 세계적 차원의 커뮤니케이션이며 '전자 생태계'에서의 삶을 의미한다(폴커 그라스묵[Volker Grassmuck]).

인간과 기계의 협력

토템은 고대사회에서 조상과 수호신으로 숭배하던 것이다. 튜링 테스트(영국의 수학자 A.M.튜링[A.M.Turing]이 제안한, 무한대의 저장량과 절대로 고장을 일으키지 않는 가상상의 계산기—옮긴이)는 인간의 정신과 디지털 계산기의 기능을 비교하는 실험이다. 아마 서로 무슨 관계가 있는지를 질문할지도 모른다. 우리 생각으로는 고대사회의 토테미즘이나 포스트모던한 이 시대의 튜링 테스트에 이르기까지 계속되는 문제는 인간의 자기 정의이다. 왜냐하면 사람은 스스로 자신에게 접근할 수 있는 길을 갖고 있지 않기 때문이다. 인간은 그가 아닌 어떤 것과 자신을 일치시켜야 하며 동시에 이것과 구분해야 한다. 고대사회의 인간은 토템은 아니지만 동시에 토템이다. 디지털 기계들은 인간처럼 생각할 수 없으나 동시에 인간처럼 생각할 수 있다. 이것은 일치와 구별의 관계가 공존하는 것을 뜻한다. 그래서 인간은 자신을 찾기 위해서 그가 만든 기술과 매번 비교하게 된다. 이것은 우상과 동일시하는 수준에까지 이르고 있다. 자동차광, TV중독자, 해커와 사이버펑크 등은 그들이 사랑하는 기계들의 애인이 된다. 이것을 기계 중독(Gadgeteering)이라고도 한다. 미래의 광고, 디자인과 마케팅은 바로 여기에 맞추어야 한다. 커뮤니케이션 기술에서 오락용 전자제품에 이르는 광범위한 상품들은 기계로서 팔리는 것이 아니고 환각제, 우상 그리고 게임으로 팔린다. 몇몇 사람은 바로 이 점을 이미 이해하고 있다. 애플(Apple) 컴퓨터사의 사장인 마이클 스핀들러(Michael Spindler)는 이렇게 말하고 있다. "우리에게는 그래픽 인터페이스가 필요한데, 고객이 사용하기 편리할 뿐 아니라 마약처럼 중독에 빠지게 하는 것이 필요하다. 예를 들어 닌텐도처럼 말이다."

이에 대해서 우리는 초등학교 선생님처럼 경고의 손짓을 바로 할 필요는 없다. 왜냐하면 이 물신 숭배는 기계와 인간의 협력의 새로운 형태를 말하기 때문이다. 미디어 이해력이라는 말은 컴퓨터를 도구가 아니라 매체로서 이해해야 한다는 것을 뜻한다. 이런 기계장치들은 동경의 대상이며 기계적 유희가 된다. 뉴미디어를 도구가 아니라 장난감으로 본다면 쉽게 이해할 수 있다. 그래서 아이들이 어른보다는 더 쉽게 컴퓨터에 친해진다. 이런 기계장치들은 동시에 행동지침, 곧 사회적 현실이다. 그리고 기계를 어린애처럼 좋아하는 사람들에게서 배울 수 있는 것들이 있다. 뉴미디어와 신기술들이 주로 활동하는 곳은 공장이 아니라 구체적 커뮤니케이션의 관계, 인간 뇌의 내면세계이다.

개는 인간의 가장 좋은 친구로 여겨지고 있다. 그러나 개와 대화한다는 것은 불가능하다. 컴퓨터와 친구가 된 어린이들은 대화라는 측면에서 더 좋은 전망을 갖고 있다. 애들은 컴퓨터가 충분히 의사소통을 가능하게 하는 매체라는 것을 느끼고 있다. 바로 이 점이 뉴미디어 세계의 핵심인데, 인간과 기계 사이의 '대화의 영역'이 넓어지는 것이다(노이마스터〔A. Neumeister〕). 이 일은 소프트웨어가 해야 할 일이다. 그리고 이른바 '감성 컴퓨터'라는 것은 '감성 디자인'을 통해서 인간과 기계 사이에 난 영원한 상처에 반창고를 붙이려는 일이다. 개는 주인에게 갖고 있지만 컴퓨터는 사용자에게 갖고 있지 못한 감정의 문제를 해결하려는 일이다.

프랑스 디자이너 필립 스타크(Phillipe Starck)는 이런 의미에서 테크노-선(禪)이라는 말을 했고, 수년 전 미국의 컬트작가 피얼식(Pirsig)의 책 제목은 『선과 오토바이 유지의 기술』(*Zen and the Art of Motorcycle Maintainance*)이었다. 그러나 이것은 멀리서 날라온 희미한 목소리에 불과하다. 이 땅에서는 차라리 낭만주의자로 남아 있기를 원한다. 기술에 대한 두려움은 독일의 경건성에 뿌리를 두고 있는데, 컴퓨터가 무엇을 할 수 없는지를 자세히 설명한 책이 베스트셀러가 되는 이유가 여기에 있다. 컴퓨터는 느낄 수 없고 가치를 모르고, 무엇보다도 결정할 수 없는 것을 결정할 수 없다. 물론 맞는 얘기이다. 요약하면 컴퓨터는 계산과 저장과 탐색에서 타의 추종을 불허하며 인간은 여기서 컴퓨터의 상대가 될 수 없다. 그러나 가치 판단과 형상 인식과 맥락 인식에서 인간을 대체할 만한 것이 없다. 이미 언급한 컬트잡지 ≪와이어드≫에서는 편집자가 이를 정확히 설명하고 있다. "정보홍수의 시대에서 결국 가장 귀한 것은 의미와 맥락이다." 매일 우리를 엄습하는 정보의 물결은 그 자체로서는 아무런 의미가 없다. 정보의 의미는 맥락 속에서 규정되기 때문이다.

미디어 훈련

우리의 주장을 뒷받침하는 것은 다음의 한마디로 족할 수도 있다. 미디어론은 우리 문명의 기본과학이다. 그 어떤 인간관계도 미디어를 초월해서 존재할 수 없다. 그런데 왜 이 점을 사람들은 쉽게 이해하지 못할까? 왜 뉴미디어의 존재가 알려진 다음에서야 비로소 보편적인 미디어 의식이 깨어났을까? 대답은 간단하다. 대면관계형태의 커뮤니케이션 형태에 익숙해진 우리는 자신의 의사소통이 간접성에 기초한다는 것을 잊고 직접 의사소통한다고 착각한다. 이것은 대면관계와 시청자와 텔레비전 화면과의 익숙한 관계에도 해당한다. 이렇게 망각된 간접의 매개성은 의사소통이 방해받는 곳에서 다시 상기된다.

이를 자세히 설명하기 위해서 커뮤니케이션 이론을 좀더 설명할 필요가 있다.(이를 읽기 싫은 사람은 이 단락과 다음 단락을 뛰어넘어도 상관이 없다.) 원칙적으로 미디어는 커뮤니케이션을 안정시킴으로써 의식의 부담감을 덜어 준다. 스스로 통제하는 커뮤니케이션 속에서 미디어가 보장하는 의식의 부담감이 감소하는 것은 완전히 우연한, 곧 필연적인 것은 아무것도 없고 아무것도 불가능하지 않고 모든 것이 대체 가능한 세상에서 우리를 살게 한다. 곧 세계에 대해서 중립적인 미디어의 코드화는 인간을 우연성에 잘 대처하게 하는데, 이로써 현대 사회에 용감하게 대처하게 된다. 이런 의미에서 모든 것은 발생하고 존재하지만 우연한 것이고 지나갈 것이다. 우리가 '어디에 대한' 정보를 얻으려면 구별의 틀에서 사고해야 한다. 그렇게는 아니고 이렇게, 저것은 아니고 이것 하는 식으로 구별해야 한다. 우리는 다른 가능성들이 존재하는 선택의 지평선에서 하나를 택함으로써 정보를 구체화한다. 환경은 미지의 땅이며 이 환경을 더듬어 파악하기 위해서 우리는 미디어들의 코드를 사용하여 구별하게 된다.

커뮤니케이션 이론은 바이너리 코드화의 결과로 야기되는 계속되고 있는 모든 커뮤니케이션의 위험을, 곧 커뮤니케이션이 거절당할 가능성을 잘 보여주고 있다. 언제나 아니라고 말할 수 있다. 그러나 경험상 실제로는 커뮤니케이션에서 거절당할 확률이 낮은데, 이것은 과학자나 정치가나 연예인들에게도 적용된다. 커뮤니케이션이 성공적으로 이루어질 수 있는 비결은 동의를 얻어 내는 능력에 달려 있지 않고 미디어에 익숙해지는 훈련에 달려 있다. 의견 일치라는 것은 사실 순전히 코드 기술상 본다면 거절 확률을 최소화한 커뮤니케이션의 연결 그 이상을 의미하지는 않는다. 미디어 시대에 준수해야 할 명령은 다른 이들이 접속할 수 있는 의사소통을 하라이다.

그리고 이런 의미에서 개인 간의 대화가 원격 화상회의보다 더 잘 이루어질 것이라는 기대는 전혀 맞지 않는다. 반대로 커뮤니케이션이 기술화하는 만큼 확실해진다. 미디어 기술은 고도로 복잡한 것을 취사선택할 수 있게 해준다. 곧 미디어는 전달되는 의미를 해석하는 데서 야기되는 부담감을 덜어 준다. 달리 말하면 미디어는 의미를 꼭 이해하지 않고도 성공적으로 의미를 전달할 수 있다. 이런 식의 기술화는 의사소통의 가능성을 높여 주는데, 왜냐하면 정보를 선택하는 데에서 전달 내용과는 무관하게 미디어 작동이 가능하기 때문이다.

그러나 커뮤니케이션 이론 하나만 가지고는 충분하지 않다. 더 필요한 것은 사고의 맹점, 곧 인간 '정신 활동'의 역사적이고 기술적 조건인 기술적 미디어를 밝히는 미디어 이론이다. 우리의 행복한 자손들은 늦게 태어난 까닭으로 우리처럼은 사고하지 않을 것이다. 어떻게 그런 일이 가능할까?

미디어와 환경의 관계가 발전해 온 다음부터는 우리에게 익숙한 의미의 역사는 더 이상 존재하지 않는다. 미디어의 디지털 기술 사용은 저장된 과거를 직접 보고 경험하게 해준다. 뉴미디어는 단지 한 가지 역사, 곧 자신의 역사만을 설명하도록 만든다. 물론 이런 가능성도 단지 한번만 있을 뿐이다. 왜냐하면 미디어를 이해하기 위해서는 미디어 진화와 개인의 발전 사이에 엄밀한 일치가 있어야 하기 때문이다. 그러나 미디어 혁명과 평행으로 발전하려는 인간들은 죽는다. 오늘날 아이들은 말하고 쓰기도 전에 전자 커뮤니케이션에 노출된다. 어느 세대에 속하는지는 어느 정보 문화에서 성장했는지가 결정짓는다. 오늘날에는 세대 간에 공동의 미디어는 존재하지 않는다고 단언할 수 있다. 서로 다른 가치체계가 서로 다른 미디어를 사용한다. 캐츠(Jon Katz)는 《와이어드》에서 올바르게 지적했는데 "정보는 인구나 정치나 문화의 차이를 따라 분산되어 있고 우리는 모두 각각의 거울을 들여다보고 있다."

현대에 핵심적인 아이들은 '열쇠 아이들', 곧 컴퓨터와 나 홀로 집에 있는 아이들이다. 아이들이 즐기는 컴퓨터는 그들의 믿을 만한 친구이다. 컴퓨터 게임을 즐기는 아이를 관찰하는 것이 현대 컴퓨터의 전신인 유니버설 튜링 컴퓨터에 얽힌 군대의 역사를 살피는 것보다 더 많이 뉴미디어의 세계에 대해서 알려 줄 것이다. 이것이 우리의 중심 동기 중의 하나다. 컴퓨터는 도구나 기계가 아니라 장난감이다. 홀로 집에서 컴퓨터 모니터 앞에 앉아 있는 '열쇠 아이들'을 통해서 해커가 탄생한다. 분명히 해커는 과거의 책벌레의 후계자이다. 원래 책은 비밀지식의 저장고였으며 책을 읽는다는 것은 지식의 은밀한 전수엿다. 그러나 현대를 움직이는 커다란 비밀들은 더 이상 책장 사이에 존재하지 않고 컴퓨터 화면에 존재한다.

문화 기술상 다음과 같이 말할 수 있다. 책은 성인 교육에 유리하고 컴퓨터는 아이들의 학습에 유리하다. 문자화된 인문주의의 자리를 디지털화된 세계사회가 대신하고 있다. 다르게 말할 수도 있다. 책문화의 일직선식 사고 방식 대신에 오늘날에는 다양성의 사고가 자리를 잡고 있다. 좀더 자세히 말해 보자. 진리론은 구성주의의 '적절함'이라는 이론으로 대체되고 있고 인과론을 회기론이 대신하고 '패턴을 인식'하는 것이 분류를 대신하고 있다. 오늘날 누구나 관찰할 수 있는 사실은 책문화의 교육전략은 생명이 다했다는 것이다. 뉴미디어 세계의 아이들은 더 이상 책을 들여다보지 않고 화면 앞에 앉아 있다. 이 아이들은 더 이상 책의 행간에서 진리를 찾거나 연구하지 않고 영상에서 인식한다. 오늘날에는 어떤 것을 받아들인다는 것은 기회를 포착한다는 의미이면서 동시에 '다른 것을 간과하는' 위험부담을 안게 된다. 모니터의 픽셀이 고정된 구체성을 해체하는 곳에서는 관련성에 대한 질문은 무의미하다. 옛날 유럽 문화의 유명한 반성(Reflection)의 산물인 마음을 쓰게 하는 자연은 사실은 뉴미디어라는 조건에서 인간이 계획하고 만든 환경이라는 것이 분명해졌다.

정보 애니메이션

뉴미디어의 새로운 점은 무엇인가? 뉴미디어는 언어매체가 못하는 것을 하는데, 곧 실재를 디지털 방식으로 탐지한다. 이런 의미에서 외부 세계는 단순히 데이터의 배열로 간주된다. 그래서 정보와 의미 사이의 불일치가 존재한다고 할 수 있다. 왜냐하면 뉴미디어가 전하는 것은 그것의 재생산과정에서 나오는 쓰레기에 불과하기 때문이다. 뉴스가 전하는 메시지는 세계 어디에서나 동시에 전파되는데 이것은 일종의 추상적인 동시대협력조합이라고 할 수 있다. 무엇이 전달되는가가 중요한 것이 아니고 미디어 체계가 스스로 재생산하는 커뮤니케이션 존재 그 자체가 중요하다. 비록 아무런 전할 말이 없다고 하더라도 바로 이를 통해서 커뮤니케이션이 보장되는데 이것이 중요하다.

사회는 점차 이 점에서 저절로 움직이는 커뮤니케이션 기계보다도 더 강렬한 인상을 준다. 사회는 비록 인간과 그들의 의식을 바탕으로 하지만 인간들의 집합으로 다시 축약될 수는 없다. 철학자 하이데거는 언어는 우리 존재의 집이라는 말을 했는데 이 말은 더 이상 유효하지 않다. 우리 존재의 집은 오늘날 계산법으로 지어진다. 새로운 커뮤니케이션 관계는 코드와 스위치를 사용해서 구성되는데 이것을 단순히 인간관계에서 의사전

달에 대한 보조수단으로 생각한다면 이는 낭만주의자의 오류이다. 대중
매체는 세계사회의 완전한 통합을 이룬다. 이미 오래된 전자장비들의 보
급과 어디에든지 파고드는 대중음악의 사운드와 컬트상표들의 소비가 세
계 커뮤니케이션을 형성하고 있다.

대중매체는 당대 세계사회를 순간순간 형성한다. 이후로는 합의의 구
조보다도 시간의 구조가 더 중요하다. 속도가 주장들보다도 더 중요하다. 지
적으로 아무리 다양하다 하더라도 지구 전체가 뉴미디어 쪽으로 나아가
는 미래의 동질성 앞에서는 무력하다. 점차 세계정치는 매체 미학으로 발전
해 나간다.

이런 말은 구체적으로 무슨 의미인가? 실재는 선택의 산물이다. 선택
의 기준은 공공성이다. 대중에 알려짐으로써 사건들은 더 강력하게 실재
가 된다. 그래서 사건은 그것의 보도와는 거울의 관계다. 정치행위는 항
상 언론 보도를 염두에 둔다. 이렇게 말할 수 있다. 대중매체가 실재를 정의
해 주기 때문에 정치는 실재와는 접촉할 필요가 없게 된다. 여론이 대중매체를
통해서 형성된다는 점을 고려하면 여론이 비록 선명해 보이더라도 그만
큼 실재는 더 가려졌을 수 있다.

정보의 홍수 속에서 정보 선택의 기준으로 작용하는 것은 새로운 것,
계속되지 않는 것, 갈등을 일으키는 것 따위인데 그 이유는 다음과 같다.

- 서구사회에는 더 이상 새로운 것이 없기 때문에 새로운 것이 중요하다.
- 대중매체가 제공하는 것은 늘 기대할 수 있는 범위 내에 있으므로 계
  속 보도되지 않았던 것이 중요하다.
- 갈등을 일으키는 것은 진행되던 것의 반대의미이기 때문에, 결과적으
  로 의사소통의 접속 가능성을 높인다.

그래서 대중매체는 기대하지 못하던 것을 기대하게 만드는 기술이라고 할 수
있다. 대중매체의 보도원칙들은 정형화하고 고착화하는 경향이 있기 때문

에 부단히 무언가가 발생하는 것을 가정하기도 하고 경계하기도 한다.

인공 두뇌학의 두번째 단계에서 대중매체에 대해 결정적으로 중요한 것을 배울 수 있다. 뉴스가 보도하는 것은 사건이 아니고 타인들이 중요하게 생각하는 것들이다. 8시나 9시 뉴스들은 사건을 관찰하지 않고 관찰하는 것을 관찰한다. 곧 대중매체를 통해서 우리 사회는 자신을 관찰하고 있다. 물론 이런 관찰에서는 모든 관계가 '뉴스 가치'라는 기준에 종속된다. 모든 것은 극적이고 쉽게 이해가 가능하며 쉽게 잊혀져야 한다. 여기서 중요한 차이는 무엇이 '유행'하고 있는가 아니면 무엇이 지나가 버린 일인가 하는 것이다.

뉴미디어의 세계에서 새것은 꼼꼼하게 심층적으로 분석할 대상이 아니다. 정보의 홍수 속에서는 오락성이 있고 즐겁게 해주는 것만이 정보의 가치를 지니게 된다. 오늘날 정보를 다루는 사람들은 정보오락(Infotainment)이라는 개념으로 여기에 대응한다. 미디어 시장에서 ≪슈피겔≫의 새로운 경쟁자로 등장한 ≪포커스≫(Focus)의 성공은 패스트푸드 형태의 지식에 대한 수요가 갑자기 증가했다는 것을 보여준다. '뉴스'나 '사설'로는 더 이상 대중매체 시장의 고객들을 만족시켜 줄 수 없다. 그래서 대중매체의 미래는 정보애니메이션에 달려 있다.

지금까지의 내용을 이렇게 정리할 수 있다. 정보가 센세이션을 일으키는 것은 그 내용보다는 전달과정에 달려 있다. 대중매체는 고객들에게 정보를 전달하기보다는 그들을 흥분시키는 데 목표를 둔다. 대중매체는 더 확대된 대중여론을 불러일으킨다. 더 정확히 말하면 대중매체는 지향하는 곳 없이 정보를 제공할 뿐이다. 그래서 우리 생각으로는 미디어의 결정적인 영향력은 자체의 프로그램과는 상관이 없다는 것이다.

미디어 연합의 디자인

약간은 거칠지만 현실을 잘 보여주는 미디어 연합이라는 단어의 의미는 일단은 개개의 미디어는 더 이상 존재하지 않는다는 것이다. 모든 기술적 미디어들은 오늘날 디지털화가 가능하다. 모든 데이터는 같은 장소에 저장될 수 있다. 따라서 미디어 연합은 컴퓨터가 통제하는 계산체계로 운영된다. 이런 이유로 한 미디어는 다른 미디어와의 상호 작용 속에서만 이해가 가능하다. 미디어 연합은 하나의 시스템이다. 이 시스템은 '세계'를 자신의 환경으로 간주하여 세계에서 들어오는 정보들을 주어진 기본 틀에 의거하여 획일적으로 취사선택하게 된다. 미디어 연합은 가장 기본적인 현실이다. '텔레크라시'(Telecracy)나 '정보사회'의 논쟁을 생각한다면 이 현실은 너무나 자명하다.

이 시대의 정신 상태에 대해서 비판하는 철학자들에게 할 말이 있다. 정신은 초월해 있지 않고 내재한다는 사실이다. 그러나 정신은 인간에 내재하는 것이 아니고 세계 커뮤니케이션의 네트워크에 내재한다. 한편 주의해야 할 것은 네트워크는 복잡성의 패러다임, 곧 사건들의 상호 연결로 구성되어 있다는 것이다. 네트워크는 실존하지 않는 가상적인 관계들의 총체이다. 당연하게도 모든 네트워크들의 네트워크를 뜻하는 디지털 네트워크는 한 등급이 높다. 인형 안에 작은 인형들이 계속 들어 있는 러시아 인형처럼 미래에는 영화 분야든 정보 분야든 은행 분야든 간에 큰 네트워크 회사들이 더 작은 네트워크 회사들을 '빌려서' 사용하게 되며 이를 통해서 상대적으로 작은 네트워크 회사들은 그들의 업무를 수행하게 된다. 비로소 맥루한(Herbert Marshall McLuhan)의 꿈이 이루어진다. 지방 분산적인 전자 세계마을, 곧 위성통신을 통해 좁아진 세계에서는 누구나 네트워크 속에서 접속하는 동안은 공간의 거리가 무의미해진다. 문제는 과거 유럽의 물고기처럼 그물(net) 속에서 어찌할 바를 몰라서 파드득거리거나 아니면 포스트모더니즘의 거미처럼 거미줄(net) 속에서 능동적으로 행동하거나 하는 것이다.

이것은 기업에도 해당한다. 오늘날 회사들은 단순히 경쟁관계에만 머물지 않고 네트워크를 형성하기도 한다. 이것은 새로운 관계를 형성하는데, 미래에는 친숙한 시장 속에서의 관계보다도 더욱 강력한 영향을 끼칠 것이다. 그래서 만들어 나가야 할 미래의 커다란 과제는 미디어 시스템을 어떻게 디자인 할까 하는 것이다. 독일 국가통신 회사인 텔레콤의 현재 상황을 살펴본다 면 우리는 상황이 좋지 않다는 것을 알 수 있다. 독일에는 광통신 케이블 이 있는데도 이를 이용하는 네트워크에 대한 비전이 없는 것이다.

지식의 빅뱅

몇 걸음 잠시 후퇴하여서 미디어 혁명의 핵심단계들을 살펴보자.

● 정보 저장수단인 책과의 이별.
● 글자를 볼 수 있는 수단인 책의 종말.
● 지식의 매체인 문자의 종말.

지식의 빅뱅이라는 말을 할 수 있을 것이다. 서양에서 지식은 광속도 로 팽창하고 있다. 과거의 지식을 보관하는 데 그치지 않고 미래의 방향 을 제시하려는 지식인은 새로운 지식의 반감기를 염두에 두어야 한다. 오 늘 중요한 것이 내일이면 소용없는 것이 될 수 있다. 학생과 교사들이 알 아 두어야 하는 것이 있다. 무엇이든 "배운 것은 영원한 것이 없다"는 것 이다. 그래서 미래의 고용자들은 교사의 역할도 해야 한다. 신입사원들에 게 항상 들려주는 유명한 말이 있다. "지금부터는 네가 대학에서 배운 것 을 모두 잊어라." 전통적인 의미에서 말하는 경험이라는 것은 이제는 무 의미하기 때문에 인생은 끊임없이 배워야 한다. 내일 내가 무엇을 알아야 할 지를 오늘은 잘 모르고 있듯이 기업도 내일의 시장이 무엇을 요청할지를 잘 모른 다. 배움에 해당하는 것은 미래의 생산에도 적용된다. 곧 제때에 시간 맞 추기(Just in time) 원칙이다. 시장에서 가장 중요한 것은 변화의 속도와 시간의 간발의 차이가 가져오는 성공 여부에 대한 민감성이다.

이미 앞에서 언급한 인터넷은 현시대에는 정보의 무질서 상태로 보인다. 인터넷에는 통제 가능성이 희박하다. 그리고 거기에는 정해진 '교육과정'도 안정된 지식도 없다. 이런 이유로 교육정책의 핵심과제는 무작위 접속을, 곧 정보의 홍수에 자유롭게 접근할 수 있도록 해주는 일이다. 이를 위한 전제조건은 미디어를 다루는 특별한 능력이 있어야 한다는 것이다. 우리는 질문의 기교를 다시 배워야 한다. 곧 복잡성을 줄이는 기술로서 배워야 한다. 지식은 물론 풍부히 존재하지만 우리가 찾아야 할 것은 질문에 대한 지식이다.

지식의 세계에도 마찬가지로 해당하는 것이 있다. 제도들이 붕괴되는 곳에는 '너무나 많이 구별해야 하는, 곧 결정해야 하는 것으로 인한 긴장감'이 발생한다. 그 어떤 것도 더 이상 당연하거나 확실하지 않기 때문에 결정하고 구별해야 하는 압박감에 처하게 된다. 우선순위를 정하고 분명한 태도를 취하기가 쉽지 않다. 중요한 것이 넘치기 때문에 오히려 더 이상 중요하지 않게 된다. 정보는 홍수처럼 넘치지만 바로 이런 이유 때문에 우리에게는 자원이 부족하다는 것을 알게 된다. 이런 문제를 해결하기 위해서 인간들은 새로운 인지기술을 발전시켰는데 TV를 시청할 때에 채널을 자주 바꾸는 것이 대표적인 예다. 흥미나 관심을 불러일으키려면 클립이나 짧은 화면 혼합기술이 필요하다. 이렇듯 완전히 시간상으로 많은 선택을 가능케 하는 기술이 발달한다. 채널을 자꾸 바꾸는 것이 인식의 기본형태가 되고 만화경이 다시 살아나게 된다.

새로운 사고감각

세계가 복잡해지기 때문에 우리는 정보의 갱신과 저장과 보관을 완전히 기계화하게 된다. 달리 말하면 문명발달상 우리는 복잡한 지식을 포기할 수는 없지만, 이로 인해서 우리의 두뇌에 미치는 부담감은 덜어 주어야 한다. 필요한 정보들은 모두 눈앞에 있지만 모든 정보 획득은 엄격한 선택행위다.

이 문제 해결을 위해서 새로운 직업이 탄생했는데 지식 항해사라는 직업이다. 그의 임무는 정보의 미로 속에서 타인들을 위하여 나갈 길을 밝혀 주는 것이다. 이런 지식 항해사는 미래에는 '인간 정보프로세서'의 역할을 하게 된다. 그들이 제공하는 업무는 정보를 지도로 만드는, 곧 어디에 어떤 지식이 있는지를 알려 주는 것이다.

정보 자체는 문제 해결에 도움이 안 된다. 정보를 일단 여과하고 배열하고 구조를 갖추어 주어야 한다. 이런 의미에서 미국의 시인 도널드 헐(Donald Hall)의 "정보는 똑똑함의 적이다"라는 언급은 정확한 지적이다. 정보를 지적으로 만들기 위해서는 지식 디자이너가 필요하다. '지능 서비스', 보도업무 같은 것은 아직 옛 개념들이지만 미래에는 전혀 다른 의미를 얻게 될 것이다. 과학자나 연출가나 마케팅 전문가나 재정 고문이나 시인과 같은 지식 항해사는 문제를 다루고 데이터를 조작하는 부류의 사람들이다. 로버트 라이히(Robert B. Reich)는 이런 맥락에서 '상징 분석적 서비스 업종'이라는 말을 하고 있다. 이들 모두는 의미를 다루고 있으며 방향 제시를 판매한다.

이런 항해의 문제는 보도와 연예세계에도 적용된다. 비아콤(Viacom) 사장인 프랑크 비온디(Frank Biondi)는 ≪슈피겔≫과의 인터뷰(1994년 8월)에서 "이론상으로 보면 시청자들은 바로 과거에 만들어진 모든 비디오를 시청할 수 있다. 그렇다면 도대체 왜 MTV가 필요한 것일까? 바로 시청자들이 MTV가 보여주는 방식과 선택하는 내용을 좋아하기 때문이다. 마찬가지로 모든 뉴스거리는 늘 옆에 있다. 그러나 사람들은 ≪뉴욕타임스≫나 ≪슈피겔≫의 편집진이 자신들을 위해서 가장 주요한 것만을 골라서 싣기를 바란다"며 이 점을 지적했다.

가장 중요한 것을 고르는 것, 높은 선택기술이 핵심이다. 바로 여기에 책이나 잡지 같은 구미디어들의 존속이 달려 있다.

이미 말했지만 현대 세계는 아주 복잡하다. 복잡성은 좀더 다양하고 위험부담이 높은 선택을 하도록 몰아간다. 선택이라는 개념 속에는 당연한 질문이 한 가지 담겨 있다. 도대체 무엇이 중요한가? 우연성의 개념에는 한 가지 확실한 것이 있다. 곧 내일은 어쨌든 오늘과는 다르다는 것이다. 따라서 정보시대의 핵심문제는 선택과 정보에 대한 접근이다. 점점 더 정보의 위치를 찾는 것이 어려워진다. 그래서 정보더미 속 어디에서 정답을 찾을 것인가 하는 질문이 점점 더 중요해진다. 그러나 그 누구도 사회전체의 지식을 알고 있는 사람은 없고 이런 측면에서 의사소통이 가능한 사람도 없다. 그래서 말할 수 있는 것은 오늘날의 많은 지식 생산은 사회의 지식을 기억시켜 주는 데 집중하고 있지만 이것도 곧—고도의 선택과정을 통해—잊혀져 버린다는 것이다. 전공잡지에 논문을 한 편이라도 실어 본 학자라면 누구나 다 이것을 알고 있을 것이다.

역설적으로 말하면 정보의 홍수 속에서 가장 중요한 문제는 우리가 무엇을 알고 있는지를 아는 것이다. 정보의 과부하는 오늘날의 세계 인식에서는 정상적인 일이다. 그래서 정보사회에서는 커뮤니케이션 형태를 언어에서 영상으로 바꾸고 있다. 영상을 통한 정보가 언어보다 훨씬 더 밀도 높게 전달되기 때문이다. 이로써 위대한 사상가와 그림이 없는 글의 시대는 끝났다. 복잡한 일이라도 지식 디자이너들이 그 구조를 영상화하는 데 성공한다면 일반인들도 쉽게 이해할 수 있다.

이로써 우리는 실재와는 상관없이 정확하게 영상세계를 만들어 내는 컴퓨터 그래픽의 세계에 들어왔다. 갑자기 비전과 논리와 추상을 영상으로 표현할 수 있게 되었다. 빌헬름 보링어(Wilhelm Worringers)의 오래된 개념인 새로운 '사고감각'이라는 말을 여기에 적용할 수 있다. "비전은 정확해지고 사고과정은 감각으로 느낄 수 있게 된다." 캐드(CAD, computer-aided design) 영역의 전문가인 에스더 다이즌(Esther Dyson)은 구체적인 환상을 갖고 있다. "모든 문제를 다차원적으로 그리고 하이퍼텍스트로 연결하면 데이터처럼 사람의 주장도 역시 영상화할 수 있다."

오늘날 우리의 지식 디자인은 책과 출판의 영역을 넘어서고 있다. 미래의 지식 디자인을 대변하는 핵심어는 하이퍼미디어(Hypermedia)다. 컴퓨터는 여기서 미디어 통합의 매개체이다. 컴퓨터는 더 이상 능력 있는 계산 노예가 아니며 동시에 '컴퓨터학'의 유일한 연구대상도 아니다. 정보학은 디자인과 연계되고 있다. 계산과 프로그래밍에 대한 질문은 미래에는 인터페이스와 상호 작용에 대한 질문으로 바뀔 것이다.

사용자 편의성

인터페이스 디자인은 사용자들이 사이버스페이스에서 얻으려는 답을 구할 수 있는 질문을 만들 수 있도록 도움을 준다. 찾는 정보들은 매우 복잡하지만 이미 완전히 알려져 있다. 그러나 이것—이미 헤겔은 200년 전에 이것을 알고 있었지만—은 알려져 있다고 해서 우리가 바로 그것을 인식하고 있다는 것을 뜻하지는 않는다. 오늘날 인터페이스 디자인은 하이퍼미디어를 상호 작용적으로 구성한다. 그러나 오해를 막기 위해서 말하면 상호 작용적인 미디어들은 대화방식을 채택하지 않고 데이터 공간을 잘 알 것을 요구한다. 이것은 바로 '어드벤처 게임'을 통해서 알 수 있다. 조소의 대상이 되어 온 컴퓨터 게임들은 원하는 목표로 가는 길을 일부러 어렵게 만들지만 이 덕분에 게임들은 컴퓨터를 배우는 이상적인 곳이 된다. 왜냐하면 어드벤처 게임들처럼 하이퍼텍스트도 시뮬레이션의 세계를 구성하고 여기서 사람들은 읽으면서 탐구할 수 있기 때문이다. 역사는 사이버스페이스를 항해하는 곳에 존재한다. 그렇다면 저자들은 컴퓨터 공간에서 길잡이나 카오스 안내자, 지식 항해사일 뿐이다. 그들이 하는 일은 그들의 고객과 마찬가지로 보고 읽고 항해하고 게임을 즐기는 것이다.

지식 디자인은 오늘날 컴퓨터의 도움으로 미래의 커다란 과업, 곧 복잡성을 이해하는 일을 하고 있다. 그런데 여기에 과학자들은 거의 도움이 되고 있지 못하다. 복잡성을 이해하기 위해서는 먼저 복잡성을 줄이는 일부터 해결해야 한다. 그러나 과학의 임무는 복잡성을 증가시키는 일이다.

과학세계의 관점에서는 복잡성을 줄이는 일은 비과학 분야의 쉬운 책들이 해야 할 일이다. 그렇다면 어떻게 '단순화'하는 일이 가능할까? 잘 알다시피 단순화는 저질화로 인한 비난의 대상이 되기도 하지만 동시에 이해를 시킨다는 면에서 좋게 평가되기도 하는데, 이 좁은 평가의 칼날 위에 쉬운 책들의 저자들이 있다. 그들은 종교가 이미 수천 년 전부터 이루어 온 것, 곧 안전과 세계에 대한 신뢰감을 과학의 영역에서 전달하고 거기에 도달하려고 한다.

컴퓨터는 복잡성을 줄이는 단순한 매체만은 아니고 동시에 최고로 복잡한 물건이기도 하다. 컴퓨터 모니터에 기분 좋게 단순화된 자료들이 나타나기 전에 이 블랙박스에 대한 두려움이 사라져야 한다. 달리 말하면 사용자 편의성에 대한 얘기다. 사회학자 쉘스키(Helmut Schelsky)는 '사용자 편의성'을 '자기 기만의 친숙성'이라고 표현하기도 했다. 아날로그 영상은 우리에게 친숙하지만 디지털 코드는 사용자들에게는 낯선 일이다. 애플 매킨토시가 시장에서 성공을 거둔 뒤부터 사랑받고 있는 화면의 아이콘들은 사실 디지털 코드를 시각적으로 포장한 것에 불과하다. 이런 익숙한 '가상 현실'의 이면에는 디지털 시뮬레이션이 숨어 있다.

사용자 편의성은 복잡한 구조를 기능적으로 단순화하여 쉽게 사용할 수는 있게 하지만 이해하기는 어렵게 만든다. 이런 식으로 기계장치는 마술성을 띤다. 이를 통해서 구조는 복잡하지만 아주 간단하게 움직일 수 있는 블랙박스 마술이 펼쳐진다. 예를 들어 자동차나 카메라나 컴퓨터를 생각해 보라!

인쇄해서 집으로 가져가다?

괴테의 『파우스트』(*Faust*)의 많은 문장들이 그러하듯이 한 멍청한 학생의 발언은 인구에 회자되는 말이 되었다. 곧 종이에 잉크로 적은 것은 안심하고 집으로 가져갈 수 있다는 말이다. 괴테는 아이디어를 종이에 고정할 수 있다고 믿는 자들을 비웃고 있다. 종이는 동적인 사고의 천적이다.

물론 종이는 오늘날까지도 저장 매체로서 포기될 수 없다. 하이퍼미디어는 종이 말살을 추구하고 있다. 종이는 여기에서 소프트웨어 디자인을 저해하는 것으로 인식되고 있다. 빠르게 전환되고 관점을 바꿀 수 있는 영상만이 유형학적인 판에 박힌 틀에서 해방시켜 줄 수 있다.

이런 말은 정신과 문자의 논쟁이라는 측면에서 매우 철학적인 것으로 들릴지도 모른다. 그러나 이것은 명백한 경제적 측면을 지니고 있다. 글자가 드러나는 장으로서 종이의 사라짐은 동시에 어떤 대중언론, 곧 불투명하고 대상을 가리지 않는 출판현실의 종말을 뜻한다. 예를 들어 과학이 그렇다. 과학자들은 대부분 자신의 논문은 약간 지체되어서 학술잡지에 실리고 아무도 읽지 않은 채 결국은 도서관과 문서저장고를 채우게 될 뿐이라는 사실을 알고 있다. 훨씬 더 효과가 있는 것은 그런 논문들을 전자출판을 하고—그래서 출판에 걸리는 시간 낭비 없이—실제로 원하는 것만 프린터로 인쇄하게 하는 방법이다.

두번째 예는 신문이다. 대부분의 독자들은 특정한 기사에만 관심이 있고 대부분의 것은 읽지 않고 그냥 버린다. ≪프랑크푸르트 알게마이네 차이퉁≫(Frankfurt Allgemeine Zeitung)은 문예란 때문에 읽고 ≪쥐트 도이취차이퉁≫(Süd Deusche Zeitung)은 부록 때문에 읽고 ≪차이트≫(Zeit)는 교수 구직광고 때문에 읽고 ≪빌트차이퉁≫(Bild-Zeitung)은 스포츠란 때문에 읽고 나머지는 쓰레기통에 버린다.

마지막으로 신문에 난 작은 광고들이다. 누구나 이와 관련한 고통을 알고 있다. 전셋집을 찾는다거나 쌍둥이용 유모차를 찾는다거나 자동차 지붕에 부착하는 스키 운반용 알루미늄 새시를 찾기 위해서 손가락이 아프도록 전화를 한다. 그러나 대부분은 이미 팔렸거나 누가 이미 예약해 놓은 상태다. 이런 영역에서 미디어 사용을 반대하는 자들이라도 수긍할 수밖에 없는 것이 있다.

● 광고가 컴퓨터를 통해서 알려진다면 변화상황을 그때그때마다 계속

교정할 수 있을 것이다.

● 광고를 개인이 원하는 대로 구체적으로 찾아볼 수 있다. 예를 들어 누가 베를린에 방 세 칸짜리 집을 찾는다면 가격이나 크기나 위치가 들어맞는 두세 가지 광고를 찾기 위해서 반나절은 걸릴 것이다. 그러나 컴퓨터를 통하면 원하는 정보를 몇 초만에 얻을 수 있다.

미래에는 '수요자가 구체적으로 원하는 것에 맞춘 출판', 곧 개별적으로 작성된 잡지나 작은 광고들이 지배하게 될 것이다. 그런 시대는 멀지 않았다. 미국에서는 이미 전공학술잡지들을 고객의 희망에 따라서 출판하고 있다. 이쎌데 솔라풀(Ithiel de Sola Pool)은 『자유의 기술들』(*Technologies of Freedom*)이라는 책에서 다음과 같이 결론을 내렸다. "출판은 정보를 복사해 내는 책이나 잡지나 신문들과 정보를 한 사람이 출판하는 것을 가능하게 하는 정보 서비스와 사무 자동화와 이메일이 차츰 하나가 됨에 따라서 변하고 있다." 이런 배경 속에서 말할 수 있는 것은 전자출판은 흥미롭게도 출판과 대화의 혼합을 가능하게 한다는 사실이다.

하이퍼, 하이퍼!

독자들의 관심을 끌려고 기사와 광고와 편집진의 글들을 섞어 놓은 잡지처럼 하이퍼텍스트도 보통 책들과는 달리 깨끗하게 구분된 텍스트 공간이 없다. 그러나 잡지와는 달리 하이퍼텍스트는 동적이고 상호 작용적이다. 여기에서는 앞에서 뒤로 읽는 방법 대신에 여기저기 찾아 읽어 대는 분산식 읽기방식이 지배를 한다. 하이퍼텍스트 덕분에 일직선상의 텍스트들이 추가 해석에서 어떤 부담감을 주는지 명확해진다. 일직선 구조의 일반 책의 본문들은 이념들은 동질적으로 구조화할 수 있다는 환상을 만들어 주는 데 반해서 전자 텍스트는 다양한 구조의 공존이 가능하다는 것을 보여 준다. 한 텍스트의 전체 구조는 영상에 가지치기방식으로 전개된다.

쓰여진 모든 것들이 데이터뱅크에 저장되고 다른 이들이 그것을 불러내어 그 위에 쓰게 되면, 읽으면서 동시에 쓰는 것이 가능한 저자가 없는 글들이 탄생하게 된다. 이것은 전자기록에는 원본이 존재하지 않게 된다는 뜻이다. 달리 말하면 하이퍼텍스트에는 실제 구조는 없고 허구의 구조만 있을 뿐이다. 정확히 말하면 하이퍼텍스트는 단지 온라인으로 존재할 뿐이다. 모든 사용자는 한시적으로 읽힐 가능성을 생각하면서 텍스트를 만들어 낸다. 하이퍼텍스트 또한 일시적이고 시간에 제한을 받는다. 전자 텍스트는 누가 읽어 주는 그 시간에만 존재한다. 전자문헌은 오로지 순간적으로만 존재한다. 이 말은 또한 영상 위의 텍스트는 전통적인 인쇄술과는 관련이 없다는 뜻이다.

지식을 종이에 적어서 집으로 가져가려는 사람은 하이퍼텍스트가 정적이지 않다는 것을 이해하는 데 어려움이 있을 것이다. 새로운 해석과 관점의 변화가 가능한 곳에서는 최후의 버전은 존재하지 않는다. 전자 서술은 끝날 수가 없다. 하이퍼텍스트 작업에서 개정이 영원한 것은 당연하다. 더 이상 각각의 개별 지식은 존재하지 않으며, 주체와 객체도 존재하지 않고 단지 종횡으로 걸친 네트워크의 연결만이 존재한다. 이 데이터 연결망은 처음과 끝이 없으므로 상호 원고리처럼 연결되어 있다. 하이퍼텍스트를 통한 지식 디자인의 형태는 그래서 회기적이다. 이것은 또한 포스트모더니즘의 사고방식이기도 하다. 뫼비우스의 띠, 드문 고리연결과 서로 맞물려 있는 위계질서, 반품과 되돌리기는 모두 자기 연관의 놀랄 만한 결과들이다. 내면과 외면을 구별하는 것은 더 이상 의미가 없다.

이런 새로운 컴퓨터의 지원으로 가능한 묘사방식은 체계이론과 인공 두뇌학으로 뒷받침되고 있다. 회기적이고 다면적인 복잡한 이론은 동시에 여러 곳에서 반성이 가능하다. 반성의 순간은 매번 단순한 설명의 차원을 넘는다. 일직선의 사고방식으로는 한꺼번에 여러 곳에서 반성하는 것이 절대 불가능하다. 문제는 언어 속에 복잡성을 동시에 나타내는 일이다. 이론의 차원에서는 서로 상이한 이론들을 하나로 묶어 주는 일을 뜻한다. 묘사의 차원에서는 일직선상이거나 주기적인 특성을 지니지 않고 단지 드문 원고리 형태로 등장하는 주장을 '텍스트화'하는 것을 말한다. 하이퍼미디어는 모든 데이터에 동시에 접근이 가능한 지식 디자인을 가능하게 한다. 곧 하이퍼미디어는 정보요소들을 탈맥락화하고 동시에 재결합을 위한 연결틀을 제공한다.

하이퍼미디어의 소프트웨어 구조는 복잡한 일들의 이론구조와 맞아떨어진다. 곧 관계들을 관계화하는 일이다. 하이퍼미디어의 발전은 지식 엔지니어링의 과정이다. 주어진 정보의 가치는 여기서 '접근이 가능하게 됨으로써' 가치가 상승하게 된다. 하이퍼미디어는 분류하지 않고도 정보의 복잡성을 줄여 주고 다양한 잠재적인 항해의 방향을 잡아 준다. 항해라는 개념을 자세히 살펴보자.

하이퍼미디어 이해에서 가장 중요한 개념은 항해라는 말이다. 인공 두뇌학과 마찬가지로 컴퓨터의 지원을 받는 새로운 지식 디자인은 항해사의 이미지를 차용한다. 항해라는 개념은 일단은 안전한 동시에 최단거리를 이용하는 운전을 뜻한다. 하이퍼미디어의 차원에서는 이 항해의 의미가 데이터의 밀림 속에서 지식의 길을 찾아내는 데 있다. 따라서 항해를 잘하도록 '사용자 인터페이스'를 잘 구성하는 것이 중요하다. 잘 알겠지만 여기서 중요한 것은 어떤 소프트웨어 디자이너의 특별한 문제가 아니고 현대 사회의 근본문제에 관한 일이다. 사회학자 앤터니 기든스(Antony Giddens)는 이렇게 말한다. "더 이상 전통에 의지할 수 없는 사회에서 개인들은 그들의 삶에 중요한 모든 정보들을 취사선택하고 이 선택의 과정을 기초로 하여 그들의 일상을 꾸려 나가는 것에 익숙해져야 한다." 오늘날 우리에게는 바로 이런 전통이 가져다 주는 방향성이 존재하지 않는다. 그렇기 때문에 바로 여기에서 지식 디자인이 역할을 해주어야 한다.

항해에는 당연히 미디어 탐험이 가져올 수 있는 실패, 곧 '정보의 바다에서 난파'당한다는 측면도 있다. 하이퍼미디어의 도움으로 항해하는 엄청난 정보의 바다는 동시에 사이버스페이스 속에서 길을 잃어버릴 수도 있다는 두려움을 자아내기도 한다. 이것은—과거의 하드디스크가 망가질 때처럼—원칙상 항상 가능하며 또한 '정상적 사고'로 간주되어야 한다. 오늘날 세상에서 방향을 찾아 산다는 것은 사이버스페이스 속에서 모험한다는 것과 비슷하다. 이것으로 배울 수 있는 것은 실재와 허구의 관계는 육지와 바다의 관계와 같다는 것이다. 니체는 "배를 타라. 너희 철학자들이여"라고 말했다. 영원히 끝나지 않는 여행처럼 계산기와 저장고로 되어 있는 네트워크에서는 항해를 해도 없는 중심은 찾을 수 없다는 것은 당연한 일이다. 거기서 의미를 찾으려는 사람은 이미 방향을 잃은 자이다.

내 이름은 노우바디(Knowbody)

컴퓨터는 매체로서 복잡한 것을 이해할 수 있도록 도와준다. 그러나 컴퓨터의 투입이 항상 이해를 증진시킨다는 의미는 아니다. 컴퓨터를 더 좋은 타자기로밖에 사용하지 못하는 과학자는 논문목록상자만 가지고도 역시 일을 잘할 것이다. 이것은 기업 운영에도 마찬가지다. 기업조직의 문제들이 경영을 컴퓨터화하고 소프트웨어를 이용한다고 해결되는 것은 아니다. 공공업무에서는 오히려 역효과가 나기도 한다. 컴퓨터의 투입으로 종종 '업무'는 어려워지고 이해도 못하게 된다. IBM의 소프트웨어 담당인 피터 컨(Peter Kirn)은 이에 대해 매우 정확히 지적했다. "기존 업무에 소프트웨어를 투입한다는 것은 효율을 상승시키지 않고 오히려 업무를 마비시킨다." 컴퓨터 그 자체가 이미 복잡한 조직과정에 대한 해결책이 아니다. 그러나 컴퓨터는 실용적인 해결책을 제시할 수 있다. 왜냐하면 원칙적으로 미디어가 조직에 미치는 영향은 선택이 결정에 미치는 영향과 같기 때문이다.

컴퓨터를 사는 사람은 하드웨어 하나를 살 뿐 아니라 소프트웨어 한 묶음을 사게 되는데 대부분 사용하기 편리하다는 약속을 듣는다. 달리 본다면 이 말은 사람은 일생 동안 차의 뚜껑 한번 열어 보지 않고 자동차를 운전하고 다닐 수 있다는 뜻이다. 마찬가지로 사람은 단 한번도 '사용자 인터페이스'를 들여다보지 않고도 평생 동안 컴퓨터를 사용할 수 있다. 그러나 이 비교에는 차이가 있다. 자동차가 어떤 원리로 움직이는지 알고 모르는 것은 별 차이가 없다. 그러나 미래에는 컴퓨터 작동의 원리를 누가 아는가 모르는가 하는 것은 결정적인 차이가 될 것이다. 여비서가 윈도우 강습과정에서 배운다고 미디어 이해력이 생기는 것은 아니다. 비서의 능력은 대부분 사용자 화면에 국한된다. '사용자 편의성'은 대부분 '신뢰하지 못할 사용자'를 친절하게 바보로 만드는 것에 불과하다(인텔). 과장해서 말하면 사용자는 패배자다.

사용자 화면 뒤에는 컴퓨터가 무엇을 할 수 있는지에 대한 기본틀을 정하는 일종의 슈퍼프로그램인 운영체계가 작동하고 있다. 이에 대해 테드 넬슨(Ted Nelson)은 비아냥거리는 조로 "운영체계는 네가 운명처럼 받아들여야 하는 선택의 여지가 없는 소프트웨어이다"라고 말했다. 여기에서 모든 커뮤니케이션의 구조가 만들어진다. 이것은 다시 한 기업의 창의력의 한계를 설정하게 된다. 모든 기업은 커뮤니케이션 구조의 노예이다. 콘웨이(M. E. Conway)는 이에 대해 "체계를 만드는 조직들은 항상 그 조직의 커뮤니케이션 구조에 준하여서 체계를 만들 수밖에 없다"라고 말한다.

오늘날 사용자 화면에는 반복되는 작업을 자동화하는 도구만이 제공되는 것이 아니라 노우보트(Knowbots)도 제공된다. 이 합성어는 지식(Knowledge)과 로봇을 합친 단어이다. 좀더 과감한 사람은 벌써 노우바디(Knowbody)라는 말을 사용하기도 한다. 이 말은 특히 인간의 지력을 시뮬레이션으로 만드는 소프트웨어 전문가들을 가리킨다. 이런 지식의 소프트웨어 디자인은 여비서들뿐 아니라 경영 중간간부들의 자리도 위협하고 있다. 사실상 기업의 모든 분야에서 대세가 된 컴퓨터의 약진은 경영자들에게는 영원한 튜링 테스트를 뜻한다. 어떤 부분의 일을 컴퓨터로 대체할 수 있을까?

이미 말했지만 컴퓨터는 조직문제의 해결책은 아니고 조직을 가능하게 할 뿐이다. 컴퓨터 정보처리는 인간에게 도움이 될 뿐 아니라 미래기업 통합을 위한 유용한 모델을 제공하기도 한다. 모든 기업이 컴퓨터 업종에서 배울 수 있는 것은 인터페이스를 최적화하는 것이다. 디자인 과정에서 인터페이스를 만드는 컴퓨터 시뮬레이션은 우선은 기술적 대상과 관련이 있는 것이 아니고 응용자와 관련이 있다. 생산형태들은 삶의 형태들로 간주된다. 달리 말하면 하드웨어 디자인의 시뮬레이션은 소프트웨어를 염두에 둔다. 테드 넬슨은 이것을 한마디로 표현한다. "프로그램 하나는 이벤트를 위한 디자인이다."

기존의 조직구조를 파괴하는 소프트웨어는 오래 전부터 존재했다. 이른바 미팅웨어(Meetingware)는 위계질서를 무너뜨린다. 여기서 배울 수 있는 것은 위계질서는 커뮤니케이션의 적이라는 점이다. 네트워크 기술의 표준화는 기업의 결정과정에 깊은 변화를 야기하고 있다. 명령계통은 더 이상 위에서 밑으로 진행되지 않고 작은 회귀의 과정으로 진행되는데, 여러 군데에 결정중심들이 존재한다. 작은 컴퓨터들이 연결된 네트워크가 대형컴퓨터를 소멸시켰듯이 미래의 기업경영에는 새로운 조직구조가 필요한데, 바로 프락탈 경영이다. 대기업은 작고 유연하고 자율적으로 운영되는 '서로 닮은' 기업들로 나뉜다. 기업의 외부관계는 원격 조정형태를 지니게 되며 사원들은 가상 공간의 일자리에서 원격 의사소통자들이 된다. 이미 미국 월드컵의 조직과정에서 정보 네트워크 속에서 프로젝트 중심으로 연관되어 존재한 가상의 기업들이 있었다.

경영자와 지식

『자본론』은 현대 세계를 가장 내면에서부터 묶어 준 요인에 대해 보고한 위대한 책이다. 오늘날 만일 이와 비슷한 책 제목을 찾는다면 지식이 될 것이다. 마르크스(Karl Marx) 시대와는 달리 중심이 이동했기 때문이다. 역사를 회고해 보면 최초로 앨빈 토플러가 말한 '권력의 이동'은 명백하다. 원래 권력의 상징은 영예였다. 권력이 더 이상 영예에 달려 있지 않고 강제에 의존하게 될 때 정치가 시작된다. 그리고 권력이 돈으로 변환하자 바로 현대가 시작되었다. 달리 말하면 정치가 경제의 시녀가 되었을 때가 현대의 시작이었다. 그러나 이것도 과거의 일이 되어 버렸다. 오늘날 중요한 것은 돈의 흐름보다도 정보의 흐름이다. 정보에 접근할 수 있고 이용할 줄 아는 사람이 오늘날 권력을 가지고 있다. 가까운 장래에 적어도 서유럽의 경제에 해당될 일이 있다. 전통적 생산요소인 토지, 자본, 노동은 유일한 부의 원천인 지식을 '억제하는 것'에 불과하다.

'아는 것이 힘'이라는 말은 새로운 것은 아니다. 지식을 혁신적으로 사용하기 시작한 200년 전부터 생산과정은 엄청 발전해 왔다. 그러나 현재 어떤 일이 일어나는지를 이해하기 위해서는 구별이 필요하다. 예부터 알려진 지식의 사용은 도구에 사용하는 것이다. 그래서 산업혁명 이래로 본래 의미의 기술이 생겨났다. 그러나 여기서 중요한 것은 다음 단계의 일이다. 곧 지식을 노동에 사용하는 일이다. 이것이 경영이 탄생한 때이며 테일러의 '과학경영'이 나타난 시기로서 정확한 날짜를 알아낼 수 있다. 산업혁명의 뒤를 생산성혁명이 뒤를 이었다.

지식사를 살펴보는 것은 현재를 분석하는 데 매우 유효한데, 테일러의 '과학경영'이 컴퓨터 시뮬레이션을 통하여 다시 귀환하고 있기 때문이다. 인공지능은 일종의 정신적 테일러주의이다. 그래서 피터 드러커는 일본의 무결점경영을 테일러의 '과학경영'의 부활로 해석했다. 노동자들이 스톱워치나 카메라로 작업과정과 기계 사용법을 스스로 배우던 것이 컴퓨터 시뮬레이션으로 대체되었다는 차이만 있을 뿐이다. 이렇게 배우는 방식이 미래에는 서비스 업종에서 특히 생산성 증가에 중요한 역할을 할 것이다. 맥도널드에서 배우길!

인간 지식의 응용 역사에서 기술과 생산성을 발견한 뒤로는 한 가지 단계만이 남았다. 지식을 지식 자체에 적용하는 단계다. 바로 이 때문에 오늘날 우리는 산업혁명과 생산성혁명에 이어서 경영혁명을 해야 한다. 미래경영은 형식상 지식의 지식구조를 지니고 있다. 경영자는 곧 기업에서 지식 응용에 책임을 지고 있는 사람이다. 지식 생산성에 대한 그의 염려를 정부의 계획도 시장의 힘도 별로 해결해 주지 못한다. 최근 여기에 골몰하고 있는 드러커는 "그 대신에 필요한 것은 체계적으로 조직을 해서 지식을 지식에 적용하는 일이 필요하다"라고 말한다.

요약을 해보자. 지식을 노동에 적용함으로써 100년 전에 생산성을 발견했다. 오늘날 우리는 지식을 지식 자체에 스스로 적용하고 있다. 지식을 지식에 적용할 때 여기에 정신노동의 생산성이 존재한다. 원래 미래의 지능적인 업적은 지식 디자인에 달려 있다. 지식의 역할이 생산성 향상에서 점점 더 중요해질수록 경제와 교육은 그만큼 하나가 된다. 지식은 서구사회에서 최후의 자원이기 때문에 '지식 연구'는 인식에 관심을 갖고 있는 학자들의 것만이 되어서는 안 된다. 연구와 개발에 대한 약자 R&D(Research & Development)는 벌써 이 점을 알려 주고 있다.

지식의 자기 연관론(Autologie)—지금까지는 철학의 영역에만 국한되었던—은 오늘날에는 경영의 일이다. 책이나 세미나에서 철학적 조언을 구하는 경영자는 본능적으로 제대로 길을 가고 있는 것이다. 문제는 어떤 철학이냐는 것이다. 해결해야 할 문제점들은 윤리보다는 논리의 영역에서 찾을 수 있다. 곧 과거의 가치들을 다시 상기하기보다는 가치들을 총체적으로 변화시키는 일이 필요하다. 이것은 무엇보다도 사상의 일이다. 이런 사고능력은 연습할 수 있다.

II

시장의 새로운 우상들

1
광고의 공공성

뉴스라는 것은 다른 누군가가 네가 발표하기를 원하지 않는 그런 것이다.
뉴스를 뺀 모든 나머지는 광고다.
월리엄 랜돌프 허스트(William Randolph Hearst)

우리가 포스트모던한 세상에 산다는 것이 철학적으로 자명한 일이 되었다. 이러한 세상의 특징으로는 이데올로기의 붕괴, 폐허 속의 사상, 겉핥기에 지나지 않는 능란한 기예, 만화경 같은 뉴미디어를 통한 감각마비 등을 생각할 수 있다. 세계화 속에서 기존의 방향 제시용 척도들은 사라졌다. 다음과 같은 우리 시대의 엄청난 힘들은 경계를 모르고 있다.

- 돈
- 정보
- 환경 파괴
- 테러

과거의 조화로운 통일성은 파괴되었지만 새로운 대체물에 대해서는 생각도 못하고 있다. 이것은 정치나 경제에서도 마찬가지다. 이론은 전공을 초월하는 사고를 요구하고 정치는 초국가적인 사고를 요구한다. 도대체 이것이 무슨 의미인가? 두 경우 모두 다 디자인에 관한 문제다. 유럽적 차원에서 사고하는 사람은 일단 주권을 어떻게 제한해야 하는가라는 질문에 직면하게 된다. 그래서 새로운 통일성에 대해 대충 윤곽도 잡기 전에 우리는 고통과 통증을 느끼게 된다. 국제적으로 얽히고설킨 독일의 화폐경제를 따로 떼어 내 생각하는 것이 괴로운 일인 것처럼.

사고를 유럽과 세계경제로 넓히게 되면 어떤 손실이 생긴다고 믿는 사람들은 이것을 상쇄하려 한다. 우리는 이것을 초국가주의가 가져오는 손실을 종족주의를 통해서 상쇄하려는 것이라고 일컫는다. 짧게 설명하면 화폐와 데이터 흐름의 차원에서는 세계사회가 막을 수 없는 대세이기 때문에 다시금 일목요연한 영역들, 친숙한 삶의 형태들을 찾아 나서는 것이다. 이 현상은 이론의 영역에도 해당한다. 한 전공이 점점 더 다른 전공들을 넘나들게 되면서 세계적 복잡성에 노출되는 만큼 예측 가능한 세계상에 대한 소망이 깊어진다.

이것을 언급한 이유는 어떤 보충관계가 존재한다는 것을 분명히 하기 위해서이다. 세계 커뮤니케이션과 신원시주의, 곧 뉴미디어 세계와 컬트적인 것의 귀환은 동전의 앞뒤 면처럼 서로에게 속한다. 달리 말한다면 우리의 삶의 세계가 복잡해질수록 더욱 긴박히 필요한 것은 복잡해진 만큼 더 단순하게 방향성을 제시해 주는 일이라는 것이다. 정치와 경제 분야에서는 이 문제를 두고 여러 가지 실험이 진행되고 있다. 그러나 이미 이 문제를 확실하게 해결해 줄 수 있는 분야가 있다. 곧 광고와 마케팅이다. 광고를 통해서 포스트모더니즘의 종족주의가 되살아나고 있고 또한 세계 커뮤니케이션이 형성되고 있다. 그래서 우리의 주장은 광고는 현대문화의 가장 중요한 자기 묘사라는 것이다. 달리 말하면 광고는 현대 종족주의의 수사학이라고 할 수도 있다.

이 밖에도 문화를 잘 꿰뚫어 보았던 철학자 발터 벤야민은 그의 책 『일방통행도로』(*Einbahn-straße*)에서 이미 다음과 같이 말했다. "오늘날 가장 실존적이고 사물의 핵심을 꿰뚫어 보는 것은 광고다. 진짜 광고는 사물을 휘어잡고 좋은 영화와 맞먹는 속도를 가지고 있다." 벤야민은 이미 30년 전에 이런 관찰을 한 것이다.

그러나 지식인들은 바로 이런 연관성을 이해하는 데 어려움을 겪는다.

그들의 문화 비평 경전인 막스 호르크하이머(Max Horkheimer)와 테오도어 아도르노(Theodor W. Adorno)의 『계몽의 변증법』(*Dialektik der Aufklärung*)에서는 광고의 공공성에 대한 인간의 경악을 다음과 같이 설명한다. "이미 괴벨(Goebbel)이 알아채고서 광고와 예술을 하나로 만들어 이용했듯이 광고가 바로 예술이 되고 있는데, 이것은 예술을 위한 예술, 곧 광고가 스스로 자신을 광고하는 것이며 사회적 힘을 순수하게 묘사하는 것이다." 그러나 침착하게 생각하면 광고는 바로 옛날의 꿈을 실현한 것으로, 예술이 권력을 장악하게 되었다는 것이다. 또한 광고와 예술을 비교하는 것은 한 걸음 더 나아가서—바로 여기에 지식인들이 관심을 보일 수밖에 없다는 생각이 드는데—생각할 수도 있다. 유행잡지인 ≪보그≫(Vogue) 같은 것을 뒤적거리면 쉽게 알 수 있는 것이 있다. 광고 사진과 광고텍스트의 관계는 마치 현대 회화와 이 그림에 대한 철학적 비평의 관계와 같다는 것이다.

위에서 인용한 호르크하이머와 아도르노의 정의를 다시 한번 자세히 살펴보자. 광고라는 것은

● 절대적 예술이다.
● 자기 연관적, 자기 반성적(곧 광고를 위한 광고)이다.
● 사회와 사회의 권력을 묘사한다.

광고의 기능과 능력을 개념화하기 위해서는 신학과 종교사회학의 개념들—앞으로는 여러 번에 걸쳐서—을 이용해야 한다. 광고의 문화적 영향력을 설명하기 위해서 두 가지 신학적인 모델을 다음과 같이 제시한다.

● 신의론(Theodizee), 곧 세상에 존재하는 악에 대해 정당한 근거 제시.
● '신앙의 전파', 곧 진정한 믿음의 선교적 전파.

　　선한 신이 세상을 만들었는데 어떻게 악이 존재할 수 있는가 하는 질
문은 신의론을 둘러싼 논의, 곧 우리 세계를 정당화할 근거 제시를 둘러
싼 논의를 오래 전부터 형성해 왔다. 여기에서는 단지 한 가지만이 중요
하다. 곧 종교가 설자리를 잃어버린 세상 속에서도 세계 정당화에 대한
욕구는 계속 있다는 것이다. 이런 까닭에 과학이 발전한 이 시대에도 악
이 존재한다는 것을 정당화하기 위한 노력—이번에는 비신학적인 수단
들을 통해—은 계속 진행되어 왔어야 했다. 우리의 주장은 간단하다. 포
스트모던한 현 시대에서는 광고가 신의론의 몫을, 곧 세계 정당화의 역할—그
러나 심미적 현상으로—을 이어 받아 대행하고 있다는 것이다. 오늘날 세계는
광고를 통해서 정당화되고 모든 것들은 광고를 통해서 새로운 의미를 부
여받는다.

강력한 유혹

　　과거의 경제세계는 단순했다. 고객은 물건을 찾았고 시장은 상품정보
를 제공했다. 오늘날은 물건이 고객을 찾아다니고 시장은 유혹을 한다.
그러나 우리는 오래 전부터 세계는 쉽게 속는다는 것, 곧 쉽게 유혹당하
고 사기당한다는 사실을 알고 있다. 정신 분석가는 효과적 광고는 사랑에
눈멀게 하기 작전을 사용한다는 것을 쉽게 알아볼 수 있을 것이다. 광고는
고객의 행복에 부족한 것이 바로 선전하는 그 상품이라며 고객에게 끊임
없이 구애한다. 사랑에 눈멀게 하기는 바로 일상의 일이다. 이 사실을 자
크 라캉의 자세한 묘사를 빌려서 말해 보자. "광고는 우리를 완전하게 하
는 바로 그것을 가지고 있다고 고객에게 아첨함으로써 진정으로 부족한
것이 무엇인지를 인식하지 못하게 만든다." 이렇게 보면 사랑에 빠지는 것과
광고의 유혹에 넘어가는 것은 심리적으로 같은 일이다.
　　그러나 이 '은밀한 유혹자'에 대해서 불평하는 사람이 있다면 예술과
마찬가지로 광고도 '실재'의 어떤 점을 미리 보여준다는 것을 간과하고 있

는 것이다. 광고 영상세계가 갖는 가치는 실재보다도 더 의식을 반영하며 시각적으로 더 정확하다는 데 있다. 이런 의미에서 광고의 생물학적 기능이란 말을 사용할 수 있겠다. 광고는 회화적 상징들을 만들어 내는데, 이것은 소비자의 상상의 세계에 점점 쌓이게 되고 이렇게 쌓인 이미지를 가지고 고객은 자신의 세계를 형성한다. 달리 말하자면 광고의 이미지들이 사회적 행위를 결정한다는 것이다. 이것은 유행의 절대주의가 그 극치에 이른 현실과도 맞아떨어진다. 오늘날에는 어떤 영역도 유행의 독재에 반발할 수 없다. 유행은 더 이상 일상의 한 영역에 그치는 것이 아니라 일상 그 자체의 구조적 형태를 형성한다.

우리가 독자들에게 보여주고 싶은 이 장의 요점은 이 장의 제목인 '광고의 공공성'에서 풍기는 의미와는 달리 광고는 공공성을 넘어선다는 것이다. 이 말은 곧

● 광고가 공공성을 만든다.
● 공공성의 핵심은 광고 공공성에 있다.

이런 사실에 비추어서 독일에서 사랑받는 이른바 담론적 이성이라는 철학적인 이상향을 평가한다면 합의†(Konsens)는 난센스(Nonsens)라는 결론이 나온다. 여기서 귀결되는 것은 모든 공공성은 대중매체의 영향력의 결과라는 점이다. 오늘날 대중매체와 공공성의 문제를 토론한다는 것은 간단히 말해서 중복되는 이야기인데, 대중매체와 공공성은 같은 것이기 때문이다. 담론적 행위에 관한 유명한 이론이 있는데, 이 이론은 바로 이 중복성의 문제를 다루고 있다. 다음 단락에서 바로 이 문제를 다루겠다.(한 독일 지식인의 꿈에 대해서 관심이 없는 사람은 다음 단락으로 바로

† 합의(Konsens)라는 말은 원래 독일 철학자 위르겐 하버마스가 이상적인 바람직한 현대 사회를 만들 수 있는 묘약으로 내놓은 것인데 저자는 이를 비난하면서 Konsens(합의)가 아니라 Nonsens(난센스)라고 Kon-과 Non- 사이의 언어유희를 즐기고 있다―옮긴이

넘어가도 상관이 없겠다.)

계몽이라는 푸른 꽃

유명한 철학자이자 사회학자인 위르겐 하버마스(Jürgen Habermas)는 현대가 병든 이유를 돈이나 권력 같은 사물적 자동통체 매체[†](Medium)가 생의 세계에 침투했기 때문이라고 한다. 그렇다면 누구나 뉴미디어를 담론적 일상생활을 저해하는 자기 소외의 중개인으로 볼 수도 있다. 그러나 영리한 하버마스는 그렇게 생각하지 않는다. 그 대신에 뉴미디어 기술을 통해 인간관계가 확대될 가능성을 제시한다. 계몽에 대한 그의 청사진은 대중매체가 상호 주관성을 부분적 공공성으로까지 확대할 수 있다는 것이다. 이 부분적 공공성은 이성적인 대화를 통해서 조직되기 때문에 보편성을 지닌다. 결국 이 부분적 공공성은 '사회 전체의 의식'이 드러나는 하나의 '포괄적인 공공성'이 된다. 이 말은 공공성에 사회 전체가 스스로 자태를 드러내고 스스로 자신을 인식한다는 말이다. 시민사회는 그래서 대중언론의 대표들에게 '계몽된 청중의 대표로서 자신을 인식하기를' 기대한다고 하버마스는 적고 있다.

이렇게 환상적으로 개념을 형성한 데는 현실적인 이유가 있다. 대중매체는 스스로 사회를 관찰한, 곧 자기 자신을 관찰한 결과를 계속 재생산해 내지만 개념을 형성하지는 못한다. 개념을 형성 못하는 이유는 관찰해서 생겨난 관계들을 '뉴스 가치'가 있는 사건으로 전환시켜서 소멸시키기 때문이다. 이런 '핫 뉴스들'은 극적으로 방송됨으로써 빨리 전달되지만 그만큼 빨리 잊혀진다. 대중매체에서 정보 선택은 매우 추상적으로 이루어진다. 대중

[†] 원래는 체계이론에서 나온 말로서 각 체계가 움직이기 위해서는 내부 기관들의 정보들을 서로 전달해 줄 매체가 필요한데, 하버마스는 정치 분야에는 권력(Power)이, 경제 분야에는 돈(Money)이 체계 내의 매체(Medium)라고 말한다. 그리고 체계가 아닌 또 하나의 영역은 생의 세계인데 이곳의 매체는 담론적 언어라고 말하고 있다—옮긴이

매체는 고객의 관심을 끄는 것에 매달리므로 처방을 생각할 여유가 없다. 대중매체라는 조건에서는 사회적 커뮤니케이션의 구별 대신에 정보의 시간적인 구별이 중요하다. 매우 복잡한 이야기 같지만 간단한 이야기다. 어떤 사건은 지금 한참 관심의 대상이거나 아니면 순식간에 잊혀져 버린다는 말이다.

독일에는 논쟁문화가 존재하지 않는다고 많은 이들이 불평한다. 실제로 여론은 충돌을 회피한다. 어떤 정당에든 두 가지 이상의 다른 의견이 존재한다면 이것은 위기를 뜻한다. 왜 그런가? 대답은 간단하다. 논쟁과 충돌은 흔히 있는 보통의 사건 이상일 때만 '뉴스 가치'가 있기 때문이다. 대중매체는 열렬히 갈등을 찾아다니기 때문에 사건의 갈등을 강조하기 위해서 일상생활에서 대조되는 배경이, 곧 일상의 조화와 일치가 필요하다. 내용적으로 '언론정책'이 어떠하든지 전혀 상관없이 그런 배경에서는 비판이 설자리가 없다. 뉴미디어의 세계에서는 '비판적 여론'을 위한 공간이 허락이 안 된다.

누구나 알지만 실제로 존재하는 대중매체 속의 여론은 위계적이고 권위적이며 (방송의 경우는) 중앙 집중적이며—쌍방 간에 대화가 된다는 TV에 대한 주장들은 많지만—매체와 시청자 사이에 의사소통도 되지 않는다. 그러나 하버마스는 이 문제를 이렇게 생각지 않는다. 하버마스는 대중여론을 여론의 기술적 강화로 보는데, 곧 응축되고 겹쳐지고 배가된 이해 과정으로 해석하고 그 결과로서 커뮤니케이션의 보편화를 기대한다. 하버마스에 따르면 오늘날 여론은 구체적인 시민생활의 현장에서 형성되지 않고 '추상적으로 존재하는 동시성의 네트워크를 통해서' 형성된다.

하버마스는 대중여론을 두 가지 차원으로 구분한다.

● 첫번째는 계몽주의 시대의 절정기에 태어난 대중매체인 시민적 언론 출판이다. 이것은 공개적인 합리적 대화를 지향하며 시민 간의 대화를 매개하고 강화한다.(물론 이것은 이론적 허구다.)

● 두번째는 시청자와 청취자의 의견을 단순히 제도적으로 대신하는 것
  이 아니라 그들의 의견을 결정지어 주는 기술적 대중매체들이다.

  두번째 형태의 대중여론을 하버마스는 '조작적으로 발전되고' '광고
기술적으로 구성된' 것이라고 비판한다. 그래서 두번째 형태의 대중여론
은 여론으로서의 자격을 상실한다. 이 기술적 대중매체들은 "청중의 자격
을 잃은 청중을 통제한다"(하버마스).
  계몽된 청중이라는 이론적 허구와 또한 거기에 상응하는 기술적 대중
매체의 현실에 안 맞는 이야기들을 제쳐두고 생각하면 하버마스의 설명
은 옳다.

● 대중매체는 여론의 형태를 좌우한다.
● 대중매체는 광고기술 조작을 통해 흩어진 대중에게 다가간다.

  '여론'이라는 것은 이런 의미에서 보면 완곡한 말로서 한스 마그누스
엔첸스베르거(Hans Magnus Enzensberger)가 '의식(意識)산업'이라고
부른 것을 잘못 이해하고 긍정적으로 봐주는 일이다. 문화 비판은 이 의
식산업의 최고의 생산품 중의 하나이다. 문화 비평가들은 자본주의에 대해
항상 일종의 회개를 외치는 선지자의 역할을 하는데, 이들은 소비자들이 갖는 양
심의 가책을 이용해 먹고사는 것이다. 그러나 이미 엔첸스베르거가 의식산업
이라고 말한 것을 통해 문화 비평가들의 지성은 더 이상 신뢰를 얻지 못
하고 있다. 게다가 그동안 상황은 한층 더 진일보했다. 이 사회는 의식산
업에서 실제 산업으로 바뀌었다. 물론 그렇다고 문화 비평가들이 할 일이
없어진 것은 아니지만 이 때문에 그들은 사고를 위한 대상을 잃어버렸다.
그러나 이것은 철학적으로 헛것을 보는 계몽의 꿈을 깨야만 명확해진다.

'반'(Anti-) 마케팅

앞에서 말한 내용을 듣고 당장 오해가 생길 것 같다. 많은 이들은 문화 비판을 그만두라고 하면 기존의 것을 불만 없이 온전하게, 곧 현실을 긍정하라는 것이라고 생각할 것이다. 신문을 통해서 문화 비판적인 태도를 취하거나 마케팅으로 행복해하거나 상관없이 적어도 지적인 차원에서 한 가지 생각해 봐야 할 것이 있는데, 오늘날 도대체 누가 감히 아니다라고 말할 수 있을까 하는 것이다. 문화 비판의 자리를 도대체 어떤 전복적인 힘이 대신할 수 있을까? 문학의 세계에서는 이미 수년 전에 자크 데리다(Jacques Derrida)가 비슷한 문제를 제기하여 '해체'라는 주제로 글을 써 왔다. 지하조직의 비상한 몇몇이 여기에 가세했는데, 그 유명한 반광고잡지인 ≪애드버스터스≫(Adbusters)만 생각해도 충분할 것이다. 잡지의 이름이 이미 보여주듯 여기서 중요한 것은 방해, 곧 광고의 세계에 기생하는 '소음'이다. 문화 비판의 자리를 웃기는 문화 혼합이 대신하는 것이다.

애드버스터는 영상세계의 해커를 뜻하는데 광고를 해체하는 것이 주 임무다. 여기서 수요 억제를 위한 선전활동(De-Marketing)이라는 개념을 접하게 된다. 벌써부터 쉽지 않은 것은 애드버스터식의 해체 기도와 마케팅의 간교한 자기 아이러니를 구별하는 일이다. 그러니까 뉴미디어 시대에도 거리를 두고 전복할 수 있는 지적인 기술들은 정말 충분하다. 그러나 잘 나가는 마케팅에 반발하는 그런 전복적 성격의 구별짓기는 스펜서 브라운(George Spencer Brown)이 사용한 재진입(Re-Entry)이라는 의미에서 다시 구별되는 것으로 도입된다. 명확하게 말하자면 주류와 비주류의 차이는 다시금 주류로 도입되는데, 예를 들면 점잖은 유명 디자이너인 라거펠트(Lagerfeld)가 펑크 스타일을 도입하는 것이나 유명 디자이너인 고티예(Gaultier)가 그런지를 도입하는 것, 젊은 기업사장이 코걸이를 하고 다니는 것 따위를 생각할 수 있다.

미래에는 그러한 소비행태에서 추세의 조짐을 읽어 낼 줄 알아야 한다. 현재의 소비과정은 너무 복잡하다. 소비에는 이미 아이러니컬한 소비의 소비—여피족의 경우처럼 성찰하며 자기 연관적인—만 포함되는 것이 아니다. 그 밖에 소비의 부정도 포함되는데, 예를 들어 X세대의 소비가 그렇다. 정의상 그들은 소비집단에 속하면 안 되는데 소비집단에 속한다. 소비에 대해서 비판하거나 반발하는 하위문화가 팽배한 곳이라면 경제는 일종의 '반'(反)마케팅을 도입해야 한다. 기가 막힌 예가 스티브 잡스(Steve Jobs)이다. 그의 애플사는 막강한 IBM이 지배하는 시장에 맞서서 고객들과 전선에서 함께 싸우는 듯이 아주 예술적으로 광고를 꾸몄다. 또한 아니타 로딕(Anita Roddick)의 바디숍도 그러한 경우다.

서정적인 삶의 세계

여기서 다시 한번 철학자 위르겐 하버마스에 대해서 이야기해 보자. 그는 커뮤니케이션의 상업화(센세이셔널한 언론의 탄생부터 컴퓨터에 이르기까지)를 여론의 타락으로 표현한다. 통제와 조작이 언어를 통한 비판과 이해의 자리를 대신한다. 순수하게 사고하는 여론의 서정적 계몽주의 분위기 속에서 새로운 대중매체 현실은 '왜곡된 장'으로 보인다. 하버마스에게는 자신의 유토피아적 커뮤니케이션 이론의 사활이 걸린 순수한 계몽적 공공성이 실제로 사회에 존재하는 것이 매우 중요하다. 곧 그는 '공공 커뮤니케이션을 원래의 과정과 왜곡된 과정으로 구분'한다. 이 의미는 여론이 두 부분으로 나뉜다는 의미인데, 한편에는 진실하고 참신한 부분이 있고 다른 한편에는 조작되고 권력과 돈에 의해서 오염된 부분이 있다는 것이다.

이렇게 해서 흥미로운 전설—삶은 돈과 권력이라는 통제매체를 통한 현대 기술화의 과정에서 가치가 떨어졌다—이 발생한다. 이 전설 속에서는 '통제매체'라는 개념이 아주 중요하다. 이 개념의 의미는 이 매체들은 언어의 도움 없이 인간의 행위를 조정할 수 있다는 것이다. 곧 매체에 의

한 통제가 언어를 통한 이해를 대신한다는 것이다. 인공 두뇌학이 해석학을 밀어제치고 의사소통에서 일종의 우회로 역할을 한다. 따라서 현대 사회는 다음과 같은 특징을 지닌다.

- 삶이 없이도 돌아가고 있다.
- 언어가 없이도 커뮤니케이션이 가능하다.
- 서로 이해하지 않고도 행위의 조정이 가능하다.

200년 전 노발리스(Novalis)가 한탄하던 것, 숫자와 겉모습이 모든 피조물에 중요하다는 사실이 오늘날은 거부할 수 없는 경험이 되었다. 모든 인간에게 돈은 제일 중요하다.

만일 하버마스가 합의와 삶이라는 명목하에 이런 내용을 부정적으로 바라보지만 않았더라면 이런 관찰은 더욱 정확하며 도움이 많이 되었을 것이다. 하버마스의 이런 부정적인 태도는 사실 찰스 샌더스 퍼스(Charles Sanders Peirce)의 기술적으로 대체가능한 의사소통과정에 대한 비판을 바탕으로 하고 있다. 퍼스는 신호에 의한 인공 두뇌학적 통제를 인간 의사소통과정의 타락으로 보았다. 왜 그렇게 생각했을까? 퍼스와 하버마스가 비판하는 부분은 인공 두뇌학적 통제는 인간 상호간 이해보다는 커뮤니케이션이 가져오는 성공적인 결과— "유전공학에서 통제기술로 또는 발사체를 유도하는 기술로 사용되는 정보"(칼 오토 아펠[Karl Otto Apel])—에 초점을 두고 있다는 데 있다. 이런 커뮤니케이션 과정을 하버마스는 "기술화되었다"고 칭하고 있는데 이 기술화가 삶에 불행을 초래한다.

여기서 우리는 하버마스가 근대 계몽주의 정신의 완성이라고 외치는 담론적 이성이라는 다음의 그 유명한 중요하지만 잘못된 생각과 마주치게 된다. 철학적 환상이 만들어 낸 이성적 여론은 미디어 연합의 기술적 현실을 무시한 것이다. 삶은 커뮤니케이션을 여는 창구로 여겨지고 이를 통해 권력이나 법 같은 통제매체가 그렇듯이 기술적 미디어의 단단한 결속력이 해체된다. 그런 식으로 하버마스는 연대와 합의의 삶을 그리고 있다. 이런 관점에서 보면 세속적인 권력과 돈의 기능적 현실은 실낙원 이후에 생겨난 '두번째 자연'이다. 통제매체들 때문에 삶은 순수함을 빼앗겼다. 이런 이유로 하버마스는 통제매체들을 기초로 하는 인간의 상호 작용 형태를 '탈세계화'라고 표현한다. 그 결과 이 세계에는 통제매체들이 통제하는 커뮤니케이션만이 존재할 뿐이다. 그러나 그런 세계는 우리의 세계가 아니다. 철학자들은 그런 상태를 '반(反)사실적'이라 말한다.

그러나 우리는 이 자리에서 완전히 비철학적이고 기술적인 관점으로 생각해 보고자 한다. 두번째의 자연이 첫번째의 자연을 전제로 하듯이 두번째의 미디어적 여론은 '본래의' 여론을 전제로 한다는 것이다. 우리의 세계가 기술로 가득 차고 나서야 자연을 '자연'으로 발견했다. 기술적 미디어를 통해서 청중들이 형성되고 나서야 자유로운 여론에 대한 희망이 생겼다. 이성적 시민들의 합의는 뉴미디어 세계에 핀 한 송이 푸른 꽃이다. 대중 매체는 정보 교환과정이나 마케팅에 기여한다. 이 두 가지 외에 세번째는 없다! 그러나 바로 이 세번째를 두고 하버마스의 커뮤니케이션 유토피아는 싸움을 하고 있다. 진실한 여론은 '이제는 더 이상 (단순한 정보전달이) 아니'지만 '아직도 (소비매체가) 아닌' 자유로운 중간 상태로 존재한다고 주장한다. 그러나 이것은 이론적 허구에 지나지 않는다.

잡소리와 이성의 지혜

옛날에는 여론의 형태를 좀더 차분하게 생각했다. 관습을 주제로 다룬 관념주의 대철학자 헤겔의 『법철학』(*Rechtsphilosophie*)을 읽어 보면 국가의 입법기능을 다룬 부분에서 매우 흥미로운 것을 찾아볼 수 있다. 그 부분의 말미에서 여론의 기능을 다루고 있는데, 오늘날에도 귀중한 교훈이 많이 들어 있다. 곧 여론은 많은 사람들이 그렇다고 생각하는 것 또는 일반인들이 지니고 있는 편견구조라고도 말할 수 있으며 여론 속에서 진리는 '끊임없는 오류'의 형태로 나타난다는 것이다. 헤겔에게 여론은 그냥 오류가 아니고 왜곡된 진리라는 사실에 주의하라. 그러나 '보여지는 구체성 속에서' 상식으로는 잘못 생각하게 되는 본질적인 것을 관찰자는 꿰뚫어 볼 수 있다.

헤겔은 다음과 같이 깔끔이 정의했다. 여론은 잡소리이고 철학적 관찰자는 이 잡소리 속에서 주관적 자유의 표현을 인식한다. 요약하면 여론은 진리와 오류가 직접 뒤섞인 단일체이며 그렇기 때문에 '그 스스로 현존하는 모순'이다. 그래서 여론은 '동시에 무시될 수도 존중될 수도 있는' 가치를 갖고 있다. 헤겔은 매우 정확하게 보았다. 각 개인의 주관적인 판단과 의견은 곧바로 대중여론의 함정에 빠질 수도 있다. 이렇게 되면 바로 '자기 의견을 말하는 신랄한 충동'의 노예로 전락할 수 있다. 이런 상태에서는 니체뿐 아니라 헤겔한테도 남은 것은 하나밖에 없다. 곧 대중매체에 대한 경멸뿐이다. 그 밖에도 언론자유의 문제, 곧 대중매체가 몰아쳐 악평하고 무조건 책임을 뒤집어씌우는 잘못된 관행과 관련해서 헤겔이 내놓은 해결책은 정말 괜찮다. 헤겔의 제안은 대중매체를 '경멸하면서도 인내를 갖고' 행동하라는 것이다.

여론을 경멸하는 사람만이 자신의 시대가 도대체 무엇을 원하는지를 말할 수 있고 또는 적어도 생각으로나마 자기 시대를 진단할 수 있다. 헤겔은 의견, 다수의 의견, 여론에 대해 잘 몰랐다. 여론은 다름 아닌 이성의 간교함이 구체적으로 드러나는 양태이다. 여론 속에서 정치의 '틀'이 형성되는데, 왜냐하면 여론 속에서 단순한 개인들의 주관적 의견들이 상충하여 사라지기 때문이다. 또한 헤겔에게 합의(Konsens)는 난센스(Nonsens)였는데, 마치 "어떤 사람이 자기 집에서 부인이나 친구들과 함께 있으면서 엉뚱한 생각을 하고 있는 것처럼 말이다." 그러나 이성은 '다른 의견들이 서로 잡아먹어 공멸하는' 여론 속에서 형성된다. 다시 한번 강조하면 이성은 합의가 아니라 난센스의 자기 극복이다.

'사람'의 독재

여론의 기능에 대한 가장 유명한 철학적 사고는 마르틴 하이데거의 대표작인 『존재와 시간』(*Sein und Zeit*, 1927)에서 찾아볼 수 있는데, 그 중에서도 보통 철학에 '문외한인' 사람들도 쉽게 이해할 수 있는 '사람'의 독재라는 장에서 이 주제를 다루고 있다. 하이데거는 문법적으로 중성인 '사람'(Man)이란 단어를 여기서는 여론을 가리키는 데 사용했다. 이렇게 독특하게 이름을 붙인 이유는 간단하다. 구체적으로 누가 그렇게 했는지 와 상관없이 여론에서 중요한 것은 사람이 말하고 사고하고 생각한다는 것이다. 중성 단어 '사람'(Man)의 특징은 불특정성과 대체 가능성인데, 이 말의 뜻에 따르면 아무든지 또한 본인 자신도 해당한다. 도대체 누가 결정하고 구별하고 질문했는지에 대한 답을 여론 속에서 찾으려고 하면 교활한 오디세이가 그랬듯이 아무도 그런 적이 없고 단지 여론이 그렇다는 대답만 얻을 수 있을 뿐이다. 사람들이 일반적으로 여론이라고 일컫는 것은 모든 세상의 해석을 '규정하는' '미리 주어져 있는 하나의 테두리'다. 지하철을 타면 사람은 여론 속에 있는 것이며 신문을 읽어도 여론 속에 있는 것이다. 곧 여론은 일상생활의 비개인적이고 비사물적인 환경을 말하는 것이다.

하이데거는 이 설명을 통해 계몽의 본질적 모순을 분명하게 밝힌다. 여론은 보이지 않는 권력이다. 여론은 밝힌다는 명목을 내세우면서 동시에 감춘다. 뉴스나 토크쇼를 관찰하면 누구나 쉽게 확인할 수 있다. 우리는 경고하는 자들과 보살피는 사람들과 충격을 만들어 내는 사람들과 함께 산다. 계몽과 해방이라는 명목하에 만들어진 권력 비판은 그 스스로가 권력을, 또한 세련되고 끈질기게 추구하는 욕구에서 나오는 것이다. 마르틴 하이데거는 이에 대해 아주 적절하게 지적했다. "여론은 모든 것을 어둡게 하고 그렇게 해서 감추어진 것을 다시 누구나 알 수 있도록 만든다."

어려운 책도 그런 대로 보지만 하이데거가 너무 어려워서 그렇게 좋은 인상을 갖고 있지 않는 독자라도 사회학자 니클라스 루만도 오래 전부터 앞에 언급한 것과 견해가 같다는 것을 알게 되면 좀더 많이 관심을 가질 것 같다. 여기서 그는 하이데거의 모순적 사고방식을 답습하고 있다. 곧 계몽은 무지몽매하게 만들고 여론은 숨긴다는 것이다. "정치 영역에서 여론은 가장 중요한 탐지기 중의 하나인데, 탐지기의 관찰이 정치가 자신의 환경을 직접 관찰하는 것을 대신하고 있다. 여론에서 다루는 주제와 언론 보도와 해설은 정치 영역에 확실히 중요한 의미를 제공하지만, 동시에 원래의 상황은 언론 보도로 인해서 가려지게 된다. 신문에 난 것만이 의미가 있다. 언론과 전통 모두 사회의 특정 부분만 관찰하게 만들고 그 외는 숨겨 버린다는 것에서 기능은 같으나, 언론은 현재에, 전통은 옛날에 활동했다는 것이 차이점이다. 곧 이런 기능은 사람들이 어떤 의견을 취해야 할지를 결정해 주며 동시에 비판기능을 대신하여 준다."

정치적 연출

대중매체에서 스타로 활약하는 정치가들은 아주 열심 있는 여론의 방어자들이다. 정치가들이 촬영 중인 카메라 앞에서 "그들의 공무를 시작"하면 여론에 의한 우상화 작업이 본격적으로 시작된다. 경제 혼란의 상태에서도 가격체계가 있기 때문에 기업이 사업을 시도하듯이 정치가들도 여론이 있기 때문에 저 앞이 안 보이는 컴컴한 세상으로 비행을 시도해 볼 수 있다. '정부 우주선'에서 나오는 연설은 충분한 근거가 있다. 그러나 실제로 정치가들은 바닥 현실에는 접한 적이 없으며 접할 수도 없다. 그 대신에 ≪슈피겔≫이나 저속한 신문인 ≪빌트차이퉁≫을 읽는다. 이것이 바로 정치 영역에서 복잡성을 줄이는 전형적 방법이다. 정치가들은 현실을 관찰하는 대신에 대중매체가 자신들을 어떻게 관찰하는지를 관찰한다. 정신 분석학자 라캉식의 새로운 표현으로 말하면 여론은 정치의 거울이다라고 할 수 있다.

따라서 여론은 시민의지의 천명이 아니라—반대로 말할 수밖에 없는

데—정치적 당파 간의 투쟁을 위한 매체이다. 이것을 밝히기 위해서는 조금은 악의를 갖고 볼 필요가 있다. 그러면 오늘날 아주 인기 있는 포괄적 용어 '정치 부재성'이 현실을 밝혀 내기보다는 오히려 더욱 덮어 버린다는 것을 알 수 있다. 오스발트 슈펭글러(Oswald Spengler)가 오래 전에 "정당들은 여론을 자신들이 스스로 제작한 무기인 마냥 상대 정당들에게 사용한다"고 통찰력 있는 눈으로 본 것처럼 말이다. 여기에다 한마디 덧붙인다면 정치와 국민들의 관계는 경영과 그 회사재산의 관계와 같다. 주권자—곧 국민이나 기업 소유자—는 더 이상 원 지배자가 아니다. 정치가나 기업 경영자들에 대한 비난은 그들의 지배가 정통성이 없다는 것에서 나온 것이다.

막스 베버는 의회 대중민주주의 체계 속의 여론을 '비합리적인 '감정'들을 기초로 하며 일반적으로 정당 지도자들이나 언론이 연출하고 조정하는 집단행위'로 정의했다. 이 여론에 대한 정의를 막스 베버의 시장사회화 과정론에 비추어서 해석하면 더욱 명확해진다. 막스 베버에게 시장에서 물건을 교환함으로써 형성되는 사회화는 '모든 합리적 사회행위의 전형'이다.

이미 50년 전에 조셉 슘페터(Joseph A. Schumpeter)는 민주주의는 정치가가 지배한다고 말했다. 이 직업 정치가는 '정치 쇼를 연출하는' 대가로 인식되야 한다. 국민의 뜻과 여론은 정치과정을 만들어 내는 힘이 아니고 오히려 정치과정의 산물이다. 슘페터에 따르면 그 유명한 '일반의지'는 '만들어 낸 의지'이며 이것을 만들어 내는 생산기술은 "상업광고 기술방식과 완전히 유사하다."

이 주장에 대한 확실한 증거가 있다. 미국 대통령 우드로 윌슨(Woodrow Wilson)이 제1차 세계대전에 대한 여론을 '조작할 것'을 언론인 조지 크릴(George Creel)에게 부탁한 다음부터는 '선전포고'라는 말을 두 가지 의미로 해석하게 되었다. 프랑스의 선각자 폴 비릴로(Paul Virilio)는 전쟁을 '인식에 대한 투쟁'으로 정의했다. 이 20세기 초의 이 예는 마케팅에도 똑같이 적용되고 있다. 이미 여러 번 정의되었지만 마케팅은 인식에 대한 투쟁이다. 조지 크릴이 대통령에게 약속한 것은 '광고를 통한 이 세계에서 제일 큰 모험' 달리 말하면 전쟁을 실제로 '선포하는', 곧 전쟁에 대한 인식을 정의하는 마케팅이었다. 이후 광고의 지위가 사회적으로 인정되었고 정치적으로 힘을 발휘하게 되었다. 또한 케네디(John F. Kennedy)의 TV 연설에서부터 헬무트 콜(Helmut Kohl)의 안경을 벗은 선거벽보에 이르기까지 드러나지는 않지만 중요해진 사실은 정치가의 운명은 대중매체 디자이너의 손길에 놓이게 되었다는 것이다.

요약을 해보자. 일반의지를 만들어 내는 정치적 연출이 청중들을 묶어주는 것을 여론이라고 했다. 그리고 여론은 광고를 통해서 시장에서 경쟁하는 기업들이 목표로 삼는 시장고객이다. 이제 이 두번째 정의에 대해서 자세히 살펴보아야 하는데, '여론'이라는 개념 속에는 도대체 누가 그리고 무엇이 도사리고 있는지를 파헤치기 위해서다.

고객관계

교환행위에서 비롯한 사회합리성의 탄생은 막스 베버 경제이론의 가장 뛰어난 부분이다. 시장에서는 경쟁자들이 교환기회를 얻기 위해서 머리를 굴리고 있다. 구체적으로 말하면 "물건을 시장에 내놓을 때에 이 경쟁자들의 행위를 결정짓는 것은 불특정 다수의 사실상 존재하거나 잠재적으로만 존재하는 다른 경쟁자들의 예상되는 행위이다." 인간들이 시장에서 맺는 관계는 대단히 탈인간적이고 순전히 일 중심적인데, 그래서 바로 시장이 사회적 이성의 탄생지가 된다. "시장은 원래 동료가 아닌 자들의, 곧 적들 간에 사회적 관계가 형성되는 곳"이라는 막스 베버의 통찰은 이를 잘 보여주고 있다. 시장의 평화는 원수를 사랑하라는 기독교 계명을 실천할 수 있는 유일한 장소이다.

원수를 사랑하라는 계명은 이루어진 적도 없을뿐더러 아직도 성취되지 않고 있다. 그러나 이성의 현명함이 이미 이런 문제를 해결했다. 곧 너의 적들과 교환하라! 사회적 합리성, 평화와 자유는 바로 "사적으로 형제자매처럼 지내는 것에 반대하는 데"서 탄생했다. 적과 교환하는 것은 인간을 '자연 그대로의 인간관계구조'에서 해방시켜 준다. 우리의 주제를 위한 바탕은 다음과 같다. 곧 시장의 평화는 원수를 사랑하라는 기독교의 계명을 실천할 수 있는 유일한 장소라는 것이다. 인간의 인간화는 시장에서 비로소 이루어진다고 말할 수 있을 것이다. 적은 경쟁자가 되고 형제애는 '고객관계'로 용해되었다. 이것이 바로 문명이다.

여기서 막스 베버의 시장사회화 과정에 대한 정의를 다시 한번 자세히 살펴보자. 결정적으로 중요한 것은 '불특정 다수의 사실상 존재하거나 잠재적으로만 존재하는 다른 경쟁자들의 예상되는 행위를' 지향한다는 것이다. 다른 표현을 빌리면 시장은 불특정 다수의 관심 있는 자들의 허구적 존재에 의해서 결정된다. 이것은 바로 정보와 의견의 시장으로 불리는 여론에도 적용된다. 여론을 하나로 묶을 수 있는 것은 대중매체 기술 덕분이다. 여론은 또한 사회학자들의 우상이다. 밝은 빛에서 보면 끊임없이 변하는 미디어 기술의 연출로 시청자이자 청취자로 불리는 각 개인은 미디어 연합 그물망의 고립된 연결점이다.

세계 커뮤니케이션

마르틴 하이데거는 '사람', 곧 여론에 대한 자신의 설명은 비판적으로, 곧 무시하는 의미에서 사용한 것이 아니라고 항상 강조했다. 오늘날에는 그가 무엇을 보았는지 분명해지는데, 바로 우리를 현실에서 보호해 주는 세계 커뮤니케이션의 대중매체라는 보호막이다. 우리 주제와 연관시켜서 보면 여론은 정보와 뉴스와 의견들이 거래되는 시장이다. 그래서 여론이라는 말 대신에 차라리 세계 커뮤니케이션이라고 말해야 할 것이다. 그리고 세계 커뮤니케이션이라는 말은 대화, 의사소통 또는 토론을 뜻하는 게 아니라

는 것을 주의하라. 여기서 의미하는 것은 전자장비(Gadgets)들과 유명상
표들, 세계를 뒤흔드는 대중음악의 물결, 언어가 필요 없는 스포츠에 대
한 열광과 홍수 같은 할리우드 영상들이다. 바로 헌신적인 유행 추종자와
관련한 구매행위를 말한다. 세계 커뮤니케이션은 구체적으로 워크맨, 게
임보이, 게토블래스터(Ghetto-Blaster), 말보로, 코카콜라, 나이키, 마돈
나, 니르바나(Nirvana), 상징, 바클리(Barcley), 로마리오(Romario), 마
테우스(Matthäus), 〈원초적 본능〉(Basic Instinct), 〈터미네이터 II〉, 〈내
추럴 본 킬러〉(Natural Born Killers) 같은 것을 가리킨다. 이것은 또한
게르트 게르켄의 책『프락탈 상표』(Die fraktale Marke)에서 말하는 중요
하지만 오해의 여지가 있는 주제와 의미를 같이한다. "광고의 미래는 커뮤
니케이션을 포기하는 데 있다. 광고는 코드화를 위한 아이디어의 제공자
가 되고 있다." 게르켄이 뜻하는 바는 광고에서 완전히 커뮤니케이션을 포
기하라는 것이 아니고 통상적인 고객 대화방식과 직접적인 생산정보 제공
을 포기하라는 것이다. 미래의 광고 커뮤니케이션은 세계를 구성할 것이
고 주제들을 묶어 주며 아이디어들을 제공하고 코드들을 마련하게 된다.
요셉 보이스(Joseph Beuys)의 멋진 말을 약간 남용하면 미래의 광고는
일종의 '공공의 조각품'이 될 것이다.

　　세계 커뮤니케이션을 어떻게 보든지 상관없이 정보를 돈의 홍수와 깨
끗하게 분리할 수가 없다. 좀더 간단히 말한다면 대중매체라는 조건에서
여론의 자유('언론의 자유')는 의견을 형성할 충분한 돈의 소유를 전제로
한다. 여론은 간단히 대중매체를 통해 퍼져나가는 것이 아니고—이런 의
미에서 보면 '전파매체'라는 말을 즐겨서 자주 사용하는, 보통은 침착한
니클라스 루만도 왜곡하고 있는 것인데—생산되는 것이다. 미디어 연합의
네트워크 속에서는 출판과 판매, 자료와 돈 사이의 차이가 없어진다. 진실한 것
은 오로지 상품뿐이다. 전자화된 대중매체의 환경에서는 여론과 소비의 세계는
하나가 되고 영상, 자료, 돈과 상품은 서로 연결되어서 구분되지 않는다.

학습자료 베네통

대중매체는 대중소비 경영에 도움이 된다. 광고는 입맛의 학교로서 아름다움의 유용성을 가르친다. 또 있다. 광고는 소비자를 훈련시키고 소비자들의 견해를 수정하게 하는 수단이 된다. 그러나 소비자집단이 점점 더 정치집단처럼 될수록 광고는 공적 관계의 차원에서 이해되어야 한다. 공적 관계, 광고, 마케팅, 여론, 여론 조사, 시장 조사 같은 개념들은 당연히 가족 같은 관계이다. 공동 주제는 '국민의 의사 수렴'이다. 아니면 아예 한 걸음 더 나아가 베네통—곧 우리는 조직으로서 사회적 책임의식을 갖고 있다—처럼 광고를 통해서 알린다. 여기서 광고는 다시 원래의 뿌리로, 곧 '복음 전파'로 돌아간다. 최초의 대규모 광고는 기독교 복음 전파였다. 이냐시오 로욜라(Ignatius von Loyola) 형의 기업 고문들은 벌써부터 존재했다. 어떻게 이런 것이 가능하게 되었을까?

광고는 언제나 단순히 상품을 자랑하는 것 이상이었다. 마르셀 라이히 라니키(Marcel Reich-Ranicki)는 '광고는 반복의 예술'이라고 정의한다. 당연히 여기서 강조되는 것은 예술이라는 점이다. 좀더 자세히 말하자면 항상 반복되는 같은 것에 대해서 관심을 끌도록 하는 예술인데, 광고가 매일 이것을 수행해야 한다는 것은 하나의 기적이다. 이것이 바로 모든 광고의 문제인데, 광고는 좋은 소식이고 그래서 '뉴스 가치'가 없기 때문이다. 그래서 모든 것이 '새로운 것'이 되어야 한다. 이런 배경을 생각하면 비로소 베네통 광고가 얼마나 머리를 잘 굴렸는지를 알 수 있다. 베네통 광고는 일단은 '나쁜' 소식, 곧 '우리 세계'의 소식으로 출발한다. 일반적으로 확실해진 것은 소름끼치고 끔찍하고 충격적인 것에 대한 우리의 열광이 마케팅에서도 점점 중요해지고 있고, 그래서 광고는 중대한 세계문제인 '현실'을 곧잘 인용한다는 것이다. 오토 케른(Otto Kern)과 바디숍 광고부터 그린피스와 녹색당의 광고까지 모두 세상 종말을 즐기는 사람들의 취향을 겨냥한 것이다.

충격광고는 스캔들을 만드는 기술이며 목표는 대중이다. ≪슈피겔≫ 과의 인터뷰에서 루치아노 베네통(Luciano Benetton)은 다음과 같이 말 했다. "우리는 광고를 통해서 상품과는 관련이 없는 정보를 제공하고 싶 다. 우리 광고는 판매를 촉진하는 광고가 아니다. 우리는 하나의 새로운 형태의 커뮤니케이션을 만들고 있다. 우리는 거짓말을 퍼뜨리지 않는다. 우리가 광고를 통해서 말하고자 하는 것은 이 세계에는 병과 전쟁과 죽음 이 있다는 것이다." 베네통 광고는 이를 통해서 자신들은 사회적 책임을 떠맡고 있다고 알린다. 마케팅에서 환경이란 주제를 다룰 때도 유사점을 볼 수 있다. 광고는 오늘날 새로운 윤리를 설파한다. 곧 소비 중심의 유토 피아 환상에서 깨어나 위협받는 지구 현실로 돌아갈 것을 호소하고 있다.

이런 구호들을 통해서 어떤 원칙을 배울 수 있다. 오늘날 총체적으로 볼 때 상품 생산은 '공공성'을 지닌다. 이념을 담은 상품들이 시장으로 몰려들고 있 다. 달리 말하면 생산자는 언론가로 둔갑하고 있고 기업가는 정치가로 자 처하는데, 예를 들면 벨루스코니(Berlusconi)나 방금 언급한 베네통만 보 아도 충분하다. 정치적·사회적 요소가 마케팅의 중심이 되고 있다. 기업 들은 '성숙한 시민의식'에 호소하며 자신들의 브랜드를 알리고 있고 정당 는 정당강령들을 특가품처럼 팔며 호의를 얻으려 한다. 그런데 이것이 소 비자의 부담을 덜어 준다. 소비자는 사고하는 것을 소비로 대체할 수 있 고 구매행위를 통해서 마치 이념의 깃발을 휘날리듯 자신의 사상과 철학 을 알릴 수 있다. 사회학자 에밀 뒤르켕(Emile Durkheim)은 오래 전 이 를 다음과 같이 언급했다. "마치 깃발을 휘날리듯 영향을 끼치는 구호나 문구들이 있다." 광고는 바로 이렇게 작용해야 한다.

그러나 잠깐만! 우리는 여기서 21세기 광고의 비밀을 밝힐 수 있다고 주장하는 것이 아니다. 앞으로 갖가지의 개념들을 사용하여 흥미진진하 게 밝혀야 할 것이다. 광고는 없고 단지 '고전적 광고들'에서 이념 마케팅 에 이르는 광고의 연속이 있을 뿐이다.

광고는 상품으로부터 독립해서 자기 연관적이 된다. 그렇다면 환유적 광고라는 것은 도대체 무엇일까? 말 그대로 해석하면 이름을 대체하는 광고다. 빨강＝말보로＝미국＝자유. 결국은 이념을 상표로 대체하기 위해서 상표를 이념과 사상으로 채운다!

이념은 사상의 제도화이다. 이념을 갖고 있으면 정체성을 상실하지 않고도 계속해서 이념을 활성화할 수 있다. 포스트모더니즘 마케팅에는 정신을 포장하는 기술자가 필요하다.

'감성 디자인'은 이념을 상표로 대체하기 위해서 환유의 힘을 사용한다. 상표나 기업 정체성(C.I.)을 어떤 이념의 틀(자유, 미래기술, 환경)에 연결해 놓으면 계속해서 내용만 채워 넣으면 된다. 이념은 상표들을 충분히 차별화할 수 있을 만큼 질서가 잡혀 있다. 그렇게 함으로써 소비자는 구입만 하면 생각하지 않고 이념들을 갖게 된다. 진리와 상품이 같은 것이 된다. 포스트모더니즘에서 우리가 배운 것은 예술은 사업이라는 것이다. 그래서 지금은 탈물질주의적 사회에서 배울 것이 있는데, 앤디 워홀의 의미에서 사업은 예술이라는 점이다.

고객과의 구조적 연결

당연한 이야기지만 기업은 고객과 경쟁자를 구별해야 한다. 또한 경제와 사회를 구분해야 하며, 이 두 가지 환경과 관계를 맺어야 한다. 그래서 단순히 시장만 연구하는 것은 의미가 없다. 마찬가지로 기업은 사회에 자신을 알려야 한다. 그러기 위해서는 일치된 회사의 정체성을 보여야 한다. 그러나 더욱 중요한 것은 고객과의 관계를 '마치 상호 관계'인 것처럼 연출하는 것이다. 기업은 고객과의 관계를 밀접하게 만드는 광고 커뮤니케이션을, 곧 상호 작용 마케팅을 강화한다! 말보로와 이름이 같은 모험 팀과 함께 모험을 즐기면서 '내일의 장관'(Minister for Tomorrow)을 알게 될 수 있으며 또는 적어도 카멜 회사의 탐험 의상을 받을 수도 있고 소프트웨어 회사에서 새해인사를 받을 수도 있다. 계속 전화를 해대고 쿠폰들을 오려 내고 경품행사에 참여하기만 하면 말이다. 다시 한번 정확히 말하면 신마케팅 전략은 광고 커뮤니케이션을 마치 고객과 상호 작용하는 것처럼 꾸민다. 이 신마케팅의 이상은 회사를 고객들의 씨족집단으로 만드는 일이다. 여기서 단골고객이라는 개념은 이미 앞에서 말했지만 전혀 새로운 의미를 갖게 된다. 고객은 자신을 '한 부족'의 성원—고객족(族)—으로서 느끼게 된다.

마케팅에서 자주 강조하는 고객에게 다가가기는 실제로는 피드백을 통한 고객관리를 뜻한다. 정치에서는 설문조사가 비슷한 작용을 한다. 여기에서 배울 수 있는 원칙은 광고는 경쟁자와 소매상과 소비자를 통제하는 매체라는 사실이다. 관리자가 문제가 아니다. 왜냐하면 고객은 계속해서 속을 알 수 없는 욕구의 체계, 곧 블랙박스로 남아 있기 때문이다. 기업은 이런 이유로 고객과 '구조적으로 연결'되어야 하는데, 이것이 바로 현대 마케팅의 과제다.

가상 체험

네 일이나 신경 써라! 이 말처럼 지키기 어려운 말도 없을 것이다. 인류학자들에 따르면 인간은 우선적으로 그리고 본능적으로 다른 사람들의 '일'에 더 관심을 둔다. 소문은 새로운 사건, 믿을 수 없는 일, 뜻밖의 일을 퍼뜨린다. 왜 그럴까 하고 물을 수 있다. 여기에는 유명한 버클리(Berkeley) 추기경의 "존재하는 것은 인식된 것"(Esse est percipi)이라는 명언이 도움이 된다. 인류학에서는 인간의 실재는 '타인들의 이목을 통해서'(겔렌) 형성된다고 본다. 존경받는 사람이 존경스러워진다. 바로 이런 인류학적 특징을 대중매체는 기술적으로 이용한다. 계몽과 여론이라는 자랑스러운 이름 밑에는 미디어 기술이 받쳐주고 있다.

냉철하게 바라보면 여기서 중요한 것은 진리나 토론이나 합의 같은 것이 아니고 탈일상화와 체험의 확대이다. 인류학자 아놀드 겔렌은 다음과 같이 말한다. "인간이 존재하는 곳에는 환각제가 존재한다. 일반적으로 무미건조하고 지루한 것은 상당히 광범하게 존재하기 때문에 사람들은 기분을 가라앉히는 이런 상태를 타파하고 기쁨을 찾기를 바란다. 그렇기 때문에 다채롭거나 화려한 의상, 보석, 환각제 또는 소문 같은 것들이 왜 필요한지는 설명할 필요가 없고, 오히려 이런 것들이 부족할 경우에 설명이 필요하다." 그래서 우리는 화면을 죽어라고 쳐다본다. TV는 정보를 주기보다는 열광하게 하며 계몽적이라기보다는 환각적이다. 정말 씁쓸한 인간 현실을 인정할 필요가 있는데, 소파에 퍼진 채 감자 칩이나 먹으면서 TV를 보는 경멸스러운 시청자들의 모습이 바로 자랑스런 인간 호모 사피엔스의 다른 이름이기 때문이다. 이래서 여론은 동굴 속의 환상으로 전락한다.

자기네 프로그램을 보려고 언제나 TV 앞에 앉으려는 사람들에게 공영방송은 "나 저것 볼래!"라는 광고까지 한다. 물론 맹렬한 미디어 비평가가 사람들은 '그것'을 보지 않으리라고 평하는 것은 당연하다. 대중매체가 제공하는 것은 질적으로 보면 당연히 서글플 수밖에 없다. 그러나 소파에 묻혀 감자칩이나 먹고 있는 플라톤의 TV 동굴에 갇힌 사람들을 극장이나 적어도 영화관으로 보내서 해방시켜 보겠다는 것 또한 잘못된 순진한 생각이다. 그런 해방 프로그램과 문화 프로그램은 가상의 차원을 오해했다.

간단한 예를 들어보자. 사람들은 시골에 살게 되면 가족과 지내거나 TV와 지내는 것이 종종 너무나 지겨워져서 쉴러극장이나 글로리아 궁전에 한번 가보았으면 하고 소원하게 된다. 그러나 막상 도시에 사는 사람들은 이런 기회를 별로 이용하지 않는데, 결국 시골 사람과 마찬가지로 똑같은 TV프로그램을 보며 쉴러극장이 문을 닫았다는 소식을 접해도 눈 하나 깜짝하지 않는다. 어떻게 이럴 수가 있을까? 인류학자들은 이런 것을 두고 가상 체험—나는 도시에 살기에 극장이나 영화관 따위에 갈 수 있다. 그리고 그것만으로도 나한테는 충분하다—이라고 말한다. 그래서 이 세계를 TV를 통해서만 알아도 아쉬움을 갖지 않게 된다. 사람은 가상 세계를 체험하며 영상들 속에서 살고 있다.

　　바로 이 점을 광고가 간파해 냈다. 상품 선전보다도 더 중요한 것이 미디어 현실 속에 살고 있다는 감정의 혼란이다. 세계 커뮤니케이션과 광고의 공공성은 하나이다. 그리고 우리는 모두 이 보호막 안에서 재미있게 같이 움직인다. 라틴어문학자인 롤프 크뢰퍼(Rolf Kloepfer)는 이런 상황을 노발리스의 **공동작업**(Sympraxis) 개념을 빌려서 표현했다. "이것은 현대의 핵심관습과 같은 것이다. 시청각 광고는 점점 심미화를 띠는 커뮤니케이션 문화에 대한 흥미를 자아내며 더욱 갈망하게 만든다. 이것은 광고의 자기 묘사이다." 이것은 광고는 광고에 대답하고 자기 자신과 결합되어 버린다는 것이다. 광고는 더 이상 판매할 상품에 관계를 맺지 안고 자기 자신과 관계를 맺는다. 광고는 참여하지 않는 기업을 위태롭게 하는 고유의 세계를 형성한다. 광고는 판매촉진일 뿐 아니라 제동장치라는 사실을 깨달아야 한다. 아직도 변함없이 근시안적인 기업주들은 광고비용과 판매 사이의 상관관계를 믿는 오류를 범한다. 오늘날 광고는 점점 더 구매행위 자체에 초점을 맞추지 않고 일반적 자세연구에 집중하고 있다. 광고를 만드는 사람은 미래의 생활양식이 실험되고 있는 심미적 세계에 뛰어들어 경쟁하게 된다.

2
커뮤니케이션 디자인으로서 마케팅

아무런 할말이 없으면
오히려 커뮤니케이션을 더 잘 할 수 있다.
게르트 게르켄

마케팅이 커뮤니케이션이라는 것은 진부한 얘기다. 그러나 안타깝게도 사람들이 커뮤니케이션이라고 말하는 것은 진부한 얘기가 아니다. 그래서 여기에서는 몇 가지 커뮤니케이션론의 원칙들을 살펴보아야 한다.(만일 커뮤니케이션론이 독자들에게 너무 혼란스러우면 이 장을 읽지 말고 다음 장으로 바로 넘어가기 바란다.) 하인츠 폰 푀르스터의 두번째 차원의 인공 두뇌학을 이용하면 커뮤니케이션을 진부하지 않은 역사적 기계로 정의할 수 있다. 커뮤니케이션 기계는 역사적인데, 가르칠 수 있기 때문이다. 그리고 가르칠 수 있는 것은 그 기술이 진부하지 않기 때문이다. 그것은 커뮤니케이션 기계가 특정한 입력(Input)에 대하여 더 이상 같은 출력(Output)으로 반응하지 않기 때문인데, 모든 입력은 내부 상태를 변화시키기 때문이다. 출력의 결과는 환경에 대한 성공적 적응이거나 실패 가운데 하나이다. 이 간단한 일은 그 다음부터 외부에서 밀려오는 자극의 형태를 변화시킨다. 커뮤니케이션 시스템의 내부 상태는 변하기 때문에 입력에 대해서 어떻게 반응할지는 예견할 수 없다. 이론은 이 정도로 해두고 몇 가지 예를 들어보겠다.

지식을 전달하는 교육학자, 선거공약을 실현하려는 정치가, 특정 상품을 시장에서 팔려는 마케팅 전문가 모두 같은 문제를 갖고 있다. 모두 입력(커리큘럼, 정당강령, 광고)을 정확하게 결정하고 디자인을 할 수는 있지만 정작 입력을 받아들이는 커뮤니케이션 시스템(학생, 유권자, 고객)이 어떻게 반응할지는 예측하지 못한다.

- 라틴어 문법의 입력에 대한 학생의 반응은 무시로 나타날 수 있다. 3년 뒤 학생의 '내면 상태'가 변해 이번에는 같은 입력에 대해서 인문주의적 지식을 쌓는 것으로 반응한다.
- 환경 보전이라는 입력에 대해서 유권자는 아마도 용기를 내 녹색당 선택으로 반응할 수 있다. 4년 뒤에는 녹색당을 자리싸움하는 자들의 모임으로 간주하고 같은 입력에 대해서 투표에 아예 참가하지 않는 것으로 반응한다.
- 친환경적이라는 것에 대해서 소비자는 조금 더 비싸더라도 특정한 상품을 사는 것으로 반응할 수 있다. 그러나 거의 모든 제품이 친환경적이라는 표시를 부착하고 있다는 것을 알고 난 뒤부터는 그는 같은 입력에 대해서 냉소적으로 반응한다.

당연히 이렇게 되면 교육학자와 정치가와 마케팅 전문가는 고객의 머리 속에 들어 있는 생각을 알아내려고 안간힘을 쓰게 된다. 그러나 그들은 자신들이 제공하는 정보가 고객들의 행동을 바꾸는 데는 그렇게 도움이 안 된다는 사실을 확인할 수 있을 뿐이다. 여기서 진행되는 커뮤니케이션이나 고객들의 머리 속에 들어 있는 것을 이해하는 데는 아주 복잡한 과정이 전제된다는 것을 알 수 있다. 푀르스터 식으로 생각하는 인공 두뇌학자라면 아마도 이해는 다른 이의 자기 관련을 관찰하는 것이라고 말할 것이다. 다른 사람을 이해하려는 사람은 그가 어떻게 언어를 사용하는지 관찰해야 한다. 타인을 이해한다는 것은 다른 이의 의식의 장벽을 뚫고 들어간다는 것이 아니다. 그는 여전히 속을 알 수 없는 블랙박스다. 달리 말하면 이해라는 것은 커뮤니케이션과 의식 간의 인터페이스다.

이렇게 보면 이해는 너무 어렵고 커뮤니케이션은 불가능할 것 같다. 게다가 사태는 더욱 복잡해진다. 우리는 어떻게 커뮤니케이션이 '저 밖의' 환경과 관련되어 있는지를 분명히 알아야 한다. 낭만주의자만이 사람이 자연과 커뮤니케이션할 수 있다고 믿는다. 바그너(Richard Wagner) 오페라의 주인공 지그프리트(Siegfried)는 숲 속 새들의 지저귐을 이해한다고 믿었지만 우리는 아니다. 왜냐하면 '자연', 환경, '저 밖의' 세계가 우리에게 제공하는 것은 단지 윙윙거리는 소리, '소음'에 지나지 않기 때문이다. 만일 이런 소음을 탐지하고 정보로 전환시켜 주는 감각기관들 — 곧 오감과 기술적 매체들 — 이 없다면 인간은 이런 소음을 전혀 알아들을 수가 없다. 그러나 우리가 선별하지 못한다면 이런 데이터를 가지고도 아무 것도 파악할 수 없을 것이다. 선별된 데이터라야 비로소 정보가 되기 때문이다. 그러나 또한 정보를 가지고도 파악하지 못하면 정보도 아무 소용이 없다. 정보를 디자인함으로써 또한 정보를 심미적으로 선택함으로써 지식을 형성하게 된다. 바로 이 단계에서야 비로소 인간의 커뮤니케이션이 시작된다. 소음에서 선별된 것, 장애를 디자인한 것이 커뮤니케이션이다.

유익한 장애들

아마도 HB 담배광고의 "~을 받아들이는"이라는 문구를 다 알고 있을 것이다. 얼핏 보기에 이 문구의 의미는 자유롭고 모험을 즐기는 소비자의 이상을 가리킨다. 그런데 자세히 살펴보면 이 문구는 어떻게 해야 포스트모더니즘 시대의 시장에서 살아남을 수 있는지를 가장 간략하게 보여주는 것이다. 복잡한 시스템들은 변화무쌍한 세계에서 환경의 영향을 받아들여야 그들의 정체성을 유지할 수 있기 때문이다. 달리 말하면 기업과 같은 복잡한 시스템들은 자극에 대해서 민감해야 한다. 이것은 환경이 발생시키는 장애들을 긍정적으로 전환하는 능력을 말한다. "~을 받아들이는"이라는 문구는 장애를 각오한다는 것이다. 이런 식으로 기업의 생존과 같은 복잡한 조직의 자기 보존을 커뮤니케이션 과정으로서 설명할 수 있다.

원칙적으로 말한다면 어떤 조직이 자기 관련적이 될 때 커뮤니케이션이 '형성된다.' 피드백 과정 속에서 자극과 소동은 사라진다. 이 말이 전제하는 것은 기업이 시장의 카오스 상태를 예외적 상태가 아니라 정상적인 것으로 받아들인다는 것이다. 이 전제는 기술과 시장이 긴밀한 관계에 있는 상황 속에서 빠른 결정을 내려야 하는 모든 조직들에게 해당한다. 피터 드러커는 다음과 같이 결론을 내린다. "그래서 탈자본주의 사회의 조직들이 계속해서 공동체를 뒤집어엎고 조직을 와해하고 불안정하게 한다." 이것이 경영학과 마케팅에 종사하는 사람들이 배워야만 할 장애의 긍정적인 측면이다.

그러나 이것만으로는 충분하지 않다. 우리는 비즈니스 관련 신간들이 손대지 못하고 있는 것—바로 대화—을 문제삼아야 한다. 그 범위는 친절한 사장과 사원들의 대화뿐 아니라 고객과의 대화까지도 망라한다. 민속학의 역사를 한번 살펴보는 것이 실망을 덜어줄 것이다. 민속학자들은 문명화하지 않은 원주민들과 대화하려고 노력했다. 오늘날에는 기업들이 고객과 대화하려고 노력하는데, 이 둘은 동일한 환상이고 같은 착각이다. 얻어낼 수 있는 대답은 언제나 자신의 질문 일부분이 왜곡된 거울에 비친 모습뿐이다. 마케팅과 민속학에 대한 비교는 뒤에 다시 다룰 것이다.

복잡하고 동적인 기업에게는 대화의 모델도 그렇고 단순한 입·출력 모델도 별로 쓸모가 없다. 오히려 우리에게 의미 있는 것은 중요한 진행 과정을 장애와 접속이라는 두 개념으로 설명해 보는 것이다. 이런 식으로 설명해 보자. 일단 고객은 기업을 자극하는데 이것은 아직까지는 커뮤니케이션과는 상관이 없다. 경영진이 시장에 민감하게 반응한다면 고객의 불평은 물론 경쟁자의 방해에 대해서도 반응하게 된다. 알고 있겠지만 고객의 욕구에 맞추어 주는 것이 절대 아니다. 그렇다면 무엇인가? 고객은 자신의 구매행위를 통해서 기업을 자극하는 것이고 기업은 광고를 통해서 고객을 자극하는 것이다.

왕과 같은 고객을 달콤한 말로 유혹하는 것은 당연하다. '고객과의 대화'라는 말은 확실히 필요한 광고문구다. 그러나 마케팅 매니저는 그 말을 너무 신뢰해서는 안 된다. 진실은 고객은 장애를 일으킨다. 이 말은 고객들은 막연한 욕구를 통해서 방해한다는 것이다. 그래서 그들과 접촉하려고 하는 것이다. 그러나 지금까지 진행된 것을 생각하면 기업이 고객과 접촉하는 이유는 분명히 고객이 소음을 낼 수 있도록 자극하는 것이다. 호텔이나 공항의 대기실이나 최근에는 대학에서도 도처에 우리가 불만을 토로하기를 바라는 설문지가 깔려 있다. 따라서 경제적 커뮤니케이션의 가장 중요한 형태는 고발이다. 우리는 항의하라는 부름을 받고 있다. 이런 고객의 소음을 소화하는 일은 경영진의 몫이다. 정확하게 말하면 모든 기업은 고객에게 종속되어 있다는 것이고, 이것은 평범한 사실이다. 그러나 어떤 기업이 고객에게 종속되어 있는 방법은 다시 그 회사에 달려 있다.

오해하지 말라. 우리는 고객에게 다가가기를 반대하는 것이 아니다. 만약 그렇다면 그것이야말로 웃기는 이야기다. 회사가 고객과 가까워지려고 노력하는 것은 당연한 일이다. 그러나 고객에 가까이 다가간다는 것이 고객을 따른다(aufhören)는 의미는 아니다. 쉽게 말한다면 고객에게 귀기울이기(hören)는 하되 그 말에 따르지는 말란 말이다. 달리 말하면 마케팅 매니저는 고객보다 더 고객을 잘 이해해야 한다는 것이다.

통계적 전형인 고객

어떤 기업이든 보통은 유통구조의 합리화, 틈새시장, 새로운 고객서비스와 경쟁기회 같은 측면에서 자신의 환경을 파악하려 한다. 따라서 경영자한테는 니체가 말하던 '해석력'이 필요하다. 이것—그 밖에 창조적 파괴도 중요한데, 이에 대해서는 뒤에 다루기로 하고—은 기업의 가장 중요한 에너지 원천이다. 이유가 무엇인가?

세계 시장이라는 조건에서 모든 공급자들에게 가장 큰 문제는 소비자와 접촉하는 일이다. 이들이 이런 문제에서 확신을 갖지 못하고 괴로워하는 것은 당연하다. 100여 년 전 에밀 뒤르켕은 그의 선구적 연구인 『사회분업론』(*Die Teilung der sozialen Arbeit*)에서 이것을 언급했다. "생산자는 시장을 더 이상 조망하거나 생각으로조차도 파악하지 못한다. 시장에 경계가 있는 것이 아니므로 범위를 국한해서 생각한다는 것이 생산자에게는 더 이상 불가능하다. 생산의 영역에는 더 이상 억제하는 재갈이나 규칙이 존재하지 않는다. 어둠 속에서 더듬을 뿐이다." 정말 그렇다.

구매 결정은 우연히 일어난다. 현대의 포화된 시장에서는 우리에게 돈을 쓰게 만드는 욕구를 예측할 수 없기에 그것은 우연적일 수밖에 없다. 마케팅의 결정적인 문제는 인간의 카오스적인 욕구들을 자동적인 시장체계와 일치시켜야 하는 데 있다. 독자들은 의아할 것이다. 이 모든 얘기가 커뮤니케이션과 무슨 상관이 있는가? 연관이 매우 많은데, 돈으로도 커뮤니케이션할 수 있기 때문이다. 서구 복지국가에서는 꼭 필요해서—어쩌면 첫째 이유가 아닐 수도 있지만—만 물건을 사는 것은 아니다. 쇼핑은 포스트모더니즘 시대의 중요한 교육학이다. 쇼핑은 어떤 도구적인 행위가 아니고 커뮤니케이션 사건이기 때문이다. 지불하는 것도 역시 커뮤니케이션이다. 말이 없거나 또는 필요 없어진 커뮤니케이션—적어도 프리드리히 폰 하이에크(Friedrich von Hayek) 연구가 알려진 뒤부터는 누구나 알고 있지만—은 상품의 가격정보에만 집중하게 되었다.

가격은 인간의 욕구를 통계화된 정보로 전환하는 고전적 기술이다. 바로 이것을 '자유시장'이라고 한다. 자유시장의 가격 메커니즘을 통해서 인간의 '본성'은 마케팅과 관련한 통계양식이 된다. 이것을 말하는 까닭은 일단 소비자와의 모든 접촉의 이유가 소비자의 본성을 통계적 형태로 바꾸는 데 있다는 것을 밝히고자 함이다. 이것이 현대 경제의 문화적 업적이다. 이미 앞에서 말했지만 전통적 시장 조사를 통해서는 이런 측면을 파헤치기 어렵기 때문에 소비 세계로 연구여행을 떠날, 곧 '추세가 발생하는 현장'을 관찰할 사람들이 필요하다.

스파이와 프로슈머(Prosumer)

만화경과 같은 포스트모더니즘의 시장 속에서 어떤 조직이 어떻게 외부 세계와 접촉할 것인가 하는 것은 사활이 걸린 본질적 문제다. 기업에게는 '고객'과 '환경'은 (특히 경쟁자들은) 똑같은 문제를 야기한다. 곧 '저 밖의 것'을 체계 내에서 어떻게 반영할 것인가 하는 문제다. 만일 우리 생각대로 생산자와 소비자가 서로 필요한 것을 두고 대화를 나눌 가능성을 인정하지 않는다면 어떻게 소비와 생산을 통제할 것인가 하는 것을 설명할 필요가 있다. 그 대안은 이미 설명한 가격 메커니즘인데 프리드리히 폰 하이에크가 말했지만 이것은 매일매일 일어나는 기적이다. 그러나 기업 스스로 이 기업/고객의 고리에 창의적으로 영향을 끼치려고 한다면 다른 기술들이 필요하다.

경영진과 마케팅 종사자들이 어떤 기술을 사용하든지 그들의 구조는 항상 똑같다. 곧 소비자/생산자 구별이 구별된 것 속으로 '재진입'되야 한다. 달리 말하면 기업은 기업/고객의 구별을 증대하려고 노력해야 한다. 말하자면

● 기업은 소비의 현장에서 '추세의 현장'으로 스파이를 파견하거나
● 기업 스스로 생산과 소비의 일체화를 구현하는 소비 전위주의자, 앨빈 토플러가 말한 프로슈머(Prosumer)의 기능을 하거나 한다.

19세기의 상품세계를 관찰하던 수필가 발터 벤야민은 재미있는 사실을 찾아냈다. "어슬렁거리는 자들은 시장의 관찰자다. 그들의 지식은 경기를 예견하는 은밀한 지식과도 비슷하다. 그들은 소비자 왕국에 파견된 자본가들의 정보원이다." 현대 경제에서 결정적 요소가 여기에서 언급되고 있다. 생산은 민감한 시장 관찰을 통해서 통제되어야 한다. 원래는 두 가지 측면이 여기서 관찰되고 있다. 경영자의 모니터는 고객의 소망뿐 아니라

경쟁자들의 전략까지도 파악해야 한다는 것이다.

고객의 소망과 경쟁자들을 파악하는 것은 서로 밀접하게 연관되어 있는데, 현대 경쟁 속에서는 만인 대 만인의 투쟁(Kampf aller gegen alle)이 '만인을 얻기 위한 만인의 투쟁'(Kampf aller um alle)으로 바뀌고 있기 때문이다. 그래서 사회학자 게오르그 짐멜(Georg Simmel)은 경제적 경쟁을 사랑과 비교했다. 사랑과 마찬가지로 경쟁 속에서 "생산자들은 소비자 자신들은 의식도 못하고 있는 소비자들의 가장 깊은 욕구를 파악하고 이를 채워 준다. 적대적 경쟁자들의 틈바구니 속에서 생산자는 거의 선견자의 수준에 가까운 놀라운 감각으로 소비자의 취향을 간파한다." 결론적으로 말하면 경제적 경쟁 때문에 유행의 변화에 민감해진다는 것이다.

경영자들은 또한 추세의 현장에 스파이를 파견한다. 이것은 기업의 시장 적응력을 향상시킬 뿐 아니라 더 나아가서 모든 현장들의 총체라고 말할 수 있는 대중문화에 지대한 영향을 끼친다. 말하자면 '전복적'이거나 '다른 편에 서 있다'거나 '언더그라운드'로 남아 있는 것이 점점 어려워지는 것이다. 반문화는 염탐되고 있다. 모든 것은 평범한 유행이 될 뿐이다. 히피나 펑크, 그런지를 생각해 보라. 시민적인 고상한 유행에 대한 반란은 파리나 밀라노의 유행가에서 운명을 다했고 범세계 사운드인 MTV에 대한 반항의 노래들은 MTV 서열 순위 1위로 끝난다. 거대한 부정이 더 이상 그 역할을 못하고 즉각 돈벌이의 수단으로 전락하고 있다. 이런 이유 때문에 컬트영화 〈슬래커〉(Slacker)를 감독한 리차드 링클레이터(Richard Linklater)는 《와이어드》와의 인터뷰에서 다음과 같이 말했다. "이런 대중매체의 압도적 지배 속에서 최후의 반문화는 그 어떤 것에도 관심을 보이지 않는 태도이다." 지배적 문화에 반항할 수 있는 유일한 행동은 아마도 그 자체가 존재한다는 것을 생각하지 않는 것일 수도 있다. 이 나라에서는 이에 대한 명백한 역설이 멋진 문구로 존재하는데, 우선은 아무것도 무시하지 말라는 것이다.

공동작업인 마케팅과 광고

라틴어문학자인 롤프 크뢰퍼는 그의 책 『광고의 미학』(*Ästhetik der Werbung*)에서 초기 낭만주의자 노발리스의 개념인 공동작업을 마케팅과 관련해 의미를 부여하려 한다. 그 의미는 고객은 수동적인 광고 메시지 수용자가 아니라 광고를 통해서 자극을 받아 의미를 만들어 낸다는 것이다. 이것이 곧 체험으로서의 광고이다. 광고를 하는 회사와 이를 보는 고객은 언어의 공동작업을 하게 되고, 그 가운데 광고 메시지가 탄생한다. 고객은 마케팅이라는 심미적 의미 부여의 대형 유희에 동참자가 된다. 목적은 내용을 전달하는 것이 아니고 '커뮤니케이션의 흥미'를 돋우는 것이다. 그렇기 때문에 기업/고객의 관계를 고려하면 공동작업이라는 개념이 대화라는 말보다는 훨씬 더 깊고 정확한 의미를 지니고 있다.

이런 고객과의 공동작업으로서의 마케팅은 유행을 통해서 더 많은 사람을 응집시키고 '커미트먼트'(Commitment)를 강화한다. 커미트먼트라는 말을 정확히 풀이하자면 가치 연결이다. 여기서 고객을 묶어 주는 가치는 당연히 해당 기업의 상표다. '상표에 대한 충성'이 의미하는 바는 명백하다. 곧 고객이 다른 상표를 선택하게 되면 죄책감을 느끼게 된다는 것이다. 물론 이것은 정치에서도 마찬가지다. "당에 대해 충성하라." 이에 대해서는 뒤에서 좀더 언급하겠다.

상표에 대한 충성은 일단은 디자인의 문제다. 로고에 대한 시각적인 지향은 상표에 대한 충성심을 강화시켜야 한다. 로고는 상형문자, 곧 의미를 담은 표시인데, 통치권의 상징이라고도 말할 수 있다. 커뮤니케이션 디자인으로 이해되는 마케팅은 상품을 상징으로 변화시킨다. 상품이 엠블렘이 된다. 이것은 초기 낭만주의의 표현을 빌려 시장의 공동 시짓기라고 할 수도 있다. 곧 상호 참조의 과정을 통해서 상품의 의미는 중요해진다.

만일 앞에 말한 대로 광고는 상품에 대한 자랑보다는 '심미적 상징유희'가 더 중요하다면 왜 그렇게 광고에 엄청난 돈을 쏟아부어야 하는지 도통 이해하지 못하겠다는 중소기업인들에게 나름의 답이 될 것이다. 당연히 상품을 팔기 위해서 광고를 한다. 당연히 실증적 시장 조사도 존재한다. 마찬가지로 광고에 수백만 달러를 퍼붓는 기업은 그 효과에 대한 수치 증거자료를 가지고 있다고 주장한다. 당연히 우리는 광고가 고객이 물건을 사도록 만든다는 사실을 부인하려는 것이 절대 아니다. 그러나 우리는 마케팅은 고유한 시스템 역학을 갖고 있다는 사실을 결국에는 깨달아야 한다. 이 말의 의미는 광고와 구매행위 관계를 인과적으로 생각하는데서 이탈하라는 것이다. 더 중요한 것은 새로운 문화의 육성이다. 커뮤니케이션 디자인으로서의 마케팅은 문화적 은유의 완성이다. 이를 거부하면 비싼 대가—고객의 의식세계에서 사라지는—를 지불할 수도 있다.

일 대 일 마케팅

뉴미디어에서 우리는 그때그때의 유행에 따라서 소비하는 것을 배운다. 여기서 광고와 정보를 구별하는 일은 무의미하다. 광고전단, TV 광고, MTV 음악장면, 할리우드 영화는 일직선상에 놓여 있다. 대중매체는 커뮤니케이션을 통해서 일시적 세계통합을 이룬다. 그 밖에도 말이 필요 없는 오래된 세계 커뮤니케이션이 있다. 여기에 대해서는 이미 광고의 공공성 장에서 자세히 다루었다. 전자장비와 기계들의 세계적 확산, 대중음악의 세계적 확산, 상표를 중심으로 한 컬트적 소비는 포스트모더니즘의 진정한 에스페란토어이다.

그러나 이러한 세계 커뮤니케이션은 오늘날 방송(Broadcasting)의 획일성을 더 이상 따르지 않는다. 다양해진 대중매체, 곧 제한된 보도(Narrowcasting) 앞에서 소비자 대중은 여러 다양한 소집단들로 바뀐다. 오늘날에는 일점보도(Pointcasting), 곧 방송국과 시청자의 일 대 일 관계까지 언급되기도 한다.

비디오, 쌍방향 TV, 무엇보다도 컴퓨터는 대중매체 사용과 광고에서 광범위한 개인화를 초래했다. 초저녁에 모두 사무실에 둘러앉아서 범죄영화를 보던 시대는 이미 오래 전에 지나갔다. 방송사의 다양화가 프로그램의 질적인 향상을 가져오지는 못했지만, 광고를 피할 수 있는 자유를 가져다주기는 했다. 그리고 곧 뛰어난 소프트웨어의 힘으로 보고 싶은 것만 볼 수 있게 될 것이다. 해체되고 있는 대중시장과 대중매체는 광고와 마케팅에는 정말 커다란 도전이다. 여기에서 수학의 한 가지 개념을 빌려 오겠다. 마케팅에서는 모든 연산기호의 거부가 중요하다. 어떤 의미인가?

대중에서 시작해 목표집단을 거쳐 결국은 개인에 이르기까지의 엄청난 양적인 축소과정을 마케팅이 계속 감당할 수 있었던 배경에는 컴퓨터가 있었다. 왜냐하면 컴퓨터의 지원을 받는 마이크로 마케팅만이 '일 대 일의 마케팅' 역설에 대처할 수 있기 때문이다. 일 대 일 마케팅은 소비자 분할의 논리적인 한계치―대중시장의 최후의 종식―이다.

데이터뱅크의 도움으로 오늘날에는 광고전략들을 거의 제한 없이 나눌 수 있고, 그래서 각 고객은 맞춤 광고를 볼 수 있다. 이것은 정말 즐거운 소식일 것이다. 드디어 흥미를 전혀 끌지 못하면서 우체통이나 TV 화면을 채우기밖에 못하는 그런 광고를 벗어날 수 있기 때문이다.

데이터뱅크의 도움으로 고객은 특징에 따라서 개인적으로 분류된다. 그러나 각 개인의 유일한 독특성이 인정된다는 말이 아니라 오히려 정반대이다! 시장의 개인이라는 것은 데이터뱅크의 발명품이다. 각각의 고객은 엄청난 데이터 그물망 속의 연결점이 된다.

예를 들면 로터리클럽 회원, 45세, 결혼했음, 자녀 셋, 본인 소유주택, 골프 즐김, 적포도주 마심, 통상적으로 북해에서 휴가를 보냄, 잦은 항공편 이용, 금연자, 컴퓨터 게임 즐김 따위와 같은 정보들이 컴퓨터 정보망에 수록되어 개인은 인식이 가능한 연결점이 된다. 고객은 또한 "수많은 보이지 않고 알아채지 못하는 조합의 회원"이라고 스탠 랩(Stan Rapp)과 톰 콜린스(Tom Collins)는 마케팅의 대전환기를 다룬 그들의 책에서 정확하게 지적한다.

이런 식으로 산업사회에서 대중은 해체되고 목표집단조차도 복잡 다양한 작은 집단으로 해체된다. 그래서 정치, 교회 그리고 경제는 모두 같은 문제를 안게 되었다. '대중'은 더 이상 말을 듣지 않는다. 점증하는 상표에 대한 배반, 유권자의 정당 바꾸기와 분파적 종교성은 급진적 개인화의 산물이다.

이런 모순은 마케팅에뿐 아니라 생산에도 적용된다. 미래에 잘 나가는 회사에서는 모두가 경영자이며 사업가가 될 것이다. 이것이 도처에서 보이는 기업 해체와 조직의 탈조직화가 단일 비즈니스로 발전할 수 있는 이론적 한계단위이다.

가상의 상품들

포화된 시장에서 유일한 무기는 커뮤니케이션과 관련된 유통구조이다. 서구세계의 시장에서는 필요한 것은 이미 모두 가지고 있는 고객들을 두고 경쟁하고 있다. 간단히 말하면 고객의 욕구가 부족한 자원이 되었다. 많은 상품들이 고객을 찾아다닌다.

이런 새로운 상황에서 마케팅은 미래의 상품들은 커뮤니케이션에서 경쟁력을 갖추어야 한다는 전략적 결과를 끌어내야 한다. 하여튼 고객을 대화의 장에 끌어내야 하기 때문에 커뮤니케이션 능력이 있는 상품들을 내놓아야 한다. 포스트모더니즘의 상품은 정보성을 갖고 있다. 조언이나 디자인이나 시스템 경영법을 제공하는 회사들은 오로지 정보에만 의지하여 장사한다. 그리고 재래의 상품들은 오늘날 '커뮤니케이션 표식'을 달고 있을 때만 팔려 나간다.

지난 수년 간 필립 모리스(Philip Morris)나 카멜(Camel)사의 마케팅 전략을 살펴보면 이 상표들은 가상 현실을 그리고 있다는 것을 알 수 있다. 상품의 구체적 실재가 중요한 것이 아니고 (임의로 바꿀 수 있고 그 밖에 정치적으로 바르지 못한 담배에 대한 것이 아니고) 커뮤니케이션의 가능성이 중요하다. 가상의 상표들이 커뮤니케이션의 세계를 중심으로 자신을 형성하는데 구체적으로 개개의 광고에서 말해지는 것은 중요하지 않다.(물론 대부분은 뉴미디어나 음악을 다룬다.)

상표는 소비행위를 조장하는 자극제가 아니고 커뮤니케이션의 장(場)을 펼쳐 나간다. 이미 말했지만 거기서 말해지는 것은 중요하지 않다. 중요한 것은 커뮤니케이션이 이루어진다는 것이다. "함께 우리 얘기해 보자." 개신교 목사와 한번쯤 대화를 나누어 본 사람은 누구나 이 태도를 잘 알 것이다. "서로 대화를 나눈다"는 사실 자체가 우상이 되고 있다. 그리고 새로운 마케팅은 정확하게 바로 대화 상대자들 간의 이 종교적인 커뮤니케이션 형태를 목표로 하고 있다. 이것을 달리 관계 마케팅(Relationship-Marketing)이라고도 한다. 관계 마케팅은 관계를 위한 관계만을 촉진한다.

문제가 있으면 그것을 우리에게 가져오시오!

관계라는 개념에 대해서도 바꾸어서 생각하는 법을 배울 필요가 있다. 만일 누군가가 관공서나 회사에서 불가능한 것을 가능하게 만들어 놓으면 기뻐서 '비타민 B'라고 하는데, 이 말은 "그는 관계를 맺고 있다"(Beziehung)는 뜻이다. 오늘날 중요한 것이 바로 이런 것이다. 관계들 그리고 더 더욱이 관계를 위한 관계들을 맺고 이를 통해서 관계체계를 형성하는 것이 아주 중요하다. 앞에서 말했지만 이를 위한 첫번째의 길은 광고에 대한 피드백을 실시하는 것이다. 두번째 길을 여는 방법은 고객에게 상품을 제공하지 않고 그를 초대하는 것이다. "당신의 문제를 가지고 우리에게 오세요!"

고객의 관점에서 시장을 바라보면 상품은 문제를 해결해 주거나 소원을 들어주는 것이 된다. 여기서 나오는 결론은 신마케팅은 문제를 해결해 주면서 상품을 판다는 것이다. 곧 상품 판매자는 문제 해결사라는 가면을 쓴다. 물건을 사는 사람은 생산자와 관련을 맺게 된다. 이런 식으로 하드웨어 판매도 서비스로 둔갑한다. 달리 표현하면 마케팅은 커뮤니케이션 디자인이 되어야 하는데, 커뮤니케이션은 오늘날 소비뿐 아니라 생산도 결정하기 때문이다. 포스트모던한 회사의 상품에서 중요한 것은 생산품의 질보다는 문제 해결이라는 측면이다. 그렇기 때문에 전통적인 회사들은 더 이상 미래가 없다. 원격작업과 컴퓨터를 통해 소비자를 생산과정에 참여시키는 일은 가상 공장이 발전해 나갈 것임을 보여준다. 앞에서 이미 말했지만 앨빈 토플러는 이를 가리켜 '프로슈머'(Prosumer)라고 했다. 소비(Con**sum**tion)가 생산(**Pro**duction)을 통제하고 있다.

포스트모더니즘 시대의 일은 정보프로세싱(Informations-Processing)이다. 프로그래밍을 하고 커뮤니케이션 환경들을 계획하는 일이 이미 어떤 기계적인 일보다도 훨씬 더 생산적이다. 그리고 프로그래밍은 오늘날 정보학이라는 프로크루스테스의 침대(손님을 쇠침대에 눕히고 키가 침대보다 길면 자르고 짧으면 억지로 잡아 늘여서 죽였다고 함—옮긴이)를 벗어나 커뮤니케이션 디자인이 되고 있다. 미래의 프로그래머와 마케팅 전문가는 같은 과제를 갖고 있는데, 곧 이벤트 디자인을 계획하는 일이다. 하이퍼텍스트의 발명가 테드 넬슨은 이에 대한 간결한 문구를 찾아냈다. "프로그램은 이벤트를 위한 디자인이다." 프로그램은 이벤트들을 만들어낸다.

어떻게 보이지 않는 것을 팔 수 있을까?

여기서 알 수 있는 것은 지난 10여 년의 두 가지 친숙한 추세는 동전의 앞뒤 면과 같다는 것이다. 조금 사려 깊게 관찰한다면 서구 산업사회의 욕구구조가 심하게 변했다는 것을 알 수 있다. 사람들은 좀더 세련되면서도 정신적으로 즐기려고 한다. 하노버의 컴퓨터 박람회장 체빗(CeBIT)에 가보면 새로운 기술들은 눈으로 볼 수 없다는 것을 알 수 있다. 기술적인 비물질성과 탈물질주의적인 가치들이 소비 세계를 극적으로 바꾸어 놓았다. 오늘날은 보이지 않는 물건들을 팔아야 하는데, 고객들이 과거에는 예술이나 종교 분야를 통해서 채우던 욕구들을 여기서 채우려 한다.

질문이 하나 있다. 비물질적인 것과 블랙박스를 위해서 어떤 광고를 만들어야 하는가이다. 그 물건 자체를 이해하지 못하면서 우리는 점점 더 그 물건에 숙달해야 한다. 그래서 블랙박스 안을 비추어서 조금이나마 살펴볼 수 있도록 사용자 화면을 확충하는 게 더욱 중요해진다. 이것을 인터페이스 디자인(Interface-Design)이라고 한다. 마케팅의 과제는 손에 잡히고 보이는 물건에서 떠나 비물질적이고 눈에 보이지 않으며 소비자와 상품 사이를 중개하는 일로 옮겨 가고 있다.

원거리 통신, 뉴미디어와 컴퓨터 기술을 묶어 주는 디자인이 미래의 가장 중요한 과제다. 이를 위해서는 커뮤니케이션 중심의 기술 투입으로 발생하는 특별한 문제들을 연구하는 새로운 디자인학이 필요하다. 이 신디자인학에서는 지나간 일을 분석하는 연구와 이론보다 생산단계 전의 마케팅을 과제로 삼아야 한다. 이럴 때라야 신디자인학은 점차 '부드럽고' 비물질적인 과학으로 성장할 수 있다. 요약해 보자. 커뮤니케이션은 소비와 경쟁한다. 시장에서 살아남으려면 누구든지 커뮤니케이션 욕구를 자아내는 소비형태를 만들어 내야 한다. 그리고 마케팅은 커뮤니케이션 디자인이 되어야 하는데, 커뮤니케이션이 소비를 밀어내고 있기 때문이다.

구별의 디자인

미국 사회학자 탈코트 파슨스(Talcott Parsons)가 멋진 정의를 내린 적이 있다. "모든 광고에서 중요한 원칙은 소비자는 타인과 구별되게 하는 것을 구매한다는 것이다." 달리 말하면 마케팅은 타인들의 머리 속에서 벌어지는 상표들의 생존경쟁이다. 마케팅 전투는 소비자의 머리 속에서 벌어진다. 소비자가 바라는 것과 꿈꾸는 것과 믿는 것을 알아야 하는데, 그곳에서만이 마케팅의 가치가 자리를 잡을 수 있기 때문이다. 이런 사실을 바

탕으로 돈 슐츠(Don Schultz), 스탠리 탄넨바움(Stanley Tannenbaum)
과 로버트 로터보른(Robert Lauterborn)은 '통합 마케팅 커뮤니케이션'
이라는 개념으로 발전시켰다. 그들의 결론은 다음과 같다. "포화된 시장
에서 마케팅 담당자가 소비자에게 가져다줄 수 있는 유일한 차별성은 소
비자가 브랜드와 회사, 상품, 서비스의 관계를 믿도록 하는 것이다. 진짜
상품과 브랜드 가치가 존재하는 유일한 장소는 바로 소비자의 내면이다."
그래서 한 상표의 가치는 고객의 머리 속에 존재한다고 말하는 것이다.

그런데 어떻게 다른 것과 차이를 만드는 구별이 가능할까? 결정적인
구별의 비법은 무엇인가? 테오도어 레비트(Theodore Levitt)는 언젠가
마케팅을 '의미 있는 구별을 찾아내는 일'이라고 정의했다. 그런데 어떤
구별이 의미가 있을까? 합리적인 근거를 대는 것은 분명히 아닐 것이다. 문
제는 이것이다. 곧 물건 그 자체로는 경쟁사와 비교해서 차이가 없는 상표
에 어떻게 계속 충성하도록 조장할 것인가? 그러나 충성은 논리적인 것이
아니고 애착이다. 그래서 고객에게 합리적인 근거들을 제시하기보다는 거
역할 수 없는 감정에 호소해야 한다. 이런 의미에서 밴스 패커드(Vance
Packard)는 마케팅을 '비이성적인 구별'에 대한 학설이라고 정의한다. 이
런 비이성적인 구별과 비논리적인 상표에 대한 충성이라는 배경 속에서 이성과
논리는 그들의 마케팅 기능을 회복한다. 우리는 모두 다음의 광고공식을 알
고 있다. "XY를 사는 데는 충분한 합리적 이유가 있다." 그러나 지금까지
설명된 것을 미루어 보면 광고에서 말하는 '이성적인' 주장들은 단지 소비
자들의 행위들을 합리화하는 데 도움을 줄 뿐이다. 합리화는 감정에 따라
결정한 것을 뒤에 논리적 주장으로 둔갑시켜 주는 기술인데, 이것도 일종
의 고객서비스이다.

이로써 우리는 다시 커뮤니케이션의 세계로 되돌아왔다. 왜냐하면 커
뮤니케이션 세계에서는 이 세계에 영향을 끼치는 것이 물질적 에너지가
아니고 차이에서 나오는 영향이기 때문이다. 그레고리 베이트슨(Gregory
Bateson)은 정보를 차이를 만들어 내는 구별로, 곧 구별력이 있는 구별로

정의했다. 정보는 '차이를 만드는데' 바로 이것이 사람들이 바라는 것이다. 인정, 자랑, 커미트먼트 같은 것들은 모두 '차이 만들기'에서 비롯하지 않는가! 몇 년 전부터 피터 드러커는 특별히 미국적 개념인 '자원자'(Volunteer)라는 말을 반복해서 언급하고 있다. 자원자는 공동체의 과제를 더 이상 정부에만 맡겨 두지 않고 스스로 책임을 떠맡고, 시민사회라는 의미에서 개인으로서 능동적으로 활동하며 이를 통해서 차이를 만들어 낸다. 우리에게 중요한 것은 "만족감과 자부심이 차이(difference)에서 생겨난다"는 사실이다(드러커). 이런 모습보다 더 미국적인 것도 없을 것이다.

탈자본주의와 탈물질주의와 포스트모더니즘 사회의 인간들은 차이를 만들어 내고 싶어하고 차이를 만들어 내는 일들을 즐겨 행한다. 그래서 판매 성공을 위해서 중요한 일은 차이를 만들어 내는 구별행위를 하는 것이다. 디자인은 영향력 있는 차이를 만드는 기술이다. 오늘날 뉴에이지 운동의 여파로 소비의 영적 차원을 강조하는 마케팅 전문가들은 바로 이 점에 주목해야 한다. 200년 전 관념주의 정신이 그랬던 것처럼 뉴에이지 정신도 믿을 만한 것이 못된다. 미래에 우리에게 필요한 것은 차이라는 새로운 영적 차원이다. 차이의 디자인은 어떤 목록에서 하나를 선택하는 일과 같다. 그런데 이 목록은 그 어느 때보다도 더 풍부하다. 헨리 포드(Henry Fords)의 "역사는 터무니없는 소리(bunk)다"라는 오래되었으나 신랄한 격언은 긴장되는 이중적 의미를 갖고 있다. 전체 역사는 오늘날 사람들에게 유행목록과 같은 역할을 한다. 이것을 탈역사화(Posthistoire)라고 할 수도 있다. 곧 역사가 종말을 고한 뒤에 모든 시대는 인용이 가능해졌다는 말이다.

할리우드에서 배우기

시장이나 쇼핑 중심가나 전시장이나 길거리에서는 상품이 구성적인 기능을 한다는 것이 누구에게나 이내 분명해진다. 거기에서는 플랭카드의 세계가 무성해지고 있다. 오늘날 광고는 벽돌이 되고 건물 정면은 전광판이 된다. 여기에는 또한 새로운 진전이 있는데, 나이키타운이나 컬트 마케팅의 자리들이 광고의 새로운 확대를 가져오고 있다는 것이다. 도시 생활은 점점 더 유원지 도시 중심으로 집중되고 있다. "쇼비즈니스 같은 비즈니스는 없다"는 옛 금언이 오늘날에 더욱 적합해지고 있다. 쇼비즈니스는 현재 모든 사업의 전형이다.

시장이 포화상태이고 제품들도 질적으로 차이가 없고 또한 무슨 물건인지 설명하지 않아도 자명하게 알 수 있는 조건들 속에서는 상품에 대한 합리적인 정보들은 광고에서 의미가 없다. 어느 물건이나 일단은 쓸 만하다는 것이 "당연한 일이다." 이래서 광고의 가치와 구매력으로서 남는 것은 특권의식을 심어 주는 것과 체험을 하도록 해주는 일뿐이다. 체험을 갈망하는 사람들에게 상점들은 아주 급진적인 상술로 대처하고 있다. 상점은 상품의 사원일뿐 아니라 체험의 세계가 되고 있는데, 시카고의 나이키타운이 좋은 예다. 디자인과 마케팅은 진작부터 광고를 상품 속에 끌어들였다. 그 이유는 상품은 물건 이상이 되어야 하기 때문이다. 미래에는 상품과 서비스가 체험의 매개가 될 것이다. 그래서 탁월한 소비행태 분석가 베르너 크뢰버 릴(Werner Kroeber-Riel)의 '상표의 체험적 측면'이라는 지적은 적절하다.

미래의 상품은 마케팅 매니저나 프로슈머가 공동으로 만들어 내는 테마세계의 우상이다. 좋은 상품은 소비자를 흥미로운 세계로 유혹한다. 유명한 할리우드 영화를 많은 상품들과 연관짓는 것은 벌써 새로운 시대를 예고한다. 그러나 이 흥미로운 세계는 항상 픽션이고 그 가치는 우리의 해석에 달려 있다. 경험은 해석이다. 그래서 오늘날 마케팅은 이벤트 해석을 다루는 해석학이 되어야 한다.

판매용 도덕

대기업들은 오래 전부터 자사 상품에 고유 이미지를 부여하는 일에 힘을 쏟고 있다. 기업이 분리되고 그 기업의 상품의 범위가 넓어질수록—고객에게뿐 아니라 자사 직원들에게도—안정적이고 방향을 제시해 주는 통일된 이미지에 대한 급박한 필요가 생긴다. 이런 기업 정체성은 안정적 방향지침을 명시하고, 이 지침 안에서 기업은 계속 새로운 형태의 제품으로 시장의 주의를 끌 수 있다. 필립 모리스사의 '장관'(Minister) 캠페인이나 광란의 도가니에 빠진 카멜사의 '움직여라!'라는 캠페인을 관찰하면 금방 알 수 있는 것이 있다. 마케팅 자체가 선전이라는 사실인데, 결국 이 광고의 성공 여부는 주목을 끄는가 끌지 못하는가에 달려 있다.

경제가 혼돈스러워질수록 기업의 정체성은 더욱 중요해진다. 그러나 기업의 정체성 확립은 점점 어려워지는데, 한 기업의 경계 구분이 점점 불분명해지기 때문이다. 여기서 전자 커뮤니케이션은 조직의 경계를 없애 버린다는 원칙을 알 수 있다. 그래서 우리는 커뮤니케이션 디자인만이 기업에 정체성을 부여할 수 있다고 생각한다.

전자 커뮤니케이션이 기업의 경계를 지워버리는 것은 일면이다. 더욱 중요한 것은 커뮤니케이션 디자인으로서의 마케팅은 기업과 제품의 경계를 지워 버린다는 사실이다. 여기서 다시 한번 논란이 되는 '충격광고'에 대해서 살피고 이것을 문화적 징후로 해석해 보려고 한다. 베네통의 광고 캠페인은 선전수단으로 기록사진들을 사용했다. 여기서 세 가지를 배울 수 있다.

● 중요 소비층인 10세에서 18세에 이르는 세대는 미디어 현실을 허구 같은 사실과 사실 같은 허구의 혼합으로 알고 있다.

● 광고와 정보는 더 이상 구분되지 않는다. 실제로 이른바 '정보장사꾼들'(Infomercials)이 설치고 있지 않는가! 한 컴퓨터 잡지를 슬쩍 들여다보라. 첫째로 이른바 '독립적인' 컴퓨터 잡지와 회사와 관련된 잡지

를 구분하기 어려울 것이다. 도대체 누가 최신 디지털 제품에 대해서 '순수하게 정보만 제공하는' 광고와 잡지사 필진이 그 광고 다음 페이지에 직접 쓴 글 사이를 구분할 수 있겠는가?
● 광고는 정치가 제대로 해결하지 못하는 커다란 문제들, 예를 들어 에이즈, 세계기아문제, 이민문제, 인구과잉, 외국인 학대 같은 문제들을 다루려 한다.

'사회적 책임의식이 있는' 광고와 '의식 있고 적극적인' 소비자 설득은 똑같은 마케팅 전략의 두 가지 양상이다. 디자인은 벌써부터 계속해서 광고를 상품 속으로 끌어들였다. 오늘날의 마케팅은 광고를 소비자의 도덕의식으로 끌어들인다. 커뮤니케이션 디자인으로서 마케팅은 사회적 책임을 요구하는 광고 메시지와 상표에 대해 충성을 호소하는 것을 고객의 도덕의식 속에서 연결지으려 하고 있다. 이것이야 말로 눈에 보이는 '도덕과 실제 행동이 일치'하는 새로운 모델이 될 수 있는데, 청교도적인 자본주의가 한때 생산 영역에서 연습하던 것에서가 아닌 소비 영역에서 말이다!

3
고객에 대한 예배인 마케팅

유행은 숭배적 상품이 숭배될 수 있도록
필요한 예전을 규정한다.
발터 벤야민

과거에는 "생산이 중요하다"고들 했다. 그러나 그런 시대는 이제 지나 갔다. 오늘날에는 고객—언제나 서비스에 관한—에게 모든 것이 달려 있다. 또한 여기에는 중요한 문제가 섞여 있는데, 인간 애호적 마케팅 구호가 우리의 일상을 메우고 있다는 것이다. 서비스 용역이 점점 더 중요해지고 높은 평가를 받는다. 이것은 전통적 생산구조에서 이 업종이 지녔던 기생적인 위치와 모순된다. 오늘날은 어제의 기생충, 곧 서비스 회사가 세력을 잡고 있다. 그런데 왜 독일에서는 아직도 이런 발전을 용납하기가 어려운 것일까?

거기에는 두 가지 근본적인 이유가 있다. 영어의 Service라는 말에는 어떻게 번역하든 간에 항상 봉사한다(Dienen)는 의미가 숨어 있다. 독일 관념철학의 대가인 헤겔은 봉사한다는 단어를 통해서 그의 철학을 만들어 냈지만 '봉사 의식', 곧 서비스 의식을 통한 생산성 향상이라는 말은 독일인에게는 언제나 먼 비전으로밖에 느껴지지 않는다. 이것이 한 면이다. 두번째는 푸라스티에(Fourastié)가 명명한 '제3차 산업' 업종은 제한적 기술화만 가능하다는 것이다. 미래에는 똑똑한 소프트웨어가 세무사를 대체할 수도 있겠지만 미용사와 종업원은 안 된다. 또한 교육과 연수는 점점 더 '자동화'가 불가능한 분야임이 분명해지고 있다. 그런데 이 분야의 수요는 폭발적으로 늘고 있다. 마케팅은 여기에 맞추어 전략을 변화시켜야 한다. 미래의 상품은 멋이 있어야 하고 서비스 정신이 철저해야 한다. 그래서 우리는 마케팅 매니저는 포장예술가가 되어야 한다고 생각한다. 이들은 제품을 서비스로 포장하는 사람들이다. 그래서 다음과 같은 원칙을 말할 수 있다. 미래의 상품은 속은 지능이, 겉은 서비스로 포장되어 있다는 것이다.

이 장의 제목은 경건한 사람들을 자극하는 것 이상의 의미를 담고 있다. 우리는 고객에 대한 서비스를 예배의식과 비교하고자 한다. 달리 말하면 고객을 왕으로서뿐 아니라 신으로서 대접해야 한다는 뜻이다. 곧 마케팅의 신전략을 종교의 기능에 빗대어서 설명하려고 한다. 벌써 몇몇 지식인들이 이런 관련성에 대해서 심사숙고하고 있다는 사실을 알게 된다면 받아들이기에 그렇게 어려운 주제는 아닐 것이다.

칼 마르크스와 케네스 벅을 통해서 배우기

무시하지 못할 평범한 이야기로 시작해 보자. 소수의 직업혁명가들이 서구사회를 전복하는데 사용한 19세기의 바이블은 '혁명'(Die Revolution)이나 '프롤레타리아'(Das Proletariat)가 아니고 『자본론』(*Das Kapital*)이다. 이 책은 상품과 돈의 마술에 홀린 책이다. 그리고 이 책은 오늘날에도 이 마술에 대한 분석 때문에 매혹적이다.

우리는 모두 마르크스주의는 세계적으로 실패했다는 사실을 안다. 그렇기 때문에 우리는 흥분하지 않고 다시 한번 마르크스가 원래 『자본론』을 쓸 때 관찰한 것을 살펴볼 수 있다. 자본주의 세계가 이 관찰자에게 보여준 첫 모습은 '산더미같이 쌓인 엄청난 상품'이다. 바로 여기에서 마르크스는 출발한다. 그가 상품을 분석하면서 깨달은 것은 그가 '가치적 물건'(Wertding)이라고도 부른 것이 '감각적인 동시에 초감각적인 물건'이라는 것이다. 이것은 당연히 모순되는 표현이다. 가치는 물건이 아닐뿐더러 물건은 감각적인 것이지 초감각적인 것이 아니다. 마르크스가 관찰한 것은 또한 자본주의 시장에서 상품은 모순적인 것, 비밀에 쌓인 것이라는 사실이다.

어떤 초감각적인 것을 감각을 통해서 파악하는 것은 종교적 상징의 세계에서만 가능하다. 사실 마르크스는 상품세계를 종교세계와 유사하다는 측면에서 분석한다. 이를 통해서 그는 엄청난 사실을 깨닫게 된다. 곧 상품의 비밀은 절대 그 상품의 사용가치와 상관이 없다는 사실이다. 상품은 단순히 소비를 위한 물건이 아니다. 상품은 어떤 구체적인 욕구들을 충족시키기보다는 토템과 마찬가지로 사회적 차원의 무언가를 구현한다. 그래서 마르크스는 상품시장에 나타나는 생산품을 사회적 '상형문자'(Hieroglyphe)라고 불렀다.

'히에로글리포스'(Hieroglyphos)는 성스러운 상형문자를 새겨 넣는 사람을 가리키는 그리스어다. 마르크스가 우리에게 말하려고 했던 것은 자본주의 시장의 상품은 일종의 비밀문자로 읽힐 수 있고, 그 안에서 우리의 사회적 삶은 종교적으로 암호화된다는 사실이었다. 우리는 이미 예상하고 있다. 상품의 비밀과 종교의 비밀이 같다는 것을.

우리 사회생활에 대한 일종의 비밀문자가 상품이라는 것은, 왜 자본주의 시장의 상품이 고유의 생명력을 지니고 있는지를 잘 설명해 준다. 생산된 제품들은 죽은 것이 아니고 자기 생활을 발전시켜 나간다. 마르크스에게 이것은 유령의 출현이었다. 그래서 그는 '허깨비 같은 형태'에 대해서 말하는데, 좀더 차분하게 오늘날 말로 에메르겐츠(Emergenz)라고 표현할 수 있다.

케네스 벅(Kenneth Burke)은 여기서 동지로서 반기고 싶은 두번째 지식인이다. 그는 '돈은 신적 용어'라고 말한다. 이 말은 돈은 종교적 동기를 기술적으로 대체하는 기능을 갖고 있다는 뜻이다. 그러나 그 밖에도 돈은 거의 모든 형태의 커뮤니케이션을 변형할 수 있는 상징성을 지니고 있다. 오해를 막기 위해서 말하자면 돈은 삶의 의미를 제시하지는 못한다. 삶의 의미에 대한 모든 주장은 현대의 실생활에서는 실망만 안겨 준다. 화폐통화는 결코 삶의 의미는 아니지만 돈의 추상적인 형식주의는 인간 존재의 모든 우연성을 잡아넣을 수 있는 하나의 '의미형태'를 우리 삶에 제공한다.

그러나 이 기적 같은 화폐매체에는 당연히 경제와 외부 세계를 연결지어 주는 메커니즘이 필요하다. 소비가 바로 이 메커니즘이다. 이와 관련하여 체계이론가들은 공생적 메커니즘이라는 말을 하는데, 이 메커니즘을 통하여 관계가 실재가 된다. 달리 말하면 소비는 논쟁거리로서, 여기서 경제는 '인간'과 불편한 관계가 되기도 하고, 동기를 부여하기도 하고, 인간들의 '커미트먼트'(Commitment), 가치 연결, 곧 참여를 끌어내기도 한다. 여기서 전능한 돈은 능력의 한계를 드러내는데, 돈을 통해서는 '국민의 의사 수렴'이 이루어지지 않기 때문이다. 바로 이곳에서 마케팅이 시작된다.

잠깐 주제를 벗어난 얘기를 하면 '상표에 대한 충성'이라는 말이 원래 무엇을 의미하는지가 분명해진다. '상표에 대한 충성'은 '커미트먼트', 곧 자신을 스스로 고정하는 것과 같은 의미인데 소비자 스스로 자유의지를 갖고 한 상표만을 고집하고 다른 상표는 거부한다. 상표에 대한 충성은 종교적 고백과 같은 구조를 지니고 있다!

현재 마케팅에 대한 주장들은 많지만 한 가지 짚고 넘어가야 할 것이 있다. 고객은 기업과 커뮤니케이션할 수 없다는 것이다. 그래서 고객에게는 '부족'(Stamm 또는 Tribe)의 구성원이 될 수 있다는 인상만을 주고 '단골고객'(Stammkunde)[†]이 탄생하게 된다. 이것은 커뮤니케이션의 본질적인 딜레마—마케팅에서 이런 딜레마는 첨예화된다—에서 멋있게 빠져나오는 방법이다. 오늘날 커뮤니케이션은 당연하다기보다는 있음직하지 않은 일이다. 누군가가 내가 제안하고 제시한 것을 승낙하고 자신의 행위

[†] 여기서 부족이라는 독일어는 Stamm이라는 단어인데 단골 고객이라는 말은 또한 Stamm(단골) + Kunde(고객)이다. 그래서 단골고객은 당연히 부족의 구성원이라는 저자의 개인적인 해석을 뒷받침하기 위해서 독일어에서만 가능한 언어유희를 사용하고 있다—옮긴이

로 연결짓는다는 것은 기적과 같은 일이다. 그러나 바로 이런 기적을 통해서 사회가 형성된다. 마케팅이든지 유행이든지 대중매체든지 문제는 항상 같다. 어떻게 내 선택(신상품, 생활양식, 정보)을 다른 이들에게 통하게 만들 것인가? 오트 쿠튀르(Haute couture, 의상 유행을 만드는 디자이너 협회—옮긴이)의 기이한 전횡을 생각해 보라! 대화나 상호 주관성과는 상관이 별로 없다. 새로운 것은 달라야만 하는데, 근원적으로 다른 게 아니라 연결력 있게 달라야 한다.

유행에 대한 소이론

아마도 당신은 어쩌다가—그리고 점점 더 흥미를 가지고—≪보그≫나 아니면 적어도 ≪맥스≫(Max)를 뒤적이는 사람일 것이다. 즐거움에는 그럴 만한 이유가 있기에 이런 것을 부끄러워할 필요는 없다. 유행 잡지들은 과학적 문화나 정치 여론들이 고려하지 않는, 가장 우리 가까이 근접해 있는 것과 신들을 다루고 있기 때문이다.

라틴어 '종교'(Religio)의 의미는 '재연결'(Rückbindung)이다. 종교의 라틴어 어원의 의미를 그대로 살리면 다음과 같이 말할 수 있다. 유행은 단기 종교로서, 곧 강력하지만 빨리 해체되는 연결이다. 유행은 니체가 '가장 짧은 가치'라고 일컬었던 것의 의미를 명확히 해준다. 어떤 것이 봄날에 눈 녹듯 빨리 사라진다고 해서 비난할 수는 없다. 유행은 짧은 기간 동안 사람들을 열광시키는데, 이는 고객의 개인화와 모든 공적인 것이 우연한 오늘날의 사회 현실에 딱 맞아떨어진다. 이것은 경제에도 적용된다. 왜냐하면 오늘날에는 유행 주기가 생산속도를 좌우하기 때문이다.

유행이 어떻게 움직이는지는 아주 간단하다. 유행은 바로 최근의 것을 부정한다. 유행의 코드는 정반대의 가치태도인 '유행 중'(in)과 '유행이 지나감'(out)이다. 달리 말하면 바로 조금 전까지만 하더라도 '잘나가던 것'이 유행을 통해 인정사정 없이 완전히 '쓸모없는 것'으로 금방 탈바꿈

한다. 그러나 새로운 것이 등장하는 것이 아니고 과거에 있던 것들 중에서 하나가 다시 선택된다. 이렇게 해서 시간들이 재활용된다. 이것은 겉으로 보이는 우리의 의상에뿐 아니라 역사의식에도 결정적인 영향을 끼치게 된다. 유행의 재활용은 역사를 의상분장실로 사용하는 고삐 풀린 역사주의와 일치한다. 도덕(예를 들어 '정치적 정확성'), 종교(예를 들어 불교), 예술은 오늘날 유행에 따라서 의상을 갖추는 것—탈역사화의 거대한 카니발—에 지나지 않는다.

우리의 미래가 우리의 기원에서 멀어지는 만큼 유행, 더 정확히 말하면 유행을 지향하는 우리의 삶은 더욱더 어쩔 수 없는 일이 된다. 지나간 것이 미래의 것과 상관이 없다는 것은 우리 자신의 과거가 완전히 다른 것이 됨을 의미한다. 이런 이유로 1990년에 1970년대의 것을 매력적이면서 완전히 새로운 것으로 재활용할 수 있다. 발터 벤야민은 니체를 흉내내듯 언젠가 "유행은 영원히 계속되는 새것의 귀환이다"라고 말했다. 벤야민은 당연히 비판하는 것이지만 달리 이해할 수도 있다. 왜냐하면 유행은 같은 것이 계속 새것으로 귀환하는 것을 말할 뿐 아니라 가치들의 환상적 재해석을 의미하기 때문이다. 이것을 달리 말할 수도 있을 것이다. 유행은 사회가 꿈을 꿀 수 있도록 도와준다. 그리고 기업은 광고 속에서 꿈을 꾼다.

그러나 옛것을 정리하지 않고는 새것을 기대할 수 없다. 그래서 유행은 언제나 일종의 창조적 파괴행위다. 그러나 파괴된 것은 사라지지 않고 견본이 떠지고 재활용되고 새로운 의미가 부여된다. 깨끗이 처리한다기보다는 물려받은 것과 기존의 것을 가지고 작업한다. 유행은 교환의 세계, 문화의 통사론과 관련 있다. 그래서 지식인들이 유행 현상을 두고 비웃는 것은 완전히 타당하지 못한데, 그들의 문명 기여도는 오늘날 별 볼일 없기 때문이다. 열렬한 유행 추종자는 일상적 의미에서는 교양이 없을 수 있지만 그렇다고 그들이 우매한 것은 아니다. 유행은 테마를 바꾸라고 가르친다. 그리고 오늘날 유행의 긍정적인 변덕스러움보다도 더욱더 중요한 것이 있다. 유행은 초국가적이라는 것이다.

이렇게 말함으로써 우리는 이미 유행 사회학의 중심에 들어와 있다. 그것은 게오르그 짐멜이 이미 100년 전에 분명하게 깨달은 변증법의 영향을 받았다. 유행은 '개인적 분화'이기도 한 '사회적 복종'을 가능하게 한다. 보편성에 대한 적응이 구별을 만들어 내는 것은 역설적인 성과이다. 유행은 일탈에 대한 추종주의라고도 할 수 있다. 모두가 입는 청바지를 입음으로써 나는 드디어 내 자신이 된다. 알록달록한 넥타이와 귀걸이를 한 경영자가 파티의 표준이 된다. 그리고 사흘마다 면도하는 사람을 위한 면도기가 오래 전부터 있었다.

자신의 삶을 독자적으로 형성하고 혼자서 다르게 사는 것은 지금까지는 사회 상류층에만 제한된 특권이었다. 그러나 바로 유행의 독재 덕분에 남과 다르게 산다는 것이 민주화되었다. 유행은 모순된 규범과 자유와 자기 신뢰와 사회성의 여러 형태로 나타난다. 유행은 대중들—니체의 정확하고 멋있는 관찰에 따르면—에게 '형태 속에서 유쾌한 자기 만족'을 준다.

이미 말했지만 유행은 'in'과 'out'이라는 코드로 활동한다. 여기에서 확실한 것은 하나인데, 오늘 잘 나가는 것도 내일은 봄눈 녹듯 사라진다는 것이다. 이것이 우리 시대에 확실한 특징인 항상 다르고자 하는 것(Immer-anders-Seins)이다. 부부싸움을 피하기 위해서 화제를 재빨리 바꾸듯이, 우리 문화는 그 스타일 형태를 계속 바꿈으로써 안정을 꾀한다. 새로운 유행은 일탈을 따라하라고 부추긴다. 이것은 두 가지 욕구를 한꺼번에 만족시켜 주는데, 곧 함께하기와 구별짓기, 같이 속하는 동시에 '다를' 수 있다는 것이다. 시애틀 시내의 소년들이 입고 있는 추한 벌목공용 상의가 내일에는 백화점에 산더미처럼 쌓여 있게 된다. 이런 식으로 사회적 통합은 일탈을 통해서 가능해진다. 니클라스 루만은 다음과 같이 결론을 내린다. "유행은 이전에 통하던 것을 계속해서 벗어나고 이를 통해서 높은 복종심을 획득한다."

경계의 형식적 매력

이런'in'과 'out'의 추상적인 형식주의로 인해서 의상 디자이너를 바로크적인 독재자로 간주할 수도 있다. 그가 새봄에 유행하리라고 소개하는 의상은 그리 중요하지 않다. 중요한 것은 그가 다른 무언가를 '알린다는 것'이다. 그의 결정은 실제로 무에서, 더 정확히 말하면 과거를 부정하는 데서 탄생한다. In과 Out은 번갈아 가면서 활동한다. 유행이 우리를 사로 잡는 것은 본질적 내용이 아니고 처음과 끝이 있는 게임이라는 데에 있다.

다음은 덧없는 우리 문화의 특징이다.

● 사람들은 잡지를 읽지 않고 한 페이지를 폈다가 다시 계속해서 뒤적거린다.
● 사람들은 담배를 피우지는 않고 불을 붙였다가는 이내 눌러 꺼버린다.
● 사람들은 영화를 보지도 않으면서 한 방송을 들여다보다가 이내 채널을 돌린다.
● 사람들은 파티에 참석하면 곧 다시 떠나기 위해서 서두른다.
● 사람들은 여행 목적지에 도착하자마자 떠날 생각부터 한다.

사회학자 게오르그 짐멜은 이미 80년 전에 이 수수께끼 같은 행동에 대해서 답을 제시했다. 유행이 서구세계의 일상생활에 미치는 무한한 힘은 '경계가 가져오는 형식적인 매력의 힘'에 있다.

유행의 매력은 그 내용에서 비롯하는 것이 아니고 순수한 차이, 곧 순수하게 형식적인 가치 평가에서 기인한다. 곧 경계와 변화에 대한 경험이 중요하다. 그러나 자연에는 순수한 차이는 존재하지 않는다. 자연에는 대비와 상이함은 존재하지만 구별과 대립은 존재하지 않는다. 그래서 유행은 자연을 거슬러 반물리적으로 움직인다. 이것을 특히 강조하는 이유는 지난 수년 동안에 걸쳐서 '순수한 스타일'이 잘 팔렸기 때문이다. 그러나

'자연적'이라는 표현을 사용한다고 해서 유행이 자연에 가까워지는 것은 결코 아니다. 오늘날 소수의 사람들이 열광적으로 비싼 쉐이커(Shaker) 가구들을 집에다 들여놓는데, 이러한 실용성의 되풀이는 전형적인 유행의 재활용에 해당한다. 세계 유행에서 거대한 위조품은 모방할 수 없음을 약속한다. 형식적 매력과 차이만이 중요하기 때문에 한 운동화 회사는 "이 본질적인 것, 그 밖에는 아무것도 없다"라며 유행을 넘어선 것이 있다고 설득력 있게 주장할 수 있다.

그러나 오늘날 광고들이 즐겨 말하는 자연, 순수함, 근원, 순전함, 본질이니 하는 것들은 우리가 이미 다른 맥락에서 언급한 가치 인용에 지나지 않는다. 이런 주장들의 뒷면에는 강력한 반추세가 숨어 있다. 곧 기술적 진화의 힘에 반대하는 유행이 도사리고 있다. 매우 복잡하고 '매체화되고' 철저하게 기술화된 문화에 대한 불만은 단순하고 자연스럽고 개인적인 것을 숭배하는 시장을 만들어 낸다. 이런 새로운 '솔직함'보다도 히스테릭 글래무어(Hysteric Glamour)라는 한 일본 디자인회사의 이름이 더 정직하게 들린다. 유행의 비밀을 이 이름보다 더 인상깊게 설명할 수는 없다. 또는 실비아 보벤쉔(Silvia Bovenschen)의 말을 빌리면 "유행의 자연스러운 적은 자연이다."

신이자 거지인 고객

철학자 브라우어(L. E. J. Brouwer)는 언젠가 다음과 같이 아주 멋지게 말했다. "이른바 타인과의 교환은, 주체가 한 자동장치의 겉면만 만지는 격이다." 사람은 어떤 관계에서 인간 상호 관계가 형성되었다고 믿지만 실제 자동장치의 겉만 건드리고 있다는 것이다. 이것은 한 기업과 고객의 관계에도 마찬가지다. 그래서 고객을 왕으로서만 대하는 것은 더 이상 충분하지 않다. 고객은 신이고 그렇게 대해 주어야 고객을 설득할 수 있다.

얀 플라이쉬하우어(Jan Fleischhauer)와 한스 요르크 벨레발트(Hans

Jörg Vehlewald)는 ≪슈피겔≫ 1994년 6월 27일자에서 '왕에서 거지로'라는 부정적인 고객의 변화에 대해 다뤘다. "고객이 왕이라는 것은 소비자보호협회에서나 해당하는 말이다. 실제 생활에서는 이런 얘기는 농담거리일 뿐이다. 슈퍼마켓이든 레스토랑이든 매표 창구에서든 은행에서든 고객은 거지, 곧 귀찮은 존재일 뿐이다." 이 설명은 고객에게 예배한다는 우리의 주장을 일단은 부정한다. 훼방꾼 같은 고객의 수난사 ─ 우리는 여기에 더 보탤 수도 있다 ─ 는 기업과 소비자의 커뮤니케이션이 얼마나 어려운지를 더욱 분명하게 보여준다. 고객은 신이자 동시에 거지이다! 뒤에서 자세히 다루겠지만 고객은 기생충이자 동시에 정보원이다! 그래서 마케팅은 고객에 대한 예배인데, 고객을 우상으로 유혹하고 제품에 대한 사랑에 빠지게 만든다는 것이 우리의 주제이다. 그래서 화물 숭배(Cargo-Cult)는 상표 숭배의 초기모델이다.

미래학자 필립포 토마소 마리네티(Filippo Tommaso Marinetti)는 스포츠카가 니케 여신보다 더 멋있다고 말함으로써 20세기 초의 문화세계를 스캔들로 몰아넣었다. 그 당시의 흥분은 가라앉았다. 아마도 오늘날의 대다수 사람들은 그의 주장에 동의할 것이다. 조금 보충할 필요가 있는데, 니케 여신보다 여기서 이름을 따온 나이키 운동화가 더 멋있다는 사실이다! 이런 제품들은 이미 오래 전부터 숭배 대상이 되었다. 사람들은 시카고의 '나이키타운'으로 순례여행을 떠나고 스포츠 용품점은 그 앞에서 간구 기도가 올려지는 성물(聖物)을 갖춘 성당이 되었다. 마이클 조던(Michael Jordan)이나 찰스 버클리(Charles Barkley)는 제사장들이다. '나이키타운'은 종교적 열광의 사원이라는, 상점이 줄곧 담당해 온 역할을 공개적으로 보여준다.

그러나 종교적 소비사원의 향 때문에 냉철한 분석이 흐려져서는 안된다. 여기서도 현대 마케팅의 기본구조인 차이의 기술이 등장한다. 한 제품의 영적인 잉여가치는 질적으로 비슷한 경쟁상품들을 제쳐야 하고 동시에 이 제품에 대해 필요 없으며 낭비라는 의심을 하지 못하게 최면을 걸어야 한다. 광고는 이제 초월의 영역으로 나아가고 있다. 그래서 우리의 주제는 다음과 같다. 포스트모더니즘의 광고는 종교의 기능을 이어받았다. 이런 광고는 소비의 영성을 계발한다. 도대체 홍수처럼 밀려드는 TV광고들의 차이를 소비자가 어떻게 알 수 있을까? 레슬리 세이번(Leslie Savan)은 이에 대해서 정확하게 지적하는데, 이제 광고가 해야 할 일은 '성스러운 제물'을 화면에서 태우는 것이다. 구매행위를 기도의 형태로 다듬어 고착시키면 소비자는 더 이상 양심의 가책을 느끼지 않는다. 마케팅의 이상적 모델은 종교적인 성물 숭배이다.

　　방금 전에 말했지만 마케팅과 광고는 소비행위로 양심의 가책을 갖지 않게 해야 한다. 바로 이것이 우리 풍부의 사회에서는 결정적인 문제다. 우리의 양심을 괴롭히는 것은 세계 도처에 기아가 존재한다는 것을 안다는 것뿐 아니라 우리의 풍요가 그 기아와 관련되어 있다는 의식이다. 수십 년 동안 우리는 문화 비판적 설교들은 소비에 대한 양심의 가책 덕택에 먹고산다는 것을 볼 수 있었다. 이런 비판들은 소비가 죄라고 가르친다. 이런 배경 속에서는 순전히 특정 기호품을 사라고 부추겨야 하기에 광고의 역할이 더욱 커진다. 광고는 즐기라고 부추길 뿐 아니라 후회를 면하게 해준다.

　　오늘날의 광고는 소비의식을 치르라는 명령이 숨어 있는 예식화를 목표로 한다. 고객은 단순히 구매하고 소비할 뿐 아니라 제사의식을 취해야 한다. '숭배적 상표'와 '숭배적 제품'들이 존재한 이래 고객에게는 시장에서 수동적 소비에서 능동적 헌신으로 나가야 한다는 것이 분명해졌다. *Journal of Consumer Research*(1989년 6월호)에서도 이 사실을 읽을 수 있다. "소비는 초월적 경험의 매개가 될 수 있다. 곧 소비자의 행위는 성자의 행동과 어떤 측면에서 같다." 이렇게 소비주의는 종교체계로 발전한다. 이 사실은 오늘날 소비의 기원—식사공동체의 토테미즘—을 다시 생각하게 한다.

감성 디자인 I

'가상 현실'과 멀리 떨어져 있는 것이 동시에 존재하는 것 (Telepräsenz)과 사이버스페이스는 비물질적인 것과 비현실적인 것을 가시화하는 기술이다. 여기에 비대상적인 것을 즐기는 기쁨이 있다. 목적과 기능이 중요하지 않고 체험과 감성이 중요하다. 이런 욕구와 기대는 기존의 소비재로는 충족되지 않는다. 오늘날에는 시장에서 이목을 끌려면—스마트한 마이크로칩이든 '감성 디자인'이든—영적으로 풍부해져야 한다. 포스트모더니즘의 시장은 '대뇌적 소비'(아놀드 겔렌)로 나아가고 있다. 정신적 유희가 중요하다. 요약하면 마케팅은 중추신경체계의 건반을 연주할 수 있어야 한다는 것이다.

소비—적어도 서구사회에서는—는 더 이상 욕구 충족에 의미가 없고 오스카 와일드(Oscar Wilde)가 언급한 '자기문화'를 만들어 가는 매체로서 의미가 있을 뿐이다. 이로써 포스트모더니즘적 소비행태의 특징이 더욱 분명해진다. 수년 전부터 소비의 이중 코드화를 관찰할 수 있다. 기본 생필품 할인 구매를 위한 가격 중심 구매형태와 체험을 중요시하는 가격 제한 없는 부티크형 구매이다. 같은 사람이라도 소비는 다양한 수준에서 행한다. 그 결과 소비는 '반성적'(reflexiv)이 되는데, 곧 소비는 자기 자체에 연관이 된다. 우리는 제품을 소비할 뿐 아니라 동시에 소비 자체도 소비한다. 이런 민감하고 복잡하고 모순적인 욕구를 충족시키려면 고객의 정신 속에서 형성된 상품이 필요하다. 일정한 수준의 문명적인 욕구들이 충족되고 나면 중요한 것은 머리 속에서 진행된다. 그래서 이를 대뇌소비라고 한다.

이런 새로운 비대상적인 소비는 정신적인 종류의 것이라기보다는 '만질 수 없는 것'을, 곧 손으로 만질 수 없는 질적인 차원을 지향한다. 그래서 생산품을 물건으로 간주하지 않고 개성적인 것으로 파악하는 것이 중요하다. 펩시나 코카콜라를 마시는 것은 미각신경의 문제가 아니고 세계를 뒤덮는 광고가 그려 낸 세계상의 문제이다. '감성 디자인'은 어떤 유형의 틀을 제공하고 소비자는 그 틀을 통해서 자신의 감정을 모델화할 수 있는데, 할리우드 영화들이 오랜 전부터 이 역할을 해오고 있다. 커뮤니케이션 디자인으로서의 마케팅은 소비매체를 통하여 체험을 만들어 낸다. 소비재를 만들어 내지 않고 인간관계 형태를 만들어 낸다.

원칙적으로 디자인은 이 세계를 더 잘 해독하게 만든다. 그러나 사람들은 더 이상 '객관적으로' 기능의 형태를 파악함으로써 이런 결과를 얻으려고 하지 않는다. 쿼츠 기술로 인해서 기계적이고 기능적인 표준이 의미를 상실했을 때에 컬트적 상품인 스와치(Swatch) 시계를 순수하게 감정적 산물로 탈바꿈시켜 시장에 판매한 것은 천재적인 니콜라스 하이에크(Nicolas Hayeks)였다. 디자이너의 과제는 구체적 대상과는 점점 더 멀어져 간다. 대상을 직접 디자인하는 자리를 인식과 생활양식 관련 디자인이 점점 더 대신하고 있다. 프랑스 철학자 폴 비릴로는 이와 관련하여 '관습의 메타디자인'이라고 했다.

커뮤니케이션 디자인으로서 현대 마케팅은 의식 대신에 의식의 면역 체계인 감정에 더욱 집중한다. 감정은 행동유형에 상응하며 부분적으로는 학습될 수 있다. 그래서 감정을 모델화하는 것이 중요하다.

'감성 디자인'은 감정의 틀을 만들어 낸다. 여기에서 마케팅 매니저들은 매우 중요한 것을 문화역사가들에게서 배울 수 있다. 서구문명이 시작하기 직전의 고대사회에서는 감정은 인간한테서 자연발생적으로 생긴 것이 아니고 신들(Götter)이 그 형태를 갖추어 주었다. 오늘날에도 우리는 다음과 같이 매우 비슷하게 말할 수 있다. 감정의 형태를 갖추어 주는 것은 상품(Güter)과 미디어이다.

그런데 어떻게 상품이 신들의 자리를 차지하게 되었을까? 민속학자들한테서 배울 수 있는 사실은 원시 사회의 토템 숭배에서는 일상생활 용품들에 신성이 깃들어 있었다는 것이다. "품질이 신이다"라고 말할 수도 있다. 토템은 감정을 묶어 주는 황홀하게 만드는 형상, 곧 문양이라는 속성 덕분에 일상생활 용품과 구별된다. 마찬가지로 현대 시장의 상품들도 이런 토템문양을 지니고 있는데, 곧 상표나 로고이다. 에밀 뒤르켕이 이미 언급했듯이 이것은 "가시화된 신의 육체이다."

욕구를 대신한 갈망

마케팅과 디자인의 중요한 과제는 '상품미학' 또는 '문화산업'처럼 과거에 비판적으로 사용된 용어들을 재해석하여 근본적으로 부정적인 이미지를 없애는 데 있다. 문화는 산업이고 미학은 상품 디자인 이론이고 상품은 미학적이어야만 팔린다. 이런 식으로 우리는 상품 숭배의 무해성에까지 이른다. 덧붙여 기억할 만한 가치가 있는 것은 원시 사회에서 물신 숭배는 비난거리가 아니었다는 사실이다.

물신 숭배의 원래 의미는 무엇일까? 사전을 찾아보면 물신은 사람들이 초자연적인 힘이 있다고 믿고서 숭배하는 자연적인 것에 반대되는 어떤 것이다. 19세기 초에 벌써 물신 숭배는 '물건을 통해서 병적으로 흥분하는 것'이라는 비판적 의미가 되었다. 여기서 무엇을 배울 수 있을까? 갈망은 욕구와는 아무 상관이 없다. 배고프기 때문에 밥을 먹고 옷을 입어야 하기 때문에 옷을 사는 것은 갈망과는 상관이 없다. 마케팅은 욕구와는 아무 상관이 없고 갈망과 관련이 있다. 그러나 이런 갈망은—시장에는 운이 좋게도—채워질 수 없다. 그래서 옷장만큼이나 냉장고도 넘쳐난다.

결코 나는 만족할 수 없다는 것이 갈망의 비밀이다. 다시 한번 말하면 경제에는 다행스럽게도 인간의 욕망은 늘 구체적으로 말할 수 없는 무언가를 향한다.

언젠가 정신 분석가 자크 라캉은 말했다. "욕구의 재발은 소비, 곧 식욕에 대한 소비를 목표로 한다(지금의 욕망을 해소하는 것이다). 새로운 것을 계속해서 갈망하는 것은 그와는 반대이다. 원하던 새것도 얻고 나면 쓸데없는 것이 된다."

소비가 가져오는 재미와 짜릿한 자극은 욕구를 충족시키는 데 있지 않고 바로 **불충분함**에 있는데, 불충분함이 새로움에 대한 갈망을 부채질한다. 이것을 니체는 다음과 같이 표현했다. "사람은 결국 자신의 열망을 사랑하는 것이지 갈망하던 대상을 사랑하지는 않는다."

갈망, 욕구, 소망은 사실은 똑같고 단순한 상황에 대한 서로 다른 이름인 것처럼 보인다. 그러나 자세히 살펴보고 구별할 필요가 있다. 욕구와 갈망의 구별은 마케팅에는 중요하기 때문이다. 현재 그렇게 인기가 좋은 '고객에게 다가가기'에 대해서 생각해 보라. 기업의 생산을 고객이 바라는 대로 조정하는 것이 세상에서 가장 이성적이고 당연한 것처럼 보인다. 그런데 고객은 도대체 무엇을 원하는가? 고객에게 한번 물어보자! 그러나 그렇게 간단하지 않다. 시장 조사는 여기에 전혀 도움이 안 된다. 가장 강렬하게 원하는 것들은 무의식적인 것들, 바로 자신도 '알지' 못하는 그런 것들이다. 갈망은 자기 관찰로도 못 보는 것이기에 고객에게 무엇을 원하는지 물어보는 것은 무의미하다.

● 여성들에게 이상적인 남성상을 그려보라고 하면 부드러운 남자를 묘사하겠지만 결혼은 남성적인 남자와 한다.
● '섹스와 범죄물'에 대해서 시청자에게 물어보면 포르노그라피와 폭력물은 보지 않을 것이라고 대답하지만 바로 뒤 야간 프로그램에서는 바로 이런 프로그램을 찾는다.
● 학생들에게 어떤 선생님이 좋으냐고 물으면 말을 편하게 할 수 있는 이해심 많은 교사를 원한다고 답하지만 졸업 후 몇 년이 지난 다음에는 학교에서 배운 한 가지는 권위적인 '개자식' 덕택이었다고 고백한다.

그런 설문들은 의도는 좋지만 진정으로 갈망하는 것을 모호하게 한다. 오늘날 터무니없는 서비스주의는 고객의 '욕구'에 맞춰야 한다는 오해에 혹하고 있다. 그러나 일반적으로는 사람은 자신이 무엇을 원하는지를 모른다.

그래서 마케팅은 욕구와 갈망을 구분할 줄 알아야 한다. 갈망(Begehren)은 대상을 통해서는 채워지지 않는다. 여기서 바로 소비의 신화가 중요하다. 두번째 단계의 상품을 사람들이 갈망하도록 만들어야 한다. 그러나 어떻게 신의 욕망을 끌어낼 수 있을까? 여기에는 성물이 있다. 신을 자신의 그림에 앉히면 신을 강제로 움직일 수 있다. 오늘날 마케팅은 종교에서 바로 이런 교훈을 배워야 한다.

고객에게 원하는 것을 물어 보고 이를 만족시키려는 노력은 헛된 것이다. 고객은 원하는 것을 모르고 아는 것을 원하지 않기 때문이다. 마케팅은 고객의 욕망을 해석하고 결국은 고객이 원하는 것이 이 해석과 꼭 같다고 하는 것이 나을 것이다. 확실히 말하자면 성공적인 마케팅은 고객과 대화를 통해서 그의 욕구를 만족시켜 주는 것이 아니고 컴퓨터를 기초로 하여 고객이 갈망하는 것을 찾아내는 요술을 부리는 데 있다. 이미 늘 마케팅의 요술도구로 작용한 물신 숭배가 있고 게다가 오늘날에는 데이터뱅크를 사용할 수도 있다. 컴퓨터는 피드백을 통하여—왜냐하면 우리는 모두 기꺼이 교환을 요구하고, 불만을 호소하고, 쿠폰에 정보를 적어 넣기 때문에—고객 유형들을 만들어 내는데, 마케팅은 이를 이용하여 "요술을 부릴 수 있다."

그러나 오해는 하지 말아라! 사람들이 진정으로 갈망하는 것은 살 수가 없다. 그러나 광고의 상징적인 체계 안에서 조직된, 그 자체로는 중요하지 않은 상품 안에서 이런 갈망은 인정받을 수 있다. 광고와 TV 프로그램들의 속성, 곧 평범함과 통속성은 상징적 소재인데 이를 통해서 말하지 못하는 소원을 표현할 수 있다. 셔트 잘리(Sut Jhally)는 광고의 의미를 다음과 같이 요약했다. "광고가 그렇게 힘이 있는 이유는 그것이 사람들이 진정으로 원하는 것, 곧 사람을 인간적으로 만들어 주는 우정, 사랑, 안전, 자율성 같은 것을 인정하기 때문이다." 마케팅 전문가는 인간관계를 포장하는 예술가가 된다.

인간이 기능적이 될수록 상품은 더욱 개인적이 된다. 물건들이 사람보다도 더 신뢰할 만하고 더 오래 간다. 그래서 오늘날에는 가치와 인간의 자리를 살 수 있는 물건이 대신한다. "사랑은 살 수 없다"는 말이 옳기는 하다. 그러나 오늘날 이 말은 인간에 대한 사랑에는 반대하고 사람이 살 수 있는 것에는 찬성한다는 의미다. 달리 말하면 우리는 사랑을 성급히 인간에게만 적용해서는 안 된다는 것이다. 이미 니체가 멋있게 말했지만 '물건과 환상에 대한 사랑'이 더 중요하다. 미래의 마케팅에서는 이 환상을 잘 이해하고 있어야 한다. 마케팅은 체험세계를 여는 열쇠로서 우상을 길러낸다.

감성 디자인 II

물신 숭배에서 배울 수 있는 것이 하나 더 있다. 곧 감정은 인간을 대할 때가 아니라 사물을 대할 때에야 중요하다는 것이다. 현대 문명의 일 중심 세계에서 감정은 공허해진다. 아마도 우리는 커다란 감정들이 없는 곳에 산다고 말할 수도 있을 것이다. 바로 이 빈곳을 포스트모더니즘적 소비가 파고든다. '감성 디자인'은 인간 사이의 가치를 사물의 세계로 이동시킨다. 시장 한복판에 상품이 인간처럼 등장한다. 광고는 이런 물건의 인간화를 이해시키는 비유의 역할을 한다고 할 수도 있다.

여기에 한 가지를 더 추가해야 한다. 팝아트(Pop art, 1962년경부터의 미국의 전위적인 미술운동. 광고·만화 등을 즐겨 사용함—옮긴이) 혁명 이후에 알려진 사실은 강렬하게 감정을 느끼는 것은 일상의 삶에서가 아니라 영화관이나 소비를 통해서라는 것이다. 앤디 워홀은 이 사실을 아주 명쾌하게 설명한다. "영화는 감정을 아주 강렬하고 사실적으로 느끼게 하지만 반면에 그 일이 당신 앞에서 실제로 벌어질 때는 마치 TV를 보는 것처럼 별 느낌이 없게 된다." 이런 식으로 오늘날 이른바 테마세계를 통해 사람들은 사실보다도 더 사실적인 '초현실적으로' 집중된 경험을 한다. 뭔가 리얼한 경험을 원하는 사람은 실제 생활에서 구하지 않고 가상 현실에서 경험을 찾는다. 가상 현실은 가변적이지만 쉽게 고장이 나지 않는다. 깊이 느껴 보고 싶은 사람은 영화관으로 간다. 대중문화 속 아이들은 컴컴한 영화관 속에서 경험하는 애증의 감정이 자기집 안방에서 겪는 것보다 더 진정하다는 것을 잘 안다.

'감성 디자인'은 바로 영화관과 같은 역할을 한다. 이것은 상품을 에로틱한 사건으로 표현한다. 인간의 매력만으로는 여기에 견줄 수 없다. 영화관과 체험적 소비는 가상의 사건이 벌어지는 세계로 우리를 몰아넣는데, 이와는 전혀 다른 것, 곧 실재는 너무 위험하다. 마케팅의 과제를 살펴보면 우리는 포스트모던한 광고는 대상이 없는 열광상태라는 확신에 이르게 된다. 이것은 쉽게 이해할 수 있다. 광고와 대형 영화관만이 우리의 격정을 강화할 수 있는 상징들을 만들어 낸다. 달리 말하면 광고는 대상이 없는 감정에 형태를 부여하는 울타리를 마련해 준다. 곧 광고는 감정의 공식을 제공한다. 이런 의미에서 보면 이미 독일 낭만주의는 일종의 '감성 디자인'이었다. 감성 디자인의 역할을 "실제 생활에서 잃어버려서 방황하는 감정들을 농축하는 것"이라는 바켄로더(Wachenroder)의 말보다 더 뛰어난 정의도 없을 것이다.

아날로그와 디지털

의식(儀式)은 '아날로그'와 '디지털', 더 정확히 말하면 아날로그 방식과 디지털 방식 사이의 커뮤니케이션을 중개한다. 아날로그 방식의 커뮤니케이션에는 그림과 제스처가 사용되고 디지털 방식에는 글과 이름이 사용된다. 아날로그 방식의 커뮤니케이션은 유사성을 기초로 하고 디지털 방식은 임의성, 곧 표시하고자 하는 대상과 대상을 표시하는 표식 사이에 우연하고 임의적인 관계를 기초로 한다. 디지털 커뮤니케이션은 내용 전달로, 아날로그 방식은 관계 호소로 이루어져 있다. 논리는 디지털 식으로 감정과 기분은 아날로그 식으로 커뮤니케이션한다. 이 두 세계 사이의 갈라진 틈에 다리를 놓는 것이 마케팅과 광고의 임무다. 그림의 세계에서는 언제나 로고와 그림으로 하는 서명을 통해 이 극복을 시도하고 있다. 커뮤니케이션 디자인이자 '감성 디자인'인 마케팅은 의식(儀式)을 통해서 이것을 꾀하고 있다.

우리 시대의 디지털 커뮤니케이션은 아날로그 방식을 되살려 접목함으로써 일종의 접지력을 얻고 있다. 바로 여기서 의식은 인간과 기호를 동시에 이어주는 공생적인 메커니즘으로 작용한다. 사회학자 니클라스 루만은 이를 잘 관찰했다. "종교의 기능은 교회 안에서 성취되지 않고 교회로서 성취된다. 이를 위해서 의식들이 계속 존속해야 한다." 우리는 이런 의식을 오늘날 어디보다도 무대 위나 시장에서 발견한다.

의식은 모든 시장의 공급자에게 근본적인 문제를 해결할 수 있는 방안이 된다. 사람들이 어떤 상품 공급을 거부하는 것을 막을 방법은 없다. 그래서 마케팅의 차원에서 거부하지 못하도록 해야하는데 의식을 통해서 이것이 가능하다. 바로 이 차원에서 고객을 정의해야 한다. 곧 고객은 공급된 상품 구매를 거절하지 않는 사람이다. 16세기에 고객은 공동체, 곧 가족이었는데 요즈음의 마케팅은 다시 거기로 가는 중이다.

형제들 아니면 타인들?

위의 표제가 무엇을 의미하는지는 우리 경제와 사회에 결정적 영향을 준 시장사회화 과정이 형제애를 몰아냈다는 것을—막스 베버와 함께—기억하면 분명해진다. 시장 교환의 냉정한 합리성은 바로 이런 개인적 형제애와는 정반대이다. 막스 베버의 핵심저서인 『경제와 사회』(*Wirtschaft und Gesellschaft*)에서 막스 베버의 말을 좀더 상세히 들어보자. "시장공동체는 그 자체로서 사람들이 함께 참여할 수 있는 가장 비개인적이고 실제적인 삶의 관계이다. 그런 철저한 사물화는 인간관계에서 비롯하는 자연스런 모든 구조를 배격한다. 시장은 항상 개인적 형제관계나 혈족관계를 전제로 하는 다양한 형태의 공산제와 완전히 정반대에 있으며 어떠한 형제관계와도 뿌리부터 다르다." 이것은 자명하다. 시장은 근원적으로 형제 애의 전시장이 아니라 적과 연합하는 곳이다.

그리고 미래에 세계 시장에서 아무리 '공정한 무역', 제3세계와의 단결 그리고 '하나의 세계'라고 떠들어 대도 우리는 형제가 아닌 '타인들'이다! 그러나 시장사회화 과정은 문화에 결정적인 영향을 끼쳤는데, 그것은 타인은 좀더 가까워지게 하고 형제는 좀더 멀어지게 했다는 것이다. '낯선 타인'을 신용하게 되었지만 형제에게도 이제부터는 이자를 지불해야만 한다. 베버의 제자 벤자민 넬슨(Benjamin Nelson)은 이것을 간단명료하게 표현했다. "현대 자본주의에서 우리가 모든 사람을 공평하게 '타인'으로 대하면서 모든 사람이 우리의 '형제'가 되었다." 넬슨의 핵심저서인 『고리대금의 사상』(*The Idea of Usury*)의 '부족적 형제관계에서 보편적 타인관계로'라는 부제는 자본주의 문화의 발달을 함축적으로 요약 기술했다. 우리의 문화는 형제들이 모인 씨족 사회에서 보편적 '타자' 사회로 발전했다. "우리는 모두 거의 다 다르다"라는 유명한 반인종주의 슬로건은 이에 대한 좋은 예일 것이다.

우리는 단편적으로 조직된 세계에서 기능적으로 분화된 타인들이 되었고, 그 이후 이에 대해서 시민 사회의 냉랭함이라는 말을 한다. 당연히 우리는 이 때문에 부족 사회의 온기를 잃어버렸다. 그러나 오늘날 종족주의는 기능적 분화의 사회에서 다시금 단편 사회로 회귀할 수 있다고 주장한다. '부족적 형제관계'와 '보편적 타인관계'의 단계를 거친 이 시점에 새로운 형태의 공동체 단계, 곧 '조직화된 이웃관계'를 맞이할 수 있다는 것은 미래의 커다란 문화적인 약속이다. 게마인샤프트('보편적 타인관계')에서 다시 게젤샤프트('부족적 형제관계')†로 아니면 좀더 나아가서 이제 막

---

† 사회학자 퇴니스는 인간의 정과 혈연에 중심을 둔 인간관계 중심의 원시 사회를 게마인샤프트 (Gemeinschaft)라고 했고 개인의 이익에 목표를 둔 집단이 특징인 현대 사회를 게젤샤프트 (Gesellschaft) 중심으로 분류했다—옮긴이

네트워크('조직화된 이웃관계')로 진입하는 두 가지의 인간관계 형태는 오늘날 마케팅에서 중심적으로 다루는 중요한 문화에 대한 비전들이다. 이에 대해서는 뒤에 좀더 다루겠다.

무엇이 의식(儀式)인가?

의식은 원칙적으로 '제한된 커뮤니케이션', 곧 제한된 의사소통을 말한다. 이 제한은 긍정적 의미로 해석된다. 의식은 커뮤니케이션이 거부당할 수 있는 위험을 통제한다. 예를 들어 인사나 예절 의식을 생각해 보자. "잘 지내오?"라는 말은 '존경하는 아내에 대한 최고의 인사'이다. 이 말에는 아무도 아무 말 안하고 가만히 있을 수가 없다. "깊은 애도를 표합니다"라는 말은 그 형식적인 딱딱함에도 불구하고 사망자 유족에 대한 최고의 인사인데 개인적인 당혹감의 표출은 경솔하고 고통스러울 뿐이다.

의식은 특히나 언어를 사용하지 않고, 곧 신체에 호소하던 대로 리듬과 관습을 통해 작용한다. 대중음악을 생각해 보자. 의식은 인간이 표현을 잘하도록 도움으로써 인간을 조작한다. 바로 이런 관련성을 '감성 디자인'이나 컬트 마케팅이 활성화하는 것이다. 원칙적으로 마케팅 의식은 제품의 사용가치에 대한 관심을 표현가치로 옮겨놓는다. 좀더 설명할 필요가 있다.

의식은 우선적으로 기존의 것을 변화시키지 않고 보전하는 것을 의미한다. 인류학자 아놀드 겔렌은 인간의 인식과 의식과 행동에 '안정화하는 씨앗'을 심는 것을 의식의 원초적인 업적이라고 했다. 의식은 자기 자신에게 습관이 된 행동이다. 중요한 것은 의식적 행동의 형식과 그 내용이 일치해야 한다는 사실이다. 달리 말하면 의식은 일종의 종교적 형식주의의 역할을 한다. 이 사실은 우리에게는 매우 중요하다. 앞의 설명을 참조하면 '신이 없는 의식'도 있다는 것, 곧 바꾸어 말하면 신들이 의식을 통해서 탄생한다는 것을 알 수 있다. 사회학자 에밀 뒤르켕은 그의 저서 『종교생활의 원초적 형태들』(*Die elementaren Formen des religiösen Lebens*)

에서 이 사실을 분명하게 밝혔다. 결론은 다음과 같다. 종교는 신의 사상이나 성령의 사상을 훨씬 초월한다. 그래나 오늘날처럼 신을 잃어버린 시대에도 종교는 존재하는데, 공적인 교회에서만 찾지 않으면 된다. 현대의 종교성이 존재하는 곳은 교회가 아니라 소비사원이다. 교회 성직자들은 이것을 이미 알고 있었다. 신학교수 하비 콕스(Harvey Cox)는 백화점의 진열대를 성당의 성물 전시와 비교하는데, 상표를 '세속화된 성찬식의 빵'으로 해석한다. 이보다 더 이상 명확하게 설명할 수는 없을 것이다.

감정의 패턴

물건을 교환하거나 무엇을 사는 것은 단순히 경제적 행위만을 하는 것이 아니다. 사고 교환한다는 것은 무엇보다도 호혜성을 안정시키기 위한 관계를 맺는 것을 뜻한다. 시장에서 일어나는 일은 하나의 '사회적 의식(儀式)'이다(겔렌). 주고받는 것은 관계와 호혜성을 촉진한다. 그래서 우리 생각에는 단순한 욕구의 충족은 시장의 의식에서 욕망의 해소라고 부를 수 있는 것에 비하여 부차적인 것이다. 예배나 의식 속에서는 상품의 표현가치가 사용가치보다 중요하다는 것은 확실하다.

정의를 하나 해보자. 의식은 경험의 상징적 변형이다. 이 말은 곧 의식은 '감정의 패턴'(수잔 랑거[S. K. Langer])을 제공하고 이 틀을 이용해서 사람들은 자신의 감정을 표현할 수 있다는 뜻이다. 이런 감정의 패턴들은 세계에서 나아갈 방향을 제시한다. 사람들은 패턴과 관습이 좋다는 것을 알게 되는데, '견딜 수 없는' 세계의 복잡함을 견딜 만하게 해주기 때문이다. 더 정확히 말하면 감정의 패턴은 과도한 세계의 복잡성을 다양한 상품공급으로 바꾼다. '감성 디자인'에서 중요한 것은 한편으로는 여러 다양한 것들이 가능하다는 것을 사람들에게 보여주면서도 모든 것이 달리도 가능하다는, 곧 모든 것이 우연이라는 생각을 하지 못하도록 하는 것이다. 이것이 바로 의식의 기능이다. 의식은 '제한된 코드'로(메리 더글러스[Mary Douglas]),

곧 가능성을 제한하는 것이다. 이로써 의식은 세계의 우연성에 대한 반대극이 되는데, 철학자들이 말하는 우연성은 현대 사회에서 존재하는 모든 것은 역시 다르게도 가능하다는 것을 뜻한다.

'감성 디자인'을 대략 설명하면 다음과 같다. 의식은 세계의 우연을 상쇄한다. 여기서 중요한 것은 넘쳐나는 자료와 느낌, 여러 선택들 앞에서 힘들어하는 인간들의 부담을 덜어 주는 일이다. 수잔 랑거가 '감정의 패턴'이라고 칭한 것은 우리에게 자유의 무거운 짐을 감당할 수 있는 힘을 준다. 이와 마찬가지로 아놀드 겔렌의 인류학적 개념인 '감정적 틀들'도 일상의 미학의 기본형태를 형성한다.

화물 숭배

생산과정을 전혀 모르는 사람은 생산품을 신의 창조물로 여길 것이고 의식을 통해서 신을 조종할 것이다. 이것은 반대로 블랙박스 같은 소비자에게도 해당한다. 고객은 헤아리기 어려운 신들의 변덕스러움을 갖고 있기 때문에 의식을 통해서 그를 조종해야 한다.

의식은 미국 사회학자 탈코트 파슨스가 '실제적 재화'(real assets)라고 부른 것을 통해 믿음을 확고하게 하는데, 이것으로 우리는 벌써 화물숭배(cargo-cult)를 다루는 것이다. 화물 숭배는 글자 그대로 모든 종교들이 약속하는 것, 곧 올바른 의식을 행하면 그 대가로 어떤 원하는 재화들을 공급받는 것을 뜻한다. 화물은 단순히 상품에 그치지 않고 상품의 잉여가치에 해당하는 일종의 힘을 가리킨다.

어떤 '원시' 사회들은 천년왕국의 도래를 낯선 재화들을 가득 실은 선박들과 비행기들이 도착하는 것이라고 아주 구체적으로 생각한다. 그러나 베를린 장벽이 무너진 뒤의 동독의 시민들을 다시 한번 상기해 보자. 오토 쉴리(Otto Schily)는 당시에 한 TV 토론에서 '몰락'의 원인과 이후의 전망에 대한 질문을 받자 아무 말 없이 바나나 한 개를 탁자 위에 올려놓았다. 어느 누가 이보다 더 정확하게 논증할 수 있을까? 역시 동독인들에게도 서구의 구원은 매우 구체적이었는데, 그들은 '제3의 길' 대신에 마르크를 원했다. 인류학자 자르비에(I. C. Jarvie)는 이 화물 숭배에 대해 다음과 같이 요약했다. "약속은 죽음 뒤에 오는 신비에 쌓인 삶 속에서 누리는—기독교적이든 사회주의적이든 간에—영적인 기쁨에 관한 것이 아니라 짧은 시간 동안의 물질적 번영에 관한 것이다."

마케팅 전문가들은 이 점에서 민속학자들에게서 많이 배울 수 있다. 이 교훈을 처음 이해한 서트 잘리는 마케팅과 광고의 해체를 시도하는 ≪애드버스터스≫지에 다음과 같이 썼다. "광고는 우리의 삶에서 상품이 신비한 힘을 발휘하는 세계를 만들어 낸다. 적절한 상품 구입은 유행과 생활양식이라는 마법의 세계로 들어가는 일종의 통행증이 된다."

마케팅과 광고의 세계는 목적과 욕구와 계산의 세계가 아니라 미신과 토테미즘과 물신 숭배의 세계이다. 상표는 토템적 상징물이다. 피터 요크(Peter York)는 1980년대의 고급상표에 대해서 ≪파이낸셜 타임즈≫(Financial Times)(1993.11.20/21)에 다음과 같이 썼다. "고급상표는 소유자에게 마술적 지위를 주는 것처럼 보인다. 출처가 어떻든 간에 고급상표들은 시장에서 그 이름을 알리는 데 전력을 기울인다. 그들의 가치는 토템적이라는 데 있다. 이름만이 중요할 뿐이다."

그러면 토템이라는 것은 무엇인가? 인류학자들은 토템이 씨족의 문장과 표식으로 작용한다고 설명한다. 토테미즘은 구별과 통합의 기술이다. "바깥에서 명명하기"는 구별에 대한 욕구를 충족시킨다. 시장에서 성공하려면 이런 구별짓기가 결정적 요소이다. 이것은 생산자뿐 아니라 소비자에게도 마찬가지다. 나이키는 리복도 아니고 아디다스도 아니다. 사람들은 운동화를 사는 것이 아니고 씨족집단에 속하려고 한다. 윌슨이나 프린스 회사의 테니스 채로 경기를 하는 것은 인간공학적 문제가 아니라 사실 믿음에 대한 문제이다. 이것은 또한 오래 전부터 당연하게 여겨지던 드러내놓기, 곧 왜 의류제품에 회사명이나 로고를 잘 보이도록 만드는지를 잘 설명해 준다. 라코스테 악어 상표의 옷을 입고 다니든 프로축구팀 샬케 04의 목도리를 두르고 다니든 각기 다른 씨족에 속한다는 것 말고는 차이가 없다. 토템과 상표는 같은 정도로 구별짓기와 한 공동체의 일원임을 표시해 준다. 이런 식으로 대량생산품을 개인들에게 판매할 수 있다. 이런 식으로 타인과 어딘가 다른 동시에 어디에 속할 수 있다.

광고와 마케팅은 토템적 씨족집단인 기업이 신(神)과 같은 고객의 마음을 사기 위하여 바치는 제물이다. 앞에서 인용했던 철학자 수잔 랑거는 다음과 같이 결론을 짓는다. "봉사나 아부를 통해 만족시킴으로서 신을 움직일 수 있다." 마찬가지로 광고비를 들여 고객에게 봉사하거나 아부해야 한다. 만일 기업주가 엄청난 광고비를 들였는데도 바로 즉시 판매성공으로 이어지지 않는다고 불평한다면 그는 광고비의 제물적 성격을 오해한 것이다. 기업주는 오로지 제물을 바쳐야만 신이 움직인다는 사실을 배워야 한다.

사람들은 먹고 마시는 것이 육체와 정신을 유지시킨다고 정확하게 말한다. 덧붙여 말하면 바로 여기서 공생체로서의 공동체가 생겨난다. 성찬식과 최후의 만찬은 토템적 식사시간으로서 공동체를 상기시켜 준다. 토템은 사회적 의무가 따르는 식사시간이며 이를 통해서 사회적 유대관계가 발생한다. 이른바 원시 사회와 관련하여 이미 100여 년 전부터 알려진 사실은 종교와 사회와 소비가 밀접히 관련되어 있다는 것이다. 나는 여기서 세 의미심장한 목소리를 인용하려고 한다. 인류학자 프레이저(Frazer)는 "토템적 유대관계는 현대적 의미의 가족이나 혈연관계보다도 훨씬 강하다"고 말했다. 이런 맥락에서 사회학자 퇴니스(Ferdinand Tönnies)는 씨족집단의 특징을 '가족보다 우선하는 가족'이라고 했다. 정신 분석학자 지그문트 프로이트는 토템을 '미신적 생산과 소비집단'이라고 정의했다. 우리의 주제는 이렇다. 생산과 소비를 하나로 묶는 제사의식이라는 바로 그 선사시대의 협동적인 마술을 마케팅은 유사시대에 다시 부활시키려 하고 있는데, 목표는 앞에서 언급한 앨빈 토플러의 프로슈머이다.

종교로서의 자본주의

철학자 발터 벤야민은 이미 1930년대에 놀랍기도 하고 수수께끼 같기도 한 말을 했다. "자본주의는 하나의 자연현상이었는데 이를 통해서 유럽은 새로이 수면에 빠져 꿈을 꾸게 되었고 전설 같은 힘이 다시 활동하기 시작했다." 벤야민은 현대 사회에서 신화의 의미는 자본주의의 발전에서 비롯한다고 설명하고 있다. 이제 자본주의는 그 자체가 종교적 힘들의 발로라는 연관 속에서 설명되고 있다.

막스 베버의 『자본주의 정신』에 나타난 유명한 논지는 간략하게 말해서 신교도들의 금욕적 태도는 일상생활을 결정하는 삶의 방법론을 만들어 냈다는 것이다. 이 삶의 방법론은 자본주의 경제를 코르셋처럼 받쳐 주며 또한 거룩함까지 부여한다. 상투적인 표현대로 자본주의는 종교적으로 제한을 받는다. 막스 베버는 당연히 이런 주장을 통해서 사회적 존재가 의식의 형태를 결정한다는 마르크스의 기본전제를 반박하려 했다.

발터 벤야민은 그의 분석에서 한 걸음 더 나아갔다. 그에게 자본주의는 종교적인 삶의 방법론에 기초한 것으로만 그치지 않았다. 벤야민에게는 '자본주의의 필수적인 종교적 구조'를 입증하는 것이 중요했다. 자본주의는 이미 하나의 종교인데, 인간의 고통과 괴로움에 관련된 문제들에 만족할 만한 대답을, 곧 사람들에게 만족감을 제공하기 때문이다. 종교개혁은 기독교 세계를 자본주의 세계로 변화시키는 역사적 순간이었다. 이것이 전제로 하는 것은 모든 서양의 역사를 기생관계의 전개로 보아야 한다는 것이다. 곧 자본주의는 기독교 세계에 기생해서 탄생했고 이 기독교 세계의 힘을 마구 빨아먹고 결국은—바로 종교개혁기에—정체성마저 바꿔 버렸다. 기독교 세계의 현대 역사는 자본주의의 역사이다.

자본주의의 이 필수적인 종교적 구조를 좀더 자세히 살펴보자. 거기에는 두 가지 중요한 특징이 있다.

① 자본주의는 순수한 우상종교이다.

원래 자본주의 종교에는 도그마도 신학도 없다. 자본주의 종교는 또한 원래 이교에 존재하던 직접적이고 실용적인 경향을 갖고 있다. 그래서 자본주의 종교는 새로운 이방종교다. 설교가 없는 의식을 치르고 가르침보다는 제사가 우선한다는 것도 전형적인 이교적 특성이다. 여기에서는 자본주의적 실행이 기독교의 가르침보다 우선한다. 그래서 자본주의는 신이교주의의 한 형태다. 이런 통찰력으로 벤야민은 이미 1930년대에 시대정신의 비밀을 밝혀 냈다. 벤야민은 서구 사회의 승리감에 넘치는 기술에 눈멀지 않았다. "이 세기의 처음 몇십 년은 기술발전이 중심에 있었다. 좋다! 그러나 이런 사실은 이 기간에 또한 과거의 의식과 제사의 전통이 되살아나고 있다는 것을 알고 있는 사람들에게만 의미가 있다."

② 자본주의 종교의 제사는 영원히 이어진다. 매일매일이 상품 숭배의 축제일이다.

신도들은 끊임없는 극도의 흥분 속에서 제사를 치른다. 자본주의 종교의 제사는 당연히 상품을 둘러싼 제사이다. 구체적으로 말하면 교환가치가 종교적 계몽의 대상과 종교적 환락의 매개가 된다. 이와 연관하여 발터 벤야민은 판타스마고리(Phantasmagorie)라는 개념을 사용했다. 그것은 제품의 사용가치가 더 이상 의미가 없는 유희와 환락의 공간을 뜻한다. '상품을 왕으로 만들기', 곧 유행의 의식을 통해서 우상인 한 제품을 숭배하는 것이 자본주의 제사의 유일한 내용이다.

칼 마르크스가 말한 상품의 '신학적 측면', 곧 '감각적이고 초감각적인 물건으로서' 상품이 지니는 이중성은 우리 현대 세계의 본질적인 측면이다. 그래서 벤야민이 "세계박람회는 물신적 상품을 향한 순례지다"라고 말한 것은 은유적 표현이 아니다. 그리고 미국의 대형 몰의 전신인 파리의 쇼핑가는 첫번째의 '상품자본의 사원'이었다. 벤야민은 한 걸음 더 나아가서 파리 쇼핑가의 철골구조와 바로크식 교회의 유사점을 읽어 냈다. 오래된 파리 쇼핑가의 '줄지어 진열된 상품들' 속에는 '교회 회중석 부분이' 끼어 있다고 벤야민은 말한다. 곧 일종의 자본주의 종교의 예배건물이 존재한다. 이곳에서 보들레르(Charles Baudelaires)가 말한 대도시의 종교적 환락이 구체적으로 벌어진다. "백화점들은 이런 환락을 위한 사원이다."

이렇게 보면 벤야민이 지폐를 자본주의 종교의 성인화로 해석하는 것은 당연하다. 지폐는 바로크 시대의 상징들이 현대에서는 상품으로 부활한다는 것을 나타낸다. 지폐는 순전히 교환가치의 표현이면서 동시에 비유적 의미를 내포한다. "이 문서(지폐) 속에서 자본주의는 거룩한 열심을 가지고 자연 그대로인 체한다." 동전의 무늬와 지폐의 그림은 교환가치를 거룩하게 만드는 순전한 형태이다.

잃어버린 정신을 찾아서

막스 베버의 자본주의의 종교사회학으로 잠깐 돌아가 보자. 베버는 청교도들의 내면세계의 모습에서 장대한 그림을 그려내고 있는데, 거기에서 그는 자본주의 경제생활의 곤란을 마치 얇은 겉옷처럼 묘사한다. 그러나 이 겉옷은 곧 갑옷처럼, '철옹성'처럼 굳어진다. 금욕주의가 이 세계를 바꾸는데, 이것의 찬연한 성공으로 상품들은 인간에 대한 엄청난 지배력을 획득하게 된다. 그 뒤로는 자본주의는 완벽한 기계—곧 정신이 없는—로서 기능을 한다. 사람들에게 이것의 실제적 의미는 더 이상 소명(Beruf) 없이 일(Job)만 하게 되었다는 의미다.

오늘날 다시 목소리를 높이고 있는 '경제윤리'에 대한 호소는 잃어버린 자본주의 정신을 찾고자 하는 필사적 몸부림이다. 새로운 자본주의 정신이 필요하지만 무엇으로 기독교 금욕주의를 대신할 수 있을까? 순수한 경쟁, 곧 일중독 경쟁이 대신할 수 있을까?

막스 베버는 기독교 금욕주의가 사라지는 것을 진단했고 그 후속현상

을 지적했다. 자본주의는 종교적 기초를 상실했기 때문에 순전한 스포츠
의 경쟁만이 남았는데 역시 일 중독 경쟁이다. 그래서 이방신들이 다시
귀환하고 있는 것이다. 사람들이 녹색을 고르고 자연을 우상화하고 불교
적 명상 속에서 새로운 마이크로칩을 디자인하고 이 세계를 통일된 하나
라고 간주하여 카오스의 창조적 힘을 믿기도 한다. 미신은 자기 신앙형식을
선택하는 것이다. 오늘날에는 확실히 모든 이들이 제멋대로 천국에 간다.
그래서 우리는 가치들이 나열된 다신교 시대에 살고 있다. 이것을 자본주
의 시장에 적용하면 우리는 상표와 유행의 다신교에서 살고 있다는 것이
다. 탈역사화 시대에 상표 만들기는 신화를 창조하는 일이다.

상표를 부각한다는 것이 도대체 무슨 의미일까? 상표는 '부가가치'의
표식이다. 이 부가가치는 일반적으로 구체적 상품을 이야기, 신화, 서비
스 등으로 포장할 때 발생한다. 신화는 지은이 없이 원형만 가지고서 활
동하며 자신에 대해서 스스로 설명한다는 점에서 다른 역사들과는 구별
된다. 오늘날 광고는 바로 이 점을 실마리로 삼으려 한다. 합리적인 과학
문화는 신화를 뿌리뽑으려고 했는데, 오늘날에는 광고가 일종의 '심리적
인 자연보호공원'을 신화에 만들어 주려고 한다. 물론 여기서는 상품선전
에 관한 일은 중요하지 않다. 중요한 것은 몇 개의 용어들로 줄어들지 않
는 개념을 만들고 숭배적 성격을 기르는 것이다. 게르트 게르켄은 이렇게
말했다. "상표는 만들어진 세계 속의 우상이 된다."

그러나 경제 정신에 대한 얘기로 되돌아가 보자. 자본주의 정신은 병
속에 든 요정과 같은데 일단 병 속에서 나오면 억지로 되돌려 놓을 수 없
다. 아주 냉정하게 질문해야 한다. 어떤 것이 자본주의 정신의 기능을 대
체할 수 있을까? 내 생각에는 여기에서도 일본인들에게서 배울 수 있다.
철학자 알렉산드라 코예베는 이와 관련하여 언젠가 일본인들의 속물근성을
언급했다. 그 의미는 일본인은 완전히 형식화된 가치에 따라서 살고 의식
(儀式) 형태들은 의식 형식 자체하고만 관련되기 때문에 어떤 내용과도
상관이 없다는 것이다. 그들에게 중요한 것은 일종의 삶의 기교인데, 사

무라이나 노공연, 다도문화 따위를 생각해 보라.

서구사회에 일본식 생활방식을 본받으라고 권하는 것은 당연히 말도 안 된다. 우리 서구에서는 더욱이 가장 기본적인 사회예절까지도 무너지고 있다. 그러나 바로 여기에서 마케팅과 광고가 문화적 업적을 달성한다. 잃어버린 삶의 형태를 '소비자 취향의 훈련'(데이빗 리스맨[David Riesman])이 대체한다. 광고는 오늘날 사회를 구성하는 상징들을 만들어낸다. 마케팅은 '종교적' 문제를 다루면서 이 세상에 대한 신뢰감을 조성한다.

종교의 기능

이 장 전체의 기본 주제는 앞에서 보아왔듯이 커뮤니케이션 디자인이자 '감성 디자인'인 현대의 마케팅은 지금까지 비어 있던 종교의 기능을 대신한다는 것이다. 그래서 끝맺으면서 종교의 기능이 무엇인지를 한번 요약해 보려 한다.

종교는 실망을 경영하는 일이다. 그리고 이런 기본적인 능력을 통해 종교는 세계에 대한 신뢰감을 조성한다.

종교는 '원래의' 삶(의미)과 사회적 삶(기능) 사이에 존재하는 긴장 덕택에 산다. 무신론에 바탕을 둔 계몽은 이런 것을 근본적으로 바꿀 수가 없다. 왜냐하면 다수가 신을 믿든지 안 믿든지 상관없이 이것과 종교의 사회적 기능은 완전히 무관하기 때문이다. 이렇게 말할 수 있다. 사람은 종교를 포기할 수 있지만 사회를 포기할 수는 없다. 종교성은 집단적 감정이며, 아무것에나 붙어서 떨어지지 않는다. 이 새로운 종교성을 두고서 야콥 부르크하르트(Jacob Burckhardt)는 이미 100년도 더 전에 다음과 같이 성격을 규정했다. "전통의 찌꺼기를 사모하며 지치지 않고 혼합하기", 곧 종교적인 모방과 재활용을 지적한 것이다.

종교는 사전, 곧 의미의 보고이다. 그래서 반대로 모든 의미는 종교적이라고 주장할 수 있다. 이미 살펴보았듯이 종교는 역사의 흐름 속에서 활동공간을 바꾸었다. 숭배의 중심이던 신의 자리를 처음에는 사회에 다음에는 개인에게 내주었다. 마찬가지로 '사회를 통한 구원'에 대한 믿음을 설교하던 세속종교는 공산주의와 함께 우리의 눈앞에서 끝이 났다.

신의 자리를 대신하던 사회의 자리를 이제 무엇이 대신할 수 있을지 질문해 보아야 한다. 명백히 개인이다. 체계개념들을 생각하게 되면 분명한 것은 개인은 사회의 일부분도 한 요소도 아니라는 사실이다. 오히려 개인은 사회에서 제외되었다고도 말할 수 있다. 그러나 바로 이 제외를 통해서 개인의 위치는 '초월적'이 되고 그래서 신을 대체할 수 있다.

개인은 당연한 것도 타고난 것도 자연적인 것도 아니다. 힘들여 구성된 사회적 역할이다. 인간은 개인이 됨으로써 일회성 종교의 숭배 중심이 된다. 그래서 오늘날 불교가 자기 구원의 가르침으로서 알려진 것이다. 그리고 불교가 너무 영적인 사람들에게는 자기 흥분이나 자기 도전 같은 것들이 남아 있다. 마약을 복용하여 자기 몸에서 나오는 엔돌핀에 취하거나 아니면 가장 좋은 것은 '나'라는 마약에 빠지는 일이다. 이런 것들이 진짜 우상 숭배 형태들인데, 그 중독자들에게 끊임없이 쉼과 환락을 충족시켜 주기 때문이다. 그러나 자기 숭배가 사회의 억압에서 개인을 해방시킬 수 있다는 믿음은 오해이다. 뒤르켐은 이미 이것을 명확히 알고 있었다. "개인이 자신과 자신의 내면을 위해서 행하는 숭배는 집단숭배의 핵심이라기보다는 개인의 욕구를 충족하려는 집단숭배일 뿐이다." 이것은 오늘날 엄청난 개인화의 물결을 예고하는 사회학자들이나 문화 비평가들이나 마케팅 전문가들의 잘못을 지적하고 있다.

자기 숭배 속에서 인간은 불행한 신보다도 덜 독립적인 개인이다. 인간은 유행이나 마약이나 환각의 세계에서 실존의 보조장치에 의지해 변신하게 된다. 그리고 인간은 이미 그가 만들어 낸 기술이나 대중매체 같은 보조기관 없이는 살 수 없게 되었다. 이런 보조기관들은 신을 대체하고 있다. 대중매체들은 전지전능함을 대신한다.

오늘날 종교적 커뮤니케이션의 자리를 커뮤니케이션이 종교로서 대신하고 있다. 온통 케이블로 연결되고 전자망 속에 서로 연결되어 있는 것은 쉽게 종교, 곧 재연결의 비종교적 변수임을 알게 해준다. 통합적 미디어 연결을 통해 초월적인 것들을 대체하는 데 성공했다. 오늘날 신적인 것은 네트워크(Network)이다. 그리고 종교는 불멸하는 것처럼 활동하고 있다.

4
마케팅 신화와 고객의 반란

생활양식 쇼핑과 상품 민주주의

생활양식 쇼핑은 판매촉진을 위한 유행어가 아니다. 여기에는 1980년 대의 '행복한 소비' 또는 '과시적 소비' 같은 말이 더 들어맞는다. 이런 말들은 많은 이들에게 향수를 불러일으키고 동경심을 키우지만 이 시대는 결코 과거와 같은 조건으로 되돌아가지는 않을 것이다. 오히려 구매행위는 우리 모든 삶의 영역에서 가장 기본적인 행위가 되었다. 우리가 어떤 일을 하든지 항상 '구매'라는 말과 연관되게 되었다. 누가 무엇을 구매하고 어디에서 그것을 구매하고 어떻게 그것을 구매하는가 하는 것이 오늘날 그 개인의 (거의) 전부를 말해 준다. 커뮤니케이션할 때 사용하는 그 어떤 멋있는 말보다도 훨씬 더 그 개인이 누구인지를 말해 준다. 미국의 인정받는 유명한 소비연구가이자 문화연구가인 스튜어트 어윈(Stuart Ewen)조차도 이런 문제가 결정적인 삶의 문제가 된다고 했다. 언젠가 그는 뉴욕에서 소비행태와 상품 동경에 대한 강의를 했다. 강의 끝에 한 학생이 그에게 다가와서 물었다. "교수님은 도대체 어디서 신발을 사세요?" 이 질문은 그를 정말로 뒤흔들어 놓았다고 그는 기억한다. 요약하면 한 개인의 생활양식 꾸밈새는 하찮은 것도 우연한 것도 아니다. 오히려 자극적이며 명확하다.

이것은 특히 정치적으로 광범위한 영향을 가져온다. 오늘날 우리는 정치—더 정확히 말하면 정당정치와 정치가들—에 대해서 젊은 세대들이 점점 더 흥미를 잃고 있다는 것을 안다. 젊은이들일수록 정치가 중요한 사회과정들에 이니셔티브를 제공하는 장이라고 생각하지 않는다. 오해는 하지 말라. 민주주의의 종말이 결코 이것을 의미하지는 않는다. 단지 구매행위를 원초적인 사회행위로 규정하는 사회에서 정치적 민주주의가 소비 민주주의, 곧 상품 민주주의로 변해 간다는 사실이 중요할 뿐이다. 앞에서 언급한 스튜어트 어윈은 이에 대해 '소비자 민주주의'라고 표현했다. 삶의 질을 결정하는 모든 문제들—건강, 복지, 행복, 노동 따위—은 소비행위에 종속되어 있다. 소비는 우리 사회의 근원적 실재이며 제일의 실재이다. 소비영역에 민주주의가 있을 때 비로소 정치영역에도 민주주의가 존재한다. 이제는 더 이상 반대로가 아니다. 실제로 비판적이고 근본적인 테스트는 제품성능 테스트밖에는 없다. 그래서 시민은 우선은 소비시민이고 그들은 소비를 떠나서는 자유라는 것을 생각하지 못한다.

이러한 상품 민주주의의 기본적인 사실에 몇 가지를 더 보충해야 한다. 이른바 '시장 지향성'이 전 세계 모든 대륙에서 빠른 변화를 가져오며 개선행진을 벌이고 있는 오늘날, 우리는 모두 가지가지의 사회적·경제적 도전에 맞닥뜨리게 되었다. 내가

- 새 차를 구입하거나 빵 한 덩어리를 사든
- 영화를 보거나 오페라를 관람하든
- 내 아들의 유치원 비용을 물든
- 공공 전기를 사용하든
- 여자친구와 함께 같이 살 집으로 이사를 가든

항상 중요한 것은 포화된 시장에서는 능력을 갖추어야 하고 교환해야 하며 화폐 시스템을 통해서 처리한다는 것이다.

여기서는 사회적이든 문화영역에든 경제부문이든 정치에서든 어디에서 이루어진 성과이든지 정말 아무 상관이 없다. 중요한 것은 우리 모두가 행하고 우리 모두를 비슷하게 만드는 가장 근원적인 행위는 구매행위라는 사실이다. 우리가 부자이든 가난하든, 젊든 늙었든, 뭔가 다르게 살려고 하든 아니면 전통적인 가족방식으로 살든, 소비광이든 소비 반대자이든, 또는

우리가 마약 중개나 마약중독자로, 부동산 중개업자로 또는 가정주부로
돈을 벌어들이던 간에 쇼핑 행위가 우리의 생활양식을 근본적으로 결정
한다는 것은 피할 수가 없다. 구매는 우리 행위의 기본 뼈대, 삶의 본질이
다. 그래서 페이스 팝콘의 말을 기꺼이 인용할 가치가 있다. "우리는 '소비
자문화' 속에서 살고 있는데 구매하는 것과 구매방식을 바꾸면 우리 자신도 바뀌
게 된다."

분명하게 말하자면 구매는 더 이상 다양한 행위 가운데 단순히 하나
가 아니다. 구매는 단순히 여가시간이나 일이 끝난 뒤에 하는 일도 아니
다. 어디에서나 구매가 가능하다. 우리가 사모으는 것들이 우리 자신에
대해 (거의) 모두 말해 준다. 포화된 시장에서는 우리가 피하거나 숨어버
릴 핑계를 댈 수가 없기에 그것은 무자비해 보인다. 소비이론과 소비자정
책학 교수인 게르하르트 쉐르호른(Gerhard Scherhorn)은 구매행위를
상징을 들이마시는 것이라고 말한다. 그 의미는 더 이상 물질 소비나 재화
이용이 중요하지 않다는 것이다. 인간은 소비재 가운데서 상징적·심리적
으로 살아간다. 인간은 정의상 더 이상 소비재를 지배하지 못한다. 인간
은 물건을 고르는 주체라고 계속해서 주장하지 못한다. 제품은 상징적 의
미를 담고 있고 구매자는 제품을 구입함으로써—제품에게 좋은 일이지
만—마찬가지로 상징적 의미를 소유하게 된다.

"고객은 왕이다"-"손님은 귀찮은 존재다"

약간 모자라는 인물 두 명이 나오는 MTV의 만화영화〈비비스와 버트헤
드〉(Beavis & Butt-head)와 마이클 더글러스 주연의 할리우드 영화〈폴
링다운〉(Falling Down) 같은 숭배적 제품들은 그 자체로 현재 소비 시장
의 분위기를 정확히 말해 준다.

더글러스는 맥도널드 음식점에서 11시 32분에, 곧 규정된 시간보다 2
분 늦게 아침을 주문하는 고객으로 등장한다. 그는 여기서 사무적인 음식

점 규정을 살짝 어긴 보통 고객이 받을 만한 대접을 받지 못한다. 이 햄버거 굽는이들한테서는 융통성이나 섬세함은 찾아볼 수도 없고 더욱이 고객과 평범한 대화를 나눌 능력도 없다. 아침식사를 하려고 온 이 고객은 환멸을 느끼며 쉰다. 그는 자신이 왕이 아니라 노예 같다는 생각을 한다. 상투적인 말과 알랑거리기밖에 모르는 꾸민 듯한 고객접대 시스템에 빠져들어 간다고 느낀 그는 자신에게 묻는다. 내가 여기 사장과 7년 전부터 알고 지내 왔고 서로 존대하며 대화를 나누는데 왜 생면부지의 이 인간들은 나에게 하대를 하지? 그리고 왜 벽보광고에 있는 대로 주지 않는 거지?

이번에는 반대의 관점에서 비비스와 버트헤드가 종업원의 자리에 있다. 맥도널드 종업원인 두 사람이 고객에게 친절을 베푸는 멋진 장면이 나온다. 그러나 마찬가지로 이 관점에서 본 현실도 맥빠진다. 이 둘은 전문적인 관점으로 볼 때 관심 없이 서비스를 한다. 이들에게는 규정을 벗어나 열린 사고방식으로 일하는 것이 불가능하다. 도대체 왜 고객이 존재하는지가 분명치 않다. 확실한 것은 오로지 "고객은 재수 없다"는 것인데, 이 말은 고객은 방해꾼이기 때문에 내 적이다라는 의미다. 이것은 이미 앞에서 언급했다. 고객은 일하는 분위기를 망치는 게 전부일 뿐 일의 존재근거는 아니다. 그러나 이것은 어차피 많은 종업원들이 속으로 생각하는 것을 정확하게 표현한 것에 지나지 않는다. 왜냐하면 내가 만일 고객이 정말 무엇을 원하는지를 모르고 그래서 어떻게 고객을 대해야 하는지를 모른다면 '왕 같은 고객'(아니면 '파트너'나 '친구')이 순식간에 '적과 같은 고객'으로 변하기 때문이다. 번창하는 패스트푸드점처럼 겉보기에는 단순하고 엄격한 규율이 적용되는 사업장에서도 고객은 이겨내기 어려운 문제가 될 수 있다. 그리고 고객에게 다가가기가 졸지에 고객 괴롭히기로 변할 수 있고 일종의 억지 공동체가 될 수도 있음을 〈폴링다운〉은 보여주고 있다. 단지 아침 식사를 하려고 했을 뿐인데 왜 이 생면부지의 인간들이 나한테 하대를 하지? 그리고 단지 2분밖에 늦지 않았는데 왜 내가 먹고 싶은 것을 안주는 거지?

일단 고객은 매우 복잡한 '물건'이다. 소비의 민주화가 진행될수록, 판매원들의 기준이 전문화할수록, 고객이 계몽될수록 구매는 그만큼 간단해져야 한다. 그러나 이것은 이론에 불과하다. 시장이 포화될수록 관계는 더 복잡해진다. 행동 예측에 대한 규칙 철폐는 절대적이다. 니클라스 루만은 이 문제를 이미 오래 전에 알고 있었고 '이중 우연성'(Doppelten Kontingenz)이란 개념으로 표현했다. 포화된 시장에서는 고객과 판매인들은 서로 속을 알아차리지도 행동을 예측하지도 못한다. 판매인이나 고객이 상대방이 원하는 게 원래 무엇인지를 알아내기란 별로 가능성이 없는 일이다. 서로가 '블랙박스'같이 마주치는 것이다. 이 관계는 쉽게 대체가 가능한 포화된 시장에서 근본적인 커뮤니케이션의 어려움을 보여준다. 루만은 "불투명한 복잡성에도 불구하고 투명성을 만들어 내는 일이 중요한데, 이것은 새로운 단계의 시스템 형성을 통해서만이 가능하다"라는 최소한의 해결 방안을 제시한다.

블랙박스 같은 고객

우리가 만일 고객이 어떤 상품에 대해서 포장디자인도 다르게 하고 간편하게 들고 다닐 수 있게 만들어 주기를 바란다는 것을 안다면, 기꺼이 이것을 진지하게 받아들여 상응하는 변화를 줄 수 있다. 그러나 고객이 바로 뒤에 완전히 다른 것을 원하거나 또는 아예 흥미를 느끼지 못해서 다른 상품을 선택하지 않으리라고 장담할 수는 없다. 이에 대한 예가 있는데, 코카콜라사가 1985년에 오래된 콜라 맛을 변화시키려고 시도한 경우였다. 긍정적인 소비자들의 반응에도 불구하고 제품의 변화는 실패로 끝났고, 돈주고 살 수 없는 귀한 신화를 말아먹을 뻔했다. 또 한 예는 15년 전에 발명된 워크맨인데, 합리적인 판단기준에 따랐더라면 결코 시장에 나오지 못했을 것이다. 포화된 시장에서 고객은 바로 컴퓨터나 자동차 같은 예상할 수 없는 블랙박스가 된다. 고객은 매우 복잡한 물건으로서, 우리는 그 기능방식을 제대로 이해하지 못한다. 왜냐하면 갈망은 원칙적으로 통제할 수 없기 때문이다. 이와 마찬가지로 종교적인 감정들도 합리화하기 어렵다.

좀더 극단적으로 생각해 보자. 만일 고객이 정말로 블랙박스라면 유혹하거나 마음을 바꾸려고 해야 할까? 좀더 권위적으로 고객을 다루어야 하지 않을까? 왜냐하면 고객은 유혹과 아첨과 의식(儀式)까지 동원해야 할 매우 민감하고 허약한 존재이고 그리고—자유자재로!—거의 임의적으로 조작 가능한 기계이기 때문이다. 고객은 극한 경우에는 돈까지 지불해 가며 광고를 해준다. 아이들의 상표에 대한 열광은 좋은 예다.

숙식업만큼이나 고객과의 의사소통에 문제를 겪는 업종도 없다. 그래서 이 업종은 이상적인 연구대상이다. 마케팅에서 숙식업은 가장 낙후된 동시에 가장 요구사항이 많은 분야이다. 여기서는 상대방의 행위에 대한 예측은 거의 불가능하고 새로운 아이디어에 대한 요구사항은 제일 많은 곳이다. 타인이 어떻게 나올지를 아무도 모르기 때문에 불안감에 실수를 하기도 하고 종종 난처함에 처하기도 한다. 어떤 술집에서는 종업원이 하대를 하기도 하고 다음 종업원은 존대를 하기도 하고 또 다른 종업원은 아예 접대조차 안할 수 있다. 접대의 범위가 과잉친절에서 무시까지 이른다. 레스토랑과 호텔 체인 회사인 뫼벤픽(Mövenpick)이 제시한 새로운 숙식업 개념에서는 고객이 '주인'을 참아야 한다. 이것은 가족적 분위기를 통해 상업성을 희석하려는 것이다.

분명한 커뮤니케이션의 최후 장소는 아마도 프랑스—스위스도 아니고 독일은 더 더욱이 아니고—호화호텔 체인인 아라 탈레방(á la Tailleuent)이나 폴 보꾸제(Paul Bocuse)일 것이다. 거기서는 고객 서비스에 대한 불변의 규칙에 따라서 고급요리를 접대받을 때 무엇을 해야 할지 모르는 것은 고객의 책임이다.

새로운 시장 형성을 방해하는 일곱 가지 마케팅 신화

현대의 정보 과잉의 계몽된 세계에서는 모든 환상, 동화, 신화들의 생명은 끝이 났다. 무미건조함이 중심을 이룬다. 사람들은 결론을 알고 있다. 누가 감히 아직도 나를 '속일' 수 있을까? 사업은 '정상대로' 진행된다. 마케팅은 합리적인데, 항상 더 좋은 자료들이 제공되고 있고 정보 시스템은 내 목표집단에 대해서 순식간에 최신 현황을 보고할 수 있기 때문이다. 또한 마케팅은 결국은 최고로 훈련받은 경영전문가가 계획하고 구체화하기 때문에 합리적이다. 정보를 많이 갖고 있는 고객들은 합리적으로 행동하는데, 그들은 엄격하게 가격과 성능을 고려하여 물건을 고른다. 품질이 중요하다. 요약하면 마케팅은 '고객 지향적'이며 경영은 최신의 기술 발전수준에 기초를 하고 있으며 고객은 실제로 '왕'이다.

그러나 실제는 정반대이다. 유사 이래로 오늘날처럼 환상에 사로잡혀 있고 동화에 빠져 있고 신화에 쉽게 넘어가는 적도 없었다. 포화되고 세계화하는 시장에서는 전통적인 종교들을 상기시키는 신앙체계들이 황폐한 소비재 마케팅에 막강한 영향을 행사한다.

그래서 경영자들이 무리를 이루어 구루(Guru, 거룩한 고문들, 교황 같은 추세 연구가들)와 교수(목사 같은 과학자들, 통계 숭배자들)들의 확신에 굴복하는 것도 결코 우연이 아니다. 아니면 반대로 모든 혁신을 멀리하고 '감량경영'만을 마케팅 활동의 정수로 이해하는 보수주의를 신봉하는 형편없는 경우다.

다음에는 자주 통용되고 가장 영향을 많이 끼치고 있는 마케팅 신화들을 제시하고 앞으로 전개될 소비행태의 기본구조를 밝혀 보고자 한다.

우선 몇 가지 근본적인 질문을 던지는 정도면 충분할 것이다.

● 왜 시장 커뮤니케이션의 성공율이 점점 낮아지나?
● 왜 항상 새로운 쇼핑 아이디어를 작성해야 하나?

- 왜 고객들 다수가 21세기를 앞두고 좌절하고 화를 내고 스트레스를 받고 모욕감을 느끼고 종종 게다가 쇼핑을 거부하기까지 할까?
- 왜 비비스는 분명하게 "고객은 재수없다"고 말할까?

고객을 왕이라 부르고 미화할수록 고객은 점점 거기에서 멀어지는 것처럼 보인다.

포화된 시장—유럽은 거의 그렇다—에는 상품이 너무나 많다. 너무나 많을 뿐 아니라 거의 모두 임의로 대체가 가능한 상품들이다. 제품들, 특히 유명상표 제품들은 고객이 바라는 높은 품질을 거의 갖추고 있다. 곧 도처에 대체가 가능한 제품들이 널려 있다. 코네티컷(Connecticut) 웨스트포트(Westport)의 보통의 슈퍼마켓에서는 열네 가지 종류의 치아청소용 비단실을 팔고 있다. 모든 상품이 과잉 공급되고 있다. 더 나쁜 것은 이런 과잉 공급되는 제품들의 진열방법과 커뮤니케이션 방법이 고객을 신경질나게 한다는 것이다. 더욱더 나쁜 것은 과잉 공급된 제품은 고객들에게 나는 기만당하고 있어 하는 느낌을 준다는 사실이다. 표시된 가격은 진짜가 아니다. 더 터무니없는 것은 정말 나는 속고 있다는 것이다. 여기서는 1:1로 커뮤니케이션하지 못하고 순전히 전략적으로 커뮤니케이션하게 된다. 여기서는 성숙한 고객과 터놓고 커뮤니케이션하지 못하고 속이게 된다.

이렇게도 말한다. 고객은 제공된 제품들을 요구덩어리처럼 느낀다. 맘에 들지 않더라도 그냥 참고 지나가야 한다.

신화 1번: 고객은 더 많은 선택권을 원한다.
신화 2번: 기술은 결정적인 성공요인이다.

마케팅 입안자들의 지나치게 합리적인 생각에 따르면 고객에게 선택의 폭을 넓혀줄수록 고객은 그만큼 더 만족한다는 것이다. 터무니없는 말이다. 이에 대해서는 자동차 산업에서 분명히 볼 수 있는데, 스위스 고객

은 최신 기술이 자동차에 이미 장착되었을 것이라고 전제하기 때문에 옵
션이나 기타 선택적 부착물에 원칙적으로 토를 달지 않는다. 이로써 스위
스 고객은 합리적으로 행동하는 것이며 옵션에 대한 토론이 필요 없다는
것을 암암리에 전제로 한다. 그는 모든 것을 한꺼번에 다 가지려 한다. 그
들의 생각으로는 일본 자동차 회사가 포괄적으로 모든 것을 제공한다면
경쟁자 독일 자동차 회사들도 모든 것을 제공할 수 있어야 한다.

도대체 이 말이 무슨 뜻인가? 비등한 제품들은 오늘날 거의 같은 기술
적 성숙도, 가격수준, 편안함을 제공한다. 그런데 거의 또는 완전히 비슷한
성능을 가진 제품들에서 제품을 선택하는 것은—순수하게 합리적으로 본다
면—임의적이고 우연적이다. 달리 말하면 포화된 시장에서는 어떤 특정 제
품이 다른 경쟁사 제품들보다 더 잘 팔릴 것이라는 합리적인 근거가 없다.
더 이상 합리적인 근거들이 구매행위를 결정하지 않는다. 그랬더라면 메
르세데스-벤츠사는 S등급의 차를 한 대도 못 팔았을 것이다.

이동성, 배기량, 자동화 또는 비슷한 동기의 심리적으로 근거 있는 합
리적 욕구가 더는 구매 결정에 영향을 주지 않는다. 여기서 우리는 완전히
다른 차원으로 이동한다.

시험을 한번 해보라. 당신의 아들에게 왜 리복 대신에 나이키의 에어
맥스를 신고 다니는지 물어 보라. 아들은 신발의 재료나 가격과는 아무
상관이 없는 대답을 할 것이다. 그러나 그 아이는 오로지 이 신발만을 원한
다는 것을 100% 확신한다. 그는 신발가게에서 바로 이 신발에 달려들 것
이다. 꽉 끼지만 않으면 그것으로 결정은 된 것이다. 신발이 특별히 멋있
지는 않지만 당신의 아들이 당신과는 미에 대한 다른 눈을 가지고 있고
이렇게 되면 뭐 그냥 그렇게 인정할 수밖에 없지 않는가? 아들은 기껏해
야 나이키는 '멋있고'(cool) '리복'은 "역겹다"거나 다른 비슷한 말만 할 것
이다. 아니면 당신의 딸에게 왜 디젤(Diesel) 옷을 입으려 하는지 한번 물
어 보라. 역시 그 아이도 무엇을 원하는지는 정확히 알고 있지만 말로는
표현하지 못할 것이다. 아니면 자동차의 예로 돌아가 보자. 포르쉐

(Porsche)의 팬과 페라리(Ferrari)의 팬이 자신들의 차에 대해서 뭐라고 하는지 한번 들어보라. 순수하게 합리적으로 본다면 그들은 엄청난 헛소리를 지껄이고 있을 것이다.

도대체 뭐가 중요한가? 쉽게 말로 표현 못하는 갈망이다. 쉽게 정리가 되지 않는 고객의 몰합리성이 바로 이 갈망의 정체다. 갈망은 몰합리적인 것이지 비합리적인 것이 아니다. 팬들이 모여서 좋아하는 물건에 대해서 이야기할 때는 비합리적이 아닌 몰합리적인 차원에 관련되어 있다.

마케팅에서 흔히 묻는 "고객은 도대체 무엇을 원하는가?"라는 질문은 그래서 틀렸다. 왜냐하면 이미 몇 번 말했지만 포화된 시장에서 고객은 자신이 무엇을 원하는지 스스로 알지 못한다. 그는 자신의 소망을 말로 표현하지 못한다. 말로 표현할 수 있는 것은 합리적인, 곧 기술적이거나 수량화할 수 있는 부분뿐이다. 그러나 그런 부분은 포화된 시장에서는 흥미를 끌지 못하는데, 이것은 측량할 수 있는 품질만을 드러내기 때문이고 이것은 다른 경쟁상품들도 비슷하게 갖추고 있기 때문이다. 갈망하는 것은 이와 반대로—아들이 무조건 갖고 싶어하는 나이키 운동화처럼—말로 표현이 안 된다.

신화 3번: 고객은 그가 (내일) 무엇을 원하는지를 정확히 알고 있다.
신화 4번: 고객은 자신의 소원을 말로 표현할 수 있다.
신화 5번: 시장 조사를 통해서 고객이 원하는 것을 찾아낼 수 있다.
신화 6번: 고객에게 다가가기와 고객 지향성이 목표다.

오늘날에는 고객들이 제품에 대해 잘 더러는 아주 잘 알고 있다는 사실에서 출발한다. 특별히 젊은 고객들은 상품의 품질이 어떠한지 아주 잘 알고 있다. 그들은 제품들을 비교할 수 있다. 그러나 이런 비교를 다시 토론화하는 것이 가능해 보이지만 포화된 시장에 결정적 영향을 줄 수 있는 토론화는 불가능하다. 곧 중요한 부분인 제품선호에 대한 정보를 밝혀낼 수가 없다. 왜냐하면 여기에서 고객은 토론할 수 없는 차원에 있기 때문이다. 몰합리적인 소비는 종교적 고백에 관한 문제로서, 요약하면 종교적 동기를 지니는 세계관들에 욕구의 차원은 더 이상 중요하지 않다.

정말 별로 달갑지 않는 것이 있다. 고객은 그가 무엇을 원하는지를 모르고 있을 뿐 아니라 자신의 소망도 말로 표현하지 못한다. 그래서 당신 아들이 당신에게 나이키는 '멋있고' 리복은 '역겹다'거나 비슷한 대답을 한다면 이는 매우 정확하고 적절한 대답이다. 이것은 마치 신들과의 관계와 비슷한데, 우리는 신들에 대해서는 지걸이기보다는 경탄하고 감탄하기 때문이다.

이런 사실은 실증적 시장 조사에 대해 한 가지를 알게 하는데, 곧 시장 조사는 걸핏하면 제자리에서만 맴돈다는 것이다. 포화된 시장에서 시장 조사는 동어반복이다. 만일 고객이 그가 원하는 것을 모르거나 말로 할 수가 없다면 대화를 통해서 제품을 개발할 수 없게 된다. 따라서 시장 조사는 합리적인 도구만을 가지고 고객의 합리적인 측면만을 조사하는 것이다. 그러나 조사에서는 결정적인 요소, 곧 몰합리성은 사라져 버린다.

신화 7번: 도덕은 문제를 해결한다.

규범과 가치가 혼란한 시대에 항상 우리를 다시 뜨겁게 만드는 거대 신화는 도덕신화이다. 계속해서 새로운 가치들을 장려하고 이성을 찾을 것을 호소하고 강권하고 교육원칙들을 만들어 내는데, 이런 일들에는 한 가지 공통점이 있다. 모두다 우리 현실과는 거리가 멀다는 사실이다. 도덕신화는 독일적인 철저함에서 기인하는데, 이 정신은 미국의 프래그머티즘을 손가락질하며 구석에 몰아부치는 위기시대에 언제나 다시 들린다.

여기서 핵심은 오늘날의 현명한 기업가들은 해결에 도움이 안 되고 좌절감만 주는 보편적 윤리에 몰두하는 대신에 인과적 경향을 보인다는 것, 곧 확실하고 구체적인 생각을 지지한다는 것이다. 보편적인 세계 개선의 윤리에 빠지기보다는 실용적이고 구체적인 프로젝트를 지지하다. 말하자면 관심이 여러 갈래로 작게 나뉘어져 있기 때문에 완전히 목표가 확실하고 특정한 범위만을 다루려고 한다. '도덕'이라는 말이 등장할 때마다 조심해야 한다. 대부분은 영향력 없는 호소로만 그치거나 도덕을 '돈'의 예술로 만들려는 욕심 때문에 원래의 의도는 온데간데 없어지거나 한다. 여기서 관건이 되는 것은 '도덕' 옹호론자들이 터놓고 이익당사자들과 함께 구체적 프로젝트들을 규정할 수 있는가 하는 것이다.

잠깐 다른 얘기를 해보자. 후원(Sponsoring)에 관련해서도 역시 조심해야 한다. 후원이 다른 수단을 통한 마케팅의 연장이거나 기업의 도덕적인 자세에만 관심을 기울이게 함으로써 제품 자체와 상관이 없어진다면 쉽사리 헛수고가 될 수 있다. 많은 예들이 이를 입증한다. 오늘날 개념 없고 자질이 모자라는 경영자들이 여전히 너무나 생각 없이 후원하고 있는데, 마치 귀족 의식을 지닌 고전적인 예술보호가들이 자선을 베풀고 있는 듯하다.

그렇다면 이 일곱 가지 신화들은 포화된 시장에서 어떤 의미일까? 엄청난 실제적 결과를 시장에 가져오리라고 오해하면 안 된다. 고객과의 대화나 시장 조사를 그만두어야 한다는 뜻이 절대 아니다. 그러나 이 고전적이고 직접적인 커뮤니케이션 수단들을 사용함으로써 제품선호에 관한 중요한 사실들을 놓치게 된다는 것을 알고는 있어야 한다. 마케팅을 좀더 합리화하려는 시도들—도덕, 후원, 사회적 마케팅, 게릴라 마케팅, 단순화전략 등등—을 통해서는 '같은 것을 좀더' 얻을 뿐이다. 그런 시도들은 같은 사고 안에서 맴돌 뿐이다. 포화된 시장에서는 문제들은 전혀 다른 차원에 놓여 있다.

『마케팅으로부터 이별』(*Abschied vom Marketing*)이라든가 또는 『마케팅은 사장이 알아서 하는 일이다』(*Marketing ist Chefsache*) 같은 책들이 있다는 것은 간과하지 말아야 할 무엇이 있음을 말해 준다. 이들은 합리적이고 직접적인 시장 커뮤니케이션이 막다른 골목에 처해 있음을 예고

하고 있다. 다시 말하지만 마케팅이 계속 실패할 때 마케팅 자체를 포기하는 식으로 대처하는 것은 합리적인, 경우에 따라서는 과도하게 합리적인 반응이다. 점차 그런 식으로 일을 처리해 나가는 회사들도 분명히 있다. 그리고 해결 못할 문제들을 사장이 알아서 할 일이라고 떠넘기는 식으로 대처하는 것도 합리적인 반응이다.

그러나 혼란 속에서 정신을 잃어서는 안 된다. 그보다는 냉정히 관찰하고 간단하게 결정하는 것이 좋다. 바꿔 말하면 경우에 따라서는 마케팅 계획이론보다는 종교사회학이나 민속학을 공부해 보는 것이 도움이 된다.

세 가지 소비행태: 가격중독자에서 우상중독자(Kultie)까지

우리의 행위에 중요한 영향을 끼치는 세 가지 소비행태가 있다. 합리적 소비와 비합리적 소비와 몰합리적 소비이다. 이 중에 두번째 형태와 세번째 형태의 소비가 증가하고 있다. 왜냐하면 포화된 시장에서는 생활양식 쇼핑이 단순한 기계적인 구매행위가 아니라는 게 명백하기 때문이다. 생활양식은 미적 요소와 종교적 요소를 더 많이 갖고 있다. 생활양식은 숭배와 고백, 때때로 '총체적 필요성'(Total Need)과 묶여 있다. 고전적인 합리적인 욕구 중심의 소비(우선 가격과 성능의 관계를 중심으로 양적 기준으로 비교하는)는 차츰 우리 시야에서 사라지고 있다. 당연히 이것은 역사의 맥락에서 볼 때 세대의 문제다.

전형적인 합리적 소비행태는 대략 1920년부터 1945년 사이에 태어난 베이비붐 세대의 전세대인 건설세대(Builders)의 산물이다. 이들은 1945년 뒤에 만개한 소비사회에서 살았지만 한계를 지켰고 저축했으며 노동의 열매를 실제로 만끽하지 못했다. '회의적 세대'인 그들에게 소비는 합리적인 정치와도 같았다. 그들은 당장의 욕구를 참고 뒤로 연기할 수 있는 도덕교육을 받은 자들이기에 비합리적이고 몰합리적인 소비의 유혹에 견딜 수 있었다. 그러나 오늘날은 이 둑이 무너져 버린 것 같다. 도처에서 무절제와 통속성을 보게 된다. 바로 욕구를 충족해야 하는 비합리적 소비 행태(가격중독자)와 미적이고 종교적인 몰합리적 소비행태(숭배성 고객)가 명백히 1990년대를 지배하게 되었다. 과잉 포화상태에 이른 세계 시장의 기본방향을 진단하면 다음과 같다. 합리적인 소비는 급격히 의미를 상실해 가고 있다. 복잡하게 생각할 것 없이 비합리적이고 몰합리적인 소비가 간단히 말해서 "더 멋있다." 이런 소비는 꽤 매력이 있다. 물론 이 두 가지 소비행태 사이에는 중대한 차이가 있다. 비합리적 소비는 합리적 소비행태를 증가시킨 것이다. 단순히 좀더 소비한 것이다. 이와는 달리 몰합리적 소비는 질적으로 다르다. 이것을 구체적으로 다루어 보자.

비합리적 소비행태: 일일 바겐세일과 계속되는 최저가격 제시 그리고 가격파괴 등의 마케팅 전략은 비합리적 소비행태의 고객에게 좀더 적합한 소비행태로 보인다. 이 소비행태가 가격중독자들에게 주는 즐거움은 대단한 것이어서 이제는 상시화하는 경향이 있다. 과거에는 판매율이 떨어지는 1월달을 극복하기 위한 판매전략으로나 또는 매년 특정 기간에만 '떨이판매'로 이용되던 것이 이제는 상시화하고 있고 고객의 소비기질도 같이 상시화하고 있다. 바로 이 점이 중요하다. 미국에서는 생산자와 직접 연결되어 있어서 저가격을 유지하는 아울렛 매장들(Outlet-Centers)의 비중이 커가고 있음을 볼 수 있다. 거기서는 살짝 흠이 난 제품들이나 가격을 90%까지 내린 제품들이 인기가 높다. 가격중독자는 여기서 미친 듯이 사버린다. 싼 가격이 그의 감정을 흥분시킨다. 그가 유일하게 아는 것은 가격뿐이다. 어떤 특정한 제품을 아주 싸게 구입했을 때에 그는 가장 큰 희열을 느낀다. 그는 싸구려 시장 인간(Aldi-Mensch)이다. 가격중독은 사회계층에 따라 구별되는 구매력의 차이와는 무관한 현상이다. 가격중독자는 정신적으로 문제가 있는 동물이지만—결정적인 것은—그들의 행위는 예측할 수 있다. 그들이 부인하는 좌우명은 '더 적은 돈으로 항상 더 많이'이거나 적어도 '같은 가격으로 더 많이'이다. 가격중독자는 해방된 소비자가 아니다. 왜냐하면 몰합리적 소비자와는 달리 그는 완전

히 가격탄력성의 게임에 빠져 있기 때문이다. 그는 종속되어 있어 제맘대로 행동하지 못한다. 그는 레스토랑에서 스테이크 세 개를 두 개 값에 준다고 하면 주문하는 사람이다.

그러나 비중으로 볼 때는 몰합리적 소비가 더 중요하다. 쉽게 대체가 가능한 제품들이 도처에 깔린 포화된 시장에서는 제품의 숭배적 부가가치가 점점 더 선호도를 결정하게 된다. 몰합리적 소비행태는 점점 더 신화가 되어 가는 가격-성능 관계 중심의 합리적 구매를 대체하고 있다. 거기에서 가격은 아무것도 바꾸지 못한다. 왜냐하면 숭배의 영역에서 유사한 경쟁상품들은 살인적인 가격 경쟁 속에서 곧바로 비슷한 가격대로 조정되기 때문이다. 이런 것을 컴퓨터 분야나 자동차 산업, 레저 산업분야에서 흔히 볼 수 있다. 경쟁 속에 있는 숭배적 제품들은 같은 가격대를 유지하고 있고 변화가 있으면 곧바로 재조정된다. 이로써 가격/소비의 합리적 메커니즘은 무의미해진다. 이 말은 당연히 상류계급의 사치품을 만들어 내는 특수한 소수의 독점영역이 언제나 존재한다는 것을 부인하려는 것이 절대 아니다. 우리가 관심을 두는 것은 시장의 커다란 움직임이다. 따라서 백만장자들의 사치스런 소비행태는 여기서는 아무런 의미가 없다. 그러나 보통의 남녀가 합리적인 소비를 하다가 몰합리적 소비를 하게 되면 귀를 기울이고 그 의미를 생각할 필요가 있다.

숭배가 시작되면 소비는 종교나 사이비 종교적인 특징을 지니게 된다. 그리고 이런 인식은 시장 접근에서나 시장 커뮤니케이션에 대해 새로운 관점을 제시한다.

그러면 이 다양한 소비행태들은 구체적으로 어떤 특징들이 있을까?

합리적 소비: 분수를 알고 절제하는 고객의 특징

- 측량 가능한 기준들로 제품을 비교.
- 욕구 소비: 욕구가 충족되어야 한다.
- 원하는 것을 말로 표현하는 것이 가능함.

- 고객의 행위를 예측하고 계산하는 것이 가능함.

  포화된 시장에서 그 중요성이 감소하고 있음.

비합리적 소비: 가격중독자의 특징

- 같은 가격으로 더 많은 것을 바라거나 아예 싼것을 원함. 당일 세일을 이용하거나 묶음으로 사기, 아울렛 매장 이용, 가격중독증 등, 떨이로 파는 것 찾아다니기.
- 욕구 소비: 그러나 같은 욕구를 몇 번씩 충족시킴.
- 원하는 것을 말로 표현하는 것이 가능함.
- 탐욕충족 고객. 필요하고 소화할 수 있는 것 이상으로 구매함.
- 예측이 가능한 고객.

  포화된 시장에서 그 중요성이 증가하고 있음.

몰합리적 소비: 우상중독자의 특징

- 측량 가능한 기준들로 제품들을 비교하지 않고 유사 종교적 기준들을 적용함.
- 갈망의 소비, 예측하기 어려운 고객. 포화된 시장의 자본주의(소비 세계 외에는 다른 어떤 세계도 인정하지 않는 제품친화적인 '내재적 초월성').
- 원하는 것을 말로 표현하지 못함.

  포화된 시장에서 그 중요성이 엄청나게 증가하고 있음.

몰합리적 소비는 포화된 시장에서 소비의 중심이 되고 있다. 이 소비는 시장 접근에뿐 아니라 정치적 범주에도 새로운 국면을 열어 주고 있다. 이것은 혁명적인 소비다. 이것은 종교적 숭배의 차원을 통해서 모든 시장 법칙을 파괴한다. 왜냐하면 몰합리적 소비자는 주체적으로 행동하기 때문이다. 그는 마케팅이나 브랜드 상품의 탐욕적 판매술에 넘어가지 않고 자기가 갈망하는 대로 행동한다. 오늘은 캘빈 클라인을, 내일은 자키

(Jockey)를 입는다. 오늘은 포드를 타고 내일은 폭스바겐을 탄다. 원칙 없음이 그들의 시장 접근원칙이다. 그들은 생산자의 가격 통제에도, 시장들의 경기흐름에도 영향받지 않는다. 시장 조사가가 얻는 결론은 종교적 숭배에 관련된 동기는 아무도 알 수가 없는데, 그것은 누구도 합리화할 수 없기 때문이다. 합리적인 마케팅 전략에는 '종교적 전략들'이라는 것은 없다. 성스러움에 대해서는 별로 적합하지 않은 말만 할 수 있을 뿐이다. 말하자면 숭배적 제품을 추종하는 사람은 원칙적으로 예측이 불가능하다. 왜냐하면 그는 자기 맘대로 행동하기 때문이다. 그는 자신의 시장 접근에 대해 합리적 범주들에 의거해서 설명할 필요가 없다. 그는 시장에서의 해방이라는 새로운 단계의 해방에 도달했다. 정치적 동물(Homo politicus)로서 잃어버렸던 주권을 포화된 시장의 소비적 동물(Homo consumptor)로서 다시 회복하고 있는 것이다.

믿음의 지지기반인 숭배적 제품

몰합리적 소비행태의 증가가 마케팅 개념이나 시장 커뮤니케이션에 구체적으로 미치는 영향은 무엇일까?

테제 1: 포화된 시장에서 마케팅은 더 이상 (예측할 수 있는) 욕구를 충족시키는 데 매달리지 않고 끝없는 갈망을 이끌어 내는 데 전념한다.

이것은 포화된 시장에서 고객과의 커뮤니케이션이라는 직접적 전략은 자기만의 환상을 만들어 낼 뿐이라는 의미이다. 고객과 직접 말로 대화할 수 있다고 생각지 말고 다른 커뮤니케이션 형태를 찾아야 한다.

합리적 소비에서 사람들은 욕구를 충족시킬 수 있고 일정한 시간이 지나야 다시 생기므로 예측이 가능하다. 누구나 저녁마다 목마를 때는 맥주를 마시고 배고플 때는 날마다 빵을 먹는 것처럼. 욕구들은 충족이 된다. 그러나 이와 반대로 갈망은 만족시킬 수 없다. 끝없이 멀리 뻗어 나간다. 그것은 가라앉지 않는 그리움의 흔적이다. 갈망을 통해서 사람들은 계속 무엇인가를 동경하게 된다. 사람들은 사랑이나 삶의 의미, 또는 '호평'에 대해서는 한이 없다. 이래서 시장 접근은 완전히 달라져야 한다.

욕구의 반복과 새로운 것을 계속 찾는 것 사이에는 차이가 있다.

욕구를 채우려는 소비자는 예측이 가능하고 충직하며 전형적인 되사들이는 사람이다. 이들은 돌아왔다가 돌아간다. 철학자 들뢰즈의 말을 인용하여 다음과 같이 말할 수 있다. 갈망을 채우려는 소비자는 예측이 불가능한 재범자다. 그는 새로운 것을, 항상 다시, 끊임없이 반복한다. 이래서 미래에는 단골고객을 얻는다는 것이 더 어렵다. 궁핍함과 정직함 속에서 자라 충성심에 길든 기성 세대는 최근까지 남아 있는 단골고객이라고 할 수 있을 것이다. 그러나 베이비붐 세대나 그들의 후손들은 이미 모든 것이 다 있는 포화된 시장만을 알 뿐이다. 경쟁사 제품에 흥미가 있는데 왜 한 상표만을 고집해야 하는가? 게으르기 때문에 다른 회사제품을 사용하지 않았다는 것 말고는 한 상표만 고집한다는 것에는 합리적인 이유가 없다. 고객의 게으름은 실제로 종종 관찰할 수 있다. 사람들은 자동차 회사를 바꾸지 않는데, 만일 그렇게 한다면 자동차 정비소와 수리전문가도 바꾸어야 하고, 이로 인해서 인간관계에 난처함이 생길 수도 있기 때문이다. 하여튼 다시 말하지만 원칙 없음은 포화된 시장의 일반적인 시장 접근방법이다. 숭배적 제품을 내놓는 단기 종교는 여기서 완전히 개인적이고 제멋대로인 갈망에 잘 들어맞는다.

갈망은 시간에 제약을 받지 않고 끊임없이 동경심을 자아낸다. 그래서 갈망은 경기를 타지 않는다. 경기침체기에는 간단히 다른 제품이 종교성을 대신하게 되는데, 1980년대에는 포도주를 숭배하던 사람도 오늘날에는 경기침체기의 술인 맥주의 추종자다.

테제 2: 고객과 직접 대화의 창구(고객과의 대화, 시장 지향성, 고객에게 다가가기)를 뚫겠다는 환상 속에서 고생하지 말고 의식을 통한 간접적인 창구를 마련하도록 노력해야 한다는 점이다.

말하자면 우리는 직접적으로 대화를 통해 얻는 정보형태 대신에 종교에서만 찾을 수 있는 간접적 형태가 필요하다. 그래서 의식들이 무엇보다도 중요하다.

어떤 상품이나 품질을 갖추고 있어야 한다는 것은 이제는 자명한 일이 되었다. 그런데 조금전까지 '체험의 질'이라고 부르던 것을 좀더 설명할 필요가 있다. 호르스트 오파쇼프스키(Horst W. Opaschowski)와 안드레아 그뢰펠(Andrea Gröppel) 같은 체험 마케팅 전문가가 확언한 것을 여기서 좀더 자세히 설명하고 보충할 필요가 있다. 이른바 '의식주형 소비'에 비해서 이른바 '체험소비'가 더 빨리 증가할 뿐 아니라 숭배적 제품과 숭배적 소비도 욕구 충족소비보다 더 빨리 증가하고 있다. 적합한 체험소비는 숭배적 소비가 되고 있다. 체험소비는 영업시간이 끝나면 동시에 끝나는 즐거움을 제공할 뿐 아니라 종교적 부가가치를 제공한다. 체험소비는 기억 속에 흔적을 남긴다.

생산의 질에서 체험의 질로의 변화는 매우 중요한 걸음이었다. 두 가지를 구분하는 것은 오늘날 소비에서 감성이 아주 중요한 역할을 한다는 것을 말해 준다. 그러나 이것은 다음에 자세히 설명될 내용의 시작에 불과하다. 지금까지 '이벤트 마케팅'으로 팔아먹던 것은 대부분 1980년대의 음울한 연장이었다. 장식하기, 환경미화, 이것저것 혼합하는 것 따위는 이목을 끄는 데서만 성패를 따졌지 개념 없는 것들이었다. 체험 마케팅에서 성공은 운에 달린 일이었고 체험 마케팅 매니저들조차도 자주 자신들이 무엇을 하는지도 몰랐다. '생각이 없는 전문가'가 너무도 자주 '감정 없는 향락주의자'를 위해서 생산했다(막스 베버).

그러나 어쨌든 체험소비를 통해서 배울 수 있는 것이 있다. 경험은 쉽게 합리화하거나 이해할 수 없는 소비자의 영혼과 관련이 있다는 것이다. 그래서 한 가지 보충할 수 있다. 역시 갈망소비도 욕구 충족소비보다는 더 빨리 성장한다. 그리고 두번째로 우리가 관찰한 것은 체험소비에는 반드시 돈을 많이 들여야 하는 것은 아니라는 사실이다. 일상소비의 모든 소비품들도 잠정적으로 체험을 할 수 있게 해준다. 바로 똑같은 것이 숭배적 제품에도 해당한다. 숭배적 제품이 고급 상점에 있든 할인점에 있든 상관없이 이것은 결국 간접적 커뮤니케이션의 문제이고 자본주의와 종교의 관계라는 문제에 닿아 있다.

우리는 '마케팅은 고객에 대한 예배'라는 주제로 의식이 얼마나 중요한지를 보여주기 위해서 세미나를 개최했다. 그런데 여기서 우리는 놀라운 것을 발견했다. 사람들은 흔히 자본주의는 모든 종교와 가치관과 도덕까지 말살한다고 말한다. 그런데 그렇지 않다. 자본주의 스스로 모든 종교들 중에서 가장 강력한 종교가 되었다. 상품들이 모든 종교들 중에서 가장 강력한 종교가 되었다.

다름 아닌 칼 마르크스가 포화된 시장에서 상품의 이 기능을 정확히 지적했다. "상품은 첫눈에는 당연하고 평범한 것으로 보인다. 그러나 상품을 분석해 보면 그것은 매우 얽히고설킨 물건이고 완전히 형이상학적인 첨단 발명품이며 신학적 의미덩어리라는 것을 알게 된다." 요약하면 자본주의는 상품을 우리의 신으로 만드는 데 성공했다.

또한 숭배적 제품들이 신의 지위를 누리기 위해서는 다음의 자질들이 필요하다.

a) 언어가 필요 없고 도그마가 없는 우월성

실제로 숭배적 제품들의 강점은 말없이도 지배적이라는 것이다. 진짜 숭배적 제품들은 설명도 필요 없고 정보도 필요 없다. 만일 고객들에게 상품에 대해 설명해 주어야 한다면 그것은 숭배적 제품을 제공하는 것이 아니다. 마찬가지로 카톨릭의 강점은 개신교에 비교하여 기록된 교리에 있다기보다 언어가 없는 의식들과 예전적인 행위들에 있다. 카톨릭은 성스러움을 매개하는 강렬한 영향을 주는 성화와 단순한 상징들을 가지고 있다. 이런 것이 필요 없다고 생각하는 것은 틀린 것이다.

현대 마케팅이 커뮤니케이션에 무능력한 이유는 합리화되고 융통성 없으며 별 영향력 없는 정보에 둘러싸인 지난날의 개신교처럼 사고하기 때문이다. 컬트 마케팅은 강력한 그림과 상징물을 중심으로 한 카톨릭 교회처럼 사고한다.

숭배적 제품들에는 한 가지 커다란 장점이 있다. 그것들은 사후세계를 의지해 위로하지 않고 여기서 지금 바로 문제를 해결해 준다는 것이다. 그것들은 일상생활의 소망과 슬픔, 동경을 잘 알고 있다. 당신이 쉐바(Sheba, 유명한 고양이 먹이상표—옮긴이)를 구입하면 그것으로써 고양이의 사랑을 받게 된다. 캘빈 클라인 청바지로는 영원함을 얻는다. 메르세데스-벤츠의 C등급 차는 당신에게 감정을 조정할 수 있다는 확신을 준다. 말하자면 이런 제품들은 우리의 매일매일의 동경의 세계에 들어와서는 우리의 관심을 끈다. 오늘날 포화된 시장에서 이것은 확고한 삶의 해석 제공과 특정한 지향점을 통해서만이 가능하다.

b) 언어가 없는 지구적 커뮤니케이션

숭배적 제품들은 자기 자신을 보증한다. 그것들의 현존만으로도 이것에 수긍할 수 있다. 운동화의 예에서 보았듯이 이런 제품들은 물건을 둘러싼 찬성과 반대의 토론을 불필요하게 만든다. 이들은 상징성이 가득해서 아주 간단히 다시 알아볼 수 있다. 이런 상황에서는 두 가지 중요한 수단들이 커뮤니케이션을 가능케 한다. 곧 연출된 소리와 영상이다.

여기에 극단적인 두 가지 예를 들어보자. 말보로 상표는 붉은 색을 자신과 동일시하는 데 성공했다. 스위스에서는 슈퍼마켓 체인점인 미그로(Migros)가 오렌지색을 자신과 동일시하는 데 성공했고, 그래서 거기서는 '오렌지빛 재벌'로 통한다. 미그로는 광고음악으로 더욱 깊은 인상을 남겼다. 아이들도 쉽게 따라할 수 있는 간단한 구조의 멜로디를 통해 해당 상품과 목표가 되는 고객에 따라서 리듬과 악기 배합에 변화를 줄 수 있다. 이 음악을 스위스 사람들은 매우 빨리 인식해서 첫 박자만을 듣고도 미그로 광고임을 알아챈다. 또한 광고 소재로 끝없이 인용되는 저장고는 유명한 영화들이다. 만일 당신이 두 줄의 검은 수직선과 한 줄의 노란색 수평선을 그리면 대중매체에 익숙한 사람들은 범죄영화에 나오는 뉴욕의 택시라고 생각한다.

숭배적 제품을 통해서는 정말로 지구적인 커뮤니케이션이 가능하다. 이것들은 그들의 메시지를 세계 곳곳에 퍼트리는 '범지구적인 플레이어'(Global Player)이다. 이 제품들은 세계의 문화적 차이와 신념을 넘어서서 확고하게 자리를 잡았다. 예를 들어 맥도널드 햄버거나 매킨토시 같은 단어를 사람들은 쉽게 이해한다. 이런 이유로 우리는 과장과 흥분 없이 다음과 같이 주장할 수 있다. 세계화된 세계에서 우리를 정말로 묶어 주는 것은 정치적·문화적 귀속감이 아니라 다국적 기업들이 하는 컬트 마케팅이다. 스페인 학생과 일본 기술자와 필리핀 레스토랑 주인과 미국의 경영자를 묶어 주는 공통점은 소니나 애플이나 코카콜라 같은 회사들이다. 이들의 언어는 바로 이해가 된다. 반대로 정치가의 언어는 그 지역과 지방에서만 의미가 통하지 세계적 차원에서는 이해할 수가 없다. 이것은 이른바 마지막 남은 강대국인 미국도 마찬가지다. 이와 관련해서 과장 없이 침착하게 다음 사실을 확증할 수 있다. 주식회사 미국이 전 세계인들을 행복하게 해주는 상품들—당연히 주로 숭배적 제품들—에 관한 문제가 아니라면 정말로 미국에 대한 세계의 관심은 곧바로 확 줄어든다. 사람들은 '메이드 인 유에스에이'(Made in USA)를 갖고 싶어한다. 상품 해방을 가져오는 그때에, 군사 개입이 있어야만 할 때도 코카콜라와 할리우드와 마돈나의 마력은 관심을 끈다.

현재 프랑스인들이 국가적 대항문화를 만들기 위해서 가능한 명백하고 간단한 영어단어를 언어에서 모두 추방하려는 것은 아주 어리석은 일인데, 벌금을 물리겠다는 광고를 하면서 예를 들면 에어백은 '삭곤플라블'(Sac Gonflable)로 CD-Rom은 '메모와모르트'(Mémoire Morte)로 패스트푸드 음식점은 '레스토빗'(Restovit)으로 바꾸고 있다. 독일인들 역시 시대정신과 멀리 떨어져서는 반동분자가 될 위험을 무릅쓰고 있다. 마케팅 시대에 그들은 아직도 '판매'(Absatz), '소비'(Verbrauch), '소비물'(Verzehr) 같은 전통 독일 단어를 고집하고 있다. 경영(Management)은

'기업경제'(Betriebswirtschaft)라는 단어를 사용한다.

소비의식(儀式)들을 실제로 받아들이려고 할 때 전 세계에서 얼마나 성공적인 의사소통이 되는지를 보고 싶다면 확실히 20세기의 가장 천재적 발명품인 (비록 요즘은 그 전만은 못하지만) 뮤직채널 MTV를 관찰해 보라. 이 채널은 소비의식과 브랜드 상품을 연관지어서 분위기를 돋우고 강한 영상을 전 세계에 내보낸다. 이 채널은 성공적인 커뮤니케이션이 어떻게 점점 더 고전적 정보매개 형태를 벗어나는지를 예시하고 있다. 거기서 인간은 몰합리적인 동경심에 싸여 있다. 그것으로써 우리는 소비자의 자격에 대해 전혀 다른 인상을 받게 된다. 다시 비비스와 버트헤드(B&B)의 견줄 수 없이 압축된 표현을 보자. "말이 귀찮다"는 우리한테는 원래 말이 전혀 필요 없다는 뜻이다.

따라서 숭배적 제품들이 점점 더 자리를 차지할수록 세계 시장에서는 점점 더 언어가 필요 없어진다. 효율적인 커뮤니케이션, 곧 우리 의식에 흔적을 남기는 커뮤니케이션은 무언(無言)의 커뮤니케이션이다. 아니면 비비스와 버트헤드가 탁월한 압축과 극명함 속에서 보여주었듯이 숭배의 시장에서는 "끝내준다"(That's cool)와 "재수 없다"(That sucks)라는 표현만으로 충분하다. 그리고 나서는 제품을 보증하는 영상과 음악이 나머지를 해결한다.

요약해 보자. 자본주의는 상품을 모든 행위의 중심에 두게 하는 능력이 있고 모든 상품을 숭배의 대상으로 만들 수 있으며 극단적인 경우에는 비비스와 버트헤드에서 볼 수 있듯이 '기름기'조차 우상으로 만들 수 있다. 맥도널드의 지방을 끔찍히 좋아하기에 우리는 모두 "기름기가 좋아"라고 말하거나 아니면 아예 한 술 더 떠 맥도널드 제품이 그렇게 기름지기 때문에 맥도널드를 사랑한다.

그러나 한 가지는, 곧 고객의 충성심만은 기대하면 안 된다. 자본주의는 원칙적으로 배반을 조장한다. 신제품이 시장에 나올 때마다 충성심은 위험에 처한다. 누구도 동경심은 통제하지 못한다.

c) 신앙고백과 전도운동

만일 숭배적 제품이 우리 인격과 어떤 관련이 있다면 우리는 우리 가치관에 맞는 제품을 찾게 된다. 앞에서 보았지만 서구의 정치도 그렇고 종교도 그렇고 그들의 메시지로 충분하게 의사소통하지 못하고 있다. 그들은 믿을 만한 길잡이와 삶의 협력자라는 자신들의 역할을 지난 수십 년 동안 계속해서 엄청나게 잃어버렸다.

오늘날 이 공백에 신앙고백식 소비가 뛰어들고 있다. 말하자면 숭배적 제품을 구입함으로써 나는 이 제품과 연관된 특정한 주제를 지지하는 것이다. 바디숍이나 파타고니아(Patagonia)나 벤 앤 제리스(Ben & Jerry's) 또는 베네통(Benetton)이나 에스프리(Esprit)나 버튼(Burton) 같은 회사들은 다음과 같은 온전한 신앙고백을 성취한다. 나는 그 제품이 천연재료로 만들어졌기 때문에, 열대우림 보호에 이바지할 수 있기 때문에, 그리고 전쟁의 참상에 대한 주의를 환기시키기 때문에 그것을 구입하고 거기에 나를 동일시한다. 간략히 말하면 그 제품은 완전히 나 개인의 신념과 선호에 부합한다. 여기서 상품보다도 중요한 것은 판매가 되는 대체 가능한 생활양식이다. 사람들은 예를 들어 '다도'(Tea Mind)나 '생태정신'(Eco-Spirit)이나 '스노우보드 정신'(Snowboard Mind)을 판매한다. 제품의 사용은 정신적인 고백과 동시에 일어난다.

벤 앤 제리스 같은 회사들은 고유의 회사철학을 가지고 있다는 것이 강점이다. 이 회사철학이 나의 신앙고백과 일치할수록 더욱 좋다. 이러한 고백적 소비행태는 오늘날의 꾸민 듯하며 신빙성이 없는 후원개념—안으로는 매력 없는 여자를 가르치고 겉으로는 펑크 밴드를 후원할 경우에 우리 은행들의 수고가 만들어 낼 수 있는 무엇—을 뒤집을지도 모른다.

개성과 도덕이라는 범주가 돈벌이가 된 이후 숭배적 제품들의 미래모습은 아주 확실해졌다. 구체적으로 말하면 나는 자진해서 내 의식의 전도활동에 참여한다. 거기에 맞는 표현이 신앙고백적 소비이다.

만일 미래에 정치적 장벽들이 사라진다 해도 이것이 곧바로 전쟁을 동반하는 분란들이 없어진다는 것을 의미하는 것은 절대 아니다. 호전적 에너지가 정치에서 경제 영역으로 이동할 뿐이다. 이런 까닭에 미래에는 선교사명을 띤 대기업들이 십자군 전쟁을 수행한다. 그리고 마케팅은 여기서 주연을 하게 된다. 이제는 호전적 투쟁들에서 물리적 힘이 승패를 좌우하지 못한다. 포화된 시장에서 종교전쟁(Religious Wars)이 벌어진다. 우선 이 전쟁들은 정신과 고백을 둘러싼 전쟁들이다. 정신은 인간의 '부드러운' 부분이 아니고 그의 육체도 '강한' 부분이 아니다. 포화된 시장에서 정신과 종교는 분란과 다툼을 일으키는 원인이다. 다시금 중앙집중체계를 만들거나 하나로 만들 때 같은 극단의 경우에만 물리적 강제가 필요하다. 그러나 포화된 시장이 존재하는 한 그 상태까지 가지는 않을 것이다.

d) 씨족적인 '공동체': 귀속감에 대한 동경

우리는 이제 오늘날 많은 사람들이 기꺼이 구매하지 않는다고 구매행위 자체가 이뤄지지 않는 것은 아니라고 말할 수 있다. 우리는 구매에 대해서 너무 합리적으로 사고할 뿐이다. 발터 벤야민은 이것을 이미 1930년대에 알았다. 백화점들은 정확히 말해서 현대의 순례여행지가 되었고 구매는 정확히 이해한다면 기도—속죄와 회개—의 형태이고 더 나아가서 올바르게 상품을 구입하는 것은 종교적 행위인데, 물건을 사는 사람들에게 매일매일의 걱정과 염려를 해석해 주는 삶의 조력자이기 때문이다. 그러나 인정사정없이 고객을 '과시하는 고객'으로 몰아붙이거나 상품진열을 군대행진 대열식으로 만든다거나 하면 몰합리적인 의식(儀式) 대신에 합리성에 비중을 두는 것이기 때문에 고객을 당황하게 한다. 한마디로 행복감, 곧 '좋은 느낌'을 주지 못한다. 예를 들어 새로운 소비성당들, 곧 미국의 대형 쇼핑몰들을 생각해 보면 확실하게 드러나는 것이 있다. 고객이 경험하는 모든 연출들 속에서 숭배의 핵심은 귀속감이라는 사실이다.

우리는 이 문제를 다른 것과 관련하여 알고 있다. 오늘날 정치는 더 이상 귀속감을 주지 못하고 있는데, 예를 들어 정치적 국가로서 스위스는 단지 새로운 것에 저항할 때만 부정적으로 단결한다. 옛날의 연대감, 예를 들어 귀가시간에 맥주 한 잔씩 같이 나누던 계급적 동질의식이 점점 더 사라지고 있다.

이와는 달리 독특한 흐름을 오늘날에 엿볼 수 있다. 전에는 정치·사회·종교 공동체가 자리잡고 있던 곳을 오늘날에는 숭배와 숭배적 제품들에 대한 부족적 귀속감이 대신한다. 합리적이고 예측 가능한 단골고객(Stammkunden)이 몰합리적 고객족(Kundenstämme)으로 바뀌어 가고 있는데, 이들은 가입과 탈퇴를 마음 내키는 대로 한다. 개인화의 시대에서 오래되고 합리적이지 않은 귀속감의 모델이, 곧 종족주의가 다시 활기를 찾고 있다. 이 현상은 다시 자세히 살펴볼 가치가 있다. 포스트모더니즘적 귀속감의 모델인 고객족들은 다음과 같은 특징들을 보이고 있다.

① 인류학적 정의에 따르면 부족은 "그들 자신의 고유한 영토에 거주하는 동질적이고, 정치적·사회적 관점에서 독립적인 집단을 말한다. 그리고 대부분의 경우에는 한 사회 안에서 발견할 수 있는 가장 포괄적인 통일체를 가리키는데" 곧 시민사회의 가정이나 교회 그리고 정치적 집단들 같은 전통사회의 공동체들이 사라진 뒤에 나타난 집단을 말한다. 오늘날에는 록 무대나 축구 팬클럽에서 볼 수 있듯이 팬 공동체나 생활양식 공동체로 나타나고 있다. 그들의 거주영역은 쇼핑몰이나 쇼핑가나 부티크나 위성도시이다.

② "부족은 더 작은 크기의 집단들, 예를 들면 씨족 같은 것들로 나뉘는데 잠정적으로 또는 항구적으로 다른 부족들과 군사적으로나 종교적인 목적을 위하여 연합할 수 있다." 씨족은 소속에 대한 확실한 기준을 가지고 있다. 내부인과 외부인은 분명하게 구별되고 경계가 지어진다. 마케팅 사회에서는 민주적 원칙이 존재하는데, 누구든지 필요한 돈을 마음대로 처리할 수 있다면 잠정적으로 부족 안으로 받아들여진

다는 것이다. 이래서 소비족들은 겉으로만 엘리트적이지 실제로는 누구든지 될 수 있다. 코카콜라 같은 숭배적 제품들이 디즈니랜드와 독점관계를 맺음으로써 체험과 숭배의 결합이 이루어지는데, 이렇게 부족들은 서로 연합할 수 있다. 아니면 자동차 산업에서처럼 **전쟁연합**이 형성될 수 있다.

③ 숭배적 제품에 접하는 사람은 부족원이 되는데 자명하거나 묵시적인 특정한 입단의식들을 거쳐서 이루어진다. 유명한 종교철학가 에른스트 트뢸취(Ernst Troeltsch)를 인용해 종족주의를 소비종교들의 운동으로 명할 수 있다. 이 집단들에게 중요한 것은 신비적 체험이다. 중요한 것은 체험과 숭배의 상징적 **구조**이지 합리적 구조가 아니다. 이런 의미에서 여기에는 '교회'라는 말보다는 '종파'라는 말이 더 적합하다. 소비종교에는 이른바 제도화의 측면이 매우 중요한데, 이를테면 소속감을 계속해서 되살리려 한다. 필요한 것은 명백한 제도적 질서가 아니다. 중요한 것은 구성원 스스로 집단에 대해서 일부분이라는 믿음을 느끼는 정도면 된다. 예를 들어 카톨릭 교회가 제시하는 식의 완전히 형식적인 구조는 더 이상 필요치 않다. 소비종교는 서구사회의 전통 종교들보다도 훨씬 더 융통성이 있다. 이들은 영원히 운명을 같이한다는 생각이 없으므로 오히려 조직화되어 있지 않다. 그러나 이들은 안정적 집단인데 일단 그 구성원이 믿기만 하면 제대로 믿는다.

④ 종교집단인 고객족들은 귀속감의 포스트모더니즘적 형태이다. 역사적으로 보아서 고객은 괜히 공동체가 된 게 아니다. 고객은 구매행위를 통해서 공동체에 속하게 된다. 이 공동체를 오늘날 다르게 정의하려는 시도가 있다. 숭배적 제품들을 통해서 이것을 잘 보여줄 수 있다. 스위스 도요타 지부장이며 동시에 도요타 렉수스(Lexus) 판매에 총책임을 지고 있는 레온하르트 뮐러(Leonhard Müller)는 당연한 듯이 "10만 프

랑짜리 자동차를 구입하는 사람은 1만이나 3만 프랑짜리 자동차를 타는 사람들과 같은 고객가족으로 보여지는 것을 싫어한다"고 말한다. 그들의 가치구조는 다르다. 아니면 대중매체의 한 예를 들어보자. 1994년 RTL 방송국은 자체 광고에서 RTL 출연 연예인들의 팬들을 목표로 삼아 "우리의 스타들은 당신들의 친구들입니다"라고 했다. ARD 방송국의 컬트적 일일연속극 '린덴스트라세'(Lindenstraße)는 일요일마다 TV 앞으로 수천만 명의 팬들을 끌어들였다. 여기서는 팬클럽이 교인들을 대신했다. 이 연속극 스타들은 저마다 자신들이 사랑하는 연속극 주인공들이 실존하는 것처럼 생각하는 고유한 팬클럽을 거느리고 있다.

⑤ 미쉘 마페솔리(Michel Maffesoli)에 따르면 종족주의에서 결정적인 것은 목표가 아니고 집단을 결속시키기 위해서 필요한 에너지이다. 합리적 목표가 아닌 감정의 투자가 여기서 차이를 만들어 낸다. 이 점은 정말 강조할 필요가 있다. 합리적 개인주의에 기초를 한 근대 시장경제는 아직 포화상태에 이르지 않은 시장에서 욕구 충족을 중점으로 하는데 비해서 포스트모던한 마케팅 사회는 변덕스러운 갈망들이 계속해서 새로운 공동체를 형성하는 것을 기초로 한다.

정치의 커다란 체계를 통해서 배울 수 있는 것은 거대하고 합리적인 범주에 따라서 만들어진 민족국가는 역사를 거슬러서 원시적 민족주의로든 아니면 국가사회주의로든 어떤 형태로도 다시 공동의 힘을 모으기에는 역부족이라는 것이다. 이 형성체는 지향할 수 있는 구체적 제품이나 구체적 물건을 갖고 있지 못하다. 이런 전통적 정치 귀속감은 강요된 것이지 개인 스스로 선택한 것이 아니다. 이것이 결정적인 것이다. 소비종교의 소비공동체는 스스로 선택한 것이고 자유롭고 민주적이다. 나는 언제든지 탈퇴할 수 있다. 완전히 우연히 속하게 된 정치 공동체나 정말 우연히 속하게 된 인류나 내가 스스로 선택하지 않는 혈연관계와는 반대로,

나는 이 쇼핑공동체를 내 스스로 선택했다. 오늘날 모든 거대하고 추상적인 체계들은 녹이 슬었고 더 이상 결속감을 주지 못하는데 왜 그럴까? 그 이유를 합리적으로 설명해 보자. 쇼핑공동체에서는 감정의 차원이 가장 근본이다. 이 공동체는 강요된 정체성이나 추상적인 것(그 국가, 이 기업, 그 가족)과 일체감을 갖도록 요구하지 않고 상표나 스포츠나 음악 등의 팬클럽 같은 집단들 속에서 항상 새롭고 자발적인 정체화 과정에 몰두하게 한다.

⑥ 소비공동체는 현대적 공동체 형태이다. 왜냐하면 인격적 관계가 필요 없는 귀속을 허락하기 때문이다. 예를 들어 록밴드의 팬클럽은 해프닝인 감정적인 콘서트를 통해서 형성된다. 클럽에 속하는 것은 감정을 기초로 한다. 록밴드의 라이브 쇼를 함께 체험하고 소비함으로써 특정 소비집단의 구성원이 되고, 연대감을 갖게 된다. 소비공동체는 일종의 여론인데, 이 여론은 제품(밴드의 스타들)과 제품을 사용하는 개인(팬클럽의 다른 회원들)에 일체감을 준다. '공동소비' 곧 기분 좋게 내 돈 내고 소비행위에(이벤트인 콘서트에) 참여하는 것의 의미는 교회에서 성찬식이 갖는 의미와 같다. 이것은 이제는 분명해졌지만 합리적 범주들과는 아무런 관련이 없다.

⑦ 민주적 사회와 포화된 시장에서는 여기서 설명한 소비공동체와 소비종파가 청소년기 같은 삶의 특정 단계에만 중요한 것이 아니고 전 생애를 통해서 중요하다.

결론을 말하면 제품이 특정한 생활양식의 표현이고 우리가 스스로 선택한 귀속의 범주들에 근거를 두고 우리가 그것을 고백한다면 소비사회학자 롭 쉴즈(Rob Shields)의 정의에 대해 동의할 수 있다. "소비자 집단들은 회원번호나 고객회원제를 통해서보다는 비형식적이고 부족적인 소속 의식(儀

式)과 통과의례를 통해서 구성된다."

현대적 형태의 공동체는—그 몰합리성과 감성에도 불구하고—깨끗하고 멋있고 완전한 라텍스(Latex) 시대에 맞추어서 구성되어 있다.

5
최후의 고객모델-중독자

가벼운 마약: 그 친근한 종속

물건을 파는 사람은 장사가 잘되기를 바란다. 곧 가능하면 더 잘되기를 바란다. 그런데 '가능하면 더 잘되기를'이 도대체 무슨 의미인가? 비합리적 고객의 논리—탐욕을 채우는 소비의—를 더 확장시키면 중독자형의 고객을 만날 수 있다. 가격중독자들에 대해서는 이미 한번 앞에서 언급했다. 가격중독자는 또한 계층에 따라 차이가 나는 구매력에도 영향을 받지 않는다는 것도 이미 설명했다. 몰합리적 고객의 논리—숭배적 소비—를 더 확장하면 마찬가지로 중독자형 고객을 만날 수 있을 것이다. 비합리적이고 몰합리적인 소비는 오늘날 세계화하고 포화된 소비상품 시장의 지배적 소비행태이다. 그러면 도대체 중독자형의 고객은 무엇을 뜻하는가?

'좋은' 고객은 그가 갈망하고 분명히 원하는 제품에 종속적인 관계에 있다. 브랜드 제품 판매자들은 고객이 자신의 제품에 종속되어 있는 것에 만족해한다. 이것을 시장윤리 차원에서 '고객의 충성심'이라고 한다. 상인은 그 때문에 '고객 지향적' 행동을 그만해도 된다.

그러나 세계화하고 포화된 시장의 생존법칙은 상승이다. 가격전략과 숭배전략, 곧 비합리적 소비와 몰합리적 소비를 계속 부추겨야 한다. 한편에서는 더 효율적—더 싸거나 같은 원가로 더 많이—으로 생산해 내야 하고 다른 한편에서는 더 많이 종교적인 내용을, 그러니까 더 많은 의미를 제품에 집어넣어야 한다. 점점 더 효율적인 생산과 상품의 의미화가 중요해지고 있다. 서구문명의 두 가지 생존법칙이 넘치는 풍부함(엄청나게 쏟아지는 제품들)과 질리고 물림(의미과잉의 형태로서)이라는 것을 인정하지 않는 것은 논리적으로도 틀리고 도덕적으로 잘못된 것이다. 불가피하게 고객—그의 정신—을 둘러싼 전투는 더욱 치열해지고 경영과 마케팅은 시장을 더욱 난폭하게 몰아간다. 이런 상황에서는 대학과 고문들이 귀에 못이 박히게 떠들어 대는 그럴듯한 고객모델들(예를 들어 '고객 지향성'의 표현으로서 "고객은 왕이다")을 근본부터 새로이 생각해 보는 것이 좋다.

'마케팅은 고객에 대한 예배'라는 앞에서 보여준 예는 이런 난국을 벗어날 길을 제시하는데, 곧 조정된 의식(儀式)과 고객에게 영향을 주는 감성 디자인이라는 간접적 방식으로 말이다. 이런 식으로 고객에게 영향을 주는 것은 다른 '시장조건'에서 그리고 다른 맥락 속에서 영혼들을 불러모으는 데 성공한 카톨릭 교회에서 상당히 빌려 온 것이다. 이렇게 '마케팅은 고객에 대한 예배'라는 모델을 숭배적 소비에 적용할 수 있다.

이 모델은 또한 현실적이고 시의 적절한데, 결국은 이성적이라고 말할 수 있는 고객 획득과 연결을 목표로 하고 있고 이로써 해가 없는 종속을 만들어 내기 때문이다. 이런 종속은 지금까지 우리에게 하찮은 무대 뒤의 경영(전형적 예로 '체험숙박업')이나 이벤트 마케팅으로 알려진 '경험사회' 구현과 개념적으로 같은 선상에 있다. 다원사회에서는 마음에 내키는 대로 종교를 바꿀 수 있듯이 상품종교들도 원하는 대로 바꿀 수 있다. 의식(儀式)의 외형적 순서의 바탕에 깔려 있는 사상을 철저히 따르려고 한다면 더 강한 수단을 통한 의식을 치를 수 있다는 것은 쉽게 알 수 있다. 이렇게 되면 사람들은 더욱 종속되고 단지 아주 불가피한 상황일 때만 거기에서 벗어나거나 또는 아예 벗어나지를 못한다. 우리는 이런 과격화에 대한 예들을 이단종파들의 행동들을 통해 이미 너무나 잘 알고 있다. 그들의 추종자에 대한 정신적 테러를 가하는 이단종파들은 이미 '가벼운 마약'을 넘어서는 고객관계를 보여준다. 이것은 강한 종속의 형태이다. 여기서는 마약중독 외에는 다른 어떤 것도 정말 존재하지 않는다.

경험적으로 우리가 알고 있는 것이 있다. 곧 모든 사회에는 그 자체의 마약이 있는데 마약에서 해방된 사회에 대한 이야기는 인류학적으로나 도덕적으로 터무니없는 것이다. 욕심이 한도 끝도 없는 우리 사회에서는 올라가거나 내려가는 변화들, 곧 '더 많이 아니면 더 조금' 또는 '더 빨리 아니면 더 천천히'의 변화가 중요하다는 사실이다. 어떤 특정한 점이나 양에 이르게 되면 거기서부터는 양(量)이 질(質)로 변한다. 가벼운 마약이 강한 마약으로 변한다. 초콜릿이나 담배 같은 보통의 소비재나 기호식품이 '감성 디자인'을 통해 이른바 가벼운 마약들로 바뀔 수 있는데 이 표현은 오스트리아의 한 청바지 상인이 물건을 팔기 위해서 사용했다. 정확한 표현이지만 나이든 세대에게는 맘에 들지 않는 표현이다. 그러나 중요한 사실이 그 안에 들어 있다. 포화된 소비재 시장에서는 제품들은 '가벼운 마약'이 되어야 하는데, 이로써 일반적인 일용 소비재와는 달리 부가가치를 부각시킬 수 있고 수많은 제품들 중에서 돋보이게 할 수 있다.

완전 결핍은 완전 종속

1959년에 출판된 윌리엄 버로우(William S. Burroughs)의 책 『벌거벗은 점심』(*The Naked Lunch*)만큼 제품에 대한 고객의 종속의 최종 형태를 표본적으로 그려낸 책은 없다. 그것은 필로폰에 중독된 마약중독자의 모습이다. 마약 판매자(Dealer)는 성공하기 위해서는 다음의 세 가지 법칙을 어겨서는 안 된다.

① 아무 대가 없이 공짜로 절대로 주지 말 것.
② 당신이 주어야 하는 것 이상으로 절대 주지 말 것(항상 마약에 굶주린 구매자를 고르고 그를 항상 기다리게 할 것).
③ 할 수 있다면 항상 가지고 있는 모든 것을 빼앗을 것.

마약(환각제)은 이상적인 제품이고 마약중독자(Junkie)는 이상적인 고객이다. 인간의 모습을 지키려고 중독자는 더욱더 마약을 원하게 된다.

마약은 독점권과 재산을 마련케 하는 부식토이다. 마약은 측량할 수 있으며 쉽게 수량화할 수 있다. 누구나 마약을 더 많이 원할수록 더 적게 갖게 될 것이고, 더 많이 갖게 되면 더 많이 원하게 된다.

마약은 모든 판매를 위한 대화를 불필요하게 만든다. 고객은 시궁창을 기어서 무릎을 꿇고 구걸할 것이다. 왜냐하면 마약 판매자는 고객에게 제품을 파는 것이 아니고 고객을 제품에 팔기 때문이다. 그는 오랫동안 고객을 붙잡아 두기 위해서 제품의 질을 향상시키지 않는다. 그는 고객을 곧바로 전락시킬 수 있는 능력을 갖고 있다. 그는 고객을, 말하자면 자신의 협력자로 만들고 그 대가로 마약을 준다. 이 협력자가 거래를 오래할수록 그의 상태는 나빠진다.

고객은 '결핍의 대수학', 곧 '완전 결핍'의 법칙에 복종한다. 어느 반복 회수를 넘게 되면 욕망은 한계가 없어지고 통제가 불가능해진다. 거짓말을 하든 훔치든 제일 친한 친구를 때려죽이든 상관없이 '완전 결핍'은 이 '완전 결핍'을 충족시키기 위해서 모든 것을 가능하게 한다. 마약에는 다른 대안이 없기 때문이다. 그래서 마약세계에는 우연이 존재하지 않는다. 그 세계는 모든 것을 미리 결정하고 예측하는 것이 가능한 아주 명확한 인과관계의 세계이다. 미친 개에게는 선택의 여지가 없다. 미친 개는 그냥 물어 버릴 뿐이다!

마약의 매력과 미래의 모델로서 마약의 유용성은 일단은 쉽게 예측할 수 있다는 점과 동시에 당연히 마약이 가져오는 금전적 수입에 있다. 오늘날 고객 분석 이데올로기들은 고객을 달래고 어루는 전법을 말하지만, 심리적으로 볼 때 추가이익은 오히려 이 관계가 역이 되는 데에서 발생하는데, 곧 아부 대신에 위계를 떨어뜨림으로서 추가이익을 볼 수 있다. 곧 새디스트적인 요소가 추가되는데 이것은 결코 무시할 수 없는 차원이다.

이런 새디스트적 요인을 고려하는 마케팅 모델은 아직은 머리 속의 생각일 뿐이지만 생산자와 상인에게 떨어지는 이윤이 줄어들수록 그리고 질투의 메커니즘이 힘을 발휘할수록 이런 모델은 더 매력적이 된다. 마약은 바로 여기서도 경쟁할 수 없이 강하다. 칼 마르크스의 『자본론』 중에 한 단락의 제목이 '자본의 축적과정'인데, 여기서 어떤 심리 메커니즘이 엄청난 이윤을 내게 하는지를 읽을 수가 있다.

마르크스는 『자본론』에서 *Quarterly Reviewer*를 인용하면서 "자본의 특징은 소요와 싸움 앞에서 도망치는 소심함이다"라고 말한다. 비록 이것은 진실의 일면이지만 모든 진실은 아니다. 계속해서 마르크스는 "자본은 이윤이 없는 것이나 아주 적은 이윤에 대해서 공포심을 느낀다. 상응하는 이윤이 있으면 자본은 용감해진다. 10%의 이윤이 확실하면 사람들은 도처에 자본을 투자할 수 있다. 20%면 자본은 생동감이 넘치고 50%면 앞뒤를 안 가리게 된다. 100%의 이윤이 생기면 자본은 모든 인간의 법을 짓밟아 버린다. 300%면 자본은 어떤 범죄라도 저지르는데 교수형의 위험도 무릅쓴다. 만일 소요와 싸움을 통해서 이윤이 생긴다면 자본은 이것들과도 공모한다. 이에 대한 증거는 밀수와 노예매매이다."

'완전한 결핍'의 세계는 밀수나 노예매매 같은 증거들이 더 필요가 없다. 마약 거래는 앞의 이윤 상승논리의 정상에 위치한다. 여기에는 정말 저질러지지 않는 범죄가 없다.

마약의 정상은 헤로인과 아편이다. 버로우는 헤로인과 아편은 완전히 신성 모독적인 제품들이라고 말한다. 그러나 모든 환각성 마약들(예를 들어 LSD)이 고객들에게는 성스러운 것이 된다. 모든 마약들은 숭배의 대상이 된다. 그러나 마약을 사용한 그 어떤 사람도 마약을 성스럽다고 말한 사람은 없다. 헤로인과 아편은 돈처럼 세속적이고 수량적이다. 그래서 이것들은 자본주의에서는 '첨단제품들', 곧 가장 사랑받는 제품들이다.

환각성 마약들은 아직은 구조적으로 완전히 숭배적 제품에 속하지만 이것의 사용, 곧 마약 소비는 이를 초월하여 다른 세계의 법들을 만들어 낸다.

III

현재의 문화 진단

1
거룩한 통속성의 사회

시장 지향성: 소비재 사고와 노동자 문화(Proll-Kultur)

우리는 시장 지향적으로 변하고 통속적으로 변하는 동시에 거룩함이 있는 사회로 발전해 가고 있다. 우리 사회의 이러한 세 가지 특징은 폭풍우가 몰아치는 어두운 바다에서 길을 밝히는 등대와도 같다. 여기서 끌고 나가는 힘은 '시장 지향성' 또는 시장 접근성에서 나온다. 민주주의 문화 속에서—그리고 모든 현대문화는 어차피 민주주의적이라고 말하지만—는 평등정신에 반기를 드는 모든 힘들이 용솟음 치게 된다. 현대에 관한 유명한 고전들 중에서 토크빌(Tocqueville)의 『미국의 민주주의에 대하여』(*De la Démocratie en Amérique*)라는 책에서 읽을 수 있는 것은 어떤 사회가 시민들 간의 차이를 점점 더 용납하지 못하게 될수록 그 사회는 그만큼 민주적이 된다는 것이다. 그러나 동시에 남아 있는 차이들이 적어질수록 평등을 둘러싼 사람들의 투쟁은 더욱 심해진다는 토크빌의 주장을 인정해야 한다. 평등에 대한 갈망이 시작되면 어떤 방법으로도 막을 길이 없다. 정말 같고자 하는 욕망은 한이 없다. 법 앞에서 그리고 보장된 권리 측면에서 서로 같아지는 만큼 더욱더 평화롭지 못하게 되고 서로가 서로를 내버려두지 못한다. 그리고 경쟁하는 단체나 사람들—교회, 정당, 브랜드 상품 대리점, 상인 등—은 더욱더 '고객 지향적으로' 행동해야 한다. 왜냐하면 오늘날의 고객은 한 가지, 곧 아부받기를 항상 바라기 때문이다. 민주적인 사람들은 구체적이고 자세한 아부를 받기 원한다. 그래서 모두는 각각 '원하는 것'을 말할 기회를 갖게 된다.

이런 일을 고전정치에서는 '시민에게 가까이하기' 또는 '국민에게 가까이 접근하기'라는 말로 표현했고 정치가는 국민이 원하는 것을 존중해야 한다는 것을 부각시켰다. 그리고 이런 맥락에서 법률도 국민이 쉽게 이해할 수 있게 단순하고 쉽게 만들라고 요구했다. 오늘날 정치는 자기 연관적인 폐쇄체계라는 것이 밝혀지고 있다. 정치의 문제 해결능력은 점점 줄어들고 있다. 루만은 이것을 더 날카롭게 지적했다. "전통적으로 유럽에서는 정치에 기대를 해왔는데, 이제는 하나도 기대하지 말아야 한다." 종교처럼 정치도 똑같이 고객에게 가까이 나아가는 대신에 잠만 자고 있었고 그래서 점점 더 신뢰를 잃어 가고 있다.

고전정치에서는 시민과 정치생활이 인간생활의 정점으로 간주되었다. 오늘날은 '시장 지향성'의 힘 때문에 그 관계가 뒤집어졌다. '시민에게 가까이하기' 대신 '고객에게 다가가기'가 존재하고 시민에 대한 관심은 소비자에 대한 관심으로 바뀌어 버렸다. 이것은 시장경제가 생겨난 후부터 사회가 발전해 온 모습을 관찰하면 당연히 나오는 귀결이다.

처음에는 종교가 사람들이 준수하고 따르는 사회의 가치들을 규정했다. 그 다음 계몽주의와 프랑스와 미국의 혁명 후에는 이 힘이 정치 영역으로 옮겨 갔다. 이후 정치는 엄청난 기대를 받았지만 결코 만족시켜 준 적이 없었다. 정치는 그래서 오늘날 그 무엇보다도 실망의 경영이 되었다. 만일 시민이 늘 '주기만 하고' 자신이 '투자한 것에 대한 보상'을 경험하지 못한다면 정치의 대표자들, 곧 정당과 정치가들에 대한 관심은 줄어들 수밖에 없다.

오늘날에는 사회가치들을 규정하는 힘이 정치에서 경제로 이동했다. 많은 기업들이 과거에는 국가가 원래 담당했을 법한 기능들을 하고 있다. 특히 질서와 안전의 기능은 핵심적이다. 예를 들어 은행이나 보험회사 같은 대기업이 납부하는 세금이 없이는 많은 도시들과 마을들의 행정이 불가능할 것이고 대기업들이 없이는 국가 전체가 재정적으로 더욱 어려움을 겪을 것이다. 여기서 우리에게 중요한 것은 소비재 산업체들과 유통업체들이 시장에 내놓는 물건들이 기능적으로 볼 때 가치와 이데올로기의 역할을 한다는 것이다. 제품들이 핵심부분을, 곧 정당화의 기능을 맡고 있다. 이 말은 구체적으로 무슨 의미일까?

과거에는 정치 이데올로기로 표현되었고 정당강령에도 들어 있던 것—우익에서 보수파, 기독파, 자유주의자, 사회주의자 그리고 공산주의자까지—이 오늘날의 발전된 민주주의에서는 하등의 실제적인 역할을 하지 못한다. 정당강령에 들어 있는 멋있는 가치들—노동의 권리, 가정의 중요성이나 자본주의의 제거 같은—은 현실 정치상으로 무의미해졌다. 그런 가치들은 비록 여전히 존재하지만 이제는 그냥 '같이 끼어 주는 것'으로서 '정치의 기계에서 일종의 윤활유 역할 정도' 밖에는 못한다(루만). "이런 현실은 사전이나 사후의 물밑에서 진행되는 정치 협상과정에 동참해 보면 바로 경험할 수 있다." 그런데 이런 가치들은 이른바 '좋았던 지나간 그 시절'에 대해 향수를 느끼는 사람들이나 현재에 대해서 회의적인 사람들이 믿고 있는 것과는 달리 그냥 간단히 사라져 버린 것이 아니다. 이런 가치들은 단지—현재 언어학으로 말한다고 하면—다른 어의적인 차원으로 변환되었을 뿐이다. 의미상 과거에 정치와 관련되었던 것이 오늘날 경제와의 관계 속에서 다시 발견된다. 그리고 합법화체계가 소비재 산업체와 유통업체를 세우고 있다. 오늘날은 정당강령들 대신에 광고선전물이 있고 정치적 가치 대신에 브랜드 제품의 광고가 있다. 이런 광고들은 어떻게 우리가 인간이 될 수 있고 행복과 만족스러운 삶을 영위하기 위해서는 무엇이 필요한지를 설명해 준다. 광고는 철학의 표현을 빌리면 '원시세계'가 되었다.

광고산업이 우리의 대중매체 세계를 덮어 씌우고 있는 달콤한 껍데기는 더 이상 가벼운 동반자 정도의 한 사회현상이 아니다. 그것은 우리 인식의 기본틀을 미리 결정한다. 우리 일상의 인식은 광고 인식에서 파생한다. 광고의 관찰이 우선이고 이른바 '자연적인' 관찰은 그 다음이다. 정치가 정당강령을 만들려고 하면 일단 좋은 광고에 대한 개념이 필요하듯이 교회가 복음을 전할 때도 똑같이 우선 광고에 대한 생각이 필요하다. 정치가와 성자들은 팝스타들처럼 팔리고 있고 팝스타들은 리바이스 청바지나 코카콜라처럼 팔리고 리바이스 청바지나 코카콜라는 숭배적 대상으로서, 문화의 성전이자 구세주처럼 팔리고 있다. 이래서 한 바퀴 돌아서 원이 형성되는데, 단지 말만 바꾸어서 사용될 뿐이다.

이런 배경 속에서 알게 되는 것이 있다. '시장 접근성'과 '시장 또는 고객 지향성'의 패러다임이 모든 사회영역에서 보편화하면서 역시 소비재 사고도 보편화되었다는 사실이다.

실제로 중요한 가치를 좌우하는 투쟁들은 이제 주요 정당들 사이에서가 아니라 기업과 유통계에서 벌어진다. 과잉 포화된 시장에서는 가치의 정당성을 주장하는 체계가 계속 고안되고, 과거에 종교들이 교인들을 지키기 위해서 이단들과 벌인 투쟁이 오늘날은 제품들의 시장점유율을 올리려는 기업들 사이에서 재현되고 있다. 코카콜라와 펩시콜라의 전투, 아디다스와 푸마(Puma)의 시장점유율을 둘러싼 투쟁이나 청바지 시장 지배를 위한 승부들은 과거의 종교와 정치가 이단들과 벌인 투쟁들과 구조적으로 같은 선상에 놓여 있다.

토크빌이 관찰한 것을 다시 한번 생각해 보자. 그의 관찰에 따르면 개개의 가치체계 사이의 차이가 줄어들수록 상호간의 투쟁은 더욱 강해진다고 한다. 과거에는 기독교 교파 간에 이런 것을 볼 수 있었는데 그들이 더 가까울수록 그리고 그들의 능력이나 자질이 비슷해질수록 교파 간의 투쟁은 더욱 심해졌다. 성경을 해석하는 데에서 견해 차이가 줄어들수록 그들은 더욱더 벽을 쌓았다. 작은 공산주의자 집단들에서는 더욱 분명하게 이런 경향을 관찰할 수 있다. 그들의 성경, 곧 『자본론』 해석에서 그들 간의 견해 차이가 줄어들수록 그들 사이의 적대감은 더욱더 커졌다. 그러나 종교와 정치는 고객에게 다가가기라는 그들의 약속을 지키지 못했기 때문에 결국 실패하고 말았다. 정치와 종교는 약속 실행에서 너무나 우물쭈물했다. 개신교는 과격하게 '신과 직통으로 연결하려 하면서' 매체기관이었던 카톨릭 교회를 제외했다. 이런 급진성으로 인해서 개신교는 의식(儀式)과 그 결과로서 고객과의 연결고리인 감정의 차원도 잃어버렸다. 개신교 교회의 위기는 차가운 합리성에서 기인한다. 카톨릭 교회의 위기는 그들의 풍부한 전승자산을 현재에 맞추어 활성화하지 못하는 데에 있다. 그들은 지난 200년 동안에 있었던 사회변화를 고려하지 않고 아직도 계속 '순수한 교회 그 자체만을' 고집하고 있다.

마케팅 전문가들은 아직도 계속 개신교 교회처럼 행동한다. 그들은 고객들이 합리적으로 행동한다고 아직도 믿고 있고 이미 여러 번 설명했지만 포화된 시장에서는 합리적 주장들이 아무런 효과가 없다는 것을 인식하지 못하고 있다. 고객에게는 카톨릭 교회의 풍부한 의식(儀式)에 관련된 전승자산의 재활용과 개신교의 피할 수 없는 현대화된 자각의식이 필요하다.

그러나 여전히 변함없이 유효한 것이 있다. 시장 접근성과 고객 지향성에 대한 약속은 더 많은 통속성을 통해서만 해결된다는 것이다. 우리는 신앙 공동체에 좀더 가까이 다가가야 하며 공동체와 하나가 되어야 한다. 관료적 행정 중심 체제가 계속해서 분화하고 전문화하는 것은 고객을 잃어버리는 결과를 불러올 뿐이다. 교회와 정치가 고객에게 접근하는 데 실패한 것은 동시에 '통속적'이 못되었다는 것을 뜻한다.

요약하면 어의적인 세계는 바뀌었다. 비록 작지만 아직 남아 있는 차이를 계속해서 줄이려는 욕구를 오늘날에는 종교도 정치도 아닌 시장의 멋있는 제품들만이 채워 주고 있다. 그것은 성스러운 메시지를 담은 가치전략을 통해서만 가능하다. 특히 젊은 세대들에게 유동적인 소비재 시장에서 숭배적 상표는 이미 오래 전부터 그들 삶의 가치차원에 너무나 중요하다.

통속성: 마케팅의 관심은 고상한 품격보다는 '저속한 생활'

'통속적'이라는 말은 좋은 의미로 사용되지 못한다. 통속적이다라는 비난을 들으면 누구나 마음이 상하게 마련이다. 오스카 와일드는 사람들이 전쟁을 악하다고 보고 경멸하는 한에서는 항상 전쟁에 대해서 열광하는 사람들이 있을 것이라고 말했다. 그러나 우리가 누군가를 저속하다고 보게 되면 그의 인기는 추락할 것이다.

그럼 도대체 통속성의 의미는 무엇일까? 지난 세기의 통속성의 대가 존 러스킨(John Ruskin)은 그 의미를 '저질 생활'이라고 말함으로써 정곡을 찌르고 있다. 러스킨 또한 명확하게 드러내고 말하지는 않았지만 여기서 '시장 접근성'이라는 주제를 다루고 있다. 시장 메커니즘이 점점 더 발전할수록 고객의 영혼을 둘러싼 투쟁은 그만큼 치열해진다. 영혼이 그의 돈 지갑보다도 더 중요하기 때문이다. 영혼을 얻지 못하면 그의 지갑도 더 이상 얻지 못한다. 이를 위해 전제가 되는 것은 '정신의 통속성', 곧 '정신의 황폐화'(니체)인데 이를 통해서 차츰 육체의 저질화도 진행된다. 시장에 철저히 접근하다 보면 차별을 만들어 주는 능력과 가장 미세한 차이를 강조하게 된다. 통속적인, 곧 천박한 사람은 감정 표현이나 도덕이나 미의 수준에서 직설적이고 거리낌이 없으며 민감한 차이에 대해서 둔감하다. 천박한 사람은 열정이 있을지는 모르나 항상 재수가 없다. "열정과 격앙보다도 더 싸구려는 없다!…아무것도 배우지 않아도 된다"라고 니체는 말하고 있다. 격조가 있는 사람은 구별하여 판단할 수 있다. 천박한 사람은 머리 속에 항상 같은 것이 들어 있고 같은 행동을 한다. 천박한 사람은 예를 들어 기쁨과 재미를 구별하지 못하며 포르노와 애정을 구별하지 못한다. 그에게는 모든 종류의 긍정적 감정들이 '재미'라는 한 가지 메뉴로 통일된다. 재미가 있어야 한다는 것, 이것을 향해서 통속성은 전력을 다한다.

17세기 말까지는 '통속적'이라는 말은 중립적 의미로서 '보통사람들'을 가리키는 말이었다. 19세기 초에서야 비로소 순전히 경멸적인 의미를 지니게 되었다. 이것은 중산층의 성장과 하층민에 대한 구별짓기에서 시작되었다. 이 차별 시도는 중요하다. 왜냐하면 시장을 지향하는 힘이 강해지면 그런 차별 시도들은 점점 무의미해지기 때문이다.

'보통사람'은 당연히 천박하게 여겨진다. 이 표현은 원래 프랑스어인 '포플'(peuple), 라틴어로는 '포풀루스'(populus)에서 기인했는데, 백성을 경멸적으로 표현한 말이다. 두덴 독일어 사전에 따르면 이는 저질의 사고와 행동방식을 가지고 있는 배우지 못하고 못되고 거친 대중을 가리키며, 이들은 혼자의 힘으로는 아무것도 못하고 떼거리로 함께 움직이고 파괴를 동반하는 폭력을 일삼는다고 한다.

이미 살펴보았지만 시장 지향적인 마케팅 매니저는 '고상한 것'에는 관심이 없고 오히려 저속한 것에 더욱 관심을 갖는다. 왜냐하면 '고상하려면' 어느 정도 배워야 하기 때문이다. 그러나 마케팅은 열정에 대한 이해가 필요할 뿐이다. 구별짓기가 중요하지만 지나간 상류문화의 의미에서가 아니라 통속적인 의미에서다. '좀더 세련된 것' 대신에 여기에서는 '좀더 미칠 만한 것', '좀더 센세이션을 불러일으키는 것', '좀더 삐딱한 것'이 중요하다. 이런 천박한 것이 엄청나게 증가했다는 것은 쉽게 찾아볼 수 있다. 예를 들어 여가오락산업의 경우에는 점점 더 '하위문화'가 깊이 침투하고 있다. 제임스 트위첼은 문화의 차원들을 옆의 표와 같이 나누고 있다.

'저질스런 취향사전'의 긴 목록을 연구하면 어떤 것들이 천박한 것인지를 쉽게 찾아낼 수 있다. 거기서는 오늘날(다시, 조만간 다시, 아직도, 새로이) 유행하는 거의 모든 품목들을 발견할 수 있다. 집안 정원용 인공잔디(엘비스 프레슬리는 인공잔디를 무척 좋아해서 그레이스랜드의 자기 수영장 주위의 잔디를 뜯어 내고 인공잔디로 바꾸었는데 그 이유는 천연잔디가 제대로 녹색 빛을 띠지 못했기 때문이었다)에서 치펀데일(Chippendales, 1970년대 말에 할리우드에서 동성애자를 대상으로 하지 않는 최초의 스트립맨이 등장했다)을 거쳐서 지나치게 원색적인 하와이 티셔츠(이 셔츠는 천박한 관광객의 상징인데 원래는 기독교 선교사들이 벌거벗은 원주민들에게 옷을 입도록 한데서 유래했다. 그런데 이 옷은 너무나 커서 누구에게나 맞아서 한 가지 크기면 되었다), 라우드 타이(Loud Ties)와 진흙탕에서 벌어지는 '여자프로레슬링 경기'('좋은 오락물' 또는 '싸구려 섹스쇼'로 간주되는 진흙탕 여자레슬링은 주로 뚱뚱한 여자들이 끈적거리는 진흙탕 속에서 싸운다. 뉴욕타임즈지는 그래도 어쨌든 간에 '괜찮은 깨끗한 최신 가족용 오락물'이라고 명칭을 붙였다)까지 이에

가치개념들	가치가 감소하는 사람들, 작품들, 사상들
'아름다운 예술', 엘리트, 지적임, 고급 입맛, 자의식, 성숙함, 문학적, 고전적, 비판적, 창의적 등 요약: 창의적인 것과 규범과 재생산이 불가능한 것의 유지자	추상적 표현주의, 칸트의 고상함, 장 뤽 고다르, 제임스 조이스, 파괴, 근대주의, 렘성당, 신음악, 누아르 영화, 큐비니즘, 로마유적, 다다, 구스타프 말러, 재즈, 지그문트 프로이트. 앤디 워홀, 조지 버나드 쇼, (소수에게) 마돈나, 마리아 칼라스, 헤밍웨이, 누벨 쿠숑, PBS, 이바나 트럼프
통속성, 혼합, 고리타분, 저질스런 입맛, 연소함, 카니발 스타일의 과격한, 현실도피의, 상투적, 반복적, 대량적, 큰 목소리, 괴상한, 센세이션을 일으키는, 재생산 가능 등	도널드 트럼프, 미키 마우스, 코스비 쇼, 필 도나휴, 아이 러브 루시, 오스카 상, 드라마, 키치, 디스코, 스티븐 킹, 마릴린 먼로, 엘비스 프레슬리, 코카콜라병, 마카로니웨스턴, HBO, 기성복 청바지, 뉴에이지 음악, MTV, 드라큘라, USA 투데이, 마돈나(대부분), 코카콜라캔, 달라스, 중국무술영화, 라스베가스, 저질영화, 프로레슬링

포함되었다.

‘보통사람’에 대해서 앞에서 언급했기 때문에 당연히 Mob이란 말을 다루어야 한다. ‘To mob’(to mob 또는 mobbing = 시끄럽게 누구를 공격하다 또는 몰아치다)은 ‘Mob’(the mob = 떼거리, 보통사람, 소란스런 군중)과 같은 의미가 아니다. Mob이란 말은 빅토리아 시대의 산물인데 ‘이동하고 있는 일반 패거리’라는 의미를 지니는 **Mobile Vulgus**의 속어였다. 이런 이들과는 차별이 필요했고 특히 막 부상하는 중산층은 이들과는 거리를 두고자했다. 그런데 지금까지 살펴본 것을 기반으로 하여서 단정할 수 있는 것이 있다. 곧 현재 기업에서 모빙(Mobbing)이 주요한 주제가 되었는데 이것은 결코 우연이 아니라는 사실이다. 회사동료를 집단으로 괴롭히고 골탕먹이는 형태로서 모빙은 다시 돌아왔다. 통속성의 시대에서 모빙은 아마 동료들과 지내는 가장 적합한 형태의 방법인 것 같다.

그러나 시장과 관련한 통속성이 증가한다는 것은 정신적 통속성의 차원에서 가장 결정적으로 깨달을 수 있다. 이 차원은 기존의 또는 태동 중인 드러나 보이는 생산의 차원보다도 직접적으로 더 중요하다. 왜냐하면 거기에서는 정신적으로 그래서 더 지속적으로 준비가 되어서 후에 대중화의 길을 가능하게 하기 때문이다.

사회적 일상화의 전략들

a) 거리를 없앰

지금까지 사회를 통제하고 질서를 유지하는 데서 중요한 것들 중의 하나는 사람과 사물에 대하여 거리를 두는 것이었다. 사람들은 어떤 일은 어떤 사람들에게는 설명하지 않는다. 상사나 외부인과는 간단히 터놓고 얘기하지 않는다. 어떤 것들은 금기(taboo)이다. 어떤 일들은 우리를 창피하게 만든다. 그러나 통속적인 것은 더 이상 창피함을 모른다. 통속성은 사람들을 가리지 않고, 마케팅과 관련해서는 고객을 가리지 않는다. 통속성과 고객은 사회적 소비재 형태인 상품 속에서 같이 만나게 된다. 니체가 문화 비평의 의도 속에서 '거리두기의 열망'에 대해서 언급한 것은 결코 우연이 아니다. 지식인들은 거리를 둘 줄 알며 그들에게는 최소한의 거리 유지는 당연한 일이다. 이런 형태의 거리 유지가 오늘날 더 이상 당연하지 않다는 것은 우체국이나 은행 창구 일을 통해서 깨닫게 된다. 줄을 서고 기다린다는 것은 힘이 든다. 그러나 은행은 짜증이 나는 그 시간을 어떻게 참신하게 이용할 수 있는 가능성을 제시하지 않고 차례가 되어 창구에서 직원과 일을 보고 있는 고객의 뒤에서 여전히 기다리고 있는 사람들에게 통제선 밖에서 머무르기를 요구한다. 이런 식으로 스위스 우체국은 문자적으로 (!) 표시하고 도덕적으로 거리를 엄격히 지키라고 호소한다.

여기서는 눈에 보이는 통제용 화살표와 통제용 말뚝들을 이용해서 도덕을 유지하려고 한다. 안전이 강조될 수 있다. 또한 통속성을 문자 그대로 제한하고 그런 추세를 막을 수 있다고 생각한다.

자세히 관찰하면 이미 오래 전부터 극단적인 것들이 비슷해지고 상호 교환 가능성이 매우 높아졌다는 것을 알 수 있다. 이렇게 비슷해지는 것은 인간의 사회행동에서 관찰할 수 있는 현상일 뿐 아니라 사물과 연관해서도 나타나는 현상이다. 우리의 제품들이 점점 더 비슷해질 뿐 아니라 우리의 개성구조도 그와 같은 '유사성'의 지배를 받는다. 이 현상은 안드로이드에서 가장 인상깊고 분명하게 드러난다. 인간은 점점 더 기계와 비슷해지고 있고 이로써 사물과도 비슷해진다. 그 결과 고객과 제품의 거리는 완전히 사라진다. 기계는 인간처럼 이름이 붙여지고 인간은 기계처럼 다루어진다. 향수와 자동차 광고가 여기에 가장 들어맞는 예가 된다. 고객과 제품 사이의 거리가 사라진 것은 서로 대체가 가능하게 만들었다. 아니면 발터 벤야민이 표현한 대로 "사물세계는 인간들에게로 다가온다."

b) 제품들은 완벽하고 인간은 불완전하다

천박한 인간은 자기 것이 아닌 것을 받아들이는 데 익숙해져 있다. 타인이 자신을 결정하도록 허용하며 다 만들어진 완제품만을 고집한다. 상품 인간은 자신의 결함을 없애려고 항상 노력한다. 그는 시장에 제공되는 상품에 대해서 관심이 높다. 그의 개성구조가 상품문화를 복사한 것이라도 그에게는 아무 상관이 없다. 통속적 인간(Homo vulgaris)은 그의 끊임없는 욕망을 브랜드 상품에서 주로 만족시킨다. 숭배적 상표들이 시장의 스타들이다. 한스 도미츠라프(Hans Domizlaff)가 상표기술의 목표라고 말한 것, 곧 '소비자의 마음속에서 독점지위를 확보하는 것'을 숭배적 상표들이 가장 만족스럽게 달성하고 있다.

UCLA의 하스(Haas) 비즈니스 스쿨의 마케팅 전략 분야 교수인 데이비드 애커(David A. Aaker)는 포드사의 중하위층 고객을 대상으로 한 모델인 새턴(Saturn)을 예를 들며 "어떻게 상표의 개성이 완성되는지를" 짤막하게 설명한다. 그는 어떻게 그런 '개성'이 완성되는지를 설명하고 이에 필요한 범주들을 아주 합리적으로 구분한다.

● '상표 지배력을 위한 중심 추진력'(예를 들어 광고나 상인의 홍보).
● '상표 지배력의 차원들'(상표 인지도, 상표와 연결된 사고, 품질에 대한 인식, 충성심, 유통구조).
● 상표 지배력 유지를 위한 도전들.

제품의 개성을 '구축'함으로써 개성의 틀이 연출된다. 제품들은 인간의 특성을 지니게 되고 세상에서 능동적으로 활동하게 된다. 상품은 도덕규범을 제공한다. 다원적 사회의 인간들에게는 어느 누구에게라도 그런 메커니즘이 허락이 안 된다. 사람들은 자신에게 맞는 가치들을 선택하여 거기에 따라서 살 수 있으므로 '위대한' 인물들은 고사하고라도 더 이상 모범이 되는 개성을 갖고 있는 인물들이 없다. 숭배적 제품들이 이 빈자리를 채웠다. 인간은 상품의 모방자가 된다. 상품은 완벽한 모범이 되며 인간에게 부족한 것을 지적해 준다.

● 1994년 BMW사의 한 신형차 광고에서 사용된 말은 "내면에 들어 있
는 가치들이 그 사람의 성격을 결정한다"는 것이다. 여기서 이 신형차
를 구매하는 사람은 "한 자동차의 특징은 첨단기술 부품들로만 결정
되지는 않는다"는 '사상의 힘'을 느끼게 된다. 그리고 오펠(Opel) 자
동차사의 1994년형 오메가 광고는 다음과 같이 말하고 있다. "새 시
대에는 지위보다는 의식을 앞세우는 새로운 사고가 중요하기" 때문에
"진정한 가치들은 다시 활동공간을 부여받는다." 자동차는 "운전자와
의 조화를 가장 중요시한다." 중요한 것은 운전자가 아니고 자동차라
는 사실에 주의해야 한다. 자동차가 행동하고 자동차가 보살피고 자동
차가 "진정한 욕구들을 새롭게 채워 준다." 자동차는 내면적 가치들을
가지고 있고 그것은 인간에게 사라진 개성을 만들어 준다.

● 비록 독일의 특징인 가리키려는 측면보다는 덜하지만 위와 같은 생각
을 미국에서도 발견할 수 있다. 1994년 혼다자동차(시빅 모델) 광고는
다음과 같았다. "5년 뒤에 당신은 자동차보다 더 많이 덜덜대고 균열
이 가고 나사는 더 풀려 있을 것이다." 이 메시지는 인간은 육체적으로
망가지고 부서지기 쉽지만 혼다자동차는 아니라는 것을 알리고 있다.

● 또한 피아트(Fiat)의 신형차 푼토(Punto) 광고는 완전히 드러내 놓고
묻는다. "자동차는 얼마나 많이 사랑을 원할까?"

여기서도 토크빌의 예언은 맞아떨어지고 있다. 인간평등의 기치 아래
우리가 점점 더 같아질수록 개인으로서 우리는 점점 더 멀어진다. 통속성
은 개성과 관련한 문제들을 변덕이 심한 유행에 대한 문제들로 바꾸고,
이 유행에 대한 문제들은 열정적 감정에 지배되어 버린다. 현대화의 과정
속에서 탈개성화된 인간은 다시 지적인 제품들 속에서 본받을 만한 모범
을 찾아낸다. 제품은 통속적 인간의 귀감이다. 무엇이 '진리'이고 어떤 것
이 '미'(美)이고 어떤 것이 '선'(善)인지는 오늘날 광고가 말해 준다. 인간
은 더 이상 근본적인 실재를 구성하는 것에서 필요가 없다. 인간은 천박

하게도 광고가 제공하는 완성된 규범에 따라서 행동하며 엄청나게 많은 상품의 바다에서 파도타기를 하다가 이리저리 방황하는 유행의 탐욕이 기습적으로 덮치는 곳에서 빠져 나오지 못하고 머물러 버린다.

그런데 제품 자체가 통속적으로 변한다면 어떻게 될까? 한스 도미츠라프는 소비재 시장이 어떻게 발전할지를 알고 있었다는 듯이 이른바 숭배적 상품들에 대해서 경고한다. 곧 소비재 제품들은 절대로 통속적이 되어서는 안 된다. 한스 도미츠라프는 다급하게 상표 전문가들에게 제품의 특성과 개성을 반드시 지켜야 한다고 경고한다.

- 적어도 상표 홍보 초기단계에서는 시끄러운 광고와 소비자에게 강매 행위를 금지해야 하는데 처음에는 인내가 필요함.
- 상표를 홍보하는 기술의 스타일은 그 상품이 속한 시장의 기준에서 볼 때에 점잖고 고상하며 또한 확신감이 넘치며 품위를 지키는 그런 형태가 되도록 할 것.
- 가격은 자체의 고유한, 이른바 범접할 수 없는 품위가 있어야 함.

오늘날 우리가 아는 사실은 숭배적 제품들은 비록 통속적이 되더라도 자신들의 성스러운 지위를 유지한다는 것이다. 대중문화의 성공이 전형적인 예들이다. 그러나 독일의 숭배적 제품 생산회사인 메르세데스-벤츠는 특정 제품의 가격을 광고 중에 같이 알리면서 통속적으로 변하고 있다. 이것은 개인의 비밀을 지켜 주는 것을 좋아하는 벤츠 자동차 고객들에게 충격이 아닐 수가 없다.

c) "손을 뻗어 가지세요!"—접촉의 숭배

미디어와 컴퓨터 기술의 시대에서 키보드와의 접촉은 세계에 대한 가장 중요한 경험이 되었다. 이 키보드로 우리는 명령을 전달하여 드넓은 세계와 접속하기 때문이다. 예를 들면 우리는 TV 리모컨이나 사무실의

PC, 전화 번호판과 아이들의 비디오 게임기들, 자동차 안의 계기판과 축음기의 바늘 같은 것을 통하여 세상과 접촉한다. 우리의 세계경험은 접촉으로 이루어진다.

그런데 왜 접촉은 그렇게 통속성과 깊은 연관이 있을까? 인간의 오감은 질적으로 완전히 다르다. 우리가 숭배와 성스러움에 대해서 얘기할 때 한쪽 끝은 본다는 것의 극단적인 경우, 곧 미신의 차원과 상관이 있다. 본다는 것은 미신적이고 본다는 것은 우리의 사고를 풍부하게 한다. 그러나 숭배와 성스러움의 다른 한쪽 끝에서는 접촉의 극단과 만나게 된다. 언어학자 롤랑 바르트(Roland Barthes)는 접촉은 미신을 깨버리고 우리를 원래의 바닥으로 다시 내려잡아 끈다고 말한다. 대상을 만지기 전에는 제대로 그 대상을 알지 못하는 것이고 그 대상에 대해서 우리는 미신적인 생각을 지니게 된다. 이것은 아주 중요하다. 아기들이 모든 것을 만지고 잡으려 하는 것은 결코 우연이 아니다. 그래서 "보기만 하고 손으로 만지지 마시오"라고 강력히 요구하는 것이다. 역시 성인 남자들도 이런 의미에서 종종 아기들 같이 행동한다. 여성들은 종종 가만히 두는데 반해서 남성들은 신화를 깨려고 하고, 보는 것의 미신을 참아내지 못한다. 이와 관련해서 적합한 예는 탐욕스런 남성들의 애인인 자동차다. 신차 전시회에서 최신 모델이 전시되면 호기심을 가지고 만져보는 것이 가장 중요하다. 이 만지는 행위는 에로틱한 행동이다. 접촉을 통해 비로소 갈망의 대상과 은밀한 관계가 형성된다. 핸들을 잡아 보고 라지에타 앞에 붙어 있는 차마크와 뒤 트렁크 표면을 만져보고 푹신한 좌석을 눌러보고 매끈한 기아 핸들을 만져보기도 한다. … 전시회장에서 사람들은 자동차를 거의 사랑에 빠진 것처럼 특별한 관심을 가지고 관찰한다. 눈으로 보고 난 뒤에 마치 섹스에서처럼 결정적인 접촉을 통한 정복의 단계가 다가온다. 이 단계는 눈으로 감탄하던 것을 잘 계획된 접촉을 통하여 체험하는 순간이다. 새 차는 이래서 완벽하게 창녀 노릇을 하게 된다.

다양한 형태의 접촉행위는 몰합리적 갈망소비에만 중요한 것이 아니라 비합리적 욕구소비에도 중요하다. 떨이판매는 통속적 구매의 원래의 형태이다. "골라 잡으세요!"라는 말과 함께 이미 고객들은 주저하지 않고 물건더미로 우르르 몰려든다. 그와 동시에 얌전한 유치원의 분위기에 어울릴 것 같은 모든 예절은 무시된다. 물건더미를 중심으로 소리지르고 밀치고 난뒤에 난장판을 만드는 것은 흔히 있는 일이다. 니체는 대중은 **질투를 먹고 산다**고 말했는데 이것은 시장화의 약점을 지적한 것이다. "그의 영혼은 훔쳐보고 있고 그의 정신은 은신처와 샛길과 뒷문을 사랑하고 모든 숨겨진 것은 그의 세계이고 안전한 곳이고 위로가 된다." 제품이 넘쳐날수록 갈망은 더욱 끝이 없다. 국제 차원의 소매에서 살인적 가격 경쟁은 통속성이 어떻게 변하는지를 보여주는 전형적인 경우다. 가격중독자는 통속적 소비자의 한 형태다. 스위스의 빌리(Billi) 체인점은 광고에서 통속적 재래의 슬로건을 외침으로써 사람들의 욕망을 부추긴다. 매장에서는 '절약은 기쁨을 만든다'는 슬로건이 '가격파괴'와 '미친 가격'이 '재고가 다 바닥날 때까지' 제시된다.

그런데 가장 나쁜 것은 스포츠 같은 오락산업에 존재하는 접촉의 숭배이다. 스포츠는 거리를 두는 것을 참지 못한다. 사람들은 '만질 수 있는 스타들을' 원한다. 전형적인 예는 축구지만 테니스도 문제가 없고 역시 골프도 금방 그렇게 될 것이다. 축구 스타들의 사인을 모으는 한 청소년이 친구 축구 팬에게 "나 마라도나 만졌다"라고 뽐내면서 말했다. '들이닥치는 숭배자들'은(니체) 제일의 문화 족속이 되었다. 만지는 행위는 팬으로서 최고의 순간이다. 오늘날 운동선수들에게—거리를 두지 않고—반말을 해대는 것에 대해서 누구도 화를 내지 않는다는 것은 당연한 일이다. 팬들과 선수들은 서로가 너와 나로서 존재하는데, 곧 '접촉할 수 있는' 그런 사이다. 사람들은 그들을 "삼킬 만큼 좋아한다."

그래서 이제는 "만지지 마시오"라는 말이 박물관이나 동물원에만 남아 있는데 이것도 얼마 안가서 헛된 소원이 될 것이다. 통속적 인간은 완전한 친밀성을 요구한다. 이 소원은 접촉을 통해서 비로소 채워지는 것 같

다. 아마도 "먹이를 주지 마시오"라는 말은 결국 호모 사피엔스 종(인간)
에 속하지 않는 다른 생명체에만 해당할 것 같다.

d) 접촉-제멋대로 떠들기

앞에서 언급한 제임스 트위첼의 엘리트 문화가 실제 취향에서도 최고
라는 것은 결코 아니다. 토크빌의 사고를 빌려서 추론해 보면 엘리트 문
화에 속하는 이들은 화폐귀족을 가리킬 뿐인데, 이들은 행동은 시민처럼
하면서 문화를 통해서 하층민과 구별지으려고 노력한다. 롤스로이스
(Rolls-Royce) 구매자가 고상한 취향을 가지고 있다고 누가 말할 수 있겠
는가? 최고급 레스토랑에서 식사하는 사람은 고급요리에 대해서 알고 있
다고 누가 말하겠는가? 터너(Turners)를 산다고 그림에 대해서 일가견이
있다고 누가 말하겠는가? 이들은 실제로 그런 고상한 취향을 갖출 필요
가 없고 단지 그런 척하고 돈만 내면 충분하다. '화폐귀족'은 아마도 마케팅
전문가에게는 가장 쉬운 제물일 것이다.

'밑에도 보통사람이, 위에도 보통사람이'라는 니체의 말은 시장을 지향하
는 사회에서 보통사람의 보편화를 정확하게 지적하고 있다. "누구에게나
존재하는 대상을 가리지 않는 더럽고 끊임없는 탐욕과 경계를 모르는 호기심"이
고급문화를 저질 생활의 영역으로 하향 조정한다. 우리는 오늘날 우매한
것이 당연하게 받아들여지고 있고 이것만이 다가 아님을 볼 수 있다.

우매한 사람이 인정받을 수 있다. 고급문화와 지식의 산실인 대학에
서도 뻔뻔하게 돌머리 같은 것이 자랑스럽게 여겨진다. "오늘날 교육은
무식으로 대체된 느낌이다. 가장 짧은 라틴어 문장 한마디를 말하려고 해
도 듣는 이들이 벌써 이해를 못한다고 고백한다(!)"(루만). 통속성이 증가
하면서 오늘날 단언할 수 있는 것은 우매한 자들이 "나는 돌머리라는 것
이 자랑스러워" 하며 우매함을 찬양하고 게다가 인정과 갈채를 기대하기
도 한다는 것이다. 그런 멍청한 주장을 티셔츠에 복사하여 영구화하여 남
에게 보이고 다닐 때는 통속성의 첨단을 보게 된다.

보통사람의 문화는 사물에 대한 지식은 없으면서 열정을 보여주기 위해서 그것을 소유하려고만 한다. 그러니 어차피 이런 문화는 지식이 더 이상 필요가 없다.

거리를 없앰으로써 실재와 직접 관계하는 것은 실재에 접근하여 알랑거리기, 곧 실재의 숭배로 이어진다. 도덕상의 이유로 과거에는 삼가고 거리를 두었으나 오늘날은 '접촉'(라틴어로는 contactus 또는 contingere인데 만지는 것을 뜻한다)이 중요한 것이 되었다. 누구나 계속해서 접촉한다. 그러나 접촉 그 자체보다는 손을 뻗어 거리를 없애는 붙잡는 것이 더욱 중요하다. 통속적인 세상에서는 접촉하지 않으면 망하게 된다. 이런 상황에서 새로운 룸펜 지식인으로 부상하는 다양한 부류의 기업 고문의 역할이 빛을 발한다. 그들은 접촉을 만들어 주고 중개를 하며 더 먼저 알고 있는 사람들이다. 구시대의 지식인들은 아직까지 접촉의 문제점들을 찾아내고 논쟁을 벌이는데 반해서 새로운 상담 지식인들은 시장 속에서 '윤활유'의 소박한 역할에 최선을 다하는 데에 만족한다.

이런 통속성에 대한 예들은 아직도 더 많이 남아 있다. 그러나 간략하게 통속적 추세에 대한 대표성을 지니고 있는 요셉 엡슈타인(Joseph Epstein)의 목록을 살펴보는 것으로 충분할 것이다.

① 공공성. 스스로 자신을 세상에 널리 알리려는 사람은 품위를 손상하려는 경향이 있다. 사람들은 자신의 상품을 팔기 위해서 자기 자신을 판다. 이 밖에 여기서는 일부러 TV를 통속성의 추진력으로서 다루지 않았다. 그러나 TV가 항상 통속적이었다는 것은 자명하다. TV는 항상 관음적이고 달리 변할 수가 없다.

② 오스카 상. 계속 반복되는 스스로 성스럽게 만드는 의식(儀式) 치르기.

③ 아스펜 인문주의 연구소(The Aspen Institute for Humanistic

Studies). 이 연구소는 거창한 주장과 약속을 스스로 하고 있는데 결코 성취한 적이 없다. 곧 '대화'와 '문화의 가교'와 '전문 영역 간의 장벽을 뛰어넘는 접근방법'들을 주장하는데 거짓이고 잘못된 표어다.

④ 토크쇼. 3번을 참조할 것

⑤ 퓰리처 상. 역시 3번을 참조할 것

⑥ 바바라 월터스(Barbara Walters). 수년 전부터 이 여성은 천박한 질문을 해대고서 월급을 받고 있다. 그녀는 친히 애교 있게 부주의한 언행을 한다. 당신의 남편이 사망했다는 것을 알고는 무슨 생각이 들었습니까? 당신에 암에 걸렸다는 것을 알고는 무슨 생각이 스쳐 지나가던가요? 그녀가 증명하는 것은 단지 정확하게 조정만 한다면 사람들은 모든 것에 기분이 좋아지고 재미를 느낄 수 있다는 것이다.

⑦ 소설가들과의 인터뷰. 거짓 겸손보다도 더 나쁜 것은 전혀 겸손하지 않다는 것인데 소설가들은 인터뷰에서 그들이 모르는 일들, 예를 들어 자신들의 일의 질적 수준, 세계의 상황 등에 대해서 얘기한다. 이로써 그들도 그들이 경멸하는 통속화에 참여하게 된다.

⑧ 로렌 배콜(Lauren Bacall). 이 여인은 자기의 자선전에서 '자신의 모든 비밀을' 털어놓는다. 그녀는 통속적인 잘못된 솔직함과 정직성을 보여준다.

⑨ 대화를 이상화하기. 3번을 참조할 것

⑩ 심리학. 심리학은 문제 해결능력을 과신하고 있다. "모르겠다"고 하는

대신에 심리학에서는 '미해결의 오이디프스 콤플렉스'나 '우울증'이나 '정체성 위기' 같은 말을 한다. 과거에 '통속적 마르크스주의'처럼 심리학은 모든 이론의 열쇠를 손에 쥐고 있는 듯이 주장하는데 실제 응용에서는 열쇠구멍이 있는 문이 어디 있는지를 모르고 있다.

결론을 내려보자. 과시주의, 단순성, 무례함, 스스로 거룩해지기, 자만, 위선, 자기 과신 등은 오늘날 통속성의 가장 근본 구성요인들이다. 통속성은 고급 레스토랑에서 포도주 메뉴판을 읽지 못하는 것을 말하지는 않는다. 통속성—사회의 상황들 속에서 그리고 여기에는 쇼핑상황도 포함되는데—은 구별할 능력이 없는 것을 말한다. 이것은 오페라 정장을 하고 포르노 영화관에 가는 '졸부'를 말한다. 아니면 이것은 강의실에서 TV 쇼의 경박함에 대해서 불평하는 한 교수를 가리킨다. 곧 통속성은 상식과 반대관계에 있다. 상식의 명확성은 제한을 두는 명확성이고 상식 있는 지식인은 이러한 제한에 대해 잘 알고 있다. 상식이 있고 이 제한에 대해 잘 아는 사람은 그것으로 충분하다. 그러나 상식적 일에 부담을 갖고 걱정하면서 상식 밖의 일들은 하지 않는 사람은 통속적이 된다. 의식하면서 상식적인 일을 하면 결코 통속적이 되지 않고 무의식적으로 상식적인 일을 하면 매우 빨리 통속적이 된다.

통속성은 반드시 미련한 것만은 아니지만 항상 민감하지 못하다. 통속적인 사람한테는 민감성이 부족한데, 이런 부족은 '저질 생활'의 표출이다.

테타만티의 실수

스위스의 금융인이자 기업가인 티토 테타만티(Titto Tettamanti)는 자본주의가 철저하게 성취되어야 한다고 주장하는 사람이다. 우리는 이 점에서는 그와 같지만 철저한 자본주의의 실행, 곧 '시장경제', '시장 접근성'과 '고객 지향성'은 통속성 속에서 대중문화와 숭배적 제품의 승리 외에 다른 변화를 가져오리라고는 믿지 않는다. 이에 대해서 테타만티는 뭐라고 말할까?

철저한 자본주의는 인간들이 욕망을 좀더 잘 충족시킬 수 있도록 해준다. 쾌락주의가 오늘날을 지배하고 있는데 이것은 "어제의 고급 승용차보다 오늘의 최신 자동차가 더 나은" 자본주의 체계의 가공할 성취능력에서 기인한다. 그러나 "소비자의 취향이 통속적이고 저질스러운 것은 교육의 책임이지 자본주의와는 상관이 없다. 문제를 제대로 알고 있어야 한다." 왜냐하면 "자본주의에게 도덕을 요구하는 것은 잘못이기 때문이다. 자본주의에 요구할 것이 아니라 인간들에게 더 잘 행동하도록 요구해야 한다." 많은 독일과 스위스의 기업가들은 테타만티처럼 생각한다. 이들은 그들의 행동이 가져오는 결과에 대해서는 깊이 생각해 보려 하지 않고 단지 출세가도를 잘 달리고 있는 어느 날 갑자기 도덕 브레이크를 밟기 시작한다. 이들은 '책임'이니 '타락'이니 하는 말을 하지만 본인 스스로 이런 '타락'의 견인차라는 것을 깨닫지 못한다. 통속성과 록 문화와 숭배적 제품들이 없는 자본주의는 살아남지 못한다. 통속성과 록 문화와 숭배적 제품들이 타락과 어떤 연관이 있는지는 증명된 바 없다. 이렇게 연관지어서 생각하는 것은 그들 자신의 행동에 불만을 느끼는 사람들의 상상일 뿐이다. 철저한 자본주의 속에서 도덕은 실패했다는 말은 전혀 할 수 없다. 아마도 이것은 실제로 보수주의자들의 기발한 착상에 지나지 않는데, 사실이들은 그들이 과대망상증에 빠져 있다는 것을 어렴풋이 알고 있다. 그리고 테타만티가 생각하는 '교육'이 진행이 안 되는 것도 아마 그렇게 나쁜 것은 아닐 것이다.

그러나 한 가지 점에서는 테타만티가 완전히 바른 말을 한다. "지치고 피곤한 자본주의자보다도 더 나쁜 자본주의자는 없다."

2
악한 것의 부흥

말썽이 내 일이다.

레이몬드 챈들러(Raymond Chandler)

통속적인 것을 무해하다고 하는 시도는 우리 사회가 자신이 추방한 것들과 다시 화해하는 전조로 볼 수 있다. ≪슈피겔≫(1994년 38호)에서 마티아스 마투섹(Matthias Matussek)은 1990년대의 '통속성의 승리'에 대해서 다음과 같이 쓰고 있다. "사람들은 재수 없는 것과 끔찍한 것과 못된 것뿐 아니라 아주 사악한 것도 환영하고 있다. 사회 밖으로 추방되었던 살인자가 다시 돌아오듯이 현재 근친상간, 파혼, 과식증, 토막살인과 변태성 같은 것들이 대중매체를 통해서 확산되고 있다." 마투섹은 날카롭게 관찰했을 뿐 아니라 악에 대한 새로운 열광을 이론적으로 설명하려 시도하고 있다. 그는 '추방된 것들의 귀환'이라는 사고방식을 사용하는데 이는 알다시피 유명한 지그문트 프로이트가 정신 분석에서 사용한 용어다. 이 것의 핵심내용은 다음과 같다. 우리의 문명은 인간들에게 원하는 것들 가운데 어떤 것들은 참으라고 강요한다. 그러나 사람들은 이런 소원을 새로운 방식으로 표현할 가능성을 끊임없이 찾는다. 그리고 언젠가는 이렇게 강제로 추방된 소원들을 종종 알아보지 못하는 형태로 변형해 다시 이루려 한다.

프로이트의 이론을 비판하지 말고 정말 진지하게 읽어 본다면 현재의 악한 것들이 부흥하는 것을 이해하지 못하고 경악만 하지는 않을 것이다. 자세히 이것을 살펴보자. 인간은 선과 악을 구별하는 능력을 원래는 타고

나지 못했다. 예를 들어 사람들이 '악'이라고 규정하는 것은 종종 해가 하나도 없는 쾌락의 대상을 가리킨다. 그러나 그렇게 원하는 것임에도 불구하고 사람들이 악하다고 하는 이유는 외부의 강제에 굴복하기 때문이다. 그런데 그런 타인의 명령에 굴복하는 것을 정당화하며 우리 모두에게 해당하는 상황이 있는데, 그것은 타인들의 보호가 필요한 아기들의 경우이이다. '사랑을 잃을까봐 두려운 나머지' 선과 악에 관련된 명령을 인정하는 것은 인간의 전형적인 행동으로 발전하고 보호를 받아야 할 유아기의 상황이 끝났는데도 계속 이어진다. 프로이트는 그래서 이와 관련하여 '사회적 두려움'이라는 말을 하고 있다. "악이라는 것은 처음에는 그것을 행할 경우에 사랑을 잃을 것이라고 위협하는 바로 그것이다."

우리 문화는 악과 잘 지내도록 가르치지 않는다. 달리 말하면 우리가 알고 있는 사회적 삶은 파괴성을 금기시한다. 우리는 프로이트 이후로 이런 것이 어떤 결과를 가져오는지 알고 있다. 곧 추방된 파괴 본능이 추악하고 밥맛 없게 변형된 모습으로 다시 돌아오고 있다. 괴물과 악한 행위에 대해서 우리의 흥미가 증가하고 있다는 사실은 인간이 오늘날 자신들의 세계의 추방된 부분과 관계를 맺으려는 것을 보여준다. 그리고 이런 추방된 부분은 인간의 자만심 속에, 곧 뇌 속에 들어 있다. 뇌는 엄청나게 많은 신경세포들로 구성되어 아주 복잡하다. 한쪽 반구에서는 추상적이고 분석적 사고가 다른 한쪽에서는 구체적이고 통일적인 사고가 이루어진다. 그러나 정작 중요한 뇌의 스캔들은 폴 맥린(Paul MacLean)이 '삼위일체'라고 부른 그것이다. 인간의 뇌는 전혀 다른 진화의 발전단계를 보여주는 세 개의 부분 뇌로 구성되어 있다. 자세히 말하면 우리의 뇌는 지능의 중심인 네오코트렉스(Neocortex)로만 구성되어 있지 않다. 뇌의 포유류 부분이 우리의 감정을 담당한다. 그리고 우리의 공격성은 근원상 뇌의 양서류 부분이 책임을 진다.

악마 부르기

우리 생각에는 악이나 변태나 파괴 본능 같은 주제를 다루는 토론에서는 하나의 원칙적인 문제가 있다. 그런 주제들을 실제의 힘으로 간주하지 않으면 결과적으로 그것들을 추방하게 된다. 그러나 일단 악의 존재를 인정하고 나면 사람들은 악의 존재를 왜 그렇게 오랫동안 간과했을까 하고 놀라게 된다. 악의 존재를 잘 알고 있었던 프로이트조차도 파괴의 자율적인 힘에 대해서 후기에야 비로소 연구를 시작했다. 그러나 사람들은 이런 그의 깨달음에 대해서 계속해서—역시 정신 분석가들 중에서도—'방어'하거나 '저항'했다. "왜냐하면 아이들은 인간은 '악과 공격성과 파괴적 경향을 타고 났고 그래서 잔인하다는 그런 소리를 듣는 것을 싫어한다. 신은 인간을 자신의 완벽한 모습과 같은 모양으로 만들었다. 인간들은 신의 전능함과 선이 부인할 수 없는 악과 함께 하나로 합치는 것이 얼마나 어려운지에 대해 듣기를 원치 않는다"라며 프로이트보다 좀더 나아갔다.

프로이트와 동시대 사람인 사회학자 토오스텐 베블렌은 100년 전에 이미 이것을 상기시켰는데 원래 영예로운 것은 두려운 것과 상관이 있었고 품위는 강력한 힘이 있는 자들에게만 인정되었다고 설명한다. 이것은 원래 성공적인 공격성에 대한 칭찬을 의미했다. 고대사회에서는 폭력 사용을 장려했다. 베블렌은 한 걸음 더 나아가서 '살인을 위한 고위직'이라는 표현을 사용한다. 이에 대해서 경악하지 말고 배워야만 할 것이 있다. 공격성은 예외 상태가 아니며 우리의 사회생활에서 흔한 일이라는 것이다. 이것은 정치, 직업, 성에도 마찬가지다. 이 밖에 문명화 과정을 통해 확산되었던 전통규범의 유령이 오늘날 몰락하고 있다. 우리는 오늘날 규칙이 없는 사회에서 살고 있다. 이것을 에밀 뒤르켕은 아노미라고 칭했는데 '경계 없음의 악'을 말한다. 이것은 왜 인간은 무장을 하고 상대방을 공격하는 것을 즐기는가라는 난처한 질문에 대한 첫번째 해답이 될 수 있을 것이다. 왜냐하면 무기는 고대사회에서 경계와 거리를 두는 기술적 수단이었기 때문이다. 철학자 페터 스로테르칙(Peter Sloterdijk)은 고대인간은 아예 '터미네이터'였다고 말한다. 이것은 올리버 스톤(Oliver Stones)의 폭력 찬미영화 〈내추럴 본 킬러〉가 보여주었듯이 원시인과 오늘날의 문화가 하나라는 충격적인 사실을 말하고 있다.

인간의 공격 본능은 세계정치의 차원에서도 이해가 가능하다. '사회를 통해서 구원을 이루려는' 공산주의자들의 마지막 시도가 실패한 이후 '옛날의 아담'이 다시 귀환하는 것은 막을 수 없는 것처럼 보인다. 이런 이유 때문에 오늘날은 마르크스주의보다도 오래된 기독교의 원죄론이 더 현실성이 있어 보인다. 말하자면 인간은 천성이 악하기 때문에 이 본능을 버리고 '반자연적'이 되어야 할 것이다! 그러나 우리의 공식 문화는 여기에서 그 어느 때보다도 동떨어져 있다. 우리 문화에서는 이제 '자연'이 새로운 신의 영역으로 찬미되고 있다. 그리고 이런 자연신의 영역이 도래하는 것을 방해하는 악마는 예를 들어 섹스와 범죄다라고 말한다.

그런데 왜 그렇게 많은 사람들이 오늘날 이 악마를 찬미하는가? 우리 생각에는 우리에게 선하고 자연스러운 인간상을 설교한 계몽주의 이데올로기의 결과가 가져온 문제로 보인다. 그래서 우리의 주장은 다음과 같다. 계몽주의의 '선한 인간상'은 인간의 공격성을 억제했는데, 이 덕택에 괴기물이나 포르노나 범죄가 흥행하고 있다. 우리 모두의 육체 안에는 악마가 숨어 있기 때문에 할리우드는 '영원한 악의 제전'을(겔렌) 치를 수 있다. 그리고 이 악마는 포르노나 공포물이나 또는 대형사고나 재해와 스캔들 중심의 저널리즘에 대하여 대중매체를 통해 비판하는 바로 그 사람들의 육체 속에도 숨어 있다. 겁을 먹고 있는 사람은 자신에 대해서 겁을 먹고 있다. 바로 이점을 정신 분석학을 통해서 배울 수 있다. 공포의 단계에서 우리는 어떤 끔찍한 것에 대해서 공포를 느끼는 것이 아니라 끔찍한 것을 우리 자신이 원한다는 사실에 대해서 공포를 갖게 된다.

추방된 것이 귀환하는 이 시대의 우리 문화에서는 자극적 매력을 지니고 있는 금지된 것들을 통해서만 일상생활의 지루함이 파괴될 수 있는 단계에 이르렀다. 우리 문명이 금지하는 것은 무엇이든지 사람들을 열광하게 만든다. 이것은—악의 전문가인 니체의 말을 빌리면—"금지된 것을 실행해 보도록" 사람들을 자극하고 있다. 처음에는 이런 현상을 단순히 파괴에 대한 순전한 흥미로 해석할 수 있다. 자유로운 정신은 우리 문화가 금지한 것들에 대해서 충분히 만족할 만한 해명을 못하는 것에 대해서 기뻐한다. 여기서 허무주의는 지식인에게 행복감을 준다. 물론 이것을 머리 좋은 계몽주의자들도 알고 있었다. 1968년의 학생운동과 좌익지식인들에게 가장 중요했던 막스 호르크하이머와 테어도어 아도르노의 『계몽의 변증법』에서 마퀴 데 사데(Marquis de Sade)라는 환상적 우주에 나오는 줄리에테(Juliette)가 바로 이것을 알고 있다. 왜냐하면 줄리에테는 바로 "지식인들의 현실 외면에 대한 기쁨과 자신의 무기로 문명을 파괴하는 지식인들의 사악한 재미를 상징"하고 있기 때문이다. 그러나 이런 지식인들의 영성이 너무 주지주의적이라서 동참하기 싫은 사람한테는 그 대안으로 전복되고 뒤집어진 종교로서 악을 숭배하는 일이 있다. 왜냐하면 금기 파괴는 종교행위, 곧 의식(儀式)과 경쟁관계에 있기 때문이다. 금기 파괴 행위와 종교행위는 단지 겉만 서로 다르기 때문에 여기서는 이것만 바뀐다. 종교의 예전은 신성모독으로 대체된다.

인기 판매 상품인 하위문화

플라톤 이후로 우리에게 알려진 사실 하나는 보통사람과 범죄자의 차이는 한쪽은 꿈 속에서만 행동할 뿐이고 다른 한쪽은 실제로 행동에 옮긴다는 것이다. 오늘날 우리는 TV에서 저질러지는 살인을 즐기는 것 정도로 만족해한다. 억제의 고삐가 풀리면 악이 나타나는데, 꿈이나 대중 속에서 또는 픽션 속에서 나타나는 것이 그 경우다. 잠과 전쟁과 대중매체는 악한 소망을 무의식 속에 가두어 두는 검열을 완화한다. 꿈과 전쟁과 영화 속에서는 나쁜 행위가 허락된다. 이것들은 악의 저장고에 구멍을 뚫어서 악을 해방시킨다. 프로이트의 정신 분석학은 이 '악을 소망하는' '동굴'에 대한 최초의 과학탐사 연구였다.

오늘날은 악의 동굴에 대한 탐사가 대중문화에서 일상이 되었다. 갱스터랩(Gangsta-Rap)은 이 악 숭배가 대중문화에 가져온 가장 명확한 모습들 중의 하나인데, 사람들은 자신이 처벌받을 수 있다는 것을 가지고 무장하고 있다. 영화스타가 그의 부인을 패거나 권투선수가 강간 때문에 법정에 서거나 또는 음악가가 손에 엽총을 든 채 사진에 찍히는 것은 멋있는 일이며 판매를 촉진하게 된다. 부정적 가치들이 성스러움을 보장하는데 이것을 '저속한 영지주의'라고 표현할 수도 있을 것이다. 여기에는 유행 중인 추악한 미학이 잘 어울리는데, 예를 들어 펑크와 그런지나 MTV의 〈비비스와 버트헤드〉나 만화영화 〈심슨〉을 생각할 수 있다.

이런 것들을 관찰하다 보면 이제는 풀려난 언더그라운드 반문화의 힘이 기존 문화와의 전투에서 승리하여 세상을 정복하게 되지나 않을까 하는 오해에 빠질 소지가 있다. 그러나 반문화에 대해서 경계할 필요는 없다. 왜냐하면 반문화의 악하고 추한 것은 요리된 그 모양 그대로 소비되는 것이 아니다. 그런지 음악이 시애틀에서 탄생할 당시에 아마도 한번쯤은 바로 타락적인 언더그라운드에서 왔을지도 모른다. 그러나 MTV가 바로 이것을 어떤 형태가 잡힌 모양으로 안정을 시켰는데, 곧 악을 숭배적 상품으로 만들어 안정된 방송프로그램을 만들어 냈다. 그래서 MTV의 자체 슬로건은 "음악 혁명은 TV화된다"는 것이다.

여기서 도대체 무슨 일이 일어나고 있는 것일까? 사이먼 레이놀즈(Simon Reynolds)는 ≪멜로디 메이커≫(Melody Maker) 1993년 10월 16일자에서 이미 앞에서 인용한 말을 달리 강조하고 있다. 그는 "반문화는 반문화를 넘어선 문화가 되었다"고 말하는데 이것은 반문화는 잘 팔리는 상품이 되었다는 것을 뜻한다. 대중문화의 추진력을 이해하려면 시장에서 거의 모든 창조적인 것들은 반문화의 전복적인 힘을 해롭지 않게 가공한 데서 탄생겼다는 것을 이해해야 한다. 가장 적합한 예는 그런지 스타일을 확산시킨 디자이너들인데 최고급 의류의 유행을 위한 아이디어를 찾기 위해서 몸부림치는 디자이너들은 이 그런지의 밥맛 없고 천박한 스타일을 이용한다. 그리고 추잡한 S&M 액세서리를 '일반' 시장에 유행시킨 것을 생각해 보라. 한마디로 말하면 새로운 틈새시장은 언더그라운드의 대중문화 또는 반문화—차별받는 인종이든 억압된 충동이든 간에—를 해롭지 않게 가공하는 데서 나온다. 대중문화는 곧 우리 문화가 자신과 반대되는 문화까지 흡수하도록 만드는 힘이다. 그리고 이것이 미래 시장의 무한한 자원의 원천이다. 이미 마케팅은 오래 전부터 여기에 보조를 맞추어 왔다. 추세 연구가 마티아스 호룩스는 여기에 대해서 말한다. "하위문화들은 오늘날 더 이상 비밀을 유지할 수 없다. 많은 기업의 스파이들은 사회에 대한 가장 작은 반항행위도 그냥 두지 않고 바로 이용해서 라벨이나 옷이나 장비나 브로치 등을 만들어 낸다."

반문화는 동시에 고전적 전통스타일이라는 모순적 사실은 대중문화의 특징이기도 한다. 우리는 맬콤 맥래렌(Malcolm McLaren)의 기가 막힌 마케팅 아이디어에서 펑크가 시작되었다는 것을 안다. 그래서 젊은 기업 경영자들이 즐겨 듣는 CD 중의 하나가 섹스 피스톨이라는 것은 너무나 당연하다. 분명한 것은 기존 문화에 반기를 든 자들이 최근에 펄잼(Pearl Jam)의 에디 베더(Eddie Vedder)의 경우처럼 대중의 우상이 된다는 사실이다. 정치적 대안들에 해당하는 것은 대안적인 음악들에도 해당한다. 그들은 대중적 취향의 진화과정에 생겨난 효소이다. 《타임 매거진》(Time Magazine) 1993년 11월 22일자에서 크리스토프 존 페어리(Christopher John Farley)는 이에 대해서 "현재는 대안 음악을 기존의 핵심적인 음악 장르 가운데 대표라 할 만하다"라고 말했다. 이 이상 더 분명하게 말할 수는 없다. 기존의 주류와는 차별성을 두려고 노력하는 것들에 의해서 기존의 주류가 움직인다. 원칙적으로 유행하는 모든 현상에 해당하는 것으로, 여기서 우리는 다르고자 하는 것에 대한 일종의 순종주의를 경험하고 있다. 하위문화는 유명한 상표가 되고 반란자는 TV 스타가 되고 사각지대는 오락산업의 추진력이 된다. 기존의 것과 다르다는 것은 이미 오래 전부터 더 이상 '좌익'이나 '혁명적'이 아니다. 이런 현상은 당연히 혁명적 문필가들의 사고방식을 뒤흔들어 놓았다. 안드리안 크라이에(Andrian Kreye)는 ≪프랑크푸르트 알게마이네≫ 신문의 부록(1994년 4월 15일)에 기고한 X세대에 대한 보고에서 "반문화의 신호들은 더 이상 볼 수 없다"라고 쓰고 있다.

미학적 악마 숭배

악에 대한 숭배는 무에서 탄생한 것이 아니다. 악의 숭배역사에 대해서 간략히 살펴보는 것이 우리에게 도움이 될 것이다. 잠깐 19세기로 되돌아가 보자. 악을 미화하는 역사는 낭만주의까지 거슬러 올라갈 수 있다. 곧 미의 '지옥'을 탐구하는 사람은 악마가 된다. 헤겔의 제자 칼 로젠크란츠(Karl Rosenkranz)는 "악마적인 주체는 비난받는 것에 대해 어떤 열정을 가지고 있다"고 말하는데 이것은 기독교 교리에서 말하는 악마나 현대의 예술가들에게도 적용된다. "불안해하고, 쾌락을 찾고, 무능하고, 과잉풍부 속에서 지루해하고, 우선 냉소적이고, 목표 없이 교육을 받고, 남의 약점을 잘 들춰 내고, 쉽게 지치고, 고통에 굴복하는 현대인들은 사악한 둔감함의 이상을 발전시켰다."

악한 사회가 나쁜 사회보다는 더 낫다고 주장하는 우리는 악마적이다. 그리고 하늘나라보다도 지옥이 더 흥미 있다고 고백하면 우리는 악마적이다. 선한 것은 흐리멍덩하고 악한 것은 인상적이며 또렷하다는 것을 바로 알아챌 수 있다. 그래서 현대 예술가들은 허무와 어두운 것과 괴상한 것, 미지의 것을 찾는다. 이런 구렁텅이 속에서는 더 이상 천국과 지옥을 그리고 선한 행동과 범죄를 구분하는 것이 불가능하다. 그리고 바로 여기서 새로운 미가 탄생하게 된다.

악마적인 비상사태를 만들어 내는 사람이 미를 지배한다. 1853년에는 칼 로젠크란츠의 『추악한 것의 미학』(*Ästhetik des Häßlichen*)이 출판되었다. 4년 뒤에는 보들레르의 『악의 꽃』이 탄생했다. 책의 제목은 프로그램이다. 도대체 이를 통해서 무슨 일이 벌어지는 것일까? 예술가는 스스로 사람들을 경악케 하는 것을 즐길 줄 아는 영웅으로 등장한다. 그는 계획적으로 '완벽한 괴물'을 찾아다닌다. 그는 악의 노른자위만 즐기려 한다. 이것과 동일선상에 놓여 있는 것은 천사를 찬양하지 않고 마녀에게 쏙 빠지는 성적 충동이다. 비록 예술가는 마녀를 불러내려는 것은 아니지만 그를 마녀에게 끌리게 만드는 섬뜩한 열정을 원한다. 이것이 새것을 찾는 왕도가 된다.

도덕에서 벗어난 사람은 더 이상 악을 해롭지 않게 만들려고 하지 않고 악에게 수종들려고 한다. 니체는 "섬뜩한 힘들—사람들은 이것을 악이라고 한다—은 인간성의 대건축가이며 동시에 인간성을 제시한다"라고 말했다. 계속해서 니체는 "산림을 보호하듯 악을 보호해야 한다"고 주장한다. 이런 생각을 가지고 니체는 선과 악을 초월한 악의 이론을 펼친다. 니체의 선악의 계통에 대한 연구는 진선미가 악의 표현이라는 것을 증명하려 한다. 미를 추구하는 악의 추종자처럼 도덕의 계통연구가는 악에 대한 탐험가이다. 그는 모든 생명력이 있는 선은 스스로 그 내면에 정복된 악이 들어 있다는 것을 우리에게 보여준다.

이래서 우리가 알 수 있는 것이 있다. 곧 악은 과거의 선이 한 대를 걸러서 나타나는 것이고 선은 과거의 악을 위해서 일한다는 것이다. 그러나 충동을 포기함으로써 문화는 원시적 악을 사회적인 것으로 바꾼다. 동물학대자가 동물보호자가 되며 사디스트가 인간의 친구가 된다. "뭐든지 열매가 있을 것 같으면 개별적으로, 시험삼아서 그리고 단계적으로 그것을 실행에 옮기는 것처럼 문화의 과제도 그러하다. 어디든지 문화가 악을 찾는 곳에서는 그 결과로서 열매를 맺는다." 문화는 이를 통해서 금지되고 적대적인 영역이 어디인지를 표시하게 된다. 그래서 니체가 문화에 던진 결정적인 질문 하나는 다음과 같다. 문화가 힘 있고 능동적으로 악에 봉사하는가 아니면 악을 추방하는가?

당신이 항상 '섹스와 범죄'에 대해서 궁금해하던 것에 대하여

우리가 악의 실마리를 좇는 이유는 악에서 가장 강력한 우리 인식의 힘이 나오기 때문이다. 벌써 20세기 초에 몇몇 뛰어난 사상가들은 달라진 파괴개념을 설명하려고 시도했다. 건축가 아돌프 로스(Adolf Loos)나 철학자 발터 벤야민 그리고 경제학자 조셉 슘페터의 책들을 한번 읽어 보라. 그들이 공동으로 발견한 것은 파괴의 창조성이다. 그들은 그렇게 함으로써 니체의 계획을 실행에 옮기고 있다. "가장 강하며 결과를 약속하고 가장 악명을 날리는 힘은 옛날 식으로 말하면 악마를 신으로 추대하는 데에서 나온다."

악의 핵심은 예측 불가능한 것, 곧 완전히 새로운 것을 뜻한다. 여기에서 위험한 것을 즐기는 것이 생겨난다. 이래서 니체가 외친 것이 이해가 된다. "배를 타라! 너희 철학자들이여!" 왜냐하면 아주 오랜 옛날부터 바다는 안전이 보장되지 않는 위험한 영역이며 그래서 악이 출현하는 곳으로 생각되었다. 푸른 망망대해로 나아가는 철학적인 항해의 비유를 볼 때 니체가 얼마나 많이 악의 재해석을 기대했는지를 알 수 있다.

- 규범의 초월.
- 임의적인 것.
- 예측하지 못하는 것.
- 우연.
- 돌발적인 것.

벼락이 집 위에 내려치던 시절에는 그것은, 우연에 대한 두려움을 정당화해 주는 끔찍한 우연이었다. 그러나 피뢰침과 유사한 문명의 안전 메커니즘이 생겨난 이후로는 극단적이고 죽음을 몰고 오는 우연에 대한 공포가 사라졌다. 그리고 지금까지 혐오감과 두려움을 불러일으켰던 것들, 예를 들어 우연, 예측 불가능한 것, 돌발적인 것이 이제는 욕구를 세련되게 만들어 주는 매체의 역할을 하게 된다. 이로써 왜 신이 이 세상에 악을 허용했는가 하는 커다란 질문은 더 이상 필요가 없게 된다. 세상의 악을 삶의 자극제로 이해하게 되면 더는 의문을 제시할 이유가 없어진다. 기독교 신앙에서 세상을 조심하도록 만든 원인, 곧 악을 선과 악을 초월하여 무조건적으로 받아들이게 된다. 새로운 인간은 영혼의 황무지로, 곧 어둠의 복판으로 되돌아온다. 신(新)인류는 "악 그 자체를 즐기며 그는 무의미한 악에 대해서 가장 높은 관심을 가지고 있다. 그가 과거에는 신을 원했지만 지금은 신이 없는 세계질서, 공포와 헛갈림과 홀리는 것이 중심을 이루는 우연의 세계가 그의 관심을 사로잡는다"(니체).

황홀경을 포기하지 못하는 사람은 독살될 위험에 처하게 된다. 왜냐하면 모든 것은 천국과 지옥을 어떤 비율로 배합하는가—이것은 흥분제나 현대의 미(美)에도 적용된다—에 달려 있기 때문이다. 고대 그리스인들은 본질적으로 '악한' 욕구라는 것은 존재하지 않는다고 믿었고 단지 그것이 어떻게 사용되는지에 따라서 그 선악의 가치가 결정된다고 믿었다. 그러나 진정한 중간, 곧 적절한 배합관계는 우리에게 오늘날 가장 생소한 부분이다. 우리의 기본 경험은 고대에서처럼 인간의 욕망을 나쁘게 사용한, 곧 과도함과 수동성과 동일하다.

오늘날 뜨거운 논쟁의 대상인 '섹스와 범죄'도 이 과도함과 광란의 소비와 연관지어서 이해해야 한다. 포르네이아(Porneia, 포르노)는 그리스어인데 그 의미는 음탕한 성행위와 동시에 우상 숭배를 뜻한다. 제단에서 창녀들의 섹스에 대한 순종은 명백히 구원의 대체행위로 해석되었다. 여기서 배울 수 있는 것은 '섹스와 범죄'는 금기가 없어진 이 세계에서 유일하게 남아 있는 종교적인 열광이라는 것이다. 살인의 극화와 포르노물들은 남김없이 세속화된 세계에서 잃어버린 성스러운 것에 대한 염원을 표현하고 있다. 철학자 미셸 푸코의 말을 빌려서 달리 표현하면 '섹스와 범죄'는 '대상이 없는 탈거룩화'의 형태들이다.

포르노가 자극적이라는 것은 진부한 얘기다. 그러나 이 흥분의 조건인 익명성, 곧 이름이 없는 육체는 진부하지 않다. 관객은 마치 낯설은 동물들이 기가 막힌 일을 벌이고 있는 것처럼 그 광경을 바라본다. 경악한 문화 비평가들은 이런 장면을 '섹스기계'의 기계적인 기능 발휘로 평하는데, 여기에서는 '성적 행태주의'의 측면이 중요하다. 포르노물에서는 성행위 장면을 통상 확대해서 보여주는데, 이것은 육체와 성기의 모습을 괴물처럼 확대해서 보여주려는 의도를 담고 있다. 또한 포르노는 실재를 보여주는 데 미쳐 있다. 이것이 대중매체와 포르노의 공통점이다. 예를 들어 이른바 실재 TV(Reality TV)를 생각해 보라. 실재를 보여주겠다는 강박관념 속에서는 오로지 차가운 그림과 영상들만이 생겨날 뿐이다. 인류학자 아놀드 겔렌이 '포르노 정치체제'(Pornocracy)라고 말할 때는 단순한 포르노의 지배를 넘어서는 내용을 담고 있다. 파리의 철학자 장 보들리야르(Jan Baudrillard)는 이와 관련하여 다음과 같이 추측한다. "아마도 포르노는 비유 이상은 아닌데, 곧 신호들을 확대하여 '흉측한 영역'까지 이르도록 시도하는 바로크적인 과장해석과 관련된다."

아마도 당신은 지금쯤 이런 것들이 마케팅과 광고와 도대체 무슨 상관이 있는지 궁금할 것이다. 우리 생각에는 매우 많은 상관이 있다. 섹스는 인간의 모든 충동체계에 대한 '제2의 화폐'를 가리킨다. 섹스는 돈처럼 매체의 역할을 한다. 왜냐하면 인간들 사이의 성관계는 일반적으로 잘 이루어지지 않기 때문이다. 성적 욕망의 객체는 남녀 사이의 성행위의 실패를 대체하는 것이다. 정신 분석을 통해서 이것은 분명히 드러난다. 인간은 자신이 원하는 섹스의 이상형을 그 타인의 행동 자체를 통하여 만나는 것이 아니라 상대방의 도움으로 자신의 상상의 세계에서 만들어 낸다. 이는 상대방을 주체로 보는 것이 아니고 수단으로, 곧 객체로 이용하는 것인데 결국은 인간의 성적 나르시시즘의 측면이 보인다. 이것은 당연히 마케팅과 광고에 중요한 의미가 있다. 대상 그 자체가 아니고 자화상이 인간의 욕망을 활성화한다. 마케팅 전문가 딘 맥케넬(Dean MacCannel)은 이에 대해 말한다. "욕망의 모양을 갖추어 주면 섹스는 팔린다. 광고는 섹스 밖에서 성적 욕망이 살아 있도록 하는 기능을 한다." 독자들은 포르노물과 관련한 성적 행태주의에 대해서 앞에서 언급한 것을 아직 기억하는지 모르겠다. 여기서는 바로 그 얘기를 하고 있다. 광고 속의 성을 통해 사람들을 유인할 수가, 곧 그들의 행태를 원하는 방향으로 유도할 수 있다. 곧 영상을 통해 섹스를 기계적으로 살렸다 죽였다 할 수 있다. 그래서 이것은 마케팅과 광고에 의미하는 것이 있다. 섹스는 사람들을 유인할 수가 있다!

흉측한 것 즐기기

그런데 우리는 섹스의 경영비밀을 폭로하는 것만을 약속한 것이 아니고 폭력 찬미에 대한 비밀도 밝히기로 했다. 어떻게 해서 '섹스와 범죄'는 늘 같이 붙어 다닐까? 이를 설명하기 위해서는 인문주의적으로 그리스 신화를 읽는 방식을 약간 탈피하여 에로스를 폭력의 신으로 소개할 필요가 있다. 우리는 여기서 조르주 바타이유(George Bataille)의 주장을 따른다. 그에게 에로틱은 "상대방의 존재를 살상하는 행위이다." 이것에 대해서는 노발리스 같은 민감한 낭만주의자도 이미 200년 전에 알고 있었는데 그는 "흥미와 종교와 흉측한 폭력이 서로 연관되어 있다"고 불평했다. 우리는 바로 이 얘기를, 곧 '섹스와 범죄'의 종교적 기능에 대해서 말하는 것이다.

1968년 학생운동 이후로 우리 사회는 성이 많이 해방되었다. 그러나 우리 생각에 성 해방은 공격적 폭력성을 나쁘게 보지 않는 현상의 확대를 수반하지 않고는 불가능하다. 비록 독자는 우리의 이런 의견에 동의하지 않겠지만 사람들이 왜 그렇게 폭력에 열광하는지를 밝히는 것은 흥미가 있을 것이다. 여기서 다시 한번 19세기로 돌아가 보자. 이미 언급한 '미학적 악마 숭배'를 통해 악의 찬미는 새로운 형태의 문화 비판으로서 자리를 잡게 되었다. 비판을 위한 중요한 핵심용어는 반대가 아니라 이제는 경계의 위반이다.

에드가 앨런 포우(Edgar Allan Poe)는 그의 유명한 소설 『검은 고양이』(*The Black Cat*)에서 분명하게 밝힌 것이 있다. 포우는 서양세계가 이성의 거만함 때문에 지금까지 무시해 온 한 가지 정신인 '변태성'을 지적한다. "이 변태의 기질에 대해서 철학은 지금까지 다루지 않았다." 변태는 더 이상 지울 수 없는 원초적 인간의 본능이다. 변태는 자학증세나 잘못된 일을 잘못된 맛에 계속하려는 인간의 욕망을 통해서 드러난다. 곧 '법을 어기고' 싶어하는 기질을 말한다. 순진하고 끝까지 복종하는 동물을 단번에 죽이지 않고 천천히 냉혈적으로 고통 속에서 죽이는 인간의 행동은 "그런 타고난 성향이 인간을 그렇게 하도록 만들었다는 것 말고는" 달리 어떻게 설명할 방법이 없다. 이것은 '이유 없는 동기'이다. 이것은 이유가 없는 파괴 행동이다. 이런 변태적 행위 속에서 인간은 죽을 죄를 저지르고 있다는 것을 의식하며 즐기고 있다. "가장 자비롭고 무서운 신의 무한한 은혜로도 구원이 더 이상 불가능한 죽을 죄를 저지름으로써 불멸의 나의 영혼을 위험에 처하게―만일 그런 것이 가능하다면―하기라도 하는 듯이…."

포우의 이 말에는 폭력에 대한 열광의 기본구조가 잘 드러나고 있다. 악은 금지된 것이고 경계를 위반함으로써 재미가 생겨나고 흉측한 것은 우리를 흥분시킨다. 포우의 얘기에서 특별히 현재 상황에 해당하는 것은 폭력은 더 이상 이유가 없다는 것이다. 이유가 없는 폭력을 말하는 사회심리학의 해석은 당연하다. 용납되지 않는 욕구는 타인을 파괴하게 되어 있다. 파괴는 곧 스스로를 지배자로 만드는 가장 원초적인 행위다. 그러나 여기에 대한 이야기는 이쯤해서 접어두려 하는데, 우리의 관심사는 왜 이유 없는 폭력이 타인들을 열광시키는지를 분석하는 데 있기 때문이다.

경찰에 반항하는 그 자체가 중요시되는 추상적인 범죄는 사상을 대체하는 다른 형태의 규범이다. 어떤 사회에 더 이상 사상들이 존재하지 않는다면 범죄자의 모습은 특별히 주목을 끌게 되는데, 그는 규범의 의미를 일깨워 주기 때문이다. 이것을 살인을 통해서 명백해지는데, 어떤 범죄영화도 살인이 없이 전개하기는 불가능하기 때문이다. 살인은 순전한 금기 파괴행위이다. 살인은 사람들을 강력하게 열광시키는 힘을 지니고 있다. 그 이유는 합리적이고 과학적인 우리 문명 속에서는 "살인하지 말라"의 계명을 지지해 줄 어떤 원칙이 더 이상 존재하지 않기 때문이다. 윤리적으로 흠 잡을 데 없는 막스 호르크하이머와 테오도어 아도르노 같은 비판철학가들조차도 "살인에 대해서 이성에 기초하여 반대근거를 대는 것이 불가능하다"고 말하는 것을 심각하게 받아들여야 한다. 종교나 윤리규범들이 장악력을 상실하게 되면 문제들은 매우 빠르게 심미화된다. 오늘날 모든 범죄영화들을 통해서 "살인을 아름다운 예술로서 다루기"라는 토마스 드 퀸시(Thomas de Quinceys)의 명언은 매번 시험되고 있다. 악과 미는 졸지에 파괴의 분위기 속으로 합쳐친다. 이미 100년 전에 니체는 세상은 더 이상 신학적으로 정당화할 수 없고 미학적으로만이 정당화할 수 있다고 말했다. 니체의 말을 그대로 받아들인 오늘날 범죄물들은 완전하게 금기를 위반함으로써 그의 지혜를 시험해 보고 있다. 미적으로 세상의 존재를 정당화하는 시도는 살인이라는 구체적인 일을 다룸으로써 그 능력이 시험을 받게 된다.

불행 중독자들

여기서는 영화와 TV에 대해서 다루어 보자. 이 매체들은 둘 다 흥측하고 경악스러운 것을 즐기는 인간의 취향 덕택에 움직인다. 그러나 이것은—칸트는 말하기를—선택된 자들이 전형적으로 경험하는 것이다. 그래서 공포는 선택된 자들의 대중여론이다. 이것에 대해서는 좀더 자세히 다룰 필요가 있다.

일단 대중매체가 시청자들의 소원을 이루어 주거나 적어도 이를 약속한다고 가정해 보자. 그런데 어떤 소원을 이루어 주는가? 여기서 우리의 논지는 다음과 같다. 대중매체는 대체로 우리 문명 속에서 고삐가 풀려서 방황하는 공격적 욕망을 만족시켜 준다. 각본상 우리는 그 중심 영역에는 이미 영원한 평화가 보장된 것처럼 보이는 하나의 세상에 사는 범세계인이다. 단지 영화에서만 아직도 적과 아군을 구분할 수 있다. 단지 스포츠에서만 적을 이길 수 있다. 그리고 매일 뉴스를 통해서 세계의 악한 일들을 경험하는—그리고 당연한 이야기지만 나쁘고 악한 일들이 '뉴스 가치'가 있다—'성숙한 시민'은 TV가 선택된 자들에게 제공하는 특별대우에도 역시 열광한다. 화면을 통해서 보호된 상태에서 시청자는 참사들을 즐길 수 있다. 대중매체는 일상의 참상과 세계의 전쟁소식을 연속극처럼 보여준다. 한스 마그누스 엔첸스베르거는 이에 대해 "영상들 속의 테러가 시청자를 테러리스로 만들지 못한다하더라도 적어도 관음주의자로는 만들어 준다"고 평한다.

기술적 대중매체는 직접적인 인식으로 발생할 수 있는 위험에서 우리를 보호해 준다. 시청자는 대중매체의 뉴스를 통해서 세계를 경험하면서 보호를 받을 수 있다. 이렇게 TV 화면의 보호막 뒤에서 우리는 흉측함을 즐기는 취향을 숨길 수 있다. 괜찮은 TV 방송국들도 당연히 폭력을 혐오한다는 구실을 가지고 자유로이 안방까지 폭력에 대한 보도를 보내고 있다. 그러나 이로써 정보에 대한 욕구가 채워지는 것이 아니고 참사에 대한 동경을 이루게 된다. 우리 시청자는 '불행중독자'다. 우리는 타인들의 불행을 TV 화면을 도화지 삼아서 그린다. 『즐거운 과학』(*Fröhlichen Wissenschaft*)이라는 책에서 니체는 이에 대해 아주 명철하게 설명한다. "불행은 필요하다. 그래서 정치가들의 호소와 모든 가능한 계층들의 진짜가 아닌 과장된 많은 '위기 상태들'과 이를 기꺼이 진짜로 믿으려는 자세가 존재한다. 요즘 이 세상은 외부에서 행복이 다가오는 것을 바라지 않고 불행이 닥쳐

오거나 불행이 보여지기를 바란다. 그리고 이 불행을 통해 이 세상의 환상 속에서는 한 괴물이 탄생한다. 이렇게 함으로써 이 세상은 이 괴물과 한판 승부를 벌일 수 있다.”

왜 우리가 타인의 불행을 그렇게 바라는지에 대한 의문은 이미 오래된 이야기다. 루크레츠(Lukrez)는 “땅에서 벌어지는 다른 이들의 불행을 관람하는 것은” 기쁜 일인데, 이것은 눈앞의 고통과 위험에서 벗어난 안전한 상태에서 관람할 수 있기 때문이라고 말했다(*De rerum natura* II 2). 고대세계의 사람들은 신들을 무의미한 고통을 관람하는 자들로 만들어낸 것이 분명하다. 이 신들은 인간에게 닥치는 우연의 잔인함을 관람하는 것을 즐긴다. 고대의 신들의 자리를 오늘날은 신문의 독자와 TV 시청자들이 대신하고 있다. 니체는 “고통을 구경하는 것은 재미가 있다”고 말한다. 우리는 마치 고대세계에서 벌어지는 불행과는 직접 상관이 없는 신들이라도 되는 듯이 이 세계의 참상을 관람하고 있다.

해설이나 토크쇼에서 세계의 참상에 대한 대변자로 나서는 진행자들의 관객으로 이런 불행과 직접 상관이 없는 시청자가 기꺼이 나선다. 세계에 대해서 책임을 다하고 있다는 환상이 이런 식으로 생겨나게 된다. 그러나 하여튼 대중매체의 세계를 통해서만이 먼 곳에서 일어나는 불행에 대해서 지속적으로 시청자의 관심을 끌 수 있다. 그리고 한 가지 여기에 덧붙여야 할 것이 있다. 대중매체의 연출을 통해서 시청자가 받는 충격은 자신의 사회에 대한 반발로 이어질 수 있다. 이미 몇십 년 전에 사회학자 헬무트 쉘스키는 이 ‘숨은 참상들’의 선동기술을 분석했다. TV를 통하여 먼 곳의 참상들—소말리아든 보스니아든 구 소련의 체첸이든 간에—을 수입하여 자신의 사회가 타락했다는 것의 증거로서 이것을 활용할 수 있다.

이런 참상의 관찰과 동정심의 연출은 대중매체의 보도구조와 맞아떨어진다. 정치와 마찬가지로 대중매체는 화합과 조화를 목표로 삼는데, 그 이유는 대중매체는 싸움과 분쟁의 보도나 연출로 먹고살기 때문이다. 대중매체에는 시청자들에게 충격을 주는 것들, 예를 들면 파업, 사임, 스캔들, 참상 같은 것들이 급박하게 필요하다. 이것들은 악마적이고 분쟁을 일으키며 적을 만들어 낸다. 악은 영향력 있는 구별을, 나쁜 뉴스를 만들어 낸다.

방해자와 기생충들

『즐거운 과학』 1권의 4장에서 니체는 흥미 있는 생각을 전개하고 있다. 곧 사회의 질서는 잠을 잘 위험성에 처해 있다. 착한 사람들은 계속해서 같은 밭을 경작하고 있고 이렇게 해서 농산품의 질이 점점 떨어지고 있다. 그래서 불을 붙이고 잠을 깨우고 혼란을 조장하는 인간들이 있어야 한다. 이들의 역할은 '악의 쟁기'로 단단해진 밭을 부드럽게 만드는, 곧 사회의 질서를 새로이 생명력 있게 만드는 것이다. 이들은 위험을 즐기며 새로운 것을 창조한다. 이로써 이들은 안전이 필요한 사람들을 방해하며 비난을 받게 된다. 니체는 이렇게 결론을 내린다. "새로운 것은 어떤 경우든지 악한 것으로서 정복하고 기존의 경계석과 존경받는 것들을 뒤집어 엎으려 한다." 악은 예측하지 못하고 낯설고 아직 불확실한, 곧 정말 새로운 것을 인식하는 일이다. 아니면 다시 한번 니체의 말을 빌려서 분명하게 말할 수 있다. "무엇이 악인가? 세 가지이다. 우연과 불확실한 것과 갑작스러운 것이다."

악은 계속 부정하고 반박하고 그래서 뭐든지 정체되는 것을 막는다. 이런 의미에서 악은 가능성을 열어 주는 좋은 정신이 된다. 오로지 악의 가시만이 인류의 역사가 탈역사적인 고착상태에 빠지는 것을 막아 준다. "이것은 원래 사탄의 철학적인 아이디어다." 관념주의 철학자 쉘링(F. W. J. von Schelling)은 말하기를 이 악마가 없다면 "이 세계는 잠을 잘 것이고 역사는 수렁에 빠질 것이다."

악의 정신은 곧 구별정신이다. 성경상으로 보면 지식은 악한 것인데, 이것이 우리의 생각이 옳다는 것을 증명해 준다. 그러니 만일 지식이 악한 것이면 당연히 새로운 것에 대한 열망, 곧 호기심도 죄가 될 수밖에 없다. 기독교 교회는 바로 이런 태도를 취했다. 이런 연관 속에서 니체는 매우 멋있게 '새로운 것의 감염'이란 표현을 사용한다. 그래서 새로운 것을 주창하는 사람은 항상 깨달아야 할 것이 있다. 새로운 것은 원래 악이었고 오늘날에도 이런 흔적은 남아 있다. 한 체계 속에서 악은 방해거리가 되며 새로운 것은 일단 기생충이 내는 소음으로 간주된다. 달리 말하면 혁신적인 것은 해를 끼치는 기생충의 형상을 갖추고 있다.

새로운 것은 소음 없이 잘 돌아가던 것을 방해한다. 뛰어난 용기를 지닌 기업가라면 방해를 양식으로 기생충을 자원으로 활용할 수 있어야 한다. 성공적인 기업가는 체계의 노예에게는 악하게 보이는 새로운 것이 사실은 지금 바로 기업에 필요한 양식이라는 것을 알고 있다. 또한 매우 비슷한 예들이 있다. 곧 아름다운 것은 추한 것 덕택에 존재하며 선은 악을 먹고살고 지식은 실수를 통해서 얻어지며 전통은 발전 덕택에 유지되며 질서는 카오스 덕택에 유지된다는 것들이다. 이 내용은 '소음의 덕택으로 질서 유지하기'라는 간단한 말로 표현된다. '악'은 지루함과 경직과 엔트로피의 위험을 미리 막는 일종의 체계의 예방주사다.

우리는 기생충에 대해서 달리 생각하는 방법—여기서 미헬 세레스(Michel Serres)의 책들을 권하고 싶은데—을 배워야 한다. 진화는 방해자를 통해서만이 가능하기 때문이다. 기생충은 체계를 혼란시키고 새롭게 형태를 갖추도록 강요한다. 이런 식으로 기업은 시장에 민감하게 반응하고 혁신적이 될 수 있다. 기대하는 것이 예상대로 진행되는 것을 막는 장애들의 총체가 바로 경험의 총체와 같기 때문이다. 이런 일에 매달려서 한 직업 분야가 괜찮게 먹고산다. 바로 기업 고문들이다. 매니저로서 'Trend-Tag'이나 또는 'Future Summit' 같은 이름을 붙인 기업경영 세미나에 참가해 본 사람들이라면 그곳에서는 구체적으로 질문해도 어떤 대답도 듣지 못한다는 것을 잘 알고 있을 것이다. 기업 컨설팅은 완전히 다른 방식으로 작용한다. 기업 고문은 기생충이다. 그들은 구체적인 '내용들'을 건드리지는 않고 그냥 혼란만 조성하고 자극을 준다. 그래서 기업 컨설팅은 일단은 실제로 손에 잡히는 가치를 지니고 있지는 않다.

기업 컨설팅은 고객을 우선적으로 확고히 하는 직업, 곧 진단하는 일이다. 이것은 의사가 환자를 진단하는 것과 같다. 기업 고문의 사례비는 정신과 의사의 것만큼이나 비싼데, 이것은 치료가 성공하기 위해서는 매우 중요한 요소다. '현금 분석'이 기능하지 못하는 이유는 돈으로 인한 심리적 압박감이 부족하기 때문이다. 자체 검열체계를 작동하는 것은 고통스러운 일이기에 투자한 돈이 많을 때만이 돈이 아까워서라도 이 고통스러운 일을 하게 된다. 이 밖에도 한 가지가 더 중요하다. 정신 분석의 결과는 환자들을 '실망시키는데' 이것은 기업 컨설팅에도 해당한다. 앞에서 이미 말했듯이 기대하는 것이 예상대로 진행되는 것을 막는 장애들의 총체가 바로 경험의 총체와 같기 때문이다. 기업 고문이 경영자가 기대하는 대로 충고해 준다면 그는 기업의 나르시시즘을 충족시켜 준 것에 불과하다! 기업의 최근 경영방식에 대한 그들의 열광적인 찬성은 모든 것이 상담 이후에도 옛날 그대로 남는다는 것을 암시한다. 왜냐하면 모든 '올바른 상담'은 기업에 실망을 안겨주기 때문이다.

기업 경영과 기업 컨설팅의 관계를 제3자로서 관찰해 보자. 여기서 핵심이 되는 것은 관찰의 관계인데, 달리 말하면 악한 관찰의 단계적 순서라고도 말할 수도 있을 것이다.

- 경영자는 기업의 방해요소이다.
- 기업 고문은 기업의 경영을 부적합한 것으로 판정한다.
- 경영학 이론가는 교주인 기업 고문의 정체를 벗긴다!

여기서 중요한 것은 계속해서 제2단계 관찰이 기업 시스템 속으로 다시 도입되는 것이다. 성공적인 경영가의 원래의 기능은 더글러스 호프스태터(Douglas Hofstadter)가 사용한 의미에서 특이한 연관관계로만 이해할 수 있다. "체계 자체 내부에서 생겨난 요소가 마치 체계 밖에 존재하는 것처럼 체계에 대해서 기능을 한다." 경영자에게 이런 예술작품을 더 이상 만들 능력이 없어지면 바로 사람들은 기업 고문을 청한다.

이런 관계들을 기생적인 관계들의 단계적 순서로 해석할 수도 있다.

● 생산은 스스로 조정할 수 없기 때문에 경영자가 필요하다.
● 통제자들은 스스로 재정을 댈 수 없기 때문에 주주와 은행들이 있다.
● 이런 불가능성과 기업 자신의 맹점을 상처로 해석할 수 있고 그래서 기업 고문이 필요하다.

그래서 기업 컨설팅의 대상은 한 기업이 스스로는 보지 못하는 것이다. 다른 비유로 설명하면 맹점은 '장롱 속의 시체'다. 이 시체를 외부인이 발견하면 이 발견은 좋은 충고로 여겨진다. 그러나 체계 내부인이 이것을 발견하게 되면 방해로 간주된다. 그래서 덕 베커의 질문은 문제의 정곡을 찌른다. "방해하고 훼방하기 때문에 기업 내에서 좋은 평판을 얻을 수 있는 기업문화가 필요할까?" 우리 대답은 그렇다이다.

기업의 방해자는 도처에 존재한다. 주주는 경영자의 당연한 내부의 적이다. 그리고 고객은 외부의 필요악이다. 이미 앞에서 인용한 ≪슈피겔≫(1994년 6월 27일) 표제인 '말썽쟁이 고객'에서 얀 플라이쉬하우어와 한스 요르크 벨레발트는 매우 정확하게 지적한다. "고객은 핵심에 있기 때문에 방해가 된다." 곧 고객은 특별히 원하는 것을 말하고 제품에 대해 불평함으로써 거래가 매끄럽게 조용히 진행되는 것을 방해한다. 그는 제품 공급을 혼란하게 한다. 그래서 이런 고객의 소음과 방해를 도움이 되는 정보로 활용하는, 곧 어떻게 서비스를 통해서 한 제품의 부가가치를 결정적으로 올릴 수 있는지에 대한 정보로서 활용하는 기업이 성공적인 기업이다. 이것의 의미는 항의하는 고객이 기업의 가장 중요한 정보의 원천이라는 사실이다. 성공적으로 발전하는 기업은 어떤 불만에 대해서도 고맙게 여긴다. 그래서 호텔방에는 고객의 불만사항을 적을 수 있는 설문지나 종이들이 놓여 있다. 모든 레스토랑 주인은 형식적으로 묻는 "맛있게 드셨습니까"라는 질문에 "예, 정말 잘먹었습니다"라는 판에 박힌 대답을 하지 않는 그런 고객을 종종 만나게 되면 기뻐할 것이다. 독일 철도청장인 하인츠 노이하우스(Heinz Neuhaus)는 이것을 기가 막힌 말로 간결하게 표현한다. "근본적으로 보면 고객의 항의는 공짜의 시장 조사연구다."

고객의 항의를 제일 중요한 정보로 다룬다는 것은 실수를 통해서 배운다는 것을 의미한다. 혼란스러운 시장에서 기업이 살아남기 위해 필요한 것은 실수를 통한 학습이다. 톰 페터스는 이런 의미에서 기업이 빨리 실수할 것을 충고한다. "기업이 살아 있기 위해서는 실수를 그저 인정할 뿐 아니라 힘차게 껴안아야 한다." 이것은 단순히 재미있는 농담 이상의 의미를 지니고 있다. 왜냐하면 실수는 기업에게 자신이 누구인지를 알 수 있는 기회를 제공한다. 조지 스펜서 브라운의 표현을 빌리면 이것은 불확실성을 기업의 확실성으로 바꾸는 것으로, 하나의 '재진입'(Re-Entry)으로 말할 수 있을 것이다.

혼란한 시장에서 기업이 방향을 잡기 위해서 하필 왜 불확실성이 도움이 되는지에 대해서 독자는 아마도 의문을 제기할지도 모르겠다. 그 대답은 간단하다. 모든 것이 당연하지 않은 것이 당연하게 된 시대에는 확실성은 막다른 골목으로 유도할 뿐이기 때문이다. 오늘날 무엇이 문제인지 인식하는 것이 그렇게 어렵게 된 이유는 이 문제들이 과거의 문제 해결에서 생겨났기 때문이다. 과거의 성공의 결과로 비롯된 문제이기 때문에 오늘날의 위기를 이해하기가 참 어렵다. 문제들의 문제는, 곧 아무도 실수하려고 하지 않는다는 것이다!

이 문제는 동시에 스스로, 더 정확히 말하면 내외의 구분에서 생겨났다. 한 조직의 내부 관점은, 특히 매력적인 통계자료들은 환경, 그러니까 주문과 고객에 대한 시각을 왜곡한다. 여기에 가장 중요한 경영자의 과제가 있지만 대부분은 기업/환경의 구분을 다시 기업으로 재진입시키는 그

경영자의 과제를 기업 고문에게 맡겨 버린다. 경영자는 고객과 항상 화기애애한 대화를 하기 위해서 힘을 기울이기보다는 회사/시장과 회사/고객 간의 구분이 회사 내에서 자연스레 반영되도록 노력해야 한다. 간략히 말하면 경영자는 불안을 조성하는 사람이 되어야 한다. 평화, 기쁨, 칭찬 대신에 '소음을 통해서 질서를 유지'해야 한다. 곧 내부적으로는 혼란을 조성하고 외부적으로는 질서를 유지해야 한다. 사람을 즐겁게 하는 것은 기업을 해롭게 한다. 왜냐하면 그렇게 되면 문제들은 거론이 안 되고 따라서 보이지 않기 때문이다.

창조적 파괴

앞에서 설명한 요구사항들을 고용된 경영자보다는 오너 경영자가 더 금방 이해할 수 있을 것이다. 왜냐하면 그는 자신의 사업 시작단계에서 '이방인'으로 시장에 등장했고 어떤 '새로운 것'을 제공하며 결정력 있는 구별감각을 지니게 되었기 때문이다. 기업가가 시장에서 활동하게 되면 어떤 행정적 지식도 따라잡지 못하는 뛰어난 지식을 시장에 도입하게 된다. 이런 이유로 막스 베버는 그의 저서 『경제와 사회』에서 이렇게 말한다. "자본주의의 기업가는 관료적·합리적 지식에 지배당하지 않는 유일한 면역기관이다." 기업가의 조상은 행운의 기사인 탐험가다. 그리고 오늘날은 부도의 위험이 그의 높은 수익을 도덕적으로 정당화해 준다. 경제 혁명가인 기업가는 구속과 전통에 대해서 자유롭다. 달리 표현하면 기업가는 미래를 과거에서 단절시킨다. 그는 "처음에 비프스테이크와 인간의 이상을 공통분모로 묶을 수 있었고 또한 그럴만한 이유가 있었던 그런 두뇌"를 가지고 있었다(슘페터). 이미 앞에서 살펴보았지만 악은 전통의 반대로서 이것은 자유로운 기업가의 정신과 같다. 지금까지의 생각에 비추어 보면 기업가는 '악'이라고 말할 수 있을 것이다. 조금 뒤에 자세히 다루겠지만 그는 창조적 파괴가 불가피하다는 것을 잘 알고 있다.

이미 말한 대로 기업가는 '이방인'으로 시장에 등장한다. 좀더 덜 시적으로 표현하면 기업가가 경제세계에서 기업을 형성하기 위해서는 바로 그 경제세계에서 벗어나 있어야 한다. 이 말은 곧 기업가가 성공적으로 자리를 잡기 위한 첫 걸음은 경제적 첫 걸음이 절대 아니라는 것이다. 이때 기업가에게 필요한 것은 경제적 합리성에 반대해서 움직이는 용기다. 경영학은 이것에 대해서는 아무것도 모른다. 경제적으로 성공하고 싶은 사람은 한번쯤은 경제 밖으로 도약해 보는 용기가 필요하다. 이것이 기업가의 비전이다. 덕 베커는 기업형태에 대한 그의 탁월한 연구에서 다음과 같이 설명한다. "기업 스스로 경제와 구별하여 다시 경제로 재돌입하는 바로 거기에 경영학은 위치해야 한다."

조셉 슘페터의 표현을 빌리면 경제적 혁신은 "새로운 혼합을 성공적으로 실현하는 것"을 뜻한다. 생산수단을 "달리 사용한다는 것", 곧 새로운 것은 체계 안으로 장애를 불러들인다. 혁신적으로 생산한다는 것은 항상 "달리 혼합해 본다"는 의미다. 그리고 이 새로운 혼합을 시장에 성공적으로 도입하는 것은 기업가가 감당해야 할 기능이다. 새것이 나타나는 곳이면 그 어디에서든지 지도자가 필요하다. 그리고 새로운 것을 받아들이는 것은 무엇보다도 경기 침체기에 일어난다.

기업가는 새로운 혼합을 발견해 내는 사람이 아니고 시장에 실현하는 사람이다. 애플 컴퓨터 창업자인 워즈니액(Steve Wozniak)과 잡스(Steve Jobs)를 예로 들어보면 이 차이를 잘 구분할 수 있다. 행동가인 스티브 잡스는 전 세계가 다 안다. 그런데 워즈니액은 도대체 누구인가? 잊혀진 그는 새로운 혼합을 발견해 낸 사람이다. 슘페터는 다음과 같이 말했다. "새로운 가능성이 존재해야만 비로소 지도자에게 할 일이 생긴다." 곧 가능성들을 활성화하는 것이다.

1942년 조셉 슘페터의 『자본주의, 사회주의와 민주주의』(*Capitalism, Socialism and Democracy*)가 출판되었다. 이 책의 7장에서 그는 '창조적 파괴'라는 핵심개념을 전개한다. 그러나 이 개념은 결코 비판적인 의미로 사용된 것이 아니다. 슘페터는 자본주의의 본질을 구성하는 '영원한 창조적 파괴의 흐름'에 대해서 말한다. 모든 경제적 행위는 경쟁이라는 위협 속에 직면해 있다. 여기서 중요한 것은 가격이나 품질에 대한 것이 아니고 "신상품과 신기술과 새로운 생산구조와 조직구조를 둘러싼 경쟁이다."

경영철학의 대가인 피터 드러커는 원칙적으로 어떤 새로운 것을 만들어 낸 것이 아니고 슘페터의 파괴이론을 계속 전개하고 날카롭게 했을 뿐이다. "혁신은 믿음을 파괴하는 데서 시작된다. 네가 무엇을 시작하는 것이 중요한 것이 아니고 너에게 중요한 그 어떤 것을 그만두는 것이 중요하다." 따라서 한 기업의 가장 큰 위험은 지난 세월의 성공인데, 이 성공은 기업에게 족쇄가 된다. 그리하여 바로 훌륭하고 성공을 거둔 그것이 종종 우리의 미래를 가로막는 장벽이 된다. 달리 말하면 오늘의 성공이 내일의 성공을 방해한다. "상황에 적응하면 바로 그 때문에 적응력을 상실한다"는 바이크(Karl Weick)의 말은 이런 의미에서다. 상황이 순조로우면 순조로울수록 그만큼 예측 불가능한 것에 적응하는 능력이 떨어진다. 증가하는 생산의 효율성은 바로 한 기업의 '맹점'을 그만큼 더 크게 만든다.

커다란 문제는 하나다. 곧 어떻게 한 조직이 계속해서 혁신과 변화를 하도록 계획할 것인가? 자사 제품의 생명을 경쟁사들의 행동에 종속시키지 말고 기업 스스로 알아서 먼저 결정하게 되면 이런 행동은 기업에게 어떤 의미가 있을까? 좀더 날카롭게 표현하면 한 회사가 **조직적으로** 계속 혁신하려면 자사의 제품 생산을 체계적으로 '중단해야 한다.' 그리고 물론 지금까지 잘 팔리는 제품들에 대하여 감정적으로 애착이 가는 것은 당연하다. 그러나 선발주자로 새로운 시장을 혁신적으로 개척할 때만 이윤이 남는 것이지 경쟁의 상황에서는 생산원가나 건질 수 있을 뿐이다. 미래가 보장되는 회사의 조직은 체계적인 탈조직이다. 안정을 찾는 길은 안정을 파괴함으로써만 가능하다. "기존의 것과 안전한 것과 익숙한 것과 편리한 것을 체계적으로 포기함으로써 기업조직이 올바로 형성될 수 있다"(드러커). 기존의 친숙하고 편리한 것은 기업에 대한 가장 큰 위험이다. 여기서는 파괴만이 창조적인 결과를 가져온다. 이것이 자기를 파괴함으로써 자기를 보존할 수 있는 '피터 드러커의 모순의 법칙'이다.

그 밖에 이와 관련해 호평을 받고 있는 '고객과의 대화'는 잘못된 마케팅으로 증명되고 있다. 고객이 자발적으로 새로운 욕구를 발전시키고 경제가 여기에 따라서 맞추는 것은 신화에 불과하다. 조셉 슘페터는 이것을 아주 분명하게 밝히고 있다. "소비자들의 새로운 소비욕구는 생산자들이 길들이는 것이다." 소니, 세가 그리고 닌텐도가 이의 전형적인 예들이다.

3
행운의 요소

비키: 좋은 아침입니다. 전하! 봄입니다!
폴로하기에는 좋은 때입니다!
게롤스타인: 그러나 굴은 맛이 없어지고
순수한 행복은 사라지지.
고트프리트 벤(Gottfried Benn), 『단계』(Etappe)의 5막에서

오늘날 포스트모던한 우리 세계에는 매우 다양한 사람들이 있다. TV 중독자, 일 중독자, 근본주의자, 사디스트와 메조키스트, 불교신자, 성 전환자, 마약중독자나 공화당 당원. 그러나 한 가지, 질투만은 안 된다. 질투는 우리 사회의 강력한 금기다. 여기서 우리는 진정한 사회학적 모순—질투에 대해서 말하면 안 되는데, 이 질투가 서구문화의 가장 강력한 추진력이기 때문이라는—을 대하게 된다. 오히려 이 질투를 이용해서 광고에서나 정치에서나 성공을 거둘 수 있다. '중산층'을 노리는 선거 홍보전략이나 "이웃을 놀라게 하라!"는 로버(Rover) 자동차 광고도 마찬가지로 뻔뻔하게 질투의 금기를 깬 것이다.

겉보기에는 당연한 '사회적 정의' 실현에 대한 주장도 사실은 질투의 정치에서 기인한다는 것을 안다면 이 금기의 민감함이 느껴질 것이다. 그러나 오해하지 말라. 이것은 사회복지정책에 반대하는 주장이 아니다. 우리가 하고 싶은 말은 사회복지정책은 정의와는 아무 상관이 없다는 것이다.

《포커스》가 1994년 4월호 표제를 질투의 사회로 잡은 것은 정말 제대로 감을 잡은 것이다. 사회적 차이의 상징들을 공격하면서 추방되었던 질투

가 다시 꿈틀거리고 있다. 벤츠 자동차의 별을 꺾는 것은 아직도 가장 재미 있는 일이다. 우리 사회체계는 일종의 질투의 학교라고 말할 수도 있다. 이 사회에서 우리는 체계적으로 자신을 차별대우 받는 사람으로, 예를 들 어 여성, 유색인종, 노인, 동성애자, 불교신자, 뚱뚱이, 못 생긴 사람으로 서 인정하게 된다. 나는 차별대우를 받고 있다. 곧 나는 존재한다. 도대체 무슨 일이 여기서 일어나고 있는 것일까? 질투하는 사람은 타인들의 행 복을 관찰한다. 더 정확히 말하면 행복의 상징으로 경험되는 매력을 관찰 한다. 그리고 이것을 그 사람의 뛰어난 능력의 표현으로 이해하지 않고 사회가 보상해 주어야 하는 차별대우에 대한 증거로 삼는다. 그의 행복의 그림은 질투에서 탄생한 것이다.

의미를 찾아다니는 관광객

우리는 이런 행복의 그림이 잘못되었다는 것이 아니라 단지 이것은 여러 그림들 가운데 한 그림일 뿐이라고 말하는 것이다. 그러나 이런 행복 이라는 말을 도대체 의미 있게 사용할 수 있는지에 대해서 의문이 든다. 이것은 정말 중요한데 왜냐하면 사회학자들은 삶의 최종적 목표로서 '행 복'의 '의미'는 더 이상 존재하지 않는다고 설득력 있게 설명하기 때문이 다. 하이너 바르츠(Heiner Barz)는 이에 대하여 "개인적이고 사적인 행 복이 최후의 기준이 되고 있다"고 반대로 말한다.

행복은 오늘날 최고의 목표라고 말할 수 있을 것이다. 그러나 이런 가치 를 완전히 구체화할 수도 없다. 그리고 정말 그렇다면 구체화하지 못하는 행복의 가치는 광고와 마케팅에 중요한 의미가 있다. 만일 행복이 동화에 나 존재한다면 시장에서는 동화를 들려 주는 수밖에 없다. '행복'을 다루 는 마케팅이나 광고는 따라서 환상의 이야기가 될 수밖에 없다. 현대에 시장이 유지될 수 있는 비결은 사람들이 갈망하는 행복은 없지만 그래도 사람들은 행복을 계속 있는 것처럼 찾고 있기 때문이다. 정말 행복한 사람에게는 아무것도 팔 수가 없는데 문자 그대로 바라는 것 없이 행복하기 때문이다. 이 사항을 좀더 자세히 살펴보자.

간단히 말해서 고객은 필요한 욕구를 채우기 위해서 시장에 가는 것이 아니고 행복을 사기 위해서 시장에 간다. 이것은 관광산업에 막대한 영향을 준다. 관광은 최고로 행복하게 해주는 방법으로 판매된다. 이것은 벌써 200년 동안이나 있어 온 일이다. 1800년대—낭만주의가 이때에 탄생했다는 것도 결코 우연은 아닌데—에 관광객이 탄생했다. 무슨 의미인가? 관광의 탄생으로 사람들은 더 이상 목표를 가지고 여행하지 않고 여행하기 위해서 여행하게 된다. 여행은 곧 자기 연관적이 되었고 목적이 없어져 버렸다. 그래서 1805년에는 바디세 호프(Badische Hof)가 최초의 현대식 호텔로 지어질 수 있었다.

자기 연관적인 여행은 체험을 중심으로 한다. 체험의 순수한 형태는 당연히 모험이다. 오늘날 관광회사들이 어떤 상품을 판매하는지는 확연하다. 곧 모험을 상품으로 내놓고 있다. 사람들은 더 이상 먼 곳에서 스릴을 경험하기 위해서 기사나 영국의 귀족일 필요가 없다. 관광은 모험의 민주화의 결과다. 곧 모험을 즐기는 마음들을 대량상품을 가지고 만족시켜 주고 있다. 이것은 세계에 대한 우리의 관점을 완전히 바꾸어 놓았다. 관광여행은 체험의 연속이 아니고 일련의 볼거리로 전환되었다. 휴가 중에 머무는 다른 나라는 낯설지 않고 재생산으로 경험하게 된다.

사람들은 서구유럽을 떠나도 더 이상 문화 충격을 받을 위험이 없다. 아프리카의 정글 속에도 쉐라톤(Sheraton) 호텔은 있고 베이징에서는 맥도널드가 우리를 맞이해 주고 브라질의 정글에서는 독일문화원이 유럽의 정신을 외치고 있다. 그래서 최종순간(Last-minute) 비행이 그렇게 관심을 받고 있는 것이다. 만일 푸에르테벤투라(Fuerteventura)행 티켓이 없으면 도미니카 공화국으로 날아가면 된다. 거기나 여기나 다 '친숙한 다른 나라'이기 때문이다. 휴가는 여행사가 제공하는 빈자리가 있는 곳으로 떠난다. 사람들은 더 이상 이탈리아로만 여행을 가지 않고 남쪽, 더 정확히 말하면 햇빛이 있는 곳, 곧 독일이 아닌 곳으로 여행을 떠난다. 여행 목적지가 어디인지는 별로 중요하지 않다. 어차피 여행지는 잠깐 머무는 곳이기 때문에 여행 안내자를 동반하는 것도 무의미하다. 여행지가 그랑 카나리아(Gran Canaria)섬이든지 로도스(Rhodos)섬이든지 차이는 아디다스와 나이키의 차이 정도에 불과하다. 달리 표현한다면 문화들 간의 차이는 관광상품이 될 뿐이다.

200년 전에 '탄생한' 관광객은 관광산업 생산과정에 직접 관여한 첫번째 소비자였다. 아마 앨빈 토플러는 첫번째 '프로슈머'라고 말할 것이다. 그 이후 관광산업은 '행복과 의미를 주는 산업'으로 믿을 수 없을 정도로 성장해 왔다. 왜냐하면 그 누구도 휴가에는 1년에 몇 번씩 여행하는 것에 대해 신경쓰지 않기 때문이다. 냉철히 고찰하면 이렇게 말하게 된다. 여행사가 제공하는 서비스는 행복을 강요하는 일이다. 그리고 휴가는 한적하게 시간 보내고 쉰다는 것에서 스트레스와 체험으로 급격히 변하고 있다.

우리는 오늘날 자유에 대해서 여러 가능한 것 이상으로 상상하고 있기 때문에 휴가 동안에 많은 일을 경험해야 한다. 그래서 관광업계는 '다중 선택적인 고객들'—이 용어는 NUR 시장 연구소장인 추커스텡어(Waldefried Zucker-Stenger)가 기가 막히게 표현한 것이다—을 겨냥한다. 여가(Freizeit)라는 상품은 진정한 자유(Freiheit)를 대체한다. 관광객은 만족감보다는 강요된 빡빡함을 느낀다. 여기서 분명하게 패러독스를 보게 된다. 쉼이 여가상품이 되어 스트레스를 체험하게 하는 명령이 된다. 오늘날 이런 액션세계를 위해서 이른바 이벤트 마케팅이라는 것이 생겨났다. 카멜 담배 광고는 최근에 "움직여!"(Move)라고 한다. 나이키는 재빠르게 "그냥 이것을 하라"(Just do it)라고 외친다.

대단한 일이었어! 그것은 대단한 체험이었어! 이런 말들이 오늘날 관광객이나 콘서트 청중이나 최고경영자나들이 이구동성으로 하는 말이다. 왜 사람들은 뭔가를 체험해야 하는 것일까? 우리 추측으로는 체험의 뒷면은 무엇을 놓친다는 생각이다. 삶이 이벤트로 바뀐 것은 어떤 것을 놓친다는 두려움에서 기인한다. 그래서 아무것도 하지 않으면 사람들은 불안해한다. 우리는 여기서 문화 비평적으로 말하려는 것이 아니다. 인간은 그렇게 살 수밖에 없는 것 같다. 왜냐하면 순전히 신경학적으로 보아서도 존재감은 흥분 상태에서 나타나며 생동력은 자극 없이는 불가능하기 때문이다. 두뇌의 적은 할 일이 없는 권태다. 그래서 스포츠나 취미나 섹스나 마약이나 음악이나 그리고 여행 같은 것이 특별한 의미가 있다. 오늘날 무엇을 놓치고 있다는 두려움을 해결하는 최후의 해결책은 준비된 모험을 하는 것이다. 바로 이 점에서 모든 관광업체들의 모순이 결정적으로 드러난다. 모험관광은 바로 서구문명에서 탈출하는 것을 가능케 해주는 서구문명의 첨단 상품이기 때문이다.

관광업계가 원래 제공하는 서비스는 행복이다. 그러나 복권이 늘 맞지 않아도 그러하듯이 대부분은 행복에 대한 기대가 채워지지 않아도 잘 견디어 낸다. 그리고 관광객에게는 점점 더 환상적인 여행이 필요하다. 문화사회학자 게르하르트 슐체(Gerhard Schulze)는 이에 대해서 말한다. "아름다운 감정은 삶의 의미이고, 휴가는 과격하게 의미를 찾는 방법이다."

포괄적 개념인 행복

행복은 분명히 '포괄적 개념'인 동시에 속을 알 수 없는 블랙박스이다. 말하자면 행복은 다양한 경험과 환상들을 포괄하는 단어이고 또한 열어 보지 않고 손에서 손으로 전달되는 검은 상자와도 같다. 도대체 안에 무엇이 들었을까 하고 궁금해하다가 윤리라고 주장하기도 한다. 정말 행복에 대한 정의들이 많으며, 유명한 작가 가운데 행복의 의미를 나름대로 설명하지 않고 그냥 넘어간 사람은 없다.

여기에서 두 가지 결과가 나온다. 첫째는 2500년 뒤에 서구사회에서 행복을 새로 정의하려는 것은 유치한 일이라는 사실이다. 두번째는 사람들이 행복을 어떻게 이해하든지 확실한 것은 누군가가 이미 행복에 대해서 말했다는 사실이다. 그래서 인용 외에는 할 일이 무엇이 있겠냐고 반문할지도 모른다. 물론 인용을 통해 문제를 덮어 버릴 수도 있다. 아니면 이 단어를 사용할 때에 그 의미의 차이들을 분석해 볼 수도 있다. 또는 이렇게 질문할 수도 있다. 행복과 관계된 표현들의 공동분모가 있을까?

어의상으로 행복은 '우연한 만남'을 뜻한다. 누구나 잘 알고 있는 예를 들면 누군가가 타기 싫은 기차를 타고 아직 한번도 가보지 않은 도시로 여행을 가는데 평소와는 달리 텅 빈 열차 안에서 이 구간을 마지막으로 이용하는 미래의 아내를 만나게 된다. 이 결혼이 얼마나 현대적일지는 모르지만 결국 우연, 좀더 멋있게 말하면 운명에 달려 있다. 바로 이것이 행복이다. 그러나 행복은 원래의 의미로서는 행운이 될 수도 있고 불행이 될 수도 있다. 불행도 행복이다. 아마도 불행처럼 보이나 실은 행복이 되는 것이다. 실제로 영어로도 행복 개념의 구별을 관찰할 수 있다. 곧 행운(good luck)과 불운(bad luck)이 있다.(독일어에서는 접두어 'Un'은 원래의 의미부정을 뜻하지만 또한 의미 강도의 상승을 뜻하기도 한다.)

그 밖에 적어도 세 가지로 행복의 의미를 구별할 수 있다.

- 운명의 우연(luck)
- 손에 잡히는 것(fortune)
- 감정(happiness)

이미 알아차렸겠지만 한 단어의 의미는 실제 언어 속에서 사용되는 맥락을 분석하라는 루드비히 비트겐슈타인(Ludwig Wittgensteins)의 지침을 따라보기로 한다. 다음에 몇 가지 예들을 세 가지의 반대명제로 정리했다.

- 일단은 당연히 도박이다. 복권에서 여섯 자리가 다 맞는다는 것은 항

상 운이 좋은 것의 대명사다. 그래서 사람들은 이른바 '시스템 복권'을 하는 사람들을 좋게 여기지 않는다. 행운은 시스템에서는 불가능하기 때문이다. 1994년 늦은 여름에는 행운의 액수를 알 수 있었다. 독일 복권 사상 최고의 액수인 약 250억 정도가 1등 복권의 상금으로 걸려 있었기 때문이다. ≪슈피겔≫(1994년 37호)은 아예 표지 스토리로 "시민들에게 점점 더 많은 헌금을 요구하던 이 행운의 신"에 대한 내용을 다루었다. 돈이 걸린 경기에서 이기는 것은 행운이다. 이것은 작은 TV 쇼에서부터 주식시장에까지 마찬가지다. 지멘스(Siemens)사가 전체 기업수입의 2/3를 물건 판매가 아니라 재정시장의 돈의 흐름을 통해 번다는 사실은 오늘날 자본주의는 초대형 카지노 도박판이라는 것을 말해 준다. 게임에서 행운에 대한 반대명제는 용감한 자의 행운이다. 축구 공이 골대를 막고 나와도 골키퍼의 능력에 흠이 가지는 않는데, 지금까지 골키퍼는 골문 수비를 잘해 주었기 때문이다. 게임을 완전히 운이 좋아서(지난번 월드컵에서 이탈리아와 나이지리아의 경기에서처럼) 승리한다는 것은 스포츠 정신에 어긋난다.

● 〈어떤 녀석들은 모든 행운을 갖고 있다〉라는 노래가 있다. 아마 여자와 돈에 대한 이야기일 것이다. 이런 행운에 대한 사고는 복권에서도 마찬가지다. 누구는 어둠에 서 있고 누구는 빛에 서 있다는 것을 전제하고 있기 때문에 여기에서는 사회적인 측면이 더 확연히 부각된다. 여기에 또한 위로가 되는 것은 돈으로만은 행복해질 수 없기에 보충이 필요하다는 말이다. 이것은 불행한 백만장자의 전형적인 모습이다. 백만장자의 딸이 마약중독에 테러리스트가 되었다는 것은 행복은 비물질적이고 상호 주관적이어야 한다는 것을 우리 가난한 자들에게 증명해 준다. 행복의 심리학자 미할리 치크첸트미할리(Mihaly Csikszentmihalyi)는 그의 책 『흐름』(*Flow*)에서 원래의 행복을 밖에서 찾아오는 재수가 좋은 것과 우연한 행복과는 엄격히 구별한다. 운명

의 여신 포르투나(Fortuna)가 주는 것으로 행복해지는 것이 아니고 "어떻게 우리가 그것을 해석하는지"에 행복이 달려 있다.

● 보통시민들이 생각하는 용감한 자에게 당연한 대가로서 찾아오는 행운은 행운을 강제로 만드는 프로그램이 될 수 있다. 예를 들어 열심히 일을 한다거나 결단력이 있는 것을 생각할 수 있다. 이에 대해서는 뒤에서 곧 다시 다루겠다. 일단은 괴테가 한 얘기 정도면 충분할 것이다. 그는 용기 있는 자에게 행운이 찾아온다고 말했다. 아무것도 없는 땅에서 갑자기 솟아오르는 버섯 같은 행운아는 여기서는 설 자리가 없다. 냉철하게 본다면 버섯은 무에서 솟아오르는 것이 아니라 눈에 보이지 않는 복잡한 균사에서 발생한다. 이로써 배울 수 있는 것은 행복은 보이지 않는 불투명한 상황, 예를 들면 시장에서의 성공 같은 경우와 대비가 되는 '포괄적 개념'이라는 것이다.

행복과 불행의 구별

무엇을 관찰하기 위해서는 구별이 필요하다. 어떻게 사람이 구별하는가 하는 것은 우연한 일이다. 이 우연성으로 인해서 이 세계가 너무 복잡하다는 인상이 생겨난다. 그리고 불행과 행복을 구별하는 그 자체는 불행한 것일까 아니면 행복한 것일까 하는 질문이 생긴다.

철학의 역설을 좋아하는 사람들이라면 당연히 곧바로 다음처럼 대답할 것이다. 만일 구별이 불행하게 이루어진 것이라면 당연히 질문도 불행한 것이다. 왜냐하면 질문 그 자체도 하나의 구별이기 때문이다. 우리 철학자가 할 수 있는 것은 이렇게 또는 그렇게 질문하거나 구별할 수는 없다는 것을 제시해 주는 것뿐이다! 그러나 결정은 여러분의 몫이다!

이 질문에 대해서는 순수하게 형식적으로 세 가지 대답이 가능하다.

① 행복/불행을 구별하는 것은 행복하다.

② 행복/불행을 구별하는 것은 불행하다. 왜냐하면 행복이 없기 때문이다.

③ 행복/불행을 구별하는 것은 불행하다. 왜냐하면 불행이 없기 때문이다.

첫번째 대답에는 무엇을 말할 수 있을까? 구별은 의미가 있다. 왜냐하면 행복과 불행이 반대관계이기 때문이다. 어려움에 처한 자만이 자신에게 불가능한 행복의 가치를 안다. 행복한 자는 철학자로 적합하지 않다. 부족한 것이 있는 자만이 철학을 할 수 있다. 흥미는 흥미 없는 것이 잠시 중단된 상태를 말하듯 행복은 채워지지 못한 욕구가 갑자기 채워지는 일 순간의 일로 간주된다. 향유는 그것의 반대를 전제로 한다. 실제로 아름다운 날들만큼이나 견디기 힘든 일도 없다. 또 구름 한 점이 없네라고 캘리포니아 주민들은 불만을 드러내지만 영국인들에게는 반대로 폴로경기 하기에는 최고의 날이다. 행복한 순간의 저변에는 권태의 그림자가 드리워져 있다. 이것은 정확히 동화의 형이상학적 기능을 설명해 준다. 동화는 행복을 기한처럼 묘사하려는 시도이다. 아이들만이 순진하게 계속 아이스크림을 먹을 수 있다고 믿는 것과 같다. 그러나 어른들은 동화를 어떻게 생각할까? 명백히 광고처럼 생각한다.

동화를 믿지 않는 사람은 행복의 반대와 살아가는 법을 배워야 한다. 그러나 이로써 행복/불행의 구별은 구별의 행복으로 바뀐다. 유명한 사람은 대중 속에서 무명으로 있는 것을 즐긴다. 지위가 상승한 사람은 지위가 내려가는 것을 즐긴다. 지식인은 허술한 집에서 사는 것을 즐긴다. 그러나 이런 반대의 행복은 누구에게나 적용되지는 않는다. 보통 대중은 당연히 고독을 즐길 수 없고 실업자는 사회적 지위의 상승을 즐길 수 없다. 무식하고 별 볼일 없는 사람은 구별의 행복을 즐기는, 곧 반성(Reflection)의 행복을 느낄 수 없다.

두번째의 대답은 어떻게 가능할까? 그런 식으로 구별하는 것은 불가능하다. 왜냐하면 행복이 없기 때문이다. 이미 흥미의 법칙에 대한 비교에

서 명백하게 드러났지만 행복이라는 말을 우리는 단지 고난이 존재하지 않
는다는 의미에서 사용할 뿐이기 때문이다. 고통이 사라지는 것은 좋은 일
인데 이것은 세계의 고통이나 치통이나 마찬가지다. 만일 이런 행복의 내
면적 부정성(Negativität)을 공식화한다면 다음과 같이 말할 수 있다. 행
복은 우리에게 부족한 것을 타인에게 투사한 것이다.

익히 알려져 있는 대로 흥미의 법칙은 균형상태를 찾으려는 노력이기
때문에 흥미로운 것은 아니다. 그래서 사람들이 삶의 불행을 막으려는 노
력을 기울이지 않는다는 것은 행복한 일이다. 흥미의 법칙은 세계의 복잡
성과 인간의 창의성과는 반대관계에 있기 때문이다. 달리 말하면 불행은
이미 계획된 일이다.

- 육체는 시든다.
- 환경은 위기에 처해 있다.
- 타인들이 우리를 괴롭힌다.

이것은 거대사상들에 대한 열광을 실용적인 작은 생각들로 대체하는
것이다. 빌헬름 부쉬(Wilhelm Busch)는 작은 위로가 되는 커다란 삶의
법칙을 발견했는데 "걱정이 있는 사람이 행복하다"는 것이다. 관념주의의
실현은 행복이 없는 삶의 실현이다. 빌헬름 부쉬에게는 행복은 위대한 사
상들과 같은 지위를 지니고 있다. "행복과 자유는 실재의 부정이기 때문
이다."

행복한 삶의 객관적인 척도는 존재하지 않는다. 그리고 행복하게 만들어 주
는 대상도 존재하지 않는다. 행복은 간단하게 사실의 반대, 현실의 반대를
말한다. 인간은 항상 이것은 행복이 아니다라고 말할 수 있다. 행복을 찾
기 위하여 노력하는 사람들이 얻는 것은 늘 이것 말고 다른 어떤 것이다. 이
에 대해서 귄터 그라스(Günter Grass)의 소설 『양철북』(Blechtrommel)
속에서 아주 정확한 표현을 읽을 수 있다. "행복은 늘 행복을 대신하는 것

이며, 이것은 침전된다." 행복은 그래서 늘 자신의 대신이다. 그러나 이런 변증법적인 해석을 통해서 불행은 그 고통이 무디어지고 마치 무엇~처럼(Als-ob)이라는 관계가 된다. 우리는 행복한 사람이 아니기 때문에 도덕적인 사람이 되는 것이 가능하다. 이것이 쇼펜하우어(Schopenhauer)가 본 불행의 대체기능이다. "불행은 용기를 대신한다."

그렇다면 불행에 대해서 행복해야만 할 이유가 충분해 보인다. 그리고 아마도 이런 이유로 그렇게 많은 사람들이 이데올로기나 사이비 종파들의 행복하게 해준다는 제안을 받아들이는 것 같다. 파울 바츨라빅(Paul Watzlawicks)은 이를 "행복의 처방은 불행을 위한 안내이다"라는 말로 정확히 표현했다. 동물 보호자든 여호와증인이든 운동선수든 채식주의자든 길거리의 노동자든 여성해방주의자든 어느 누구든지 서구문명은 자유로운 세계라고 말할 수 있는데 누구나, 철학자 헤르만 뤼베(Hermann Lübbe)의 진정 어린 농담처럼, "자신의 불행을 스스로 선택할 수 있기" 때문이다.

이미 언급한 대로 살아가기가 힘든 사람에게 그 불행에 대해서 감사해야 한다고 말할 수 있는 두번째 이유가 있다. 곧 남들의 불행이다. 왜 뉴스를 보는 것이 행복할까? 자신의 양심에 솔직하다면 사람은 타인의 불행에 행복하다는 것을 인정할 것이다. 불행한 뉴스는 우리에게 일종의 '타인의 불행'이라는 자본축적을 가능하게 해준다.

마지막으로 세번째 답변을 다루어 보자. 세번째의 구별은 쓸모가 없는데 불행은 존재하지 않기 때문이다. 물론 이것은 가장 이해하기도 받아들이기도 힘든 주장일 것이다. 당연히 이런 생각은 세상에서 악의 존재를 부인하고 모든 곰을 껴안을 수 있으며 악을 사랑으로 극복할 수 있다는 낭만주의자들에게서 기인한다. 이런 식으로 세상을 바라보는 사람은 당연히 세계의 우연보다는 인간 몸의 기능을 보게 된다. 노발리스는 "행복은 역사 또는 운명을 위한 재능이다. 행복은 미리 앞을 내다보는 본능이다"라고 말한다. 그래서 이 낭만주의자는 운명과 감정 그리고 세계의 우연과 세계의 입안계획을 구별하지 못했고 모든 것은 무한한 소설의 시작을 알리는 '행운의 요소'가 되었다.

낭만주의는 행복과 불행의 균형관계를 생각했기 때문에 원래 불행은 존재하지 않는다. 불행과 행복의 융합 정도로 말할 수 있을 것이다. 니체도 '개인의 불행은 필수적'이라는 낭만적인 말을 했다. 불행은 무조건 피해가야 할 그런 것이 아니다. 때때로 사람에게는 불행이 필요하다. 이것에 대해서 불행처럼 보이나 실은 행복이 되는 것(a blessing in disguise)이라는 영어 표현이 있다. 니체의 병은 바로 이런 의미를 지니고 있다. 육체의 불행은 그에게 형이상학의 극복과 사상의 정상화를 가능하게 하였다. 자연은 나에게 약한 육체를 주었고 그래서 나는 재수가 없다라고 간단하게 말할 수는 없다. 아니다. 왜 헬스클럽이 존재하는가? 살찐 지방을 빼듯이 불행도 뺄 수가 있다. 앙드레 지드(André Gide)는 명쾌히 말한다. "나는 다시 행복하기 위해서 철저하게 배울 필요가 있다. 이것은 아령 같은 운동이다."

행복의 기술들

앞에서 일단은 질문에 대한 세 가지 기본적인 답은 기술이 되었다. 불행/행복의 구별이 의미가 있다, 곧 행복한 구별이라고 가정한다면 어떻게 실제로 적용하고 실천하고 살아갈 것인가 하는 문제가 생겨난다. 여기에는 네 가지 행복의 기술이 존재한다.

● 노동: 노동은 외부 세계를 변화시킨다. 그러나 부와 권력만이 이 행복의 기술로 수확할 수 있는 유일한 것은 아니다. 앤터니 기든스의 의견을 좇을 것 같으면 행복의 정수는 안전과 자긍심과 '자기 능동화'에 있다. 그러니까 부는 아니다! 따라서 행복은 성공적으로 세상을 극복해 나가는 내면세계의 일이다.

- 종교: 종교는 진정한 외부 세계의 변환이며 그래서 원칙적으로 실망을 줄 수가 없다. 다음 장에 이에 대해서 다룰 것이다.

- 환각: 환각은 내면세계를 바꾼다. 마약은 '좀더 민감하게 느낄 수 있는 조건을 갖춘 고유한 세계'를 만들어 낸다. 만일 외부 세계에서 행복을 찾을 수 없고 종교의 구원을 통한 약속도 부인한다면 남은 것은 내면 세계, 곧 마약을 이용해 뇌에서 행복을 만들어 내는 수밖에는 없다. '환각전문가'인 고트프리트 벤은 "내부의 형성자는 우리에게 마지막 남아 있는 행복을 체험할 수 있는 가능성이다"라고 결론내린다.

- 사랑: 사랑은 외부 세계의 대상과 감정적인 관계를 맺도록 해준다. 섹스는 오래된 행복기술이다. 그러나 이것은 짧은 시간에 불과하고 사랑은 더 많은 것을 원한다. 사랑은 감정의 양면성과 밀접한 관련이 있으며 사랑은 상대방 평가 절하에 균형을 잡아 준다. 사랑의 감시자에게 작은 문제가 있으면 거기엔 파국이 있다. 사랑의 행복은 제일 큰 불행의 위험을 무릅쓰는 것이다라고 말할 수 있다. 아마 그래서 사랑이 제일 사랑을 받는 것 같다. 원초적 불행은 사랑을 잃어버리는 것이다.

세계의 궁핍

여기서 잠깐 멈추고 몇 걸음 뒤로 돌아갈 필요가 있다. 우리는 몇 가지 구별을 시험해 보았는데 '행복'이라는 현상의 카오스를 정리할 수 있는 틀을 구성했다. 그런데 이런 외형적인 구분은 그 한계가 있다. 우리의 이 구별을 단순히 어원적으로나 또는 그리스 철학의 방식으로 다루어서는 안 된다. 만일 그렇게 한다면 그것은 예술적인 측면만 강조하는 결과가 된다. '행복'의 개념을 계속 구분하기 위해서는 기독교 차원에서 정리할 필요가 있다.

펠릭스 쿨파(Felix Culpa)의 짧은 한마디를 들어보자. 죄를 저지른 것이 행복이 되었고 이 행복은 또 다른 행복을 불필요하게 만들었다. 불행은 구원의 원동력이 되었다. 부활은 기독교의 해피엔드 사건이다. 이 구원의 시나리오 속에서는 우연히 행복이 찾아오는 것이 절대로 불가능하다. 불행이 엄연히 존재한다는 사실은 신이 이렇게 선하게 만든 세상에 왜 그렇게 많은 악이 존재하는지에 대한 의문에 답변을 요구한다. 칼뱅(Calvin)의 '예정론'은 행복이나 우연을 믿는 사고방식을 배제하는 데에 그 의미가 있다. 이와는 반대로 고대 그리스의 행복은 우연, 곧 우연한 만남이었다. 헬레니즘 시대에는 우연이 세계를 지배하는 여신이었다. 유일신을 믿는 사람들에게 우연의 여신은 영원한 골칫거리이다. 불행의 존재로 기독교는 의미를 부여받게 된다. 그것은 구원의 길에 대한 깨달음이다. 그러나 순진하고 세상적인 행복은 기독교에는 스캔들이다.

그래서 우리 문화에서는 행운에 대한 합당한 근거가 있어야 한다. 이것의 실제 의미는 무엇인가? 스포츠를 생각해 보자. 축구에서 골키퍼의 행운은 그의 민첩함과 용기에 있다고 설명된다. 선수가 아닌 사람들끼리 테니스를 칠 때조차도 네트볼이 나오면 미안하다고 인사한다. 이것은 운이 좋았음에 대한 미안함을 표시하는 방법이다. 스포츠에서 행운은 신사적인 일이 못 된다. 제일 잘하는 사람이 이겨야 하지 가장 행운아가 이겨서는 안 되기 때문이다.

고난을 중요시하는 기독교는 원래 행복하다는 사고방식을 배제한다. 그래서 기독교는 세계 곳곳의 불행들을 더 맹렬하게 소비했다. 이것이 아마도 오늘날의 보편적인 가치들의 원천이다. 대중매체들은 찾아낸 불행의 소식으로 방송을 시작한다. TV 시대의 방송윤리는 세계 가장 먼 곳의 불행을 안방까지 전달하며 이것은 선전용으로 이용된다. 세계의 불행을 선전하는 것은 존재하는 행복에 대해 양심의 가책을 느끼게 한다. 그리고 정신 분석가도 동의하겠지만 죄의식은 영원한 내면의 불행을 의미한다.

철학자와 바보들

행복을 얻는 자들의 네 가지 기본기술에서 철학을 통한 승화의 길은 제외했었다. 그러나 철학의 행복개념들은 언제나 이런 고유한 행운을 얻는 기본기술의 결과였다. 볼테르는 두 가지로 행복의 개념을 분류했는데 첫째는 철학적 (사고의) 행복과 어리석은 (곧 착각의) 행복이다. 또한 우리 세상에서 어떤 삶도 올바르지 않다고 말하는 부정적 변증법도 어쨌든 인식의 행복을 말하고 있다. 그 밖에 행복할 수 있는 사람들은 어리석은 바보여야만 한다. 행복은 바보들에게 호의적이다. 행복으로 가는 두 가지 길이 있다. 곧 승화와 어리석음이다.

철학의 변증과정을 통해서 행복을 찾는 사람은 이 양극 사이를 왔다 갔다 한다. 세계정신을 말로 비유한 헤겔을 통하여 우리가 알 수 있는 것이 있다. 곧 철학자가 세계정신을 다루는 일은 행복이다. 그러나 이것은 멍청하고 평범한 사람들에게는 행복이 아니다. 행복과 불행을 구별하는 사람은 헤겔에게는 특별성, 곧 바보 같은 색다름을 뜻한다. 행복은 자기 의지에 따라서 스스로 즐기는 행위이다. 이것은 개인이 외부환경과 자연스럽게 조화를 이루는 것이다. 헤겔은 그의 역사철학에서 결론을 내린다. "세계역사는 행복의 터전이 아니다. 역사 속에서 행복했었다는 시기는 사실은 껍데기에 불과하다. 왜냐하면 그런 시기는 모순이 결핍된 화합의 시기이기 때문이다."

변증법적으로 보아서 행복과 불행은 단순한 반대관계가 아니다. 다음과 같이 말하는 것이 낫다. 차라리 불행의 책략이 존재한다. 또 고통은 세계정신의 척도가 된다. 정신의 행복은 변증법적인 의미에서는 행복의 반대이다. 이에 대해서 고트프린트 벤처럼 뛰어나게 말한 사람도 없을 것이다. 우리는 '반대행복', 곧 정신에 봉사하고자 한다. 반대행복도 역시 하나의 행복인데, 곧 여자와 돈과는 반대이다. 이 행복은 말재주꾼과 정신 탐험가와 철학적 항해자들의 행복이다. 이것은 자유로운 정신의 새 행복이다. 'X에 대한 기쁨'(니체), 곧 카오스와 위험과 문제에 대한 기쁨이다.

이런 철학적인 문제들을 여기서는 슬쩍 살펴볼 수 있을 뿐이다. 존 까레(John le Carré)가 그의 명저 『어둠의 경영』(*The Night Manager*)에서 한 말이 바로 이런 의미다. "여명이 되어서 차츰 밝아졌을 때에 알게 된 것은 죽어라 질서를 찾는 태도를 버려야 한다는 것이다. 질서는 절대로 행복을 대체할 수 없었다. 차라리 카오스를 통해서 행복을 구하는 것이 의미가 있다."

목가적 역사 분위기의 종식

우리가 글쓰는 이들을 증인으로 세우려는 것은 결코 우연이 아니다. 행복에 대한 물음은 인문학을 비과학적으로 만든다. 이성과 행복을 행복하고 이성적으로 연결하는 방법은 없다. 헤겔은 바로 이런 철학의 막다른 골목을 가장 명확하게 알고 있었다. 인문주의는 고대 그리스의 전설 같은 예절관습에 대해서 설명한다. 고대 그리스인은 이성을 실제로 갖춘 자유로운 백성들이었다. 그 당시에 인간은 자신의 이상적 모습을 지니고 있었는데 이 말은 그들은 백성의 예절에 따라서 살았다는 것이다. 행복이라는 것은 본질에 거하는 것을 의미했다. 그때는 행복한 기간이었는데, 그 당시 사람들은 이상의 하늘 아래 정신적 천장을 가지고 있었기 때문이다.

헤겔도 바로 이런 역사의 행복한 시간을 설명한다. 그러나 이것은 우리가 지금은 이런 행복을 상실했다는 것을 지적하기 위해서다. 왜냐하면 고대의 행복은 직접적 행복이었는데 이것은 이성과는 무관했다. 곧 이성은 이런 세상적인 행복과는 거리가 멀었다. 더 정확히 말한다면 정신이 인간을 세상에 보낸 이유는 인간이 거기서 행복을 찾아내도록 하기 위해서였다. 인간은 이 세상에서 행복을 찾기 위해서 욕망에 맡기는 것과 덕에 따라 사는 두 가지 중에서 한 가지를 선택해야 한다. 욕망을 좇아서 사는 이는 욕심의 손아귀를 뻗지만 자신의 생명을 잃게 된다. "그가 이런 욕망에 따라서 즐기고 산다고 하더라도 그의 행복은 오히려 줄어든다." 덕스러운 사람은 행복을 직접 찾지 않고 '직접 행복해하는 행위'를 관찰하면서 행복을 경험한다. 고대 그리스인은 행복을 실재 속에서 직접 찾았고 이것이 행복이었다. 욕망에 몸을 맡겨 사는 이는 직접 행복을 구했고 따라서 생명을 잃게 된다. 덕스러운 이는 타인이 직접 행복을 찾는 행위를 관찰하고 경험하여 행복을 얻게 되고 이것은 선을 뜻한다. 좀더 냉정하고 단순히 말한다면 덕스러운 이는 행복의 착각의 빠진 이들의 행복을 즐긴다.

그리스인과 욕망에 따라 사는 이와 행복의 착각에 빠진 사람들이 행복의 주체들이다. 행복의 가치를 떨어뜨리기 위해서는 지금까지 말한 내용으로 충분할 수도 있다. 더 나은 행복은 없을까? 인간은 자연히 더 나은 것을 추구한다. 바로 여기에 각자가 자기 마음대로 찾는 것(블랙박스)을 더 나은 행복이라고 말할 수 있을 것이다. 알다시피 아리스토텔레스는 안다는 것을 행복이라고 했는데, 성공적이었지만 불행한 행복의 대체 시도였다. 그러나 좀더 설득력 있는 행복을 찾을 수도 있을 것이다. 자라투스트라는 "행복은 어디에 있는가! 나는 행복을 찾지 않고 업적을 찾는다"라고 탄식했다. 『우상의 황혼』(*Götzendämmerung*)에서 니체는 "인간은 행복을 추구하지 않는다. 영국인들만이 추구할 뿐이다"라고 말했다. 행복이 아니라 권력이 중요하다. 니체는 행복은 권력에 대해 눈을 뜨는 것으로 이해했다.

행복과는 달리 권력이란 개념은 진화론적으로 쓸모가 있는데 진화는 움직임을 뜻하고 움직임은 기존의 흥미를 잃어버리는 것을 의미하기 때문이다. 장애가 되는 것은 극복된다. 이것이 우리들의 실존방식이다. 성공하려면 행복을 버려야 한다. 더 말한다면 **성공을 목표로** 하면 일상의 행복은 **포기해야** 한다. 달리 말하면 행복은 문명사회의 질서유지를 위해서는 방해가 된다. 이것은 역시 회사원들에게도 해당한다. 그들이 노력의 대가로 무엇을 얻는지를 물어보라. 아마도 어떤 보상들이 될 것이다. 인센티브라는 것이 기업이 제공할 수 있는 중요한 보상물이다. '행복의 부수물'이라고 말할 수도 있다. 그러나 사업의 위험부담을 안으려 하지 않는 이들에게는 돌아갈 것이 없다.

요약을 해보자. 과거에 인간은 행복과 위험의 세상에서 살았다. 오늘날은 위험과 안전의 세계에서 산다. 현대는 불행의 운명을 사고의 위험으로 대체했다. 오늘날 사람들은 통계를 통해서 불행을 경험한다. 달리 말한다면 보험회사는 우리의 불행을 산다. 복권은 행복을 길들인 것이고 보험은 불행을 길들인 것이다. 문명을 통해 행복은 안전으로 대체되었다. 이로써 아주 결정적인 변화가 일어난다. 곧 공격성을 터부화함으로써 인간의 행복도 핵심이 빠져버렸다. 어린애들은 공격성은 불행을 자초한다는 것을 배워야 한다. 그러나 어른이 되면 두번째의 교훈을 배우게 된다. 공격성을 억제하는 것도 불행을 불러온다는 것이다. 이런 금기를 파괴하는 것이 오늘날에는 행복을 찾는 마지막 길처럼 보인다. 변태와 금지된 것만이 오늘날 원초적 욕망을 채워줄 수 있는 것으로 보인다. 우리 사회는 바로 이런 금기 파괴를 즐기려고 한다. 그러나 더 파헤치는 것은 사회학자들의 몫이다.

정치적인 교정의 태고사

"행복하게 살라"는 말은 현대인들에 대한 요청사항이다. 라피다(Lapidar)는 이것을 현대의 강요된 행복계명으로 이해한다. 달리 말하면 우리 문화는 "행복하라"는 모순에 빠져 있다. 정말 "걱정 말고 행복하게 살라"는 것을 원래는 강요할 수가 없다. 행복하라는 계명은 "순발력을 발휘하라"는 모순의 여러 다른 표현 중의 하나다.

● 남자가 "나를 잊어라"는 말을 채일 여자에게 말함으로써 오히려 더 잊지 못하게 만드는 모순을 낳는다.
● 습관에서 벗어나라고 기업 고문들은 말한다. 그러나 이 말을 적용하면 항상 남의 말을 듣지 말라는 것을 전제로 해야 한다.
● 일의 효율을 높이기 위해서 동기를 부여할 필요가 있다. 그러나 직원들은 바로 숨은 의도를 알아채기 때문에 원래 의도는 무산된다.
● 창의력 학습과정은 완전히 놀라운 것과 새로운 과목을 고정적으로 제

공한다.

● 자율능력을 향상시키는 교육은 그 원하는 것에 성공함으로써 원래의
목표달성에 실패하게 된다.

그래서 바로 "걱정 말고 행복하게 살아라"는 말이 각 개인에게 행복의
법칙으로 강제 적용된다. 그래서 추측할 수 있는 것은 모든 삶의 문제는 행
복을 체계적으로 찾고 사회가 개인에게 행복하게 살 것을 강요하는 데서 발생한
다는 것이다. 다른 이들을 위해서 최선의 노력을 하는 사람들은 바로 이
사실을 간과하고 있다. 부모, 교육자, 교사들과 정치가들은 우리가 정말
잘되기만을 바란다. 그래서 거기에는 프로그램이나 교육계획이나 윤리
같은 것들이 존재한다. 신생아를 위한 '이유식 프로그램'이 있다. 성인들
을 위한 이유식 프로그램은 그 잘난 미국식 이해방식으로는 '행복 추구'라
는 것이다.

서구 민주주의의 초석이 되는 헌장이나 헌법들은 행복에 대한 수렵허가
권을 제공하고 있다. 만일 사람들이 이 헌법이나 헌장에서 지시하는 행복
에 만족하지 못하면 "행복을 교정하자"라는 정치개혁이 시작된다. 사회복
지정책은 행복관을 바꾸게 만든다. 사람들은 우연이 없는 그런 행복을 원
한다. 사람들은 정치가 운명이 되어 버린 다음부터는 정치를 통해서 운명을 통
제하려 한다. "행복을 조직하자"라는 말을 한 카베(Etienne Cabet)는 이미
복지국가의 기본틀을 정확하게 간파한 것이다. 여기서 우리는 행복을 양
면으로 강요받고 있다는 것을 알게 된다. 바로 모든 개개인은 행복을 추
구해야 하며 사회는 모든 이들의 행복을 보장해야 한다는 것이다.

사회에 의무지어진 윤리적 요청인 다수의 행복은 중요한 투쟁개념인
'사회'라는 개념 뒤에 숨어 있는 정신이다. 이런 의미에서 정치는 가능성의
예술이 아니라 행복의 기술이다. 따라서 복지국가에 대해서는 다음과 같은
최소한의 정의가 가능하다. 불행은 도움 받을 권리를 정당화한다. 이로써
우리는 이미 '정치적인 교정'이라는 아름다운 신세계에 들어서 있다. 장애

자는 '다른 재능과 능력을 가진 자'로 난쟁이는 '수직적으로 도전을 받고 있는 자'로 청소부는 '공간 인테리어'로 재해석된다. 이런 식으로 사람들은 오늘날 개인의 불행을 추방한다.

제2차 세계대전 이후 냉전기에는 개인의 행복은 무시되었다. 오스카 와일드의 『일상의 기쁨』(*Wonnen des Trivialen*)에서처럼 오락이나 소비 같은 것은 사회의 비판을 받았다. 그 당시에는 '자기 소외'라는 말이 지식인들 층에서 이런 사회의 비판에 저항하는 상징적인 단어였다. 막스 호르크하이머와 테오도어 아도르노의 계몽변증법적인 표현들이 전형적인 예다. "현재의 환경 속에서는 행복을 주는 재화들이 불행을 불러오는 요인들이 된다." 이것이 바로 행복과 불행이 뒤바뀐 모습이다. 자본주의는 행복 속에서 불행을 전염시키는 바이러스의 역할을 한다. 그래서 비판철학자들은 사회에 길드는 행복을 반대했다. 사회학자 헬무트 쉘스키만큼이나 그 당시 이 상황을 정확하게 말한 사람도 없다. "행복은 보호자를 원치 않는다."

몰아경이 일시 멈춘 때

앞에서 보았듯이 행복의 약속은 이미 오래 전부터 사람들을 강제하는 것이 되었다. 그러나 행복이나 적어도 그 개념을 포기하지 않으려는 사람들에게는 다른 말을 사용하라고 권하고 싶다. 한 문장으로 표현하면 유일한 행복 대신에—다원주의로 인하여 부담이 덜어졌기 때문에—우리는 행복들을 추구한다.

인간이 도달할 수 없는 동물의 행복은 망각을 기초로 한다. 이에 대해 니체는 "동물은 본능에 의존하여 움직이기 때문에, 곧 순간의 욕구에 따라서 움직이기 때문이다"라고 말했다. 그 말 중에서 우리를 매혹하는 것은 망각 속에서 스스로 잊는 것이다. 행복 속에서는 인간 스스로 자신을 잊는다. 그래서 고트프린트 벤이 말하는 별 볼일 없는 이들의 행복은 "세계의 질서를 잊기"라는 것이다. 여기에는 마약이나 환각제가 이용된다. 우리는 마약의 왕국에 살고 있다. 니체가 그의 책 『자라투스트라는 이렇게 말했다』에서 언급한 최후의 인간은 이 역사 종말의 시기에 행복을 발명했다. 이 행복은 고대의 연꽃 같은 매혹적인 이름을 지니고 있거나 화학물질의 약자, 곧 처음의 LSD 같은 이름을 갖고 있다. 짐을 벗고 속이 비고 무책임하고 잊어버리는 그런 모든 것을 크리스티안 모르겐슈테른(Christian Morgenstern)의 작은 행복을 위한 상점에서는 살 수 있다.

이런 '몇 시간 지속하는 신'이나 후에 '신이 없어진 환각형태의 모습'을 고트프린트 벤은 "허무주의는 어떤 행복감이다"라는 말로 설명한다. 여기서 그는 인기 많은 독일주의의 천박성을 반박하고 있다. 이 의미는 다음의 시에 잘 나타난다.

한 주의 일이 끝나가고 일요일이 다가오면
너는 스스로 도시의 숲으로 들어간다.
대중의 행복들은 이미 슬픔으로 변하고 있다.
바로 몰아경이 끝난 시간대가 시작된다.

여기서 배울 수 있는 것은 벤은 행복을 다양화하고 있으며 그래서 행복을 적용 가능하게 만들고 있다는 것이다. 똑똑한 이 시인은 오늘날 벌써 미래의 기업 컨설팅을 한다. "여러 조그만 엑스터시가 고난과 노력을 통해서 얻어지는 커다란 행복을 대체한다." 이 말은 또한 게르트 게르켄의 말이다.

4
'십대의 정서 같은 기질':
예언과 돈과 같은 팝

베이비붐 세대의 향수도 아니고 틈새시장 전략도 아님

"팝은 여전히 틈새시장도 베이비붐 세대의 향수도 아니고
미래에 대한 예언이다."
존 새비지(John Savage)

"커뮤니케이션이 점점 빨라짐에 따라서 미국 대중문화의 세계지배는
점점 강해지고 있고 세계는 점점 좁아지고 있다. 점점 더 지구는
소리로 묶여 가고 있으며 단 하나의 인공위성 드럼주자의 북소리에
맞추어 진군하고 있다."
피코 아이어(Pico Iyer)

"미국은 CNN과 MTV를 탄생시킨 표현의 나라이다.
우리는 정보세대로 태어났다. 정말 감사하게도 미국은 비밥과 힙합
그리고 우리를 실제로 사로잡는 모든 다른 것들을 탄생시킨
재즈의 나라다."
빌 클린턴(Bill Clinton)

"악기들은 종종 가장 발전된 첨단기술이었고
때로는 전쟁무기의 기술을 훨씬 능가하기도 했다. 그
러나 가장 중요한 사실은 악기들은 그 시대의 가장 호소력이 있는
기술이라는 사실이다. 악기는 가장 호소력이 있는 기계로서,

우리가 점점 더 기계적으로
커뮤니케이션하게 될 때 문화의 미래를 예견할 것이다."
제론 래니어(Jaron Lanier)

지구적 커뮤니케이션의 역사를 통틀어서 오직 세 가지 이데올로기만
이 세계화에 성공했다. 첫째는 로마제국과 카톨릭 교회를 통해서 전파된
라틴어를 사용하는 로마 문화와 둘째는 과거의 소련연방의 군사력으로 퍼
트린 마르크스-레닌주의이다. 세번째는 가장 강력한 범지구적 커뮤니케이
션력을 지닌 록 문화이다. 록 문화는 전 세계 어디에나 전파된다. 록과 연관이
없는 어떤 문화도 사실 존재하지 않을 것이다. 록 문화의 요소들이 스며
드는 곳에는 늘 무엇인가 움직임이 있다. 중국과 일본도 이 현상을 피할
수가 없다.

록 문화의 폭발력은 상업성과 밀접한 관련을 맺고 있다. 록은 항상 기성
문화에 반항하는 '반문화'로 출발한다. 록 문화의 출발지는 하위문화이다.
그러나 록 문화는 시대가 지남에 따라서—랩의 경우에서 보듯이 종종 고
통스런 경험을 하면서— '반문화를 넘어서게' 되었다. 록스타들은 현재의
이방신들이다. 이들은 영원히 산다. 오늘날에 드러난 사실은 이 록스타들
이 죽음으로써 이들이 가지고 있던 시장 잠재력이 만개되었다는 것이다.
우리는 그래서 사망한 록의 영웅들—엘비스 프레슬리에서 지미 헨드릭
스를 거쳐서 커트 코베인에 이르기까지—을 '상업의 순교자'로 명한다.
그들이 죽음으로써 에이전시, 상인들, 후손들, 제작회사 같은 다른 이들
이 그들의 발자취가 사라질 때까지 많은 돈을 벌 수 있게 되었다. 프랑스
철학자 자크 데리다는 원래의 모습이 무엇인지 모를 때까지 분열하는 이
과정을 전염이라고 했다. 엘비스 프레슬리의 상업화 스토리와 거기에 관
련한 모든 상품들이 어떻게 확산되었는지를 추적한다면 이 세기의 놀라
운 역사를 경험할 수 있다.

록은 그 발견 뒤—곧 1950년대의 로큰롤이 전기화되고 나서—에 바

로 빅 비즈(Big Biz)로까지 발전했다. 재즈가 '스윙'(Swing)이라는 이름
으로 대중시장에서 알려지고 인기를 얻는 데 30년이 걸린 데 비해 록은
처음엔 거대한 미국시장에서, 그 다음에는 세계의 전역으로 바로 시장화
되었다. 록은 처음부터 단순한 음악과 미디어 비즈니스 차원을 넘어서는
것이었다. 록은 오늘날 소비재 산업에서 **가장 효율적인 윤활유**가 되었는데,
왜냐하면 청소년문화의 핵심을 바로 표현하기 때문이다. 여러 음악 장르
를 통해서 청소년들은 감정적으로 소비문화를 접하게 된다. 그러나 어떤
현시대의 분석도 록 문화 분석보다 예견적일 수는 없다.

왜 그럴까? 오늘날 서구 문명인들, 특히 젊은이들은 다른 어떤 이들보
다도 그리고 다른 어떤 것보다도 음악을 즐겨 듣는다. 여가시간에서 학
교, 쇼핑센터, 자동차 안에서 기차에서 그리고 전화 통화를 기다리는 잠
깐 동안에도 음악은 가장 중요한 매체가 되었다. '사운드'는 도처에 깔려
있다. 사운드는 강력한 은유들을 전달한다. 사운드를 통해 자신의 청소년 시
절과 역사와 경험들이 추억처럼 밀도 있게 전달된다. 사운드의 힘은 끊임
없이 반복해서 감정을 울릴 수 있는 데 있다. 그 어떤 것도 이런 사운드의
힘을 따라올 수 없다. 록은 대체 불가능한 **생존용 장비 세트**다. 퀸(Queen)
의 〈우리는 챔피언이다〉(We are the Champions)라는 노래는 그 예로
서, 어떻게 단순한 노래가 뭔가 축하할 일이 있는 다양한 스포츠클럽들의
대미를 장식하는 노래가 될 수 있는가 하는 것을 보여준다.

록사운드는 엘비스와 롤링스톤(Rolling stone), 우드스톡(Wood-
stock) 같은 해프닝 속에서 성장한 베이비붐 세대의 감정을 원초적으로
대변한다. 베이비붐 세대는 **최초의 록 세대**였다. 이들은 끊임없이 음악에
취해 있음으로써 동시에 재생, 추억, 동경, 체험 같은 생활양식의 요소들
을 계속 시험해 보는 것과 같은 결과를 초래한다. 록사운드는 다른 세대
와는 달리 워크맨이나 비디오와 MTV 속에서 성장한 X세대의 삶의 느낌
을 훨씬 더 잘 표현해 준다. 멀티미디어의 세상에서 자란 현재 15세에서
25세에 이르는 테크노 세대는 오로지 음악만을 듣는다. 이들은 초고속 정

보망에 심취하고 "역시 기계가 최고야"라는 감탄사를 연발하고 레코드플레이어를 긁어대기도 한다. 그래서 '24시간 내내 록' 또는 '웨이브 주변의 레이브'라는 완벽한 연결이 이루어지고 있다.

마찬가지로 음악잡지, 워크맨, 디스크맨, 라디오, MTV와 CNN, 팩스와 이메일을 베이징이나 쿠바, 독일의 산골 흑림 지역에서도 사용하고 있다. 록사운드는 엄청난 시장 잠재력뿐 아니라 근본적인 의미를 지니고 있다. 록사운드는 가장 중요한 사회통합의 도구가 되어 버렸다. 점점 더 덜 전통적인 핵가정에서 자라나고 그러나 점점 더 많이 상이한 지역 속에서 자라는 청소년들은 음악을 가장 중요한 소속감의 기준으로 삼고 있다. 록은 이데올로기에서 자유로운—전통적인 정치의 의미에서 보면—문화 단체들에게 온 인류 문화적인 소속감을 제공한다.

머리 좋은 정치가들은 이미 이런 엄청난 잠재력을 깨닫고 있다. 빌 클린턴의 경우에는 바바라 스트라이젠드(Barbra Streisand)나 샤론 스톤(Sharon Stone)과의 친밀한 관계를 과시하여 자신의 보수적 이미지를 탈피하고자 했다. 좀더 대담하고 하류문화적 경향을 지닌 바츨라프 하벨(Václav Havel)은 체코슬로바키아의 대통령이 되자마자 바로 루 리드(Lou Reed)를 국가로 초청했고 프랭크 자파(Frank Zappa)를 비공식 문화부 장관으로 임명하기도 했다. 관록 있는 정치가가 아닌 자신을 '쓰레기 조각'이라 부르는 음악 작곡가 자파를 선택한 것이다. 이런 록의 잠재력을 몇 가지 단순한 질문을 가지고 더욱 명료하게 할 수 있다.

● 왜 잘 나가는 펩시콜라 같은 유명회사들이 마이클 잭슨(Michael Jackson)이나 마돈나(Madonna)나 프린스(Prince) 같은 팝스타들에게 몇 천만 달러씩의 돈을 주는가?
● 왜 소련의 청소년들은 1970년대와 1980년대에 한 장이 보통 사람 한 달 봉급보다도 비싼 디퍼플(Deep-Purple)의 레코드판을 구입하는가?
● 왜 사담 후세인(Saddam Hussein)은 자신의 생일날에 프랭크 시내트

라(Frank Sinatra)의 CD를 틀도록 했는가?

● 왜 점차 포드나 수바루(Subaru), 폭스바겐 등의 자동차 회사들이 저 가격대의 자동차 판매방법으로 록밴드와 언더그라운드 가수를 동원 할까?

● 왜 계속되는 비판에 시달리고 있는 담배회사들이 아닌 극보수성향을 띠는 스위스 은행들이 힙합 음악에 지원을 할까?

● 왜 니카라과의 TV는 정부군이 미국이 지원하는 반군들과 싸우고 있 는 그때조차도 미국의 쇼프로들을 방송으로 내보냈을까?

● 왜 유명한 ≪타임≫지는 1985년에 '쓰레기 스타'이면서 '1980년대 록 음악의 슈퍼스타'인 마돈나와의 인터뷰에 그 당시의 마오쩌둥이나 닉 슨(Richard Nixon)보다도 더 많은 지면을 할애했는가?

팝의 매력적인 핵심가치

록 문화는 구체적으로 어떤 형태들로 나타나든지 포괄적인 개념이다. 펑크든 데쓰메탈(Death Metal)이든 힙합(Hip-hop, 미국의 도시 십대들의 거리문화 집단, 랩 음악·낙서·브레이크 댄싱을 좋아하고 별난 복장을 하고 다 님─옮긴이)이든 테크노든 록 음악은 이런 모든 잡다한 것을 포함하는 포 괄적인 개념이다. 그래서 록은 다양한 아이디어를 포함하는 거대구조를 지닌다. 이런 록의 포괄성은 록이 단순히 어떤 음악 장르를 가리키는 것 이 아니라 특정하고 포괄적인 삶의 형태를 지칭하는 것을 뜻한다. 음악은 단 순히 가장 중요한 표현수단일 뿐이다. 일과 여가로 분리된 합리화된 성인 들의 세계를 비웃는 모든 중요한 가치들이 록을 통해 표현된다. 개인들은 이런 가치들을 가지고 자신의 고유한 스타일을 찾으려는 실험을 할 수 있 다. 그 당시 전통적인 가족 프로그램 시청이나 주말저녁 모임보다도 로큰 롤이 괜히 더 많은 십대들을 열광시킨 것이 아니다. 록 음악은 이런 전통적 인 가족모임 분위기에 정반대의 모델을 제시한 것이다. 그레일 마르쿠스(Greil

Marcus)가 쓴 대로 록은 "때때로 마치 술에 취한 자의 세상과 같은 분위기를 만들어 내는 어떤 감정이다." 록은 우리의 초이성적 세계를 반대하는 낭만적인 신화이다. 우리는 여기서 이 아주 중대한 것을 잠깐 언급하려 한다.

① "나는 만족할 수 있어요"

록 문화는 항상 점잖지 못하다. 록 문화를 존경받을 수 있게 만들려는 사람은 늘 실패할 수밖에 없다. 록은 늘 밥맛 없게 만들며 그래서 늘 엘리트적인 것과는 거리가 멀다. 세련과 점잖은 것 대신에 삐뚤어지고 괴성을 지르는 것이 중요하다. 토마스 만(Thomas Mann)은 "열광은 고상한 취향을 마비시킨다"라고 했다. 록에서는 끊임없이 다시 발작하는 열광이 있으며 본능을 다시 깨운다. 록은 늘 '지나치며' 늘 과도하고 기본 전체틀을 늘 초월한다.

록 문화는 직접적인 의사소통을 한다. 많은 설명을 하지 않더라도 무엇을 말하는지가 금방 분명하게 전달된다. 고상한 문화의 쇼 프로그램에서는 인간의 '어두운 면'이 승화되어서 표현된다면 록에서는 여과가 안 된 감정들과 동물 같은 열정들이 그대로 표현된다. 록은 이미 오래전부터 여러 번에 걸쳐서 금기를 파괴했다. 과거에는 생각에 잠기게 하는 '포도주와 여자와 노래'가 있었다. 록에서는 미각을 전제로 하는 포도주 대신에 마약(맥주에서 위스키와 히로뽕과 XTC를 망라한)들이 여자 대신에 섹스(특별히 저속한 '삽입'과 '빨기'라는 말로서)가 노래 대신에 로큰롤이 자리를 차지했다. 다음의 말보다 이를 더 잘 표현할 수는 없을 것이다. "섹스와 마약과 로큰롤이 내 정신과 육체가 원하는 모든 것이다."

"한 순간도 절대로 지루함이 없이"라는 말이 구호다! 지루함은 구역질 나는 일이다. 매일 파티나 공연 같은 것이 있음으로써 열광의 연속고리를 이탈하지 않아야 한다. 이래서 모든 행위는 '기쁨'이 아닌 '재미'에 초점을 맞춘다. 저속한 세상의 핵심단어인 재미는 록에서도 중심을 차지한다(예를 들어 비치 보이스[Beach Boys]의 〈재미, 재미, 재미〉(Fun,

Fun, Fun)라는 제목의 노래). 그 밖에 테크노 음악은 최초로 노동과 여가의 분리를 묵인하는 록 음악의 한 갈래이다. 그래서 테크노 추종자들은 일하는 동안 받은 지루한 스트레스를 털어 버리려고 (적어도) 금요일 저녁부터 일요일까지는 '재미 외에는 아무것'도 하지 않으려고 한다. 테크노는 그래서 새로운 형태의 청소년 반란, '적응한 자들의 반란'이다. 테크노의 '기분을 좋게' 만드는 방식은 히피나 펑크의 문화염세주의에 비해서 더욱 진보적이 되었다.

② '원초적 본능들'

록은 추방되었던 인간의 본능에 대한 욕구를 채워 주고 있다. 일방적으로 능률과 소비에 미쳐 있는 우리 문화에 반기를 든 록은 반대의 신화이다. 록 문화는 그렇지 않으면 비웃음의 대상이 되는 모든 주제들을 흡수한다. 록 문화를 통해서 인간은 보통은 건전한 사회에서 점잖은 예의 때문에 하지 못하는 것을 할 수 있다. 예를 들면 변태, 공격성, 동물성, 파괴의 경향, 과도함, 낭비, 폭력, 속도, 지옥 따위를 생각할 수 있다. 트록스(Troggs) 밴드는 "내 마음은 내가 느끼는 것에 의해서 이루어진다"고 주장한다. 레이몬(Ramon) 밴드는 더 강하게 주장한다.

모든 여자들이 나를 쫓아오네
지금쯤은 그들에게 내가 말을 해야겠지
내가 두뇌가 없다는 것을

욕망의 대상과의 연관이 지적인 것보다는 감정적인 것이 훨씬 더욱 중요하다.
록은 여과 안 된 낭만적이고 나르시스적인 욕구들의 존속을 가능하게 한다.(이것이 왜 록 문화가 어른들에게도 매력이 있는지를 설명해 준다.) 토크빌이 말한 대로 현대인의 정신에는 항상 위로해 주는 것들이 필요하다. 록은 이것을 무한하게 채워 준다. 록은 감정을 채워 주는 데는 민주주의적이다. 전문성이 떨어지는 무명의 팬들도 비록 DJ 같은 형태라하더라도 누구나 미니스타가 될 수 있다. 인간은 여기에서 규율을 중시하는 철감옥 같은 일의 세계에 뺏긴 아동기의 순진함을 되찾을 수있다. 플라톤에서 헨델을 거쳐서 괴테에 이르는 상위 문화의 현상들은도덕이나 정치의 측면에서는 올바를 수 있지만 록은 '인류학적인 올바름'이다

③ 십대의 정신

록은 항상 젊으며 시대를 반영하며 추세를 잘 표현하는 것으로 간주된다. 록은 늘 현재에 산다. 록에는 과거도 미래도 존재하지 않는다. 단지 계속되는 창조와 파괴의 과정만이 존재할 뿐이다. 록은 성인이 되는 것을지연시키는 매혹적인 기회를 제공한다. 베이비붐 세대가 청년기가 되고 그 자리를 내놓지 않으려고 한 이래 우리는 추세에 따르고 젊게 산다는 것이 얼마나 어려운 것임을 잘 알고 있다. 그런지와 테크노는 재정복을 위한 전투의 표현, 기술적으로 말하면 '버림받은 세대'(The Prodigy)의 정신이 다시 자리잡기 위한 전투를 의미한다.

왜냐하면 청소년들의 정신이 덜 닳고 새로울수록 창의적인 소비재 시장에 새로운 아이디어를 더 많이 제공하기 때문이다. 그래서 니르바나의 '십대와 같은 기질'은 단지 어린 순진함과 세련되지 않음을 보여줄 뿐 아니라 판매가 잘 된다는 것도 보여준다.

④ "빨리 살고 일찍 죽자"-"늙기 전에 죽기를 희망하자"

록 문화는 항상 생명이 짧다. 록에서는 스피드와 에너지, '접속되어 있는것'이 중요하다. 록은 계속되는 창조와 파괴의 과정이다. 중요한 것은항상 에너지가 흐르는 전선에 연결되어 있어야 하며 끊어지면 안 된다는 것이다. 리듬이 차이를 만들어 낸다. '비판적인 시민층과 펑크의

차이는 종종 리듬의 차이일 뿐이다"(Die Toten Hosen). 이것이 요점이다. 빨리, 짧게 그리고 크게라는 펑크의 성공비결이 록 문화의 중심 성격이다.

록스타는 항상 에너지 공급원에 '플러그가 꽂혀 있어야' 하는데, 아이러니컬하게 유행이 비록 '플러그를 빼는 방향으로' 기울어져 있더라도 말이다. 록 문화에서 플러그를 뽑아 버리면 생명이 끝난다. 기타가 가장 중요한 연주악기인 고전적인 록 장르에서부터 레코드플레이어가 가장 중요한 생산장비인 테크노나 힙합 음악에서는 에너지 공급이 없으면 생명도 끝나게 되어 있다.

팝의 가장 커다란 매력은 어떤 음악이 '지나간 것'인지를 심판할 수 있는 힘을 지니고 있다는 사실이다. 만일 어른들이 청소년의 유행과 대중음악을 이해하지 못한다면 그는 이미 '늙었다는' 것이 확실하다. 누군가가 '대중문화의 위기'를 천명한다면(대중문화는 확실히 스스로 자신도 삼키려 한다!) 사실은 바로 자신에 대해서 말하는 것이다. 이런 '위기'에 대해서 떠드는 것은 전형적인 베이비붐 세대의 병이다. 사실은 늙어 가면서 적응력이 떨어지는 사람들의 한탄에 불과하다. 특별히 언론인, 광고인들과 예술가들은 이런 범주에 해당한다. 진짜 '록커'는 여기에 대해 문제가 전혀 없다. 그래서 이미 51세가 된 롤링스톤의 믹 재거(Mick Jagger)는 30년 전과 마찬가지로 항상 같은 스타일로 무대에 등장한다. "나는 은퇴하기 전까지는 록 음악을 그만두고 싶지 않다"라고 《런디엠씨》(Run-DMC)에 말했다. 토텐호젠(Die Toten Hosen) 밴드는 "우리가 60 할아버지가 되어도 계속 연주할 수 있고 관중들이 동시에 열광의 도가니에 빠진다면 정말 멋있는 일이다"라고 말한다. "비록 양로원에서 왔지만 온통 펑크음악으로 연주하고 싶다. 물론 연주 전에 신경안정제를 복용해야 할 것이고 의사들이 주변에서 불안하게 떨면서 쳐다보고 있을 것이지만."

⑤ "학교는 끝이다, 영원히"

록 문화는 제도화된 교육체계를 거부한다. 본능적으로 어른들의 지식을 거부한다. 어른들의 지식은 "병원 같고 지적이고 냉소적이다"(슈퍼트램프[Supertramp]의 〈The Logical Song〉에서). "우리가 나이가 들어감에 따라 우리는 의미를 찾지 않게 되었네"(토킹 헤즈[Talking Heads]의 〈여자친구가 더 좋아〉에서). 그들의 건전한 사고방식으로는 그들은 단지 명령하고 '그리고 거품을' 만들 뿐이다. 전원에 연결되어 있는 대신에 그들은 "고양이를 내쫓고 대신 개를 들여온다."
"(너는 파티를 즐길) 네 권리를 위해서 투쟁을 (했다)"(비스티 보이즈[Beastie Boys]의 〈병에 걸릴 허락을 받음〉에서). 인간들 간의 차이는 정신이나 뇌 속의 차이가 아니다. 바로 이 점을 록 문화는 철저히 민주적으로 더 정확히 반복해서 강조한다. 감정 민주주의식으로 말이다. 누구나 '광란사회'(베스트밤[Westbam])의 세계적 파티에 참여할 권리가 있다. 광란자의 작은 자아의 세계는 적어도 주말 동안에는 우주와 하나가 된다.

엘비스와 침대 속에서 그리고 궁정식 연애

마케팅과 광고세계에서 볼 때 록의 매력은 끊임없이 '인류학적인 올바름'의 영역에 속하는 아이디어를 제공하는 데에 있다. 전파의 방법과 마찬가지로 모방기술과 밀수를 통해 전문교육을 못 받은 매니저들도 예술작품들을 만들 수 있다. 이런 매력을 종합해 보자. 다음과 같다.

① 계속 새로워지고 쉽게 전파 가능한 기호체계

상징체계는, 쉽게 이해가 가능하고 오늘날처럼 매체가 포화상태에 이른 상황에서 높은 전파력을 지닌 친숙한 기호를 통해서 작동한다. 록은 대부분 내부의 상징체계 역사를 통해서 충분히 이해할 수 있다. 록은 내부에서 모방되고 있다. 힙합이나 테크노를 살펴볼 때 록은 이미 오래 전부터 공격적인 재생체제에 돌입했다. 세대 간의 구조를 살펴보더라도 마찬가지다. 세계문학의 위대한 문인들을 인용할 수 있는 것은 학자들이나 전문가들인데 반해 감정 민주주의적인 "우리는 챔피언이다"나 "나는 만족할 수 있어요" 같은 유명한 노래들은 누구나 인용할 수 있다. 록은 디지털 정보고속도로 시대와 세계 커뮤니케이션을 위한 코드이다.

간략히 말해 보자. 대중음악은 소비 시장과 문화의 분위기를 극명하게 한다. 1990년대에 그런지와 테크노는 이 점을 인상깊게 보여주었다. 대중문화의 기운을 느낄 수 있는 사람이면 체험을 좀더 잘할 수 있고 잘하면 타인에게 대중문화를 경험시켜 주는 사람이 될 수도 있다. 그래서 마케팅과 광고는 록 문화의 테크닉에 적응해야 한다. 마케팅과 광고는 스스로 모방을 위한 표본이 되어야 하며 그들의 메시지를 원하는 집단에 가장 잘 전달하기 위한 가장 중요한 도구인 표본기술이 되어야 한다.

② 록은 항상 사회적 이벤트이며 현재 가장 성공적으로 감정을 조절할 수 있다

자기 만족 중심으로 즉흥 음악 연주에 몰두하는 재즈의 괴인들과는 달리 록은 사회 차원의 이벤트를 보여준다. 록의 이런 사회적인 차원은 음악 자체보다도 중요하다. 록 문화는 항상 공동체를 찾고 있다. 이 공동체가 실제에서 존재하든 사이버 세계에서 존재하든 그 차이는 중요하지 않다. 미디어 중심의 세계문화에서 록은 하나의 패러다임이다. 록은 뿌리를 갖고 있지 않기 때문에 계속 새로운 것을 찾는 이 시대에 너무나 잘 어울리고 그렇기에 세계 시장의 소비재 시장과도 잘 어울린다. 모든 청소년문화는 소속과 제외라는 기준으로 형성된다. 상이한 삶의 방식들을 묶어 주는 나이 차이가 점차 중요하지 않게 된다면 경계를 다시 만들고 더 분명한 소속기준들을 만들려는 경향이 그만큼 더욱 강해진다. 테크노의 출발이 이것을 보여준다. 이런 제한 시도는 언어

같은 상징체계에만 나타나는 것이 아니다. 테크노 상점들은 크고 강한 음악을 틀어서 원치 않는 고객들을 놀래켜 쫓아 버림으로서 출입을 가장 명백하게 제한하고 있다.

비록 록이 악기들을 학대하는 것처럼 보이지만 록은 항상 가장 성공적인 감정 조절 수단이다. 이것은 문화나 예술이나 상품 같은 다른 어떤 것보다도 창의성이 있고 성공을 거둘 수 있는 수단이다.

아이 지향적 어른들 아니면 어른 지향적 아이들?

테크노와 그런지 세대는 새로운 세대를 대표한다. 가장 중요한 사회화 과정을 1980년대에 지낸 이 세대들은 혁명을 일으킬 만한 잠재력을 갖고 있지 못한데, 이들의 부모세대가 이미 이런 잠재력을 다 사용해 버렸기 때문이다. 모든 것은 유행이 지나 버렸다. 대중문화 또는 록 문화로 말할 수 있는 것들을 아직도 베이비붐 세대 부모들이 점령하고 있다. 베이비붐 세대인 빌 헤일리(Bill Haley)는 이것을 협박조로 말한 최초의 사람이다. "비록 늙었을지라도 우리는 언제나 다시 돌아온다." 아이들과 청소년들을 어른으로 만들어 줄 수 있는 의식(儀式)들이 존재하지 않는다. 테크노 운동을 하는 '프로디지'(The Prodigy) 밴드의 1994년 앨범은 예견하듯이 '버림받은 세대를 위한 음악'이라는 주제를 담고 있다. 만일 어른들이 더 이상 어른이 되기를 바라지 않는다면 또한 이런 미성년자로 남는 것이 곳곳에서 가능하다면 어떻게 아이들이 어른이 될 수 있단 말인가? 가장 중요한 문화형태, 포기할 수 없는 삶의 원칙이 하위문화인 민주주의에는 이런 새로운 록 문화가 어떤 의미가 있는가?

테크노와 그런지 세대 아이들이 자라난 경제환경을 고려한다면 한 가지가 분명해진다. 삶의 기본조건들은 일반적으로 더 나빠졌다. 그런지와 테크노는 영원히 경기침체문화로 돌아선 분위기를 대변하는 것이고 이것들은 그 본질상 패자의 종교이다. 히피나 여피족의 순진한 낙관론을 주장하는 것은 더 이상 불가능하다. 그런지 세대에게 사회라는 도처에 존재하는 혼란과 사고와 재난 이상의 의미가 아니다. 니르바나나 펄잼이나 엘리스 인 체인스(Alice in Chains) 같은 유명한 그런지 그룹들의 노래를 한 번 살펴보면 충분히 이해가 갈 것이다.

테크노 진영은 다른 길을 택했다. 미디어 시스템을 거부하고 급진적인 행동을 취한다. 세계가 고통을 받는 것에 더 이상 동정하지 않고 진리를 찾지도 않고 오로지 익명성과 관계 단절을 추구할 뿐이다. 행복해 보이지만 결국은 정말 아이러니컬한 '순응자의 혁명'이라는 대가를 지불하고 이미 지나간 것으로 간주되었던 일과 여가가 분리된 시민계급의 생활 스타일을 다시 복원시키고 새로이 의미를 부여하는 행동을 택했다. 요약하면 엄청나게 심한 창조와 파괴의 리듬 변화에도 불구하고, 뭔가 새롭고 창의적인 것을 만드는 것이 어려움에도 불구하고, 록 문화 내부에서 새로운 삶의 형태가 출현함에도 불구하고 우리 서구 문명은 처음으로 청소년들을 어떻게 대해야 할지 모르는 상황을 맞고 있다. 세대들은 서로 '객관적으로' 분리되어 버렸다. 어쩌면 미국의 그 대형쇼핑 체인점들이 광고에서 말한—유명한 니르바나와 커트 코베인의 노래제목인 〈나는 내 자신이 증오스럽고 그래서 자살하고 싶다〉를 슬쩍 변형시킨— "나는 내 자신이 증오스럽고 그래서 쇼핑하고 싶다"라는 냉소주의가 거룩한 시장 통속성의 마지막 진실을 제대로 표현한 것일 수도 있다. 어쩌면 좀더 냉정하게 생각하여 상품에 대한 동경이 진짜 동경을 말한다는 것을 인정해야만 할지도 모른다. 이에 대해 미국 청소년 사회학자 도나 가이네스(Donna Gaines)는 "삶은 별 볼일 없고 저질스런 것이 팔린다"라고 말한다.

확실한 것은 시장경제와 고객에 다가가려는 모든 지도자들은 팝을 사랑하게 될 것인데, 왜냐하면 팝은 거룩한 통속성의 사회 인류학이 되었기 때문이다. 팝은 항상 새로운 그러나 언제나 예측 가능한 것을 만들어 내는 기계이다. 항상 새롭게 그러나 절대 실제로는 혁명적이지 않고 또한 절대로 정치적이지 않지만 대신 인류학적으로 올바른 것을 만들어 낸다. 이것이 숭배적 소비 시장의 성공을 위한 처방이다.

캘리포니아는 태양이 빛나고 달콤한 캘커타는 비가 내리고
호놀룰루에는 별이 빛나고 노래는 같은 노래로 남는다.
레드 제플린(Led Zeppelin)의 〈성자의 집들〉(Houses of the Holy)

5
테크노-포스트모더니즘의 종교

태초에 록이 있었다.
AC/DC

모든 십대들의 현상 중에서도 마케팅 전문가들의 가장 큰 고민거리는 테크노 현상이다. 그러나 이것은 테크노 현상이 미디어 세계에서 어떤 위치인지 또 어떻게 컬트 마케팅이 여기에 '선도적인 역할'을 하는지를 빠르게 보여줄 수 있다. 이 최근의 현상에 대해서 앞에서 포괄적 이론 속에서 언급한 것들을 중심으로 몇 가지 주장을 펼치려고 한다.

MTV 사회자 스티브 블레임(Steve Blame)은 1996년쯤에는 테크노 음악이 사망할 것이라고 추측했다. 전문가의 이 엄중한 진단은 신이 나서 새로운 청소년의 우상문화에 쉽게 빠지지 말라는 경고이다. 우리는 그 대신에 테크노를 우리 문화가 근본적으로 변동하고 있다는 증후로 이해해야 한다. 이 문화 변동은 새로운 신들이 탄생하고 있는 시장구조에 결정적인 영향을 끼친다. 테크노 같은 증후군에서 미래의 모습을 미리 파악할 수 있는 사람은 마케팅과 경영에서 가치들을 변화시킬 준비가 되어 있을 것이다.

게릴라식 소비

여기서 테크노 현상을 해석해 보도록 하자. 소비주의의 황금기 10년이 지나고 난 1990년대의 시대지표는 '판매 어려움'이라는 것으로 기울었다.

줄 마샬(Jules Marshall) 같은 추세 연구가는 "게릴라 소비자들은 이미 역사의 종말 시대에 살고 있다"고 말한다. 명확히 말한다면 게릴라식 소비 전략을 발전시킨 오늘날의 청소년들이 역사의 끝에 살고 있다는 느낌을 갖고 있다는 것이다. 이것을 자세히 살펴보는 것이 중요하다. 여기에서 '역사의 종말'이라는 의미는 더 이상 새로운 것이 본질상 없다는 것으로 '진보'나 '혁명' 같은 것은 상상할 수도 없다. "혁명은 텔레비전을 통해서 가능할 것이다"라고 MTV는 우쭐대며 당연한 듯 광고를 해댄다. 서구문명에서는 실상 새로운 변화를 기대할 수 없고 '표면적인' 변화만이 가능할 뿐이다. 그리고 게릴라 소비자는 역설적인 개념인데, 그 뜻은 첫째로 하위문화가 오늘날 소비의 원동력이 되었다는 것이고 둘째는 저항과 반항은 다양한 소비를 더욱 다양하게 해주는 결과를 가져올 뿐이라는 것이다.

전통적인 마케팅은 주말마다 번화가를 헤매거나 대형 실내공연장에서 기성세대에게는 지옥처럼 들리는 음악에 맞추어 춤추며 '열광'하는 젊은이들에게는 예전처럼 잘 판매할 수 없다는 것을 알 뿐이다. 겁에 질린 경영자나 마케팅 전문가는 이 세대의 '삶의 느낌'을 파악하기 위해서 노력하고 게다가 이 젊은 고객과 직접 대화를 나누어 보기도 한다. 그러나 그런 방식으로 잘 될 수가 없다. 하지만 걱정할 필요는 없다. 테크노 세대도 구매행위를 하기에 그들에게 물건을 팔 수 있다. 단지 여기서 알아야 할 것은 마주하고 있는 고객은 합리적으로 계산하는 사람들이 아니고 숭배 공동체라는 것이다. 이 시장을 정복하려면 시장 조사가나 경영학자가 아니라 민속학자와 종교사회학자가 필요하다.

열광의 시장

민속학을 연구한 마케팅 전문가가 대중문화의 세계를 냉정하게 관찰한다면 다음과 같은 사실을 볼 수 있을 것이다. 테크노 공연은 우상 숭배를 벌이는 신이방주의 축제인데 여기서 참가자들이 소비하는 것은 악기들이다. 여기서는 과격함과 엑스터시가 상품성을 지닌다. 곧 과격과 엑스터시의 경험을 살 수 있다. 잠깐만 다음 사실을 명확히 살펴보자. 축제나 공연은 이방적인 것이다. 과격과 엑스터시는 살 수 있다. 엑스터시는 무엇인가? 정확히는 메틸렌디옥시메탐페타민(Methylendioxymetham-phetamin)을 가리키는데 1914년에 이미 독일에서 특허를 받았다. 오늘날은 엑스터시 경험으로 바뀌었다. 이것은 미래의 시장을 지배하게 될 '감정 형태'의 극단적인 경우다. '경험'이라는 상품이 형성된다. 감정이나 흥분 같은 것이 시장화가 된다.

미학을 전공한 한 미디어 전문가라면 이런 국면에 대해 다음과 같이 관찰할 것이다. 테크노는 온몸을 동원하는 음악이다. 귀로 음악을 듣지 않는다. 1분 간에 180회 정도까지 울리는 베이스 박자가 육체를 통제한다. 아직 음악이라고 말할 수 있는 것은 완곡한 텍스트 정도다. 테크노는 기존 음악보다도 배경에 훨씬 더 많이 뉴미디어를 동원하여 황홀경에 빠지게 한다. 아니면 ≪프랑크푸르트 알게마이네≫의 칼럼니스트인 후버트 슈피겔(Hubert Spiegel)의 말대로 "정보고속도로 앞에서 황홀경에 빠지는 것"이다. 명확하게 말하면 테크노는 원래 음악이 아니고 CAD사운드, 곧 컴퓨터로 만들어 낸 소리이다. 물론 반대 추세도 이미 분명하게 형성되고 있다. '언플러그드'(unplugged), 곧 기계의 힘을 빌리지 않고 인간의 몸만을 이용하는 자연낭만주의자들이 그들이다.

순수하게 기술적 차원에서—테크노라는 이름이 이미 이런 이미지를 제공하지만—본다면 테크노는 모방과 리사이클링이 중심을 이룬다. 이것은 다음과 같이 간략히 설명할 수 있다. 사람들은 저장된 소리를 자유로이 이용한다. 음악사에 존재하는 모든 일이 기계에 저장되어 있다면 재생되어서 몇 초 동안 한 부분을 차지할 수 있다. 음을 복사하는 것은 컴퓨터인데 음악을 자유롭게 바꿀 수 있는 정보흐름으로 변환시킨다. 이렇게 해서 작곡자가 없는 그래서 무단 복제를 방지할 수 없는 음악이 탄생한다. 이렇게 되면 소리는—이미 존 케이지(John Cage)가 수십 년 전에 예견했듯이—더 이상 인간에게 속하지 않는다. 대중문화에서 명성은 인용되는 횟수에 달려 있다.

또한 더러 테크노 음악은 컴퓨터를 통해서 모방되지 않고 신서사이저나 DJ 같은 사람들에 의해서 제작되기도 하는데 이들은 음악가를 대체하는 까닭에 여러 것들 중에서 하나의 테크노 연주악기에 불과하다. 훨씬 중요한 것은 샘플 CD들인데 이것들이 모든 중요한 테크노 효과를 가능하게 하기 때문이다. 테크노가 연약한 귀를 놀라게 하는 것은 원래 소리의 강도에 있지 않다. 테크노 음악이 사람을 열광시키거나 충격을 주는 이유는 아래의 목록을 살펴보면 아마 잘 이해가 갈 것이다.

- 아무것도 자연적으로 들리지 않는다.
- 노래는 완전히 없다.
- 악기 독주도 없고 멜로디도 없고 화음도 없다.
- 황홀경 체험의 시간적인 간격이 무시된다.

여기에 또한 극히 낮거나 빠른 베이스가 추가된다. 테크노 음악가는 대부분 악보를 읽을 줄 모른다. 그러나 모방하는 기계는 귀신처럼 다룰 수 있다. 간단히 말하면 테크노는 음악을 음악가에게서 해방시켰다. 작곡가 대신에 컴퓨터 앞에 앉아 있는 소리 배합자가 등장한다. 아펙스 트윈(Aphex Twin)이란 이름으로 널리 알려진 리처드 제임스(Richard James)는 감정 없이 이에 대해서 평한다. "한 곡은 기계의 스위치를 끄게 되면 끝나게 된다." 테크노는 뉴미디어라는 조건하에서는 예술작품이 부분부분으로 잘게 쪼개져서 네트워크의 한 부분으로 전락한다는 것을 보여준다. 이것은 포스트모더니즘 시대에서 예술작품은 네트워크의 한 부분에 불과하다는 것이다.

이 신흥종교는 어떻게 움직이는가?

위의 것을 바탕으로 하여 간단한 세 가지 주장을 하려고 하는데 이렇게 함으로써 테크노 현상을 현재의 문화 변동에 비추어서 명확하게 분석할 수 있을 것이다.

- 포스트모더니즘의 기술적인 핵심은 현대의 지위(moderne Post)이다.
- 대중음악은 도그마가 없는 순수한 우상종교다.
- 포스트모더니즘의 종교는 시장의 종교다.

이것들이 의미하는 바는 대체 무엇일까?

『소설의 죽음』(*The Death of the Novel*)이라는 책에서 로날드 슈케닉(Ronald Sukenick)은 다음과 같이 매우 멋있게 적고 있다. "신은 모든 것을 아는 작가이지만 죽었다. 그래서 지금은 아무도 앞날의 계획을 알지 못한다." 달리 말하면 종교는 의미의 보물창고다. 그리고 모든 의미는 종교적이다. 그 누구도 의미 없이, 곧 종교 없이는 살 수 없다. 그래서 신과 신적 존재들을 대체할 만한 것들이 등장해야 하는데 어떤 의미에서는 초월의 스턴트맨이라고 할 수 있다.

숭배의 중심으로 여겨지던 신의 자리를 근대에는 사회가 그리고 현재는 개인이 대신하고 있다. 공산주의의 몰락은 '사회를 통한 구원'을 전도하던 세속종교의 끝을 의미하는 것이었다. 무신론자들의 국가는 우리 눈앞에서 무너져 버렸다. 집단을 통한 구원의 약속은 더 이상 믿을 수가 없다. 지금 현재는 개인이 구원의 역할을 맡고 있다는 것이 자명하다. 전무후무한 형태의 종교가 지금 시작되고 있다. 달리 말하면 '자동종교'라는 말을 할 수 있을 것이다.

여기에 속하는 것들은 이미 알려져 있다.

- 자기 구원: 유럽에 들어온 불교는 이것을 약속한다.
- 자기 흥분: 고트프리트 벤의 말인데 우리 몸의 화학적 구조에 변화를 줌으로써 황홀경에 빠지는 것을 뜻한다.
- 자기 도전: 번지점프를 하거나 래프팅을 하여라. 얻는 소득은 해냈다는 자신감이다.

이 모든 것들은 원래 숭배의 중심에 각 개인의 '자아'가 위치하는 그런 종교의 훈련들이다. 명백히 종교 없이는 되는 일이 없는데 '신이 없는' 이 시대에도 마찬가지다.

그렇다면 우리 인간이 포기할 수 없는 어떤 것들을 종교는 제공하는 것인가? 이에 대해 몇 가지 핵심적인 표현들을 나열해 보자.

- 종교는 세계에 대한 신뢰를 만들어 낸다. 실제의 세계는 너무 복잡하기 때문에 의미 있는 삶을 꾸려 가는 것을 허락하지 않는다. 그렇기 때문에 인간한테는 조력자가 필요하고 자비로운 단순화가 필요한데 이것은 일종의 사회적으로 인정되는 인간의 유아적 측면이다. 기존의 종교들에 대한 믿음을 상실한 사람들한테는 세계에 대한 신뢰감을 심어 줄 수 있는 정치 이데올로기나 과학 '세계관' 같은 대체할 것이 필요하다.
- 종교는 실망을 조정하는 것을 말한다. 특히 기독교는 인간의 불행을 좋은 구원의 근거로 이해시키는 놀라운 일을 하였다. 인간은 구원을 기다리고 그 구원은 아직 이루어지지 않고 있기 때문에 교회가 존재한다. 그러나 이런 식의 위로를 받아들이기 어려운 사람은 세속적 교회가 필요한데 스포츠 경기나 디스코텍 같은 것이다.
- 종교는 모범적 성자의 삶을 통해서 모든 문제들에 확실한 대답을 주는 것이 가능하기 때문에 명확하게 설명해 주는 언어형태를 갖고 있다. 그러나 현실은 매우 복잡하고 그래서 혼란스럽다. 요약하면 현실 속에서

보다 '초월적인 존재'를 매개로 해서 의사소통하는 것이 훨씬 더 쉽다. 종교는 처음과 끝이 연결된 끝이 없는 고리의 형태를 지니고 있다.

이런 식으로 종교는 항상 고장 없이 잘 작동해 왔다. 그러나 완전히 새로운 것이 있다. 종교 커뮤니케이션 대신에 오늘날은 종교로서의 커뮤니케이션이 자리를 차지하고 있다는 것이다. 이에 대해서는 이미 앞에서 언급한 적이 있다. 그러나 한번 더 반복해 보자. 모든 것이 케이블화되고 전기선에 연결되는 것은 종교를 테크놀로지로 전환하는 것이다. 왜냐하면 종교(religio)는 곧 접속 또는 연결을 의미하기 때문이다. 뉴포트(Newport) 예술 디자인 학교의 상호 행동예술 연구센터의 소장인 로이 애스콧(Roy Ascott)은 그래서 다음과 같이 선언한다. "원거리 통신세계 속에 사랑이 있다. 우리는 모두 인터페이스다." 통합적인 미디어 연합을 통한 전기·전자 연결망 속에서 오늘날 초월성을 포스트모더니즘적이고 탈(post)기독교적으로 교체하는데 성공했다. 인터넷은 믿음 소망 사랑을 전파한다. 신은 네트워크가 되었다.

포스트모더니즘 시대의 다신들

모두가 포스트모더니즘에 대해서 말하고 있다. 포스트모더니즘 시대에는 아이러니컬하게도 미래를 계획할 수가 없다. 도대체 어떻게 그럴 수가 있을까? 현대 사회에서 도덕의 세계는 서로 상관없는 가치의 영역으로 분열되었는데 이를 분화라고도 한다. 우리는 동시에 서로 다른 신들과 살고 있다. 거룩한 것과 진리와 선과 아름다움 사이에는 더 이상 공통분모가 없고 오히려 분열되어서 적대관계가 되고 있다.

미는 악이 될 수 있으며 진리는 추한 것일 수도 있는데, 사실 대부분이 그렇다. 가치질서들은 서로 일치될 수 없기에 가치들의 충돌은 중재될 수가 없다. 서로 다른 가치의 신들은 영원히 싸움을 하게 된다. 이런 의미에서 새로운 윤리질서를 찾으려는 노력은 어리석은 일이다. 아직도 유효한 막스 베버의 말을 인용해 보자. "옛날의 신들이 미신에서 깨어났기 때문에 이제는 개인의 형태를 취하지는 않고 무덤에서 세상으로 나와서 우리의 삶을 지배하려 하며 서로 영원한 전쟁을 다시 시작하고 있다. 그러나 이런 일상생활에서 살아야 하는 것은 현대인에게는, 특히 젊은이들에게는 가장 혹독한 일이다." 바로 이것이 포스트모더니즘의 주장이다. 그러나 포스트모더니즘 시대에는 제 가치를 둘러싼 신들의 투쟁은 언어와 생활양식을 둘러싼 경쟁으로 축소된다.

잘 알다시피 막스 베버는 자본주의의 대단한 성공은 사실은 종교적인 (곧 청교도적인) 삶의 방식에 기초를 하고 있다는 것을 증명해 주었다. 그러나 이런 종교적 정신의 핵심은 사라지고 이제는 껍질만 남아 있다. 이런 일 때문에 경제가 종교 없이도 잘 움직여 나갈지 아니면 불가능할지를 질문해 본다. 시장에는 늘 종교가 필요했다. 사실 오늘날 도처에서 외치는 '상도덕' 회복에 관한 주장들은 잃어버린 자본주의 정신을 찾지만 헛수고로 끝나는 몸부림에 불과하다. 무신론이 국가종교가 된 다음부터 사람들은 자본주의 정신을 대체할 만한 것에 의지하고 있다.

자본주의의 종교적 바탕이 무너져 버렸기 때문에 현존하는 것은 목표가 없는 스포츠와 일 중독의 경쟁뿐이다. 여기에 고대의 이방신들이 다시 귀환하고 있다. 이것이 구체적으로 어떻게 드러나고 있는지는 앞의 장들에서 이미 분석했다. 그러나 다시 한번 잠깐 언급하겠다. 사람들은 녹색을 선택하여 자연을 신격화한다. 그리고 새로운 초소형 컴퓨터 칩의 형태를 절에서 명상하면서 고안해 낸다. 삶은 전체주의적이 되고 카오스의 창조력을 믿는다. 오늘날 사람들은 실제로 자기 방식대로 거룩하다. 그래서 다신주의의 가치세계에, 곧 진선미의 기준이 다양해진 시대에 살고 있는 것이다. 자본주의 시장을 생각하면 다음과 같은 말이 된다. 우리는 상표와 유행을 추종하는 다신주의 세계에 살고 있다. 상표화는 포스트모더니즘 시대에 다양한 신화를 만들어 낸다. 그리고 유행은 마치 단기 종교처럼 작용한다. 비록 강력하게 사람들을 묶어 주지만 이 결집력은 쉽게 재빨리 사라진다.

대도시의 종교적인 열광

과학을 통한 세상의 탈미신화와 삶의 세속화, 현대 기술의 반기독교적인 성향은 보들레르가 '대도시의 종교적 열광'이라고 부르던 것을 줄이지 못하고 오히려 증가시켰다. 대도시 스스로 종교적 열광을 불러일으키고 있다. 사람들은 다시 태어났다고 느끼고 있다. 올바르게 살고 싶은 사람들은 가장 밀도가 높은 시내 중심으로, 곧 맨해튼(Manhattan)으로 몰려간다. 그러나 이런 것은 관광객을 위해서 준비된 것은 아니다. 보들레르와 앤디 워홀은 대도시 미학을 펼치고 있다. 루 리드의 짧은 노래가 이 점을 밝혀줄 것이다.

나는 겉면에 라틴어로 "요즘은 전혀 개의치 않네"라고
쓰여진 쓰레기 봉투에 맨해튼을 담아서 나르리라.
맨해튼은 부패한 허드슨 강 속으로 바위처럼 가라앉는 중이야.
이 얼마나 충격인가. 그들은 거기에 대해서 책을 쓰고 이곳은
마치 고대의 로마 같다고 말하지.

대도시는 뉴미디어와 기술을 동원한 문명화 이전의 동굴의 재연이다. 대도시의 가장 중요한 특징은 자신에 맞지 않는 모든 현실들을 엄격하게 차단한다는 사실이다. 대도시 밖의 일은 잊어버리도록 일이 진행된다. 가장 현실과 거리가 먼 장소들 속에서 현실에 관련된 자극을 가장 많이 받는 대도시 주민들의 경험이 여기에 상응한다. 달리 말하면 현실성이 가장 없는 곳에서 가장 많이 현실을 경험한다. 예를 들어 디스코텍이나 영화관을 생각해 보라.

시간의 지평선이 무너지고 있다. 스펙터클과 해프닝이 세상을 지배하

고 있다. 여기에 맞물려 있는 것은 대중매체가 만들어 내는 기술적 원칙과 관련된 주변여건들이다. 대도시는 오늘날 새로운 기술과 유행과 삶의 방식들이 매일매일 새롭게 혼합되어 등장하는 하나의 대형 화면이다. 대도시의 삶은 환경이 완전히 계획되어 있다는 것을 뜻한다. 여기에서는 낭만주의의 '자본'인 자연은 아무 의미가 없다. 세상은 만들어진 환상에 불과하다. 바로 이런 이유로 오늘날 전 세계는 '녹색'이고 거기에 '환경보호의식'이 있다.

종합예술작품인 쇼핑몰

오늘날 숭배적 요소를 지닌 상품들, 곧 숭배적 제품들에 대해서는 이미 자세히 설명했다. 시카고의 '나이키타운' 같은 스포츠 상점들은 그 앞에서 기도를 올리는 성물들이 있는 성당의 역할을 하고 있다. 여기서 마이클 조던이나 찰스 바클리 같은 이들이 지금까지 대제사장의 역할을 했다. 그리고 '나이키타운'은 상점이 종교적인 열광이 있는 사원이라는 의미를 내포하고 있다는 것을 명백하게 보여준다.

세계박람회를 시작으로 각종 박람회와 현재의 대형 쇼핑몰에 이르기까지 여기에는 명확하게 알아볼 수 있는 사원의 발전상이 존재한다. 철학자 쉘링은 언젠가 예배를 종합예술작품이라 말했다. 역으로 리하르트 바그너에게는 바이로이트(Bayreuth)에서 열리는 오페라가 새로운 형태의 예배였다. 그런데 우리는 한 걸음 더 나가서 말할 수 있는 것이 있다. 오늘날 종합예술작품이 전시되는 곳은 더 이상 교회나 문화의 전당 바이로이트가 아니라 대형 쇼핑몰이다.

이런 주장에는 당연히 설명이 필요한데 여기에 최소한으로 두 가지 설명을 하겠다.

● 중요한 것은 종합예술작품이다! 삶이 종합예술작품으로 변하는 곳에서

예술—수잔 존탁(Susan Sontag)이 매우 멋지게 표현한 대로—은 '센세이션의 프로그래밍' 역할을 한다. 예술가는 경험의 프로그래머가 된다. 버만(R. A. Berman)은 다음과 같이 결론을 내린다. "사회적 행위에서 '전(前) 심미적'이라고 말할 수 있는, 심미적 차원을 벗어난 것은 아무것도 존재하지 않는다. 왜냐하면 사회의 질서는 이미 오래 전부터 심미적 조직에 종속되어 있기 때문이다." 뒤에 여기에 대해서 다시 다루기로 한다.

● 중요한 것은 숭배적 상품이다! 광고를 통해서 우리는 상품들과 마법의 관계를 맺게 된다. 사람들이 '올바른' 브랜드 제품을 구입함으로써 유행과 생활양식 세계에 들어가는 마법의 열쇠를 지니게 된다. '상표에 대한 충성'이라는 말은 미국인들이 커미트먼트(Commitment)라고 하는 말, 곧 스스로 자신을 어디에 고착하는 것을 뜻한다. 나는 나 자신을 내 의지로 한 상표에 고정시키고 다른 상품 구입을 거부한다. 상표에 대한 충성은 종교적인 고백과 구조가 같다.

소비의 영성

이미 말했지만 포스트모더니즘 시대의 광고는 종교의 기능을 물려받았다. 광고를 통해서 소비의 영성은 발전한다. 구매행위가 의식(儀式)절차로 정형화되자 소비자는 양심의 가책을 더 이상 느끼지 않는다. 그래서 ≪소비자 조사지≫(Journal of Consumer Research)에서 다음과 같은 글을 읽을 수 있다. "소비는 초월적 경험의 전달체가 된다. 그것은 소비자의 행위 속에는 성자의 행위와 비슷한 측면이 있다는 것이다." 문화적 충족이라는 특정단계에 이르게 되면 소비의 목표는 더 이상 욕구 충족에 있지 않고 '종교적' 경험에 있게 된다. 성스러운 것이 무엇인지를 알고 싶은 사람이 있다면 일단 포스트모더니즘적 소비자의 소비행태를 주목해 보아야 한다. 이를 한마디로 소비주의는 종교체계다라고 표현한다.

결정적으로 중요한 것은 수동적 소비에서 능동적인 헌신으로의 변화이다. 이미 말했지만 소비의 목적은 더 이상 욕구 충족에 있지 않고 오스카 와일드가 '자기 문화'라고 표현한 것을 이루어 주는 매체의 역할을 한다는 것이다. 우리는 상품을 소비할 뿐 아니라 소비행위를 소비한다. 여기서는 미학이, 곧 존재의 화장술이 중요하다. 만일 모든 이들이 모든 것을 즐길 수 있다해도 그곳에서 차이를 만들 수 있는 방법은 즐기는 것을 즐기는 일이다. 쇼핑은 상품을 구입하는 것이 아니고 소비행위를 소비하는 성찰의 행위이다. 쇼핑은 원래는 소비상품과는 무관하다. 이것은 대도시 거리에서 윈도우 쇼핑을 하는 것에서도 광적으로 소비하는 가정주부에게서도 볼 수 있다. 새것에 대한 열망은 물건의 소유에 있지 않고 구매행위에 관련되어 있다. 쇼핑은 생활양식이다. 소비는 동시에 기꺼이 소비된다.

소비의 종교에는 도그마가 필요 없고 제사와 숭배만이 필요하다. 이 제사에는 말 대신에 반복과 정형만이 필요하다. 제사는 육체의 훈련을 중요시한다. 이런 이유 때문에 당연히 대중음악은 제사와 많이 유사하다. 뒤에서 이것에 대해서 말하겠지만 일단은 앞에서 정의한 것을 다시 상기해 보자. 의식은 인간이 표현하는 것에 도움을 줌으로써 인간을 조작한다. 이 말은 의식은 '감정의 패턴'(랑거)을 제공하고 인간은 이를 통해서 자신의 감정을 표현할 수 있다는 것이다. 이런 감정의 패턴들은 인간이 세상에서 방향성을 상실하지 않게 해준다. 인내의 한계를 벗어난 복잡한 세계를 참을 만하게 해주기 때문에 패턴이나 정형은 긍정적인 의미를 지닌다. 정확히 말하면 감정의 패턴을 통해서 과도하게 복잡한 세계가 다양한 상품들로 바뀌어 버린다.

우상종교로서의 대중음악

여기서 다시 팝의 세계를 다루어 보자. 종교와 이데올로기가 몰락한 뒤, 팝이 서구사회의 마지막 통합요소가 되었다. 그래서 우리는 대중음악은 서구문명의 신념체계에 대한 선전도구라고 주장한다. 대중음악은 우상과 시장의 힘을 함께 묶어 준다. 대중음악은 소비자들이 숭배하는 순수한 종교다. 이에 대한 증거는 충분하다. 엘비스 프레슬리 이후에 팝스타들은 종교적 숭배대상이 되었다. 스티븐 킹(Stephen King)은 자신의 소설 『필요한 것들』(*Needful Things*)에서 이 점을 명백하게 밝히고 있다. 비판적인 하위문화들도 종교적으로 숭배되기는 마찬가지다. 지미 헨드릭스에서 커트 코베인에 이르는 팝스타들이 상업주의의 순교자로서 줄을 잇는다. 팬들은 팝의 성지를 순례하며 이런 성지들을 영광의 땅이니 어디에도 없는 곳이니 하는 식으로 부른다. 우드스톡 이후 야외 콘서트는 우상 숭배행사의 기본이 되었다. 팝스타 보노(Bono)만큼이나 이것을 정확하게 꿰뚫어 본 사람도 없다. "종교가 우리 문화의 세계에서 사실상 소멸한 뒤, 음악만이 유일한 신비로운 행위로 남아 있다. 결국 모두가 미친 듯이 바라는 것은 초월적인 것이다. 이것이 왜 음악이 내게 중요한지에 대한 이유다."

서구사회 어디에서나 확인할 수 있는 것은 종교적인 욕구는 성장하지만 기독교는 이것을 더 이상 채워줄 수 없다는 것이다. 대중음악은 전승되어 오면서 참을 수 없어진 종교의 기능을 정확히 대신하고 있다. 음악은 종교적인 느낌을 전달하지만 개념적인 내용은 없기 때문에 종교 도그마의 엉터리 의미에서 해방되어 있다. 이것이 바그너의 전체 작품에서 분명하게 드러나고 있다. 니체가 비판적이지만 정확하게 표현한 대로 현대 음악은 '말없는 신앙'이다. 역시 오늘날의 대중음악 팬들도 구체적인 것에 대한 믿음이 없이도 신비로운 것을 경험할 수 있다. 여기에는 신비와 기술이 통합되고 있다.

이로써 결국 테크노 음악을 언급할 시간이 왔다. 테크노는 그 이름이 말해 주듯이 기술에 대한 사랑이 음악화된 것이다. 여기서 흥미로운 것은 기술과 영성과 감각이 하나로 합쳐지고 있다는 것이다. 이것은 학문의 통합과는 거리가 멀다. 테크노는 첨단기술과 어린애 같은 면이 하나가 된 것이다. 그들은 커다란 글자나 별과 달 같은 상징들로 무대를 장식하는데 이것이 어린애와 같다. 어린애 같은 면에 첨단기술을 혼합하는 것이 오늘날 초월의 왕도가 된다. "너희들이 어린아이와 같지 아니하고는…"이라고 이미 예수는 말했다. 이방종교를 통해서 우리는 다음을 배울 수 있다. 이방신들은 기술의 역사의 영웅들이다. 예를 들어 롤스로이스 차 앞에 장식된 찰스 사이크(Charles Sykes)가 만든 작은 여신을 생각해 보라. 그녀의 이름은 '엑스터시의 정신'이다.

꿈과 같은 순간

테크노 젊은이들의 대축제인 레이브(Rave)는 엑스터시를 보장하는 모임이다. 재래의 팝콘서트와는 달리 여기서는 관중을 최면과 환상에 빠지게 한다. 곧 관중의 육체는 다른 육체로 변한다. 사이버스페이스를 경험하는 것과 이것이 비슷한 것은 당연하다. 마치 동화 속에서 마법에 걸린 것과 같다. 축제는 다른 극적인 행사들과는 구분되는데 관객 자신이 스스로 볼거리가 된다는 것이다. 그러나 관객은 레이브에서 집단 속의 혼자이다. 이 말은 차가운 엑스터시나 통제된 황홀경 같은 말과 마찬가지로 역설적으로 들릴 것이다. 그러나 바로 그런 역설의 전개가 테크노의 핵심이다. 황홀경에 빠져 있는 집단 전체는 차가운데, 이 말은 그들은 개개인으로 존재한다는 것이다. 달리 말하면 테크노 축제는 대중상품인 개인을 양산한다.

물론 축제나 음악을 통한 광란이나 하위문화 세계의 해프닝은 새로운 것은 아니다. 우리는 니체의 『음악의 정신』(*Geist der Musik*)에서 『비극의 출생』(*Geburt der Tragödie*) 같은 책보다도 테크노 같은 하위문화를 이해하는 데에 도움을 주는 것(Leitfaden)도 없다고 생각한다.

● 춤은 마법에 걸리게 한다.
● 중요한 것은 예술가가 아니고 스스로 예술작품이 된다는 것이다.

- 겉만이 구원을 약속한다.
- 환각과 꿈은 일상의 가치들이 더 이상 의미가 없는 곳으로 우리를 인도한다. 이곳에서 인간은 미래를 실험해 볼 수 있다.

당신은 묻고 싶을 것이다. 이런 모든 것이 도대체 어떻게 우리의 과학 문화에 끼어들 수 있을까? 한 가지 말해야 할 것은 계몽은 실망을 의미한다는 것이다. 과학화를 통해 인간은 단순함과 순진함을 상실했다. 그 결과 우리의 구체적인 삶은 가벼워지지 않고 오히려 더 어려워졌다. 우리는 지구상의 영웅이지만 어떻게 살아야 할지를 더 이상 알지 못한다. 신화를 잃어버린 현대인들은 신화가 제공해 주던 지평을 제한하며 응집시켜 주는 힘도 같이 잃어버렸다. 신화는 늘 세계에 대한 관념을 형성하고 그것으로써 세계를 바꾸어 주는 세계관의 기본틀이었기 때문이다. 그래서 니체는 다음과 같이 말했다. "신화의 관념들은 창궐하는 악마를 막아 준다. 신화의 지평만이 통일체를 향한 전체 문화운동을 통일체로 만들어 준다."

삶은 단지 신화의 지평에서, 곧 '감싸고 있는 광란' 속에서 성숙할 수 있다고 니체는 말했다. 오늘날은 기본적으로 할리우드나 광고가 이 신화의 역할을 대신하여 우리 문화의 지평을 변환시키고 있다. 이것은 고전적 의미의 신화와 관련이 있다기보다 평가 절하된 형태인 동화와 관련이 있다. SF물이나 환상물들을 생각해 보라. 이로써 다시금 초월의 왕도는 첨단기술과 어린애와 같은 것으로 돌아왔다.

미학적으로 두드러진 사건들은 전체를 대체하는 것처럼 보인다. 바그너의 오페라나 우드스톡이나 베를린의 러브 퍼레이드는 이를 뒷받침해 준다. 이에 대한 개념은 아직 종합예술작품이라는 개념 외에는 없다. 이런 작품의 기능을 좀더 정확하게 말하면 종합예술작품은 세계가 환락과 퍼포먼스로 된 미적 현상임을 정당화한다는 것이다.

이로써 미적인 행사들이 종교의 역할을, 곧 세계를 정당화하고 구원의 길을 보여준다. 이런 행사의 중심은 '자기 구원의 행사'이기 때문이다.

정리를 해서 말하면 신을 통한 구원도 혁명을 통한 정치적 구원도 믿을 수 없기 때문에 종합예술작품을 통한 미적 자기 구원만이 남은 것이다.

바그너에서 핑크플로이드를 거쳐서 테크노족에 이르기까지 신화와 음악이 함께 움직인다는 것이 핵심내용이다. 신화는 개념이 없는 사고이며 음악에 의해서 해석이 가능한 상징의 저장고이다. 북구신화이든 개인의 신화이든 우주의 상징을 가리키든 마찬가지다. 중요한 것은 음악과 신화의 융합이다. 그리고 오늘날 멀티미디어 장치들은 니체가 바라던 '불똥이 튀는 그림기계'를 기술적 실재로 만들어 놓았다. 대중음악과 강한 영상들의 일체가, 곧 후지 광고가 '무제한의 비전'이라고 부른 소음의 탄생이 중요한 것이다. 이런 의미에서 '포스트모더니즘의 종합예술작품'을 최소한으로 정의한다면 사운드에서 나오는 비전이라고 할 수 있을 것이다.

참고문헌

Bateson, Gregory: *Steps to an Ecology of Mind*, New York 1972.

Baecker, Dirk: *Postheroisches Management*, Berlin 1994.

Bolz, Norbert: *Das kontrollierte Chaos*, Düsseldorf 1994.

Bolz, Norbert/Kittler, Friedrich/Tholen, Christoph (Hrg.): *Computer als Medium*, München 1994.

Caputo, John D.: *Against Ethics. Contributions to a Poetics of Obligation with Constant Reference to Deconstruction*, Bloomington and Indianapolis 1993.

Deutsch, Karl W.: *Politische Kybernetik*, Freiburg 1969.

Drucker, Peter F.: *Die Zukunft managen*, Düsseldorf 1992.

Drucker, Peter F.: *Die postkapitalistische Gesellschaft*, Düsseldorf 1993.

Forster, Heinz von: *Observing Systems*, Seaside 1982.

Gains, Donna: *Teenage Wasteland. Suburbia's Dead End Kids*, New York 1993.

Gerken, Gerd: *Die Fraktale Marke*, Düsseldorf 1994.

Glanville, Ranulph: *Objekte*, Berlin 1988.

Hajek, Friedrich A. von: *Der Wettbewerb als Entdeckungsverfahren*, Kiel 1968.

Heimonet, Jean-Michel: *Le Mal à l'oeuvre. Georges Bataille et l'écriture du sacrifice*, Marseille 1986.

Heimonet, Jean-Michel: *De la Révolte à l'Exercise. Essai sur l'Hédonisme contemporain*, Paris 1991.

Hofstadter, Douglas R.: *Gödel Escher Bach*, Harmondsworth 1980.

Hollander, Anne: *Sex and Suits. The Evolution of Modern Dress*, New York 1994.

Horx, Matthias/Trendbüro: *Trendbuch 1*, Düsseldorf 1993.

Horx, Matthias/Trendbüro: *Trendwörter-Das Lexikon der neuen Begriffe*, Düsseldorf 1994.

Jantsch, Erich: *Die Selbstorganisation des Universums*, München 1979.

Jarie, E. C.: *The Revolution in Anthropology*, Chicago 1964.

Kloepfer, Rolf/Landbeck, Hanne: *Ästhetik der Werbung*, Frankfurt/Main 1991.

Kroker, Arthur/Weinstein, Michael A.: *Data Trash. The Theory of the Virtual Class*, Montreal 1994.

Kroker, Arthur: *Virtual Reality, Android Music and Electric Flesh*, Montreal 1994.

Luhmann, Niklas: *Funktion der Religion*, Frankfurt/Main 1977.

Luhmann, Niklas: *Die Wissenschaft der Gesellschaft*, Frankfurt/Main 1990.

McLuhan, Herbert M.: *Die magischen Kanäle*, Düsseldorf 1992.

Otto, Walter F.: *Dionysos. Mythos undKultus*, Frankfurt/Main 1960.

Parsons, Talcott/Shields, Edward A.(Hrg.): *Toward a General Theory of Action*, New York 1951.

Peters, Tom: *The Tom Peters Seminar. Crazy Time Call for Crazy Organizations*, New York 1994.

Rapp, Stan/Collins, Tom: *The Great Marketing Turnaround*, Hampstead 1991.

Ross, Andrew/Rose, Tricia(Hrg.): *Microphone Fiends. Youth Music & Youth Culture*, New york and London 1994.

Schultz, Don E./Tannenbaum, S. I./Lauterborn, R. F.: *Integrated Marketing Communications*, Lincolnwood 1993.

Schumpeter, Joseph A.: *Kapitalismus, Sozialismus und Demokratie*, Tübingen 1993.

Serres, Michel: *Der Parasit*, FrankFurt/Main 1981.

de Tocqueville, Alexis: *De la Démocratie en Amérique, T.1. et T.2.*, Paris 1960.

Toffler, Alvin: *Powershift*, New York 1990.

Twitchell, James B.: *Carnival Culture. The Trashing of Taste in America*, New York 1992.

찾아보기

ㄱ

가벼운 마약 260~61
가상 쇼핑 66
가상 현실 66, 70, 73, 140, 188, 208, 213
가상의 상표 189
가상적인 관계 134
가이네스(Donna Gaines) 345
가치 연결 185, 200
갈망소비 247, 280
감량경영 53, 235
감성 디자인 120, 127, 173, 208, 213~15, 217,~19, 226, 260
감정 조절 344
감정의 투자 256
감정의 패턴 218, 358
거래의 가상화 66
거룩함 17, 18, 21, 266
게르켄(Gerd Gerken) 44, 47, 51, 170, 177, 225, 332
게임이론 71
겔렌(Arnold Gehlen) 38, 47, 174, 217~19, 289, 297
경기침체문화 344
경영정보체계(MIS) 81, 83, 102, 114
경영학 92
경제윤리 35, 36, 224

고객 지향성 16, 22, 25, 27, 238, 260, 269~70, 285
고객과의 대화 60, 180, 240, 246, 311
고객과의 연결고리 269
고객과의 커뮤니케이션 245
고객에게 다가가기 16, 26, 27, 60, 96, 97, 174, 181, 211, 232, 238, 246, 267, 269
고객의 영혼을 둘러싼 투쟁 271
고객의 욕구 18, 27, 45, 87, 180, 188
고객족(Kundenstämme) 23, 174, 254, 255
고지마(Masashi Kojima) 34
고치 만들기 효과 64
고트샬크(Thomas Gottschalk) 26
고트프리트 벤(Gottfried Benn) 312, 324, 331, 352
공격성 287, 288~89, 329, 339
공격적 욕망 301
공동소비 257
공정한 거래 34
과시적 소비 20, 71, 229
과학문화 225, 361
관광 314~16, 355
광고 인식 268
광고 저질화(Adbusting) 30
광고 커뮤니케이션 170, 173~74

교환 가능성 275
구아타리(Felix Guattari) 105
국가적 대항문화 250
국민의 의사 수렴 171, 200
그라스(Günter Grass) 321
그런지(Grunge) 30, 51, 120, 160, 184,
    291~92, 340, 343~45
글로츠(Peter Glotz) 53
급진적 개인화 188
급진적 구성주의 43, 58
기계 중독(Gadgeteering) 126
기든스(Antony Giddens) 144, 323
기술연합체 119, 125
기업 컨설팅 44, 304~06, 332
기업 시스템 305
기업 정체성(C.I.) 173, 195
기업 진화 56
기업문화 306
기회주의 36, 42~44

ㄴ · ㄷ

나쁘게 만들기(Badversting) 30
나이키(Nike) 23, 68, 95, 124, 170, 206,
    220, 237~39, 315
날이 선 낭만주의자 44
넬슨(Benjamin Nelson) 216
넬슨(Ted Nelson) 146~47, 190
노이하우스(Heinz Neuhaus) 307
논쟁문화 158
뉴만(John von Neumann) 71
니체(Friedrich Nietzsche) 37, 40, 42,
    45, 67, 75, 203, 211, 213, 271~75,
    280~81, 294~95, 300~04, 323,
    328, 331~32, 359~62
닌텐도(Nintendo) 95, 126, 311
다양성 20
다원론 118

다이즌(Esther Dyson) 138
단골고객(Stammkunden) 23, 174, 200,
    246, 254
단기 종교 23, 114, 201, 246, 354
대뇌소비 208
대중문화 11, 12, 26, 27, 29, 107, 110,
    113, 184, 214, 278, 285, 273, 291,
    341, 350
대중여론 133, 158, 164, 300
데리다(Jacques Derrida) 160, 334
데보즈(Guy Debords) 106
도나니(Klaus von Dohnanyi) 61
도덕신화 239
도미츠라프(Hans Domizlaff) 276, 278
도요타(Toyota) 99, 256
독자적 행동 54
동어반복 86, 239
뒤르켕(Emile Durkheim) 172, 182, 210,
    217, 227, 288
뒤집어엎기(Subversting) 30
드러커(Peter F. Drucker) 76, 119, 124,
    148, 180, 193, 310
들뢰즈(Gilles Deleuze) 105, 246

ㄹ

라이히 라니키(Marcel Reich-Ranicki)
    171
라이히(Robert B. Reich) 137
라캉(Jacques Lacan) 121, 155, 166, 210
랑거(S. K. Langer) 218, 221, 358
랩(Stan Rapp) 187
러스킨(John Ruskin) 271
레비트(Theodore Levitt) 192
레이놀즈(Simon Reynolds) 291
로딕(Anita Roddick) 161
로버(Rover) 312
로세토(Louis Rossetto) 88

로스(Adolf Loos) 295

로이 애스콧(Roy Ascott) 353

로젠크란츠(Karl Rosenkranz) 293~94

로터보른(Robert Lauterborn) 192

로헤이튼(Felix Rohatyn) 13

록 문화 26, 29, 30, 285, 334~35, 337~
45

루만(Niklas Luhmann) 91, 166, 170,
203, 215, 233, 267

룸펜 지식인 108, 282

뤼베(Hermann Lübbe) 322

리드(Lou Reed) 336, 355

리바이스(Levi's) 23, 90, 268

리복(Reebok) 220, 237, 239

리요타(Jean-François Lyotard) 12, 28,
61, 67

리트만(Peter Littmann) 55

링클레이터(Richard Linklater) 184

ㅁ

마르쿠스(Greil Marcus) 337

마르크스(Karl Marx) 148, 198~99,
223, 248, 263

마르크스주의 24, 120, 198, 284, 289,
334

마리네티(Filippo Tommaso Marinetti)
206

마샬(Jules Marshall) 348

마치(J. March) 53

마케팅 문화 95, 96

마케팅 연구 98

마쿼드(Odo Marquard) 12, 39, 74, 119

마투섹(Matthias Matussek) 286

마페솔리(Michel Maffesoli) 256

매체 미학 132

맥도널드(McDonald's) 29, 148, 231~
32, 250~51, 314

맥래렌(Malcolm McLaren) 292

맥루한(Herbert Marshall McLuhan) 134

맥린(Paul MacLean) 287

맥케넬(Dean MacCannel) 298

멀티미디어 81

메르세데스-벤츠사(Mercedes-Benz AG)
19, 237, 249, 278

명명하기 105, 106, 115, 220

모리타(Akio Morita) 87

몰합리적 소비 21, 241~45, 259

뫼벤픽(Mövenpick) 234

무대 뒤의 경영 260

문화 다원성 124

문화 변동 351

문화 혼합 160

문화산업 210

문화염세주의 339

문화의 시장화 29

문화의 역동성 94, 103

물신 숭배 51, 126, 210, 213, 220

뮌히(Richard Münch) 80

뮐러(Leonhard Müller) 256

미그로(Migros) 249

미디어 다원성 124

미디어 문화 88, 124

미디어 사용능력 121

미디어 시장 133

미디어 연합 117, 134, 169~70, 353

미디어 이해력 99, 121, 126, 146

미디어 주권 99

미디어 체계 131

미디어 통합 139

미디어 혁명 130, 135

미디어 현실 118, 122, 124, 176, 195

미디어 효과 122

미디어론 121, 128

미시경영 57

미신적 추세 47, 48

미팅웨어(Meetingware) 147
미학적 악마 숭배 293, 299
민츠벅(Henry Mintzberg) 81, 82

ㅂ

바디숍(Body Shop) 34, 90, 161, 171,
 252
바르츠(Heiner Barz) 313
바이크(K. E. Weick) 55, 310
바츨라빅(Paul Watzlawicks) 322
바클리(Charles Barcley) 356
바타이유(George Bataille) 298
반문화 25, 29, 100, 184, 291, 334
버나드(Claude Bernard) 47
버로우(William S. Burroughs) 261
버만(R. A. Berman) 357
벅(Kenneth Burke) 199
베네통(Benetton) 30, 33, 90, 95, 171,
 195, 252
베네통(Luciano Benetton) 172
베버(Max Weber) 35, 36, 41, 167~69,
 215, 222, 224, 308, 354
베블렌(Thorstein Veblen) 71, 288
베커(Dirk Baecker) 56, 60, 306, 309
벡(Ulrich Beck) 62
벤 앤 제리스(Ben & Jerry's) 90, 252
벤야민(Walter Benjamin) 66, 153, 183,
 197, 202, 222~24, 253, 295
벨레발트(Hans Jörg Vehlewald) 205,
 306
보그너(Bogner) 77
보들리야르(Jan Baudrillard) 297
보벤쉔(Silvia Bovenschen) 205
보이스(Joseph Beuys) 170
뵈메(Gernot Böhme) 72, 77
부르크하르트(Jacob Burckhardt) 226
부쉬(Wilhelm Busch) 321

분권화 56
분화 353
뷜러(Karl Bühler) 122
브라우어(L. E. J. Brouwer) 205
브라운(George Spencer Brown) 160,
 307
블레임(Steve Blame) 347
비릴로(Paul Virilio) 167, 209
VIVA 124
비욘디(Frank Biondi) 137
비트겐슈타인(Ludwig Wittgensteins)
 317
비합리적 욕구소비 280
빌리(Billi)체인점 280

ㅅ

사용자 편의성 17, 27, 139, 146
 ─화면 146, 191
사이버스페이스 119, 125, 139, 145, 208,
 360
사이크(Charles Sykes) 360
사회적 마케팅 240
사회적 의식(儀式) 218
상식 284
상징의식 115
상표 만들기 225
상표를 통한 의사소통 107
상표에 대한 충성 185, 192, 196, 200,
 357
상표의 통속화 19
상품미학 210
상품 민주주의 230
상품 숭배 210, 223
상품문화 276
상품윤리 22
상품화 22
상호 작용성 123

상호 작용적 미디어 124
상호 주관성 157, 201
생산신화 11
생산성 혁명 148
생산의 질 247
생활력 43
생활양식 11, 19, 46, 66, 72, 73, 75, 76,
    77, 90, 176, 209, 220, 231, 241, 252,
    354, 357
생활양식 광고 77
생활양식 쇼핑 24, 229, 241
생활양식 시장 76, 77
생활양식 상품 90
생활양식 회사 90, 91, 95
성 해방 298
성적 행태주의 298
성정윤리 36, 37
세가(Sega) 95, 311
세계 커뮤니케이션 64, 106, 122, 125,
    132, 134, 153, 169~70, 176, 186,
    343
세계사회 119, 130, 132, 153
세계에 대한 신뢰감 140, 226, 352
세계의 복잡성 57, 62, 218, 321
세계의 정보덩어리 99
세계적 상호 의존성 64
세계화 80, 152
세레스(Michel Serres) 304
세이번(Leslie Savan) 207
소니(Sony) 87, 250, 311
소비 비판 112
소비 시장 18, 21, 22, 90, 98, 102~03,
    231, 343
소비공동체 257
소비문화 20, 27, 102, 112, 335
소비 민주주의 230
소비시민 230
소비의 영성 207, 357

소비자 민주주의 22, 230
소비자 분할 187
소비재 산업체 267
소비주의 207, 357
솔라풀(Ithiel de Sola Pool) 142
쇼(George Bernard Show) 23
수바루(Subaru) 337
수요 억제를 위한 선전활동(De-
    Marketing) 30, 160
숙명주의 107
숭배 공동체 348
숭배적 상표 107, 207, 270, 276
숭배적 소비자 21
숭배적 제품 19, 30, 207, 231, 243, 245,
    246~52, 254~56, 263, 276, 278,
    285, 356
숭배적 지위 19, 30
쉐라톤(Sheraton) 314
쉐르호른(Gerhard Scherhorn) 231
쉘링(F. W. J. von Schelling) 303, 356
쉘스키(Helmut Schelsky) 140, 302, 331
쉴리(Otto Schily) 219
쉴즈(Rob Shields) 258
슈케닉(Ronald Sukenick) 351
슈타이너(George Steiner) 92
슈파이히(Suzanne Speich) 26
슈펭글러(Oswald Spengler) 167
슈피겔(Hubert Spiegel) 349
슐레겔(Friedrich Schlegel) 50
슐체(Gerhard Schulze) 316
슐츠(Don Schultz) 192
슘페터(Joseph A. Schumpeter) 167,
    295, 309~11
슘페터의 파괴이론 310
스로테르칙(Peter Sloterdijk) 289
스와치(Swatch) 209
스타이런(William Styron) 28
스타크(Phillipe Starck) 127

스핀들러(Michael Spindler) 126
시대정신 34, 49, 66, 102, 223, 250
시스템 역학 186
CNN 336
시장 접근성 11, 16~18, 20, 21, 96, 266, 269~71, 285
시장 조사 46, 51, 83, 87, 88, 102, 122, 171, 182, 186, 211, 239, 307
시장 지향성 16, 23, 24, 28, 96, 230, 246, 266~67
시장 커뮤니케이션 235, 240, 243, 245
시장경제 17, 18, 28, 81, 256, 267, 285, 345
시장사회화 167, 169, 215~16
시장에 민감한 것 108
시장에서의 해방 245
시장 통속성 20, 26, 28, 345
시차 98, 100
신앙고백식 소비 252
신원시주의 153
실재 TV(Reality TV) 297
실재 개념 73
십대들의 현상 347

ㅇ

아도르노(Theodor W. Adorno) 154, 290, 300, 331
아디다스(Adidas) 220, 269, 315
아메리칸 익스프레스(American Express) 30, 77
IBM 145, 161
안정성 61, 63
RTL 256
≪애드버스터스≫(Adbusters) 160, 220
애커(David A. Aaker) 276
애플(Apple) 126, 250
어윈(Stuart Ewen) 229

언어에 민감한 것 108
에스프리(Esprit) 252
ARD 방송국 256
엔첸스베르거(Hans Magnus Enzensberger) 159, 301
MTV 27, 114, 124, 137, 184, 186, 231, 251, 291, 335~36, 347~48
연극성 71
연출 70~77
열려 있는 시간 지평 62
영성 290, 359
오토 케른(Otto Kern) 171
오펠사(Adam Opel AG) 277
와일드(Oscar Wilde) 208, 270, 331, 358
완전 결핍 262
요크(Peter York) 220
욕구 충족 208, 256, 358
욕구 소비 247
우상종교 223, 351, 358
워즈니액(Steve Wozniak) 309
워홀(Andy Warhol) 84, 173, 213, 355
원거리 통신 123, 191
원칙 없음 23, 245~46
월트 디즈니(Walt Disney) 29
위험경영 60
유행의 재활용 202,,205
윤리/도덕 32~37, 40, 65, 172, 240, 316
윤리시장 34
의도적인 방향성 상실 105
의사소통의 가능성 128
의식(儀式) 48, 214~15, 217~19, 223, 225, 234, 246~48, 261, 344, 357
의식산업 159
이념 마케팅 172
이미지 공학 22
이벤트 마케팅 247, 260, 315
이클스(R. G. Eccles) 43

인간의 자기 정의 126
인공 두뇌학(cybernetics) 58, 133, 143
    ~44, 162, 177
인공지능 148
인류학적인 올바름 340
인문주의 327
인센티브 328
인식론 43, 58
인적 자원 21
인지기술 136
인터넷 125, 136, 353
일본 전신전화국 34
1차원적인 숫자 숭배주의 84

ㅈ

자기 구원 352
자기 도전 68, 227, 352
자기 소외 157
자기 실현 35, 51
자기 연출(Self-fashioning) 42, 74
자기 조직화 56, 63
자기 흥분 352
자르비에(I. C. Jarvie) 220
자본주의 22, 23, 29, 34, 36, 159, 196,
    216, 222~25, 244, 248, 251, 263,
    268, 285, 310, 318, 331, 354
자이들(Claudius Seidl) 44, 62
자주권 107
자파(Frank Zappa) 336
잘리(Sut Jhally) 212, 220
잡스(Steve Jobs) 161, 309
재거(Mick Jagger) 341
재진입(Re-Entry) 160, 183, 307
재프롤레타리아화 19
전 세계의 시민화 19
전염 334
접촉을 통한 정복 280

접촉의 숭배 280
정보고속도로 29, 81, 89, 94, 101, 343
정보국가 94, 101
정보 홍수 82
정보기술 81
정보를 주체적으로 다루는 것 89
정보문화 83, 130
정보사회 123, 134, 138
정보 상담시장 79
정보시대의 핵심문제 138
정보오락(Infotainment) 133
정보의 과부하 138
정보의 합리성 91
정보의 홍수 136, 138
정보지도 만들기 137
정신적 유희 208
정치적인 교정 330
제품 배치 22
제품의 개성 276
제한된 커뮤니케이션 217
제한된 코드 218
조던(Michael Jordan) 206, 356
조정능력 56, 57
조직의 군살 53
종족주의 153, 254~56
주류문화 25
중독자형 고객 259
즉흥성 63
지드(André Gide) 323
지멘스(Siemens) 318
지방 분산적인 전자 세계마을 134
지식 디자인 103, 139, 143~44, 149
지식 생산 138
지식 항해사 137, 139
질투의 사회 312
짐멜(Georg Simmel) 184, 203~04
집단적 맹목 84

ᄎ

창조(Création) 106
창조성 107
책임윤리 36, 37
청소년문화 26, 101, 335, 343
체계의 복잡성 63
체계이론 12, 143
체험소비 247
체험의 질 247
체험의 확대 174
초국가주의 153
추세 개념 48
추세 연구 44~49, 89, 96, 98, 99, 101,
  105~06, 110~12, 114~16
추세감각 102
추세논리학 97
추세를 도외시하는 것 84, 114
추세의 발생 97
추세의 불길 92
추커스텡어(Waldefried Zucker-Stenger)
  315
치크첸트미할리(Mihaly Csikszent-
  mihalyi) 318

ᄏ

카베(Etienne Cabet) 330
카오스 이론 57
카이어트(R. Cyert) 53
캐츠(Jon Katz) 130
캘빈 클라인(Calvin Klein) 245, 249
커뮤니케이션 구조 146
커뮤니케이션 기술 107, 126
커뮤니케이션 디자인 185~86, 190~91,
  195~96, 209, 215, 226
커뮤니케이션 문화 176
커뮤니케이션 시스템 177~78

커뮤니케이션 시장 122
커뮤니케이션 이론 128~29
커미트먼트(Commitment) 185, 193,
  200, 357
컨(Peter Kirn) 145
케이지(John Cage) 349
코베인(Kurt Cobain) 23, 334, 359
코예베(Alexandre Kojève) 38, 225
코카콜라 29, 107, 124, 170, 208, 233,
  250, 255, 269
코플랜드(Douglas Coupland) 118
콕스(Harvey Cox) 218
콘웨이(M. E. Conway) 146
콜린스(Tom Collins) 187
콤퓨서브 125
쿤스(Jeffs Koons) 65
퀸시(Thomas de Quinceys) 300
크라이에(Andrian Kreye) 293
크뢰버 릴(Werner Kroeber-Riel) 194
크뢰퍼(Rolf Kloepfer) 176, 185
크릴(George Creel) 167
클라인(Calvin Klein) 31
클린턴(Bill Clinton) 336

ᄐ

탄넨바움(Stanley Tannenbaum) 192
탈역사화(Posthistoire) 193, 202, 225
탈일상화 174
테일러(Frederick Winslow Taylor) 52,
  148
테일러주의 148
테크노(Techno) 30, 337~39, 340~45,
  347~51, 359~60
테크노크라시(Technocracy) 121
테타만티(Titto Tettamanti) 284~85
텔레크라시(Telecracy) 134
토마(Helmut Thoma) 75

토크빌(Charles Alexis de Tocqueville) 266, 269, 277, 281, 339
토템 126, 199, 209, 220~21
토플러(Alvin Toffler) 47, 56, 148, 183, 190, 221, 315
통속성 17, 18, 21, 22, 25~28, 109~10, 242, 266, 270~71, 274~75, 277, 279~82, 284~85, 345
통속화 19, 283
통제매체 161~63
통합 마케팅 커뮤니케이션 192
퇴니스(Ferdinand Tönnies) 221
튜링 테스트 126, 146
트뢸취(Ernst Troeltsch) 255
트위첼(James B. Twitchell) 16, 22, 27, 272, 281
특별성 326

ㅍ

파괴성 287
파괴의 창조성 295
파슨스(Talcott Parsons) 191, 219
파타고니아(Patagonia) 252
팍트(Fuct) 23
판매촉진 문화 21, 22, 31
판타스마고리(Phantasmagorie) 223
팝콘(Faith Popcorn) 64, 111, 231
패자의 종교 344
퍼스(Charles Sanders Peirce) 162
페이리(Christopher John Farley) 292
펩시콜라 336
포드사(Ford AG) 276, 336
포르노 정치체제(Pornocracy) 297
포스트모더니즘 28, 64, 66~68, 72, 74, 118, 143, 153, 173, 182, 186, 351, 353
포스트모더니즘 문화 38, 72

포우(Edgar Allan Poe) 299
포이에르바흐(Ludwig Feuerbach) 16
폭력에 대한 열광 299
폭스바겐사(Volkswagen AG) 35, 336
폭증하는 정보 79
푀르스터(Heinz von Foersters) 58, 177
푸마(Puma) 269
푸코(Michel Foucault) 297
프레슬리(Elvis Presley) 20, 26, 334~35
프로이트(Sigmund Freud) 121, 221, 286~88, 291
프롤레타리아 문화(Proll culture) 20, 21
플라이쉬하우어(Jan Fleischhauer) 205, 306
플라톤(Platon) 68, 106, 290
피드백 과정 117
피터스(Tom Peters) 26, 47
필립 모리스(Philip Morris) 188, 195

ㅎ

하버마스(Jürgen Habermas) 157~59, 161~63
하버마스의 커뮤니케이션 유토피아 163
하벨(Václav Havel) 336
하위문화 25, 30, 98, 161, 272~73, 292 ~93, 334, 344, 348, 359
하이데거(Martin Heidegger) 70, 73, 131, 165~66, 169
하이에크(Friedrich von Hayek) 182~ 83
하이에크(Nicolas Hayeks) 209
하이퍼미디어 139, 141, 144
하이퍼텍스트 82, 139, 142, 190
함축화 80
합리적 개인주의 84, 256
해석학적으로 무가치한 것 92, 104
행복을 길들인 것 329

행복의 법칙 330
행운에 대한 합당한 근거 325
허무주의 32, 68, 290, 332
허스트(William Randolph Hearst) 152
헐(Donald Hall) 137
헤겔(G. W. F. Hegel) 46, 97, 163~64,
    197, 326~27
헤일리(Bill Haley) 344
헨드릭스(Jimi Hendrix) 23, 334, 359
현시점 분석 46, 50
현장 마케팅 51
현장 모니터링 51
호르크하이머(Max Horkheimer) 154,
    290, 300, 331
호륵스(Matthias Horx) 35, 38, 48, 124,
    292
호프스태터(Douglas Hofstadter) 305
혼다 277
화물 숭배(Cargo-Cult) 206, 219
화이트(H. C. White) 43
환유 173
회기 관련성 52
효율 증가 21
후원(Sponsoring) 240
흥미의 법칙 320~21